제3판

사회복지실천기술론

이영호

KNOWLEDGE COMMUNITY 공동체

머 리 말

PREFACE

사회복지학의 학문적 내용 중 사회복지실천기술론의 학습 내용에 대한 목적성과 명확성을 찾기 위한 노력은 꾸준히 시도되었다. 이러한 맥락에서 (사)사회복지교육협의회의 교과목지침서(2021~2022)에서 제시한 사회복지실천기술론 교육 목표는 사회복지실천론과의 교육 범위를 확연히 구분하고, 학부과정에 맞게 일반사회복지사의 실행 역량 수준에 맞추어져야 함을 강조하고 있다. 이번 개정판에서는 이를 적극 반영하여 특히 다양한 사회복지실천 현장에서 여러 부류의 클라이언트를 만나게 되는 사회복지사가 기본적으로 갖추어야 할 실천기술을 학습할 수 있도록 하였다. 동시에 상담기술에 비례하여 사회복지실천의 특성에 맞는 연계기술 및 간접서비스에 대한 기술 또한 충분히 학습하는 것에 중점을 두었다. 그리하여 사회복지실천론에서 현장에 대한 이해를 바탕으로 개인, 집단, 가족을 대상으로 한 사회복지실천의 사정－상담 및 개입(연계와 간접서비스 기술)－ 종결에 필요한 구체적인 기술을 익히는 데 초점을 두었다.

이를 위해 이 책의 1판에서 다루었던 지역사회 대상 실천기술은 지역사회복지론에서 학습할 수 있으므로 2판에서 삭제하였고, 이번 3판에서는 기록과 평가 또한 사회복지실천론에서 다루는 것으로 구분하여 삭제하였으며, 동기강화모델과 집단유형 관련 구체적 집단프로그램, 다양한 가족에 대한 개입에 관련된 직 · 간접서비스 실천기술을 추가, 강화하였다.

이번 3판은 전반적으로 교과목지침서(2021~2022)의 내용을 토대로 전체 5부 12장으로 한 학기 수업 일정(12주)에 맞게 적절히 학습할 수 있도록 편성하였다.

제1부에서 사회복지실천기술의 개관과 사회복지사의 상담기술을 "사회복지실천기술의 개념과 내용, 사회복지실천기술의 적용에서 사회복지사의 과제 그리고 사회복지실천과정에서 사회복지사의 상담기술 7가지" 내용으로 예시를 통해 쉽게 설명하였다.

제2부에서는 사회복지실천 개입모델과 실천기술에 대해 5가지 모델 "심리사회모델, 인지행동모델, 해결중심모델, 위기개입모델, 동기강화모델" 에 대한 이론적 배경과 개입과정 및 사례 적용으로 소개하였고 무엇보다 이러한 모델이 개인, 가족을 대상으로 어떻게 적용될 수 있는지에 대한 안목을 높이고 활용 역량을 강화하는 데 중점을 두었다.

제3부 개인대상 사회복지실천기술의 이해에 대해서는 개인대상 사회복지실천 과정의 이해를 돕고 다차원적 개입이 필요한 복합적 욕구를 가진 클라이언트 대상 사회복지실천기술을 상담과 연계, 간접서비스 제공 기술을 강조하였다.

제4부 집단대상 사회복지실천기술의 이해 부분은 두 개의 장으로 나누어 첫째 장(9장)에서는 집단대상 실천기술의 개요와 집단 유형별 실천기술을 소개하며 특히 집단 유형별 실천 사례 소개를 통해 현장에서 사회복지사가 다양한 유형의 집단을 어떻게 활용하는지에 대한 이해를 높이고자 하였다. 둘째 장(10장)에서는 집단발달 단계별 집단대상 사회복지실천기술의 적용을 각 진행 단계별[준비, 초기, 중기(개입), 종결]로 나누어 상세히 설명하여 집단대상 실천기술 부분을 강화하였다.

제5부 가족대상 사회복지실천기술의 이해에서도 두 개의 장으로 나누어 첫째 장(11장)에서는 가족의 이해와 단계별 가족대상 사회복지실천기술의 적용을 (준비, 초기, 사정, 개입, 종결과 평가) 5단계로 나누어 자세히 설명하였고 둘째 장(12장)에서는 다양한 형태의 가족 대상 사회복지실천기술 내용으로 다양한 형태의 가족 개입에 필요한 와 사회복지사의 문화적 수용 감수성을 강조하고, 다양한 형태의 가족을 위한 사회서비스와 구체적 실천기술을 제시하며 마지막으로 다양한 형태의 가족 중 한부모가족에 대한 개입과정을 현장의 사례를 통해 충분히 이해하도록 소개하였다.

2판에서 미처 인지하지 못했고 부족했던 부분들을 최대한 수정하며 추가하고 중복되는 부분들에 대해 나름 완성도를 높이려 더욱 보완하려고 하였으나 여전히 미흡한 부분도 있고, 보다 자세한 설명이 필요한 곳과 동시에 때로는 일부 반복 강조된 내용도 있어 여러 교수님들과 학생들로부터 적극적인 피드백을 기꺼이 수용하며 더욱 완성도를 높여 나가고자 한다. 이 개정 3판이 나오기까지 출판을 맡아주신 공동체 가족 여러분의 노고에 깊이 감사드린다.

2022년 2월

저자 이영호

CONTENTS

차 례
CONTENTS

CONTENTS

PART 01

사회복지실천기술의 개관과 사회복지사의 상담기술

CHAPTER 01

사회복지실천기술의 이해와 사회복지사의 과제

오늘날 사회복지사는 공공기관, 사회복지관, 사회복지시설, 병원, 상담기관, 정신건강복지센터, 학교, 군, 교정기관, 건강가정지원센터, 다문화가족지원센터 등 다양한 실천현장에서 활동하게 되면서 실천영역이 점차 확대되어 가고 있다. 동시에 사회복지사에게는 고유의 사회복지실천 관련 다양한 대상과 영역에서 그리고 새로운 사회적 쟁점과 문제해결을 위한 개입방법의 모색과 역량을 요구받고 있다. 사회복지실천과정이라는 것은 이러한 개입방법들이 전달되는 과정이라고 할 수 있다. 제1장에서는 다양한 실천현장에서 다양한 문제를 가지고 있는 클라이언트들을 만나 그들의 문제에 개입하게 될 때 사용되는 사회복지실천기술의 개념과 관련 내용을 살펴본다.

1. 사회복지실천기술의 개념과 내용

1) 사회복지실천기술의 개념

사회복지사는 다양한 이론적 이해를 바탕으로 사회복지실천의 목적 달성과정을 촉진시키기 위한 실천기술을 활용한다. 또한 사회복지실천은 각기 다른 상황에 적용되는 다양한 종류의 기술을 필요로 하기 때문에 특정 상황에 적절한 기술을 선택하고 활용하는 능력이 요구되며, 이로 인해 실천기술을 사회복지실천의 예술적 측면으로 이해하기도 한다. 사회복지사가 사회복지와 관련된 전문지식을 잘 갖추고 있고, 사회복지전문직의 가치를 이해하고 있으며, 그것으로 무장되어 있다고 해도, 이러한 지식과 가치를 클라이언트와의 협력적 작업관계에 잘 투입할 수 있는 기술이 결여되어 있다면 사회복지의 궁극적인 목적인 클라이언트의 문제해결을 돕는 과정이 제대로 이루어지기 힘들 것이다. 따라서 사회복지사는 개인, 가족, 집단, 지역사회 등과 함께 일을 할 때 각 상황에 필요한 실천기술들이 준비되어 있어야 한다.

통상적인 기술(skill)의 의미는 능력, 솜씨나 지식, 재능, 성격 또는 자원을 능숙하게 활용하는 것이다. Barker(1991)는 사회복지실천기술을 "대화나 클라이언트의 문제, 욕구, 능력 등에 대한 사정, 자원개발과 사회구조를 변화시키는 데 있어서의 숙련성"이라고 정의하고 있다. 이러한 사회복지실천기술은 개략적으로 상담기술, 사정기술, 개입기술, 팀워크 기술, 지지망 구축기술, 협상기술, 평가 및 종결 기술들로 구분될 수 있다. 이러한 기술들은 사회복지실천의 상황에 따라 각각 별도로 활용되기도 하지만 통합 또는 혼합되어 사용되는 경우가 더 많다. Shulman(1984)은 사회복지사가 가지고 있는 실천기술들이 종합적으로 잘 활용될 때 긍정적인 원조관계가 형성되고, 긍정적인 원조관계는 사회복지실천의 결과에 영향을 준다고 하였다.

전재일(2018)은 사회복지실천기술을 "사회복지실천의 지식과 가치, 윤리, 의무에 기초하여 클라이언트와 관련된 특별한 상황의 변화를 위하여 심리사회적 개입을 할 수 있는 사회복지사의 인지적이고 행동적인 능력"으로 정의하였다. Sheafor 등(1997)도 사회복지사가 가지고 있는 기술은 클라이언트와 사회복지사 간의 관계에 영향을 주며 협력적 작업관계가 실천의 성과에 긍정적인 영향을 준다고 보았다. 즉, 사회복지사의 실천기술 자체가 실천의 성과에 직접 영향을 주기보다는 이러한 기술들이 사회복지사와 클라이언트 간에 협력적 작업관계 또는 원조관계 형성에 긍정적인 영향을 주고 이것이 다시 실천의 성과물에 영향을 준다는 것이다. 이러한 차원을 고려할 때 엄명용 등(2019)은 사회복지실천을 통해 긍정적인 결과를 얻어내기 위해서 사회복지사는 실천에 필요한 모든 기술들을 익히고, 이 기술들은 긍정적인 원조관계 형성이라는 일차적인 목표를 위해 사용해야 한다고 하였다.

이상의 논의를 통하여 사회복지실천기술의 개념을 정리하면 "사회복지실천기술은 클라이언트 체계(개인, 집단, 가족)와의 관계에서 사회복지실천의 가치와 지식에 기초하여 클라이언트와 관련된 특별한 상황의 변화를 위하여 심리·관계·사회·환경적 개입을 할 수 있는 사회복지사의 능력"을 의미한다고 하겠다.

2) 사회복지실천기술의 내용

(1) 사회복지사의 실천지식

지식의 종류를 사회복지실천에 관한 관점이나 이론적 이해를 돕는 기초적인 지식과 사회복지실천과정에 직접적으로 도움이 되는 전문적인 실천지식으로 나누어 살펴본다.

① 기초지식

개인으로부터 환경에 이르는 폭넓은 삶의 문제를 다루는 학문의 특성상 사회복지실천 분야에서 활용되는 지식은 대부분의 사회과학 및 인접학문의 지식을 포함한다. 이와 관련하여 실천지식을 학문적 배경에 따라 인접 분야로부터 가져온 지식과 사회복지실천 분야에서 사회복지사의 경험과 연구로부터 비롯된 지식으로 나누기도 하는데, 기초지식은 인간의 인지, 정서, 행동과 관련된 기초 심리이론이 사회복지실천의 주요 이론으로 활용되기도 한다. 사회복지사의 실천지식에서 기초지식과 관련하여 미국사회복지교육협의회(The Council on Social Work Education, 1992)는 사회복지실천의 맥락과 대상자를 이해하는 데 도움이 되는 교과내용에 사회, 문화, 과학, 역사, 예술, 철학 등의 기초교양(liberal arts) 과목을 폭넓게 포함시키고 있다. 특히 사회의 소외계층이 겪는 문제가 발생하는 사회적 맥락과 바람직한 사회변화에 관한 다양한 관점과 시각을 기르기 위해서는 심리학을 비롯하여 사회학, 정치학, 경제학, 문화인류학 등 기초사회과학으로부터 얻어지는 지식이 포괄적으로 요구된다.

② 전문지식

Siporin(1975)은 사회복지실천에서 사용되는 지식을 기능적으로 사정에 필요한 지식(assessment skill)과 개입에 필요한 지식(intervention knowledge)으로 나눈다. 전자는 상황 속의 개인이 갖는 욕구와 문제, 영향을 미치는 환경 등을 이해하기 위한 지식이다. 이는 사회복지사가 개입 이전에 클라이언트의 심리적 · 사회적 · 문화적 · 환경적 특징들을 이해하고, 클라이언트의 문제가 발생하는 상황적 맥락을 분석하는 데 필요하다. 후자는 사회복지사가 개인이나 집단, 지역사회를 사정한 다음 이들을 돕기 위한 실천과정에서 활용하는 실천이론과 개입방법에 관한 지식을 포함한다.

사회복지사에게 필요한 전문지식은 사회복지 대상자에 관한 이해로부터 실천과정, 사회정책에 이르기까지 다양하다. 이를 구체적으로 살펴보면 다음과 같다(Johnson et al., 1997, 김혜란 외, 2006 : 24 재인용).

㉠ 인간행동과 발달에 관한 지식 : 인간의 행동적 특성을 이해하고 환경의 상호적 영향력을 파악하기 위해서는 인간의 정서적 · 심리적 · 사회적 발달단계와 환경의 물리적 · 사회적 · 문화적 특성 등에 관련된 지식이 필요하다.

㉡ 인간관계와 상호작용에 관한 지식 : 개인, 가족, 집단, 지역사회 내 조직이나 기관들 간의 관계와 상호작용을 촉진시키며 효과적인 의사소통에 필요한 지식이다.

㉢ 실천이론과 모델에 관한 지식 : 다양한 실천상황에 적합한 전문적인 원조관계와 실천과정의 개입방법과 전략 등을 선택하는 데 필요한 지식이다. 예를 들면, 아동의 비적응적 행동을 수정하고자 개입할 때는 행동수정이론, 적응에 어려움을 겪는 여성결혼이민자나 새터민의 안정적 정착과 조손가정의 안정적 기능을 지속적으로 원조하고자 할 때는 사례관리모델, 알코올중독을 앓고 있는 아버지와 청소년 자녀 간의 갈등과 가정적 문제를 원조하기 위해서 심리사회모델이나 해결중심모델을 선택하여 개입할 수 있을 것이다.

㉣ 특정 분야나 대상집단에 관한 지식 : 최근 군 사회사업, 새터민 지원사업, 다문화가정 지원사업 같은 경우는 이들 분야의 클라이언트 집단이나 실천상황, 기관 등에 관한 지식을 갖춤으로써 사회복지사는 보다 효율적인 원조를 할 수 있을 것이다.

㉤ 사회정책과 서비스에 관한 지식 : 도움을 필요로 하는 대상자(여성, 장애인, 노인, 다양한 가족유형, 아동·청소년 등)에게 서비스를 제공하는 전문가와 기관을 포함하여 사회복지서비스 전달체계에 관한 지식이 필요하다. 또한 사회정책이 변화해온 역사적 맥락과 개인의 기능에 대한 사회정책의 영향력, 사회정책을 발전시키기 위한 사회복지사의 역할 등에 관한 지식도 필요하다.

㉥ 사회복지사 자신에 관한 지식 : 사회복지사 자신에 관한 지식은 클라이언트 체계(개인, 가족, 집단, 지역사회)와의 실천에 영향을 미치는 전문직으로서 사회복지사 자신의 감정이나 가치, 태도, 행동 등을 인식하고 책임감을 갖도록 돕는다.

미국사회복지사협회(1981)에서는 사회복지실천에 필요한 구체적인 이론과 기술을 포괄적으로 포함하는 사회복지 전문지식의 종류를 다음과 같이 제시하고 있다.

- 인간행동 발달에 관한 이론, 가족과 상호작용 등에 관한 이론적 지식
- 클라이언트에게 영향을 미치는 사회적·환경적 요인에 관한 지식
- 인종, 민족, 기타 사회의 문화집단에 관한 지식
- 기본적인 사회경제, 정치이론에 관한 지식
- 윤리적 원칙과 실무에 관한 지식
- 사회심리 사정과 개입에 관한 이론과 기술에 관한 지식
- 개별지도와 집단지도의 이론과 기술에 관한 지식
- 소집단이론과 행동역동에 관한 지식
- 집단 상호작용과 치료적 개입에 관한 지식

- 위기개입이론과 기법에 관한 지식
- 지역사회조직이론과 전략에 관한 지식
- 조직과 사회체계에 관한 이론과 행동, 변화 등에 관련된 지식
- 옹호이론과 기법에 관한 지식
- 지역사회조직이론과 보건 및 복지서비스 개발에 관한 지식
- 사회계획의 개념과 기술에 관한 지식
- 지역사회 자원과 서비스에 관한 지식
- 공적 사회서비스에 관한 지식
- 사회 및 보건서비스와 관련한 복지법규와 규정에 관한 지식
- 사회복지 발달과 정책에 관한 지식
- 사회복지행정이론과 개념에 관한 지식
- 사회 · 심리통계와 기타 조사방법과 기술에 관한 지식
- 실무와 관련된 전문적이며 과학적인 연구에 관한 지식
- 교육 및 훈련에 관한 이론과 기법에 관한 지식
- 전문적 슈퍼비전의 개념과 이론을 포함하는 지식

(2) 사회복지사의 실천기술

사회복지실천기술과 관련하여 미국사회복지사협회는 사회복지사가 갖추어야 할 14가지 능력을 제안하였고 이를 통해 사회복지실천에 필요한 12가지 필수적인 기술을 제시하였다.

① 명확히 말하고 기록하는 능력
② 다른 사람을 교육하는 능력
③ 소진되었거나 위기상황에서 지지적으로 반응하는 능력
④ 전문적 관계에서 역할모델이 되는 능력
⑤ 복잡한 심리사회적 현상을 해석하는 능력
⑥ 주어진 책임에 따른 업무량을 적절히 조정하고 조직하는 능력
⑦ 타인을 돕는 데 필요한 자원을 파악하고 확보하는 능력

⑧ 타인의 능력이나 정서상태를 파악하고 도움이나 자문을 주는 능력
⑨ 집단활동에 참여하고 집단을 지도하는 능력
⑩ 스트레스 받는 상황에서도 객관성을 유지하며 업무를 수행하는 능력
⑪ 갈등적 상황이나 논쟁적인 성격을 다루는 능력
⑫ 사회이론이나 심리이론을 실천상황에 적용하는 능력
⑬ 문제해결에 필요한 정보를 파악하는 능력
⑭ 기관이나 자신의 실무에 관해 조사연구를 수행하는 능력

이렇듯 사회복지사가 갖추어야 할 14가지 능력에 대한 논의와 더불어 교육당사자들은 학생들에게 이러한 능력을 개발하기 위한 실천교과목을 채택하기 시작하였다. 미국사회복지사협회(1981)는 이러한 실천능력을 갖추기 위해서는 이를 수행하는 데 필요한 구체적인 실천가로서의 업무수행기술의 필요성을 강조하였고 사회복지실천을 위한 필수적인 실천기술 12가지를 제시하였다.

① 전문가적인 목적과 이해를 기초로 타인의 말을 경청하는 기술
② 자료를 찾아 의미 있게 조합하는 능력
③ 전문적 원조관계를 형성·발전시키며, 자신을 도구로 활용하는 기술
④ 언어적·비언어적 행동을 관찰, 해석하며, 성격이론이나 사정방법을 활용하는 기술
⑤ 클라이언트와의 초기관계를 맺고 신뢰감을 획득하는 기술
⑥ 민감한 정서적 주제(㉵ 성적 학대, 동성애, 폭력 등)를 지지적 방식으로 다루는 기술
⑦ 클라이언트를 위한 창의적인 해결책을 찾는 기술
⑧ 치료적 관계의 종결 여부를 결정하고 실행하는 기술
⑨ 조사연구의 결과나 전문적 자료를 해석하는 기술
⑩ 갈등적 관계에 놓인 양측을 중재하고 협상하는 기술
⑪ 조직 간에 연계와 협조서비스를 제공하는 기술
⑫ 후원자, 시민 또는 입법자에게 사회적 욕구를 해석하고 전달하는 기술

사회복지사에게 필요한 주요 실천기술을 종합적으로 정리해 보면, 클라이언트와의 관계형성이나 의사소통, 물리적 자원이나 정서적 지지를 제공하는 활동에 필요한 기술과 기관의 서비스나 자원활용을 위한 기술 등을 포함하는 실천능력과 스트레스 관리, 업무량, 시간 관리, 조사, 기록, 문제분석과 해결능력 등의 업무수행기술이 포괄적으로 포함된다고 볼 수 있다.

이러한 사회복지사의 실천기술은 개인적 자질과 학습경험 모두를 통해 얻어진다(Johnson, 1986). 클라이언트와의 대면접촉뿐 아니라 비공식적·공식적 지원체계와의 조정활동이나 기관업무를 진행하는 과정에는 타인에 대한 배려나 존경, 이타심, 공감력, 자기통제력과 같은 개인의 가치적 태도와 성격적 특성이 중요한 영향을 미치게 된다. 또한 개인이 가진 전문가로서의 동기와 열의에 따라 클라이언트의 욕구나 사회문제에 진정한 관심을 가지고 책임성 있게 자신을 통제하며 업무에 임해야 함을 알 수 있다. 사회복지사가 전문가로서 소양과 자질을 향상시키는 방법으로 교육과 훈련이 있다. 사회복지교육협의회에서는 사회복지교육을 통해 습득해야 하는 기본적인 기술을 교과과정지침에 명시하여 학부와 석사과정에서 교육하도록 하고 있다. 아울러 문제를 인식하고 분석하며 적절한 지식과 기법을 선택하여 활용하는 실천과정의 기술은 다양한 현장에서의 훈련과 슈퍼비전, 재교육, 지속적인 전문적 자문을 통해 향상될 수 있다.

2. 사회복지실천기술의 적용에서 사회복지사의 과제

1) 사회복지사 자신의 이해와 성장

사회복지실천에서 사회복지사는 자신(self)을 무엇보다도 중요한 도구로 활용한다. 사회복지사는 원조과정에서 바람직한 변화를 가능하게 하는 가장 중요한 변화매개체(change agent)이다. 사회복지사의 '자기인식(self-awareness)' 과정이 사회복지사에게 사회복지직을 수행하는 동안 자신과 클라이언트를 위해서 끊임없이 수행해야 할 과제인 이유도 바로 여기에 있다. 따라서 사회복지사의 자기인식(self-awareness)은 사회복지실천의 교육 및 실습과 훈련과정에 있어 중요한 부분을 차지하고 있다.

다양한 클라이언트들을 대하는 사회복지사는 각각의 클라이언트가 보이는 성격과 특성, 문제에 대해 민감성, 유연성, 적절성, 직관력을 가지고 반응해야 한다. 자기인식은 사회복지사의 선입견이나 편견, 자신의 경험 등을 이해하고, 이것이 클라이언트에게 서비스를 제공하는 데 있어 어떤 방해가 되는지 이해하는 것이다. 따라서 자기인식은 자신에 대한 이해와 함께 사회복지 관련 기술, 지식, 가치 및 개인적 경험을 의도적으로 활용하여 자신의 업무를 효과적으로 진행, 향상시키는 원동력이 됨을 의미한다(Trevithick, 2000). 결국 충분한 자기인식을 통해 사회복지사는 필요 이상으로 클라이언트에게 개입하는 것을 예방할 수 있으며, 클라이언트와 전문적인 관계를 형성할 수 있다. 다음의 간략한 예들은 실천과정에서 사회복지사의 '자기인식'이 얼마나 중요한지를 보여준다.

예 1 : K 사회복지사는 자신이 담당하고 있는 조손가정의 아동 클라이언트가 학교에서 친구들로부터 심한 욕과 구타를 당했음을 알게 되었다. 이때 K 사회복지사는 이를 방관한 담임교사나 학교 당국에 대해 분노를 느낄 수 있으며, 이는 자연스러운 것이다. 그러나 사회복지사가 자신의 어린 시절에 따돌림 당한 경험으로 인해 이 아동 클라이언트가 너무 불쌍하게 느껴져 담임교사에게 분노를 과하게 표출하며 몰아 세웠다. 이러한 경우 K 사회복지사의 행동은 클라이언트의 경험과 자신의 정서적 경험의 결합적 반응으로 인해 클라이언트를 돕는 데 지나치게 흥분하거나 과도한 행동을 취하였고, 자신의 정서적 반응이 미치는 영향을 충분히 인식하지 못한 결과로 볼 수 있다.

예 2 : P 정신건강사회복지사는 어릴 적 아버지의 심한 술중독과 주정으로 자신과 가족이 매우 힘든 경험을 하였고 결국 부모가 이혼하여 정서적으로 아픈 상처를 가지고 있었다. P 정신건강사회복지사는 정신병원에서 남자 알코올중독자들과 유독 신뢰관계가 형성이 잘 되지 않고 퉁명스러웠으며, 은연중에 이들을 심판하고 비난하는 언행을 자주 하고 있다.

예 3 : 사회복지사라는 직업 선택의 동기에 대한 인식이다. Guggenbuhl-Craig, Adolf(1982)는 절대적 이타성은 존재하기 어렵다고 보며 '이웃에 대한 사랑' 이라는 동기 이면에는 '권력에 대한 욕망'이 잠재되어 영향을 미친다고 하였다. 이는 사회복지사가 사회적 약자인 무력하고 왜소한 클라이언트를 원조하면서, 자신은 클라이언트와 같이 취약하고 왜소하지 않다는 사실에 안도감과 상대적 우월감을 가질 수 있다는 것이다. 사회복지사는 클라이언트와 일하면서 클라이언트에게 직접적으로 혹은 간접적으로 영향을 줄 수 있다. 이러한 원조과정에서 사회복지사는 권력감(a sense of powerfulness)을 경험하지는 않는지, 그리고 그것이 자신의 내면의 권력에 대한 욕망(drive)을 충족시켜 주는 측면은 없는지에 대해 반문하면서, 우리 내면에 대한 분석적 성찰(insight)을 요청하고 있다(신성자 외, 2007). 이는 사회복지사가 되어 힘든 상황에 있는 클라이언트를 원조하는 바로 그 일에 자신이 끌리는 것이 자신의 내면에서 추구하고 있는 바로 그 권력(힘)에 대한 욕구에서 기인된 측면이 있다면, 이 문제에 대해서 깊이 인식하고 직면해 볼 필요가 있다는 것이다. 왜냐하면 이것은 원조과정에서 의식적이든지 무의식적이든지 클라이언트를 조정하고, 클라이언트의 자기결정권을 훼손할 수 있는 위험(risk)이 그만큼 더 커질 수 있기 때문이다.

예 4 : 아동기 시절에 부모나 친구에게서 거부당한 경험을 가진 사회복지사는 클라이언트가 사회복지사를 거부하는 듯한 언행에 매우 민감하여 이들에게 무조건 잘해 주려고 한다. 이는 자신의 아동기 경험과 클라이언트의 거부적 반응의 연계점을 느끼지 못하고 있을 수 있음을 반증하는 것이다. 슈퍼비전이나 자신의 개입과정을 검토하는 과정에서 사회복지사가 이를 이해할 때 사회복지사는 다소 힘든 충격을 경험할 수도 있다. 그렇다 하더라도 사회복지사는 자신의 취약성을 인식하여야 클라이언트에 대한 자신의 반응과 클라이언트가 나타내는 대인관계의 취약성을 이해하고 도울 수 있는 역량을 가질 수 있는 것이다. 따라서 사회복지사의 자기인식은 바로 이러한 상황에서 적절한 전문적인 경계선을 유지토록 도우며 사적인 반응과 전문적인 역할의 구분을 명확히 해준다.

2) 사회복지사의 가치와 성장

(1) 사회복지사의 가치

사회복지실천의 본질적 3대 요소는 사회복지전문직의 가치, 전문적 활동에 필요한 지식 그리고 이러한 가치와 지식을 현장에 옮기는 과정에서 필요한 기술 또는 기법이라고 할 수 있다. 이들 3대 요소를 갖추기 위해 노력하는 것이 사회복지전문직의 훈련과정인 것이다(엄명용 외, 2005). 이러한 훈련과정 중에서 가장 먼저 점검해 보아야 할 것이 사회복지사 개인의 가치이다. 일반적으로 가치는 '어떤 사회현상이나 관계가 이러해야 한다'라는 주관적 생각이자 무엇이 좋고 바람직한 것인가에 대한 신념, 선호, 가정하는 것을 말한다. 개인이 소지하고 있는 가치는 오랜 시간에 걸쳐 가족, 집단, 사회, 문화 등의 영향을 받아 형성된 것이기 때문에 쉽게 변하지 않는 속성을 갖고 있다. 아울러 사회복지사가 지니는 개인적 가치관은 클라이언트를 돕는 실천과정에서 많은 영향을 미치게 된다. 따라서 사회복지사 자신의 가치, 사회복지전문직의 가치,[1] 사회복지사와 클라이언트 간의 합의된 목표를 가지고 원조과정에서 강조되는 핵심가치[2] 등이 조화를 이루도록 하기 위해서는 무엇보다도 사회복지사 자신의 가치체계에 대한 이해가 선행되어야 한다.

다음은 가치에 대한 일반적인 예들이자 우리 사회가 현재 겪고 있는 가치의 혼돈을 보여준다.

예 : "법에 저촉만 되지 않고 돈을 많이 벌면 문제될 것이 없다", "돈이 아무리 중요하더라도 양심을 저버리면서까지 돈을 많이 버는 것은 의미가 없다", "학교 선생님들이 아이의 올바른 훈육을 위해 회초리를 사용할 수 있다", "학교 선생님들은 어떤 경우라도 아이에게 회초리나 매를 사용해서 훈육을 하면 안 된다", "임신중절은 절대 있어서는 안 된다", "혼전순결은 반드시 지켜져야 한다", "소득이 높은 사람은 낮은 소득의 사람들에 비해 더 높은 비율의 세금을 내야 한

1) 사회복지전문직의 가치로는 개인의 존엄성과 독특성에 대한 존중, 자기결정의 원리, 사회적 형평성의 원리, 개인의 복지에 대한사회와 개인 공동의 책임 등이 있다.
2) Eagan(2002)은 이에 해당되는 핵심가치로 존중, 공감, 진실, 역량강화를 소개하였다.

다", "고령화사회라도 노인보다 경제적 활동이 가능한 생산인구가 될 청소년들에게 더 많은 투자를 하여야 한다", "사회복지서비스는 모든 국민에게 권리로서 주어져야 한다", "경제적으로 어려움이 없는 사람은 사회복지서비스를 해 주지 않아도 된다." 등이 가치에 대한 표현이 될 수 있다.

현재 우리 사회는 가치의 혼돈 속에 놓여 있다고 해도 과언이 아니다. 급속한 경제성장과 정보통신의 혁명으로 인하여 기존의 사회적 위계 및 가치가 더 이상 인정받지 못하는 사회가 되었다. 예를 들면, 노인공경, 연장자 우선, 사회적 정의보다 경제가 우선이라는 것, '두레'[3], '품앗이'[4]라는 전통적 미풍양속이 점차 사라져 가고 지나친 이기주의, 가족지상주의에 대한 가치가 만연하여 우리 사회가 매우 삭막해져 가고 있는 현상이 그것이다.

뿐만 아니라 국제화의 급속한 진전으로 인하여 외국의 문물이 국내에 급속하게 진입하면서 서구의 가치와 이웃 국가의 가치 등이 뒤섞여 우리 사회에 대부분의 사람들이 합의하는 가치를 찾아내기가 힘들어졌다. 이러한 현상의 결과로 우리 사회는 이미 다양한 가치를 지닌 다양한 사람들이 함께 어울려 사는 사회가 된 것이다. 이러한 현상을 반영하듯 최근 우리 사회와 사회복지 영역에서도 많은 관심의 대상이 되고 있는 다문화가정, 새터민가정, 다양한 형태의 가족유형, 외국인 노동력의 증가와 관련된 인권침해, 심각한 양극화 현상에서 파생된 신 빈곤층에 대한 지원과 제도, 개입 등에서 사회복지사는 두 가지 이상의 상충되는 가치문제를 만나서 딜레마를 겪게 된다. 예를 들면, 여성결혼이민자나 외국인 노동자와 내국인 남편이나 사업주 간의 폭력이나 임금과 관련된 갈등적 문제와 의료, 법률적 문제 등과 관련하여 개입하게 될

3) 한국사회에서 힘든 노동을 함께 나누는 공동노동 풍습. 소농경영(小農經營)의 어려움을 극복하기 위해 조직되었으므로 공동노동으로서의 진취성과 농민들의 자주적 성격이 매우 강한 긍정적인 조직이었으며, 두레의 상부상조 전통은 아름다운 미풍양속으로 자리잡았다.

4) 서로 노동력을 교환하여 돕는 공동노동. 일을 하는 '품' 과 교환한다는 '앗이'가 결합된 말이다. 한국의 공동노동 관행 중 역사적으로 가장 오래되었다. 품앗이는 베푸는 쪽과 그것을 보답하는 쪽 두 당사자를 항상 포함하게 된다. 품에 대해 보답하는 것을 전제로 하지만 반드시 갚지 않아도 되는 경우도 많다. 두레보다 규모가 작고 단순한 임의의 작업에서 수시로 이루어질 수 있으며, 사사로운 일에 쓰임이 많았다. 그러나 최근에는 이 또한 임금노동관계의 발달로 쇠퇴하고 임금노동으로 전환되고 있는 추세이다. 관혼상제 때 서로 돕는 미풍에서 그 잔재를 찾을 수 있다.

때 국적을 떠나 클라이언트 보호와 원조에 최선을 다하는 것과 법률과 인권문제에 휘말리는 것을 별로 탐탁치 않아 하는 기관이 추구하는 정책과 상충될 때 사회복지사는 자신이 지니는 가치로 갈등과 딜레마에 봉착할 수 있을 것이다.

(2) 사회복지사로서 개인적 성장

사회복지사가 실천현장에서 다양한 클라이언트들을 원조할 때 자신의 지식, 기술들에 부가하여 자신에 대한 정직한 성찰을 할 수 있는 것은 바로 사회복지사 개인을 위해서뿐만 아니라, 사회복지사가 개입해야 할 클라이언트를 위해서도 갖추어야 할 자질이며 의무이기도 하다. 이는 곧 사회복지사로서 개인적 성장과 밀접한 관련이 있다.

다음은 사회복지사로서 자기성찰의 중요성을 인식하여, 자신의 가치에 대한 인식 증진을 도모하기 위하여 활용할 수 있는 '가치명료화 및 자기개방훈련활동'을 제시하였다.

① 가치명료화란?

가치명료화 과정은 현재 사회복지사로서 자신이 살고 있는 현 시대와 자신에게 보다 적합한 가치를 스스로 발달시켜 나가는 과정이다. 가치란 "극히 개인적인 것으로서 그 개인의 행동에 영향을 끼치고 그의 생각을 구체화하며, 그의 감정을 조절토록 하는 인간존재의 가장 중심에 있는 어떤 실체"를 의미하는 것이다(Hall, 1973). 더 나아가 사회복지사로서 '참된 가치'란 신념, 목적, 태도 등의 수준에서 머무르지 않고, 개인이 그의 실생활에서 행동화하는 과정에까지 이르러야 한다는 것이다.

가치명료화 과정 접근은 첫째, 가치는 상대적, 주관적, 상황적이며, 둘째, 인간은 생래적으로 선하며 도덕적으로 완전을 지향함과 동시에, 자기결정 및 선택의 자유를 위한 능력과 권리를 지닌 존재임을 전제로 한다. 그러므로 개인은 가치명료화의 과정을 통하여 그가 성장과정 동안 자신도 모르게 가지게 된 가치를 발견하는 한편, 자신과 현 시대에 보다 적합한 가치를 계속적으로 발달시킬 필요가 있는 것이다. 이를 위해서는 가치화의 과정을 학습하여 활용하는 것이 필요하다.

이러한 가치화의 과정은 첫째, 스스로 선택하고, 둘째, 이를 존중하며, 셋째, 행동화하는 세 가지 과정적 단계를 기초로 하는데, 이를 토대로 Simon과 Howe 등(1993)은 가치발달의 7단계를 다음과 같이 설명하고 있다.

① 선택함(chosing)
- 자유롭게 선택함
- 여러 가지 방향 혹은 대안들 중에서 선택함
- 선택하기 전에 일어날 결과에 대하여 심사숙고한 다음에 선택함

② 존중함(prizing)
- 자기가 선택한 바를 자랑스럽게 여기고 존중함
- 그 선택한 바를 공개적으로 확언함

③ 실행함(acting)
- 선택한 바를 행동으로 나타냄
- 이를 반복함으로써 생활화함

② 자기개방 체크리스트를 통한 가치명료화

가치발달의 7단계를 근간으로 '자기개방 체크리스트 실시를 통한 가치명료화 활동'[5]을 사회복지사로서 개인적 성장을 위해 적용할 수 있는 방법으로 제시하였다. 이 활동은 두 사람씩 짝이 되어 수행할 수 있다. 이 활동은 다섯 영역, 즉 ㉠ 일반성(generalities), ㉡ 가치 및 태도(value and attitude), ㉢ 감정(affect), ㉣ 정체감(identity), ㉤ 강점(strengths)과 약점(weakness)에서 각 해당 주제를 가지고, 두 사람이 각 주제에 대한 자신의 생각 및 느낌을 표현하는 것이다. 각 주제의 내용은 각자가 가지는 관심영역에 따라 다른 내용으로 융통성 있게 작성하여 사용할 수 있다.

---

5) 제시한 자기개방평가 체크리스트는 Walsh(1987 : 33, 51)가 소개한 자료를 신성자(2007 : 25-26)가 재구성한 자료를 참고로 작성하였다.

체크리스트를 작성한 후 각 주제에 대해서 먼저 한 사람이 묻고, 상대가 대답하는 형식을 취한다. 질문을 하는 역할과 대답을 하는 역할은 서로 번갈아 진행한다. 이때 중요한 것은 자신의 장점 및 잠재적 능력을 강조하면서 자신이 살 만한 가치가 있다는 것을 설명하고 각자 자신이 쓴 내용을 바탕으로 자기 주장을 발표한다. 이때 상대방은 발표하는 사람에게 지지적으로 반응하도록 하며, 덧붙여야 할 긍정적인 면이 있다고 생각하면 말해주도록 한다. 이 활동에 참여한 학생들이 작성하여 제출한 체크리스트 자료를 통하여 학생들의 가치가 명확해지고 이것이 구체적으로 생활에서 실천될 수 있도록 Simon과 Howe의 가치발달의 7단계의 행동화를 격려하는 것이 중요하다. 또한 이 자료를 담당교수가 참여한 학생의 활동이나 학생상담에 대한 피드백을 줄 때 검토해 보면 유용할 것이다.

주제 1 : 나의 일반적 가치 인식

- 나의 직업 목표(career goal)는 ______________________________다.
- 내가 가장 좋아하지 않는 사람의 유형은 ______________________________이다.
- 나는 ______________________________ 때, 내 자신이 능력이 있다고 느껴진다.
- 나는 정말 ______________________________할 수 있기를 원한다.
- 인생에서 가장 중요한 것은 ______________________________이라고 생각한다.

주제 2 : 인간 태도와 가치 인식

- 사람들이 다른 사람을 돕는 진짜 이유는 ____________________라고 생각한다.
- 이제껏 내가 (시간을 내고 에너지를 쓰면서) 기꺼이 돕기를 원한 사람은 ____ ______________________________ 상황에 놓여 있거나 특성을 가진 사람이다.
- 아동을 성폭행한 가해자에 대한 나의 느낌은 ______________________________이다.
- 알코올중독자에 대한 나의 느낌은 ______________________________이다.
- 교수나 선배에게 불손하게 대드는 학생에 대한 나의 느낌은 ______________이다.

주제 3 : 감정 인식을 통한 가치 인식

- 나는 ______________________________ 때, 가장 나 자신에 대해 긍지를 느낀다.
- 나는 상대편이 나에게 ______________________________라고 말할 때, 기분이 언짢다.
- 나는 ______________________________ 때, 당혹스럽다.
- 나는 ______________________________ 때, 자존심에 상처를 받는다.
- 나는 상대가 나에게 ______________________________라는 말을 할 때 기분이 좋다.

주제 4 : 정체감

나는 누구인가? ______________________________

이 질문에 대한 대답은 즉흥적으로 해야 한다. 새삼스럽게 의도적으로 생각해 보며 나온 대답이 아닌, 평소에 자신이 가진 생각을 그대로 반영한 대답이 필요하다.

주제 5 : 강점과 약점

자신의 강점과 약점을 각각 5개씩 간략히 열거하도록 한다.

강점 / 약점

① ____________________ / ____________________

② ____________________ / ____________________

③ ____________________ / ____________________

④ ____________________ / ____________________

⑤ ____________________ / ____________________

CHAPTER 02

사회복지실천과정에서 사회복지사의 상담기술

사회복지사의 상담기술은 사회복지실천의 모든 단계와 모든 형태의 사회복지실천에서 필요한 것이다. 사실 상담에서 활용되는 의사소통 기술은 인간의 사회적 관계의 모든 측면에 적용된다. 의사소통 기술이 좋지 않으면 긍정적인 전문적 관계를 맺지 못하며 성공적인 결과를 가져올 수 없다. 기본적 인간관계기술은 사회적 상호작용을 촉진한다. 말하기와 듣기를 잘 사용하게 된다면 여러분은 다른 사람과의 상호작용에 있어 여러분 자신의 얘기를 잘 들을 수 있으며 이해할 수 있을 뿐만 아니라 명확하게 표현할 수 있다. 사회복지실천에서 상담기술은 대단히 중요한 역할을 한다. 사회복지사는 표현적 의사소통기술을 바탕으로 상담을 통하여 의사소통을 촉진하고, 신뢰관계를 수립하며, 문제를 사정하고, 계획을 세우며, 효율적인 개입을 하는 역할을 수행하게 된다. 여기에서는 다양한 실천현장에서 복합적인 문제를 갖고 있는 클라이언트들을 만나 그들의 문제에 개입하게 될 때 사용되는 사회복지실천의 기본이자 필수적인 기술이라 할 수 있는 표현적 의사소통기술과 상담기술에 대해 구체적인 실례를 통해 알아보고 예시를 통해 연습에 활용할 수 있도록 하여 충분한 이해를 제공하고자 한다.

1. 표현적 의사소통기술

표현적 의사소통기술은 클라이언트의 인식적 토대보다는 사회복지사 자신의 전문적인 지식, 경험에서 비롯되는 인식적 토대에서 의사소통을 하는 것이다. 따라서 이 기술은 사회복지사가 새로운 주제를 소개하거나 클라이언트가 시작한 주제를 보다 확장하여 표현하고자 할 때 사용하는 기술이다. 또한 표현적 의사소통기술은 집단성원들이 사회복지사의 역할, 의도적인 집단경험과 참여자에 대한 사회복지사의 기대를 이해할 수 있도록 돕는다. 그리고 집단성원들 간의 상호작용을 향상시키고, 강화하는 데 사용될 수 있다. 또한 클라이언트들이 인식하지 못하는 부가적인 자원을 깨닫게 하고, 새로운 방식의 생각, 느낌, 행동들을 고려하도록 돕는다. 일반적으로 사용되는 표현적 의사소통기술로는 목적, 역할 및 기대의 명료화, 초점화, 세분화, 정보 공유, 그리고 직면이 있다.

1) 목적, 역할 및 기대의 명료화

클라이언트들은 사회복지사와의 만남을 처음 시작할 때 일반적으로 어색해하고, 여기 온 것이 잘한 것인가? 제대로 도움을 받을 수 있을 것인가? 하는 양가감정과 걱정을 경험한다.

또한 어떤 클라이언트들은 자신들의 문화·경제적 배경과 이전의 경험 때문에 자신이 처해 있는 환경이나 사적인 감정과 가족문제를 함께 이야기해야 하는 점에서 불편해할 수도 있다. 이럴 경우 사회복지사가 클라이언트에게 면접의 일반적인 목적에 대한 자신의 관점을 명확하게 언급함으로써 사회복지사의 역할을 명백하게 설명하고, 사회복지사가 클라이언트에게 가지는 기대감을 분명하게 말함으로써 여러 가지 관련된 부분들에 대한 염려를 줄이도록 도와줄 수 있다.

집단인 경우, 사회복지사는 집단과정에서 지켜야 할 어느 정도의 규범을 먼저 말해줄 수 있다. 그리고 첫 번째 집단모임이 이루어지기 전에 각 성원들과의 개별적인 만남이나 예비 집단모임을 통해 집단의 목적과 역할에 대해 충분한 설명을 해야 할 것이다. 개별적인 만남 동안 구축한 기반 위에 이후 집단의 첫 세션에서 보다 나은 탐색과 명료화가 이루어질 수 있다.

물론 사회복지사는 각 클라이언트나 집단의 경험내용에 따라서 목적과 역할을 명확하게 할 방법을 다양하게 이용할 수 있어야 한다. 예를 들어, 남편으로부터 학대받은 여성들을 위한 집단을 시작한다고 가정해 보자. 다음과 같은 방법으로 역할, 목적 및 기대감에 대한 탐색과 명료화를 시작할 수 있다.

예시

사회복지사 : 네, 지금 모두 앉으셨지요. 먼저 저를 소개한 뒤에, 우리들이 함께 이 시간을 어떻게 보낼지에 대해 말씀드리도록 하겠습니다. 제 이름은 박○○이고 저는 이곳 상담센터에서 사회복지사로 일하고 있습니다. 우리들이 개별적으로 만나서 의논했던 것처럼, 이번 집단의 일반적 목표는 가정에서 폭력과 학대를 경험하는 여러 사람들과 함께 여러분들의 문제, 관심사, 희망을 나눌 수 있는 기회를 가지는 것입니다. 저는 여러분들의 문제를 들어주고 여러분들이 어떻게 해야 할지를 말해주는 전문가로 저 자신을 보지 않습니다. 오히려 저의 역할은 여러분들이 서로 도울 수 있도록 돕는 것입니다. 여러분들은 엄청난 지혜를 모두 가지고 있으며, 서로 도울 수 있는 능력이 있습니다. 저는 우리들이 만나는 시간마다 이렇게 진행할 것이며 모든 사람들이 서로 들을 수 있는 기회를 갖도록 노력할 것입니다. 또한 저는 어떤 주제를 정하여 여러분들에게 도움이 될 수 있는 가정폭력에 대한 정보를 나눌 것입니다. 저는 이 집단에서 여러분들 각자가 원하는 것과 여러분 자신들의 관심사, 경험과 생각을 서로 이야기하면서, 다른 사람들이 자신에 대해 표현하는 것을 듣고, 나타난 문제를 해결하기 위해 함께 협력할 것입니다. 여러분들은 이러한 접근방식을 어떻게 생각하십니까?

통상 목적, 역할 및 기대감의 명료화 기술은 개인수준의 실천에서보다 집단수준의 실천에서 더 강조할 필요가 있다. 집단은 더욱 복잡하고, 시작단계 동안 상대적으로 성원들 간의 양가감정과 불안이 높을 수 있다. 또한 비자발적으로 참여한 클라이언트에게 집단의 목적, 역할 및 기대의 명료화 과정은 매우 세부적으로 진행되어야 한다. 그리고 초기에는 집단성원들 간의 차이(성, 경력, 나이 등에서)로 인해 자유롭게 충분히 표현하지 못하기 때문에 사회복지사는 상호작용을 위한 집단지침을 명확히 함으로써 신뢰적이고 안정적인 분위기를 발달시킬 수 있다. 초기과정에서 성원 간의 규칙을 결정하므로 집단에서 성원 간의 차이를 존중할 수 있도록 한다.

예시

(학교에서 처분을 받은 청소년 집단과의 첫 모임에서 사회복지사는 다음과 같이 집단성원으로서의 역할을 설명해 줄 수 있을 것이다)

사회복지사 : 우리 모두는 삶의 과정에서 어려운 문제에 부딪힐 때가 있기 마련입니다. 그것은 인간 삶의 한 부분이라고 봅니다. 이러한 문제들에 대해 비슷한 처지의 다른 사람들과 함께 얘기를 나누는 것은 문제 해결에 도움이 됩니다. 오늘의 집단은 여러분에게 여러분의 문제와 관심사는 물론 여러분의 꿈과 희망을 다른 사람과 나눌 수 있는 기회를 제공하려는 것입니다. 물론 여러분이 간직하고자 하는 것들을 얘기하라는 것은 아니고, 집단성원들이 서로에 대해 자신들을 표현하고 다른 사람이 얘기하는 것을 주의 깊게 경청하고 어떻게 하는 것이 더 나은지에 대해 제안을 제시해 주길 바라는 것입니다. 그리고 모든 집단성원들은 비밀보장의 원칙을 따라야 합니다. 이는 집단 안에서 얘기된 모든 것에 해당합니다. 따라서 집단에서 논의한 것을 밖에서 얘기해서는 안 됩니다.

2) 초점화

초점화(focusing)는 사회복지사가 사회복지실천에서 중요한 어떤 부분을 강조하거나 집중시킬 때 사용하는 표현적 의사소통기술이다. 클라이언트는 때때로 사회복지사와 함께 합의한 목적과 목표에서 벗어난 주제를 이야기할 수가 있다. 그때 사회복지사는 그들이 목표를 향해 나아가도록 새롭게 방향을 되돌릴 필요가 있다.

예시 1

(우울증을 겪고 있는 사람들의 집단을 지도하는 사회복지사는 다음과 같이 초점화할 수 있다)

사회복지사 : 저는 ○○ 씨가 때때로 자살하고 싶다는 생각을 한다고 말했을 때, 나머지 사람들은 갑자기 조용해졌고 어떤 다른 주제로 이야기하게 된다는 것을 깨달았습니다. 저는 잠시 되돌아가서, 여러분들이 ○○ 씨가 이야기하려는 것에 진정으로 응하기를 바랍니다.

예시 2

(만일 한 집단성원이 대인관계를 향상시키고 싶다고 표현한다면 다음과 같이 초점화할 수 있다)

사회복지사 : ○○ 씨, 당신은 살아오면서 만났던 남자가 무책임하고 믿을 수 없었다고 말했습니다. 저도 남자이고 이 집단에는 다른 남자들도 있는데, 당신이 우리들에게는 어떤 생각을 가지는지에 대해 이야기를 해주셨으면 합니다.

3) 세분화

세분화하기는 '부분화'라고도 하는데, 클라이언트가 어떠한 문제나 주제 혹은 근심 등의 복잡한 현상을 쉽게 다루기 위해 처리가 용이한 단위로 나누는 기술이다. 이 기술은 보통 탐색과정 동안 아주 유용하다. 사회복지사와 클라이언트가 많은 문제를 한꺼번에 다루려고 한다면 클라이언트나 사회복지사 혹은 둘 다 상당히 혼란스러워할 수 있다. 가끔 한번에 다루어야 할 사항이 너무나 많을 때가 있다.

세분화하기 기술은 전체적인 것을 한번에 하나씩 탐색하면서 전체를 부분적으로 나누고 정리하는 데 도움을 준다.

예시

클라이언트 : (40세의 여성 클라이언트) 지금 제 인생이 엉망진창입니다. 제 남편은 하룻밤에 소주를 무려 6병이나 마시며 주말엔 더 많이 마십니다. 그이는 알코올중독자 같습니다. 이번에 또다시 직장을 그만두게 되었습니다. 제 아들은 고2인데, 본드를 흡입하고 있습니다. 아들의 방에서 본드를 발견하였고, 학교에서는 다른 학생의 사물함에서 돈을 훔친 일과 금품갈취로 정학처분을 당했습니다. 그래서 남편과 아들은 지금 모두 집에 있습니다. 저만 식당에서 일을 하고 있으며 너무나 지치고 힘이 듭니다. 제 삶은 망한 것 같고, 정말 너무나 절망적이고 죽고 싶을 지경입니다.

사회복지사 : 한꺼번에 많은 일들로 무척 힘든 상황에 있는 것 같습니다. 남편과 아들이 동시에 힘든 문제를 가지고 있어 ○○ 씨께서 어찌 할 바를 모르고 계신 것 같군요. 함께 해결해 나가야 할 문제들(남편의 행동, 아들, 그리고 이 모든 것들에 대한 당신의 감정)이 너무나 많기 때문에 한번에 한 가지씩 살펴보는 게 어떻겠습니까? 어떠한 부분의 문제가 ○○ 씨를 가장 힘들게 하고 있고, 해결이 되었으면 하는지 그것부터 시작하는 것이 좋을 것 같습니다.

4) 정보공유

정보공유나 교육은 사회복지실천에서 특히 중요한 기술이다. 때때로 클라이언트는 지역사회 환경 가운데 이용할 수 있는 자원들을 쉽사리 알지 못한다. 사회복지사가 지역사회 프로그램과 서비스에 대한 정보를 클라이언트에게 알려줄 수 있는데, 이러한 정보는 어떤 클라이언트에게 매우 확실한 자원이 될 수가 있다.

종종 사회복지사는 교사나 훈련가, 정보제공자의 역할을 수행한다. 사회복지사는 훈련이나 교육목적의 집단을 지도할 때 교사의 역할로 많은 양의 정보를 성원에게 일정하게 제공할 수 있다. 부모교육 프로그램에서 사회복지사는 소유하고 있는 정보를 부모들의 욕구에 맞게 전달하고 공유할 수 있어야 한다. 또한 최근 여성가족부에서 실시하는 아이돌보미 사업의 경우나 자녀양육 도우미 사업의 경우 사용료나 자격요건 등의 정보를 적절히 제공함으로써 도움을 줄 수 있다.

사회복지사로서 현재의 목적과 상황과 관련된 정보를 적절하게 제공하는 것은 전문적인 책임이다. 그러나 사회복지사가 정보를 공유하는 데 있어서 사실과 의견을 분명하게 구분해야 하며, 클라이언트가 자유롭게 받아들이거나 거절할 수 있는 여건에서 자료나 정보를 전달해야 한다. 의견을 나눌 때 "내 생각으로는 ~", "제 생각은 ~입니다"라고 제안하는 것이 바람직하다.

예시

사회복지사 : 제 생각으로는 아이들이 성장함에 따라 부모들도 점차적으로 규칙을 완화하고 훈계의 방법을 바꾸는 것이 현명하다고 봅니다. 저는 대부분의 13세 청소년과 17세 청소년은 매우 다른 방식으로 대해야 한다고 생각합니다. 당신의 생각은 어떻습니까?

5) 직면

직면은 클라이언트에게 말과 행동 사이에 불일치나 모순을 직접적으로 지적하는 것을 의미한다(Cournoyer, 1996). 그러나 직면은 다른 사람들을 공격하거나 비평할 때 쓰는 기술이 아니라 그들의 행동이 역기능적으로 되거나 언어적 메시지와 비언어적 메시지가 일치하지 않을 때 이용된다(전재일 · 이성희 · 김연희, 2018).

실천현장에서 실제로 사회복지사는 개인이나 집단이 생각, 감정, 행동을 나타내는 데 있어서 분명한 불일치나 모순을 살펴야 한다. 이러한 기술은 매우 신중하게 사용되어야 하는데, 어떤 클라이언트는 직면하게 되었을 때 매우 강한 감정적 반영(사회복지사의 비판, 비난, 불쾌감 등)을 경험할 수 있기 때문이다.

통상 직면이 사용될 때는 개인과 집단성원들에게 온정, 이해, 관심을 가지고 의사소통을 해야 한다. 직면 전과 후에 공감적 의사소통을 충분히 사용하는 것이 좋다. 또한 사회복지사가 메시지의 내용에 대해 책임감을 가지고 다른 사람들이 달리 볼 수도 있다는 점을 인정하는 방식으로 직면하도록 해야 한다. 다음은 사회복지실천에서 사회복지사가 사용한 직면의 몇 가지 예이다.

예시 1 두 가지 언어적 진술 사이의 모순, 즉 앞말과 뒷말이 다를 때

사회복지사 : ○○ 씨는 아무런 문제가 없다고 하는데, 그 사람이 당신에게 좀 화가 났다고 하지 않으셨나요? 아까 한 말은 이 말과는 좀 다른 것 같군요.

예시 2 말과 행동 사이의 불일치

(성인 남성 클라이언트가 자신의 부부문제에 대해 여러분에게 도움을 요청하였다)

클라이언트 : 저는 부부관계를 발전시키기 위해 필요한 것은 무엇이든지 할 의향이 있습니다. (클라이언트의 아내와 면접을 한 후, 클라이언트는 아내와 이번 주에 두 번의 데이트를 하기로 약속하였다. 그러나 그는 직장에서 초과근무를 하고 데이트하기엔 너무나 늦은 시간에 도착했다. 클라이언트가 계획된 데이트를 또 다시 지키지 못하였다)

사회복지사 : ○○ 씨는 아내와의 관계를 긍정적으로 회복시키고 싶어 하셨고 아내와 두 번의 데이트를 하기로 했습니다. 하지만 당신은 아내와 데이트를 하기로 한 그 날, 밤늦게까지 일했습니다. 결국 한 번도 지키지 못하였는데, 이것이 무엇을 뜻하는 것 같습니까?

예시 2-1 말과 행동 사이의 불일치

사회복지사 : "상담에 와서 좋은 성적을 내고 싶다고 말은 늘 하고 있어도 대부분의 시간은 잠자는 데 쓰고 있으시군요."

사회복지사 : "당신은 대학원에 진학하고 싶다고 말은 하면서도 전혀 공부를 하는 것 같지 않군요."

사회복지사 : ○○ 씨는 당신 누나에게 화가 났다고 말씀하시는데, 다른 사람이 누나 칭찬을 하면 왜 그렇게 좋아하시나요?

사회복지사 : ○○ 씨께서는 본인이 매우 점잖은 분이라고 말씀하셨는데, 다른 사람을 놀리는 것도 되게 좋아하시고 친구들을 자주 놀리시는 것 같은데요.

사회복지사 : ○○ 씨는 친구 중에 아무도 ○○ 씨를 좋아하지 않는다고 그러셨죠? 그런데 지난주에 누가 같이 점심 먹자고 했다고 그러시지 않으셨나요?

예시 3 언어와 비언어적 메시지의 불일치

사회복지사 : 요즘 마음이 행복하다고 하시는데, 표정은 쓸쓸해 보이시네요. 입모양은 웃고 계시지만 이를 악물고 계시네요.

이렇듯 사회복지사가 클라이언트의 불일치에 직면하여 도전하도록 하는 것은 지지하는 만큼이나 중요하다. 적절한 시기에 직면하여 회피해온 자신의 모습을 바라볼 수 있도록 격려할 수 있기 때문이다. 그러나 만일 직면이 적의적인 공격하는 방식으로 구성된다면, 개인이나 집단의 신뢰수준은 감소할 수 있다. 그러한 점에서 직면은 기본적인 신뢰감이 형성된 후에 지지하는 기술과 함께 사용되어야 할 것이다.

6) I-Message

I-Message는 다른 사람의 행동에 의해 당황한 사람이 비난적이지 않은 방법으로 그 행동의 영향을 표현할 수 있게 한다. 이때 그 문제행동을 수정할 책임은 당사자에게 남겨 둔 채로 행동의 영향을 표현하는 것이다. I-Message는 비난하거나 책임을 묻는 대신에 "난 당신이 당신 행동에서 변화가 필요하다는 결심을 할 것으로 믿는다"는 것을 암묵적으로 전달한다. I-Message는 세 부분으로 구성된다.

첫째, (상대의)특정 행동에 대해 간결하지만 분명한 묘사

둘째, 그 특정 행동으로 인해 경험된 나의 감정

셋째, 그 행동이 상황에 미친 명백한 영향의 묘사

넷째, 상대에 대한 나의 바람

예를 들어, 나 전달법(I-Message)을 사용하는 사회복지사는 클라이언트에게 다음과 같이 말한다.

예시 1

(자활참여 주민이 작업장에 가기 위해 모이기로 한 시간보다 40분 늦게 왔을 때)

사회복지사 : 저는 ○○ 씨가 우리와 약속한 시간보다 이렇게 늦게 오시니(상대의 구체적 행동), 저는 속상하고 당황스럽습니다(감정). 왜냐하면 저를 비롯한 다른 사람들이 아침시간을 그냥 허비하는 것이 속상하고 저희들의 오늘 오전 스케줄을 어렵게 만들어 버렸거든요(명백한 영향). 그래서 저는 ○○ 씨가 저와 동료와의 시간약속을 잘 지켜주셨으면 합니다.

예시 2

(아동시설에 근무하는 사회복지사가 자기의 방을 치우지 않고 어지럽히기만 하는 아동에게)

사회복지사 : ○○아, 나는 네가 오늘 아침처럼 온 방을 어지럽히고 정리를 하지 않은 채 친구와 놀러갔을 때(상대의 특정 행동에 대한 분명한 묘사), 선생님은 너무 당황스러웠고 속상했단다(경험된 감정). 왜냐하면 나는 다른 해야 될 일들이 많은데, 네 소지품 정리까지 하고 나니 내가 해야 될 일을 다 마칠 수가 없었단다(명백한 영향). 선생님은 ○○이가 놀고 나서 장난감을 정리를 잘 해주었으면 해.

I-Message는 매우 널리 적용할 수 있는 자기 표현적 의사소통기술이다. 유능한 사회복지사는 이것을 클라이언트나 다른 전문직과의 대화에 많이 사용한다. 또한 이것은 부모와 자식 간 혹은 부부간과 같은 일반적인 대인관계의 문제를 스스로 해결할 수 있도록 원조하는 기술로서 클라이언트에게 가르칠 수도 있는 것이다.

2. 상담의 기본 기술

1) 사회복지실천에서 상담과 준비단계의 의의 및 내용

(1) 상담과 준비단계의 의의

상담은 사회복지실천에서 대단히 중요한 역할을 한다. 사회복지사의 상담기술은 표현적 의사소통기술과 함께 클라이언트를 직접 만나 서비스를 제공할 때 이용될 뿐만 아니라, 다른 전문가, 가족 성원, 이웃과 일반 대중들과 의사소통을 잘할 수 있게 한다(Kadushin, 1990 : 3). 상담을 하는 방법은 목적을 가지고 대화하는 것이며, 구체적이고 의도적인 목적을 충족시키기 위해 계획된다. 이러한 이유로 훌륭한 계획과 준비는 성공적인 상담을 보증한다.

그럼에도 불구하고 상담 전의 준비단계는 사회복지실천과정 가운데 중요한 과정이면서 관심을 받지 못한 부분이다. 사회복지사가 클라이언트를 만나기 전에 준비단계에서 원조과정의 전반을 체계적으로 검토하고 준비하는 것은 사회복지실천의 효과를 향상시키는 초석을 놓는 것과 같다(엄명용 외, 2019). 하지만 사회복지사의 많은 과업으로 인해 혹은 상담 사전준비의 필요성과 중요성에 대한 인식 부족으로 인해 사회복지실천과정에서는 이 단계에 대한 연구가 매우 미흡한 것이 사실이다.

이 단계는 사회복지사와 클라이언트가 만나기 전에 사회복지사 입장에서 클라이언트가 사회복지사를 만나러 오면서 갖게 되는 생각, 감정을 미리 헤아려서 가급적이면 클라이언트의 상황에 사회복지사 자신을 맞추려는 준비활동이 일어나는 단계를 의미한다. 상담의 목적은 클라이언트의 문제와 욕구에 의한 과제형태에 따라 다르다. 상담의 주된 목적이 정보를 주고받기 위한 것일 수도 있다. 예를 들면, 국민기초생활보장 수급권자를 선정하기 위하여 적격성 여부를 확인하기 위한 상담일 수도 있고, 또한 클라이언트의 인지적・정서적・행동적 문제를 해결하기 위해 직접적인 상담서비스를 주는 상담일 수도 있다.

이러한 상담을 통해 정보를 주고받는 것은 사정과 의사결정과정에서 주요한 부분이며, 필요하다면 '아동보호심사', '정신건강조사', '지역사회조사' 등과 같은 더욱 공식적인 상담이 요구되기도 한다(Doel, 1994 : 26, 전재일, 2002 : 71 재인용). 따라서 사회복지실천에서 이루어지는 상담의 독특성이자 차별성은 적격성 여부를 확인하기 위한 상담과 직접적인 상담서비스를 주기 위한 상담은 부분적으로 중복될 수 있다는 점에 있다. 따라서 사회복지실천기술들은 이러한 두 가지 영역 모두에서 개발되어야만 한다.

(2) 상담에 임하기 전 사회복지사의 태도와 준비사항

Cournoyer(2000, 김인숙 · 김용석 공역, 2002 : 143 재인용)는 사회복지사가 상담에 임하기 전 사회복지사의 태도와 준비사항으로 8가지를 제시하였다. 이를 구체적으로 살펴보면 다음과 같다.

① **사전 검토**(preparatory review)

사전 검토는 클라이언트의 이전 기록과 기관의 정보를 검토하고 클라이언트의 기본적 배경(예 교육 정도)을 검토하는 것이다. 하지만 이 단계에서 클라이언트에 대한 편견이나 선입견을 갖는 것에 대해서는 주의를 요한다.

② **사전 탐색**(preparatory exploring)

사전 탐색은 접수나 초기 상담을 담당한 사람과 클라이언트의 의뢰자에게서 클라이언트 및 그의 상황에 대한 질문을 통해 정보를 수집하는 것이다. 종종 클라이언트가 같은 기관의 다른 사회복지사로부터 서비스를 제공받았다면(예 클라이언트 자녀를 다른 복지관의 방과 후 프로그램에 참여), 이전에 서비스를 제공했던 동료 사회복지사로부터 정보를 수집하는 것도 이에 해당한다.

③ **사전 협의**(preparatory consulting)

사전 협의는 슈퍼바이저나 동료에게서 조언을 구하는 것을 의미한다. 예를 들어, 우울증을 보이는 여자 청소년을 상담할 예정인 사회복지사는 우울증 증상 및 잠재적인 자살 가능성을 파악하기 위한 질문목록을 슈퍼바이저, 동료와 협의해 볼 수 있다.

④ **사전 정리**(preparatory arranging)

사전 정리는 첫 상담을 위해 체계적인 물리적 준비를 의미하는 것이다. 예를 들어 약속시간을 확인하는 것, 상담실의 충분한 시간 확보, 비밀보장이 될 수 있는 공간 확보를 비롯하여 상담실의 사전예약, 가구배치 그리고 필요한 경우 교통편의 및 주차, 장애인을 위한 편의시설 등과 관련한 준비를 한다. 나아가 대기실에 최신 잡지 등과 같은 읽을거리와 음료수, 간단한 그림 등을 비치함으로써 방문하는 클라이언트가 편안함을 느낄 수 있도록 해야 한다.

⑤ **사전 공감**(preparatory empathy)

클라이언트가 초기 상담에 오기 전이지만 클라이언트가 겪을 수 있는 느낌이나 현재의 문제 및 상황에 민감하게 반응할 수 있도록 사전 공감을 실천해 보는 것이다.

⑥ **사전 자기탐색**(preparatory self-exploration)

이것은 자기인식 및 전문적인 자질향상과 매우 관련이 깊다. 이것은 자기분석의 한 형태로서, 타인과의 상호작용에서 어떻게 영향을 주고받는지를 파악하는 것으로 사회복지사 자신의 가족력과 개인력을 파악하고, 자신의 특징, 욕구, 선입관, 가치관, 편견, 정서적 약점, 행동양상 등을 이해하는 것이다.

⑦ **철저한 자기관리**(intensive self-management)

이는 사회복지사의 개인사정이 전문가로서의 의무와 서비스 전달에 방해가 되지 않도록 하기 위한 것이다. 예를 들어, 집안 문제나 개인 문제로 상담에 집중하기 어렵거나 클라이언트와의 상담에 있어서도 집안 문제가 자꾸 떠오르면 사회복지사는 적절한 조치(예 클라이언트에게 양해를 구하고 상담을 취소하거나 재조정하는 것)를 취하여야 한다.

⑧ **사전 계획**(preliminary planning)

이것은 사회복지사가 상담 전에 상담의 목적과 목표를 검토하고, 상담에서 논의할 주요 과제를 임시적으로 설정하는 것을 의미한다. 상담에는 상담의 목적에 따라 ㉠ 정보수집을 위한 상담, ㉡ 정보제공을 위한 상담, ㉢ 사정을 위한 상담, ㉣ 변화를 위한 상담이 있지만, 모든 상담이 반드시 이러한 분류로 구분될 수 있는 것은 아니다. 그러나 무엇에 초점을 더 두는지에 따라 상담의 목적이 달라질 수 있으므로 이에 대한 사전 고려가 필요하다. 예를 들어, 사회복지사의 클라이언트 상담이 클라이언트의 심리적 고통을 감소시키기 위한 것인지, 생계수단의 강구를 위한 것인지, 이혼을 위한 법률적 소언을 구하러 온 것인지, 가정폭력 피해회복 및 재발방지책을 모색하기 위한 것인지, 아니면 자신의 성격변화 및 자아성장을 위한 것인지 등에 따라 상담의 방향은 다르게 된다. 따라서 클라이언트가 '지금 여기에서' 얻기를 원하는 것이 무엇인지를 정확히 파악하고 그에 대한 해결방안을 강구해 봄으로써 상담의 목적을 명료하게 할 필요가 있다.

연습 : 사회복지사 자신이 문제해결을 위해 어렵고 낯선 사람, 권위적인 장소를 찾아갔을 때 느꼈던 감정을 되살려 보자. 어떤 감정이 있는지 나열해 보고 그렇게 느낀 이유가 어디에 있었는지 파악해 보자. 또한 자신의 감정을 완화시키는 방법에는 어떤 것이 있었는지 논의해 보자.

(3) 상담 장소

상담의 장소에 대한 문제는 크게 두 가지 부분이 혼합되어 있다. 첫째는 물리적인 공간의 의미고, 둘째는 상담이 이루어지는 현장에 대한 부분이다.

상담이 이루어지는 공간은 주변 분위기가 조용하고, 실내 가구 배치가 편안하며, 단정한 느낌을 주는 곳이면 어디든지 가능하다. 이것은 상담자와 내담자가 문제탐색에 집중하는 것을 방해받지 않기 위한 것이다. 주변이 시끄럽거나 실내 가구나 장식이 화려하거나 복잡하다면 내담자의 주의는 분산될 것이다. 또 사람의 이목을 끌지 않고 내담자가 편안하게 다닐 수 있는 장소를 선택하는 것이 중요하다.

상담은 다양한 현장에서 이루어지는데, 특히 우리나라에서는 주로 사회복지기관 및 시설, 학교, 병원, 가정 및 성폭력 상담센터, 아동보호전문기관, 건강가정지원센터, 다문화가족지원센터, 교정시설, 정신건강복지센터(자살예방센터), 중독통합관리지원센터, 청소년복지상담센터 그리고 개인 사설 상담센터나 연구소 등에서 이루어지고 있다. 최근 사회복지실천 영역에서 사설 상담소를 운영하는 경우가 늘고 있는데, 이 경우 개인이나 팀워크로 출자하여 직접 운영하며, 정부나 지방자치단체가 운영하는 상담 관련 기관과는 달리 내담자에게서 비용을 받는다.

상담의 장소와 관련하여 또 하나 주목할 것은 최근 인터넷과 기타 통신기술의 발달로 점차 장소의 제약이 없어지고 있다는 것이다. 전통적 상담은 대면관계에서 이루어지는 것이 일반적이며, 서로 얼굴을 마주하고 대화할 수 있을 때 상대방의 의도뿐 아니라 감정, 행동 등을 예민하게 관찰할 수 있다는 장점이 있다. 그런데 내담자의 감정, 행동, 비언어적 태도 등을 관찰할 수만 있다면 굳이 상담자와 내담자가 직접 한 장소에서 만나는 대면관계의 필요성은 줄어들 수 있다. 또한 온라인 상담은 시간과 비용을 줄이는 효과가 있을 수 있으므로 좀 더 많은 내담자에게 상담서비스가 제공될 수 있는 기회를 마련해 줄 것이다.

2) 상담의 기초 기술

(1) 시작과 맞이하기 기술

① 첫 상담에 대한 불안

사회복지실천과정에서 첫 상담은 사회복지사와 클라이언트 모두에게 다양한 감정과 반응을 불러일으킨다. 더욱이 누군가에게 도움을 요청한다는 측면에서 클라이언트는 도움요청에 대한 양가감정을 갖게 되며, 어디서부터 문제상황을 설명해야 할지 당황해하고 혼돈을 경험하게 된다. 즉, 문제해결에 대한 희망을 가지면서도 한편으로는 사회복지기관에 대한 갖가지 의문을 갖게 된다. 첫 상담은 사회복지사와 클라이언트 모두 상대방에게 첫인상을 심어 준다는 측면에서 후속 상담 및 관계형성 그리고 문제해결 및 서비스의 효과성에 많은 영향을 줄 수 있다. 또한 성공적인 첫 상담은 조기종결이나 중도탈락을 예방할 수 있는 기회를 제공할 뿐만 아니라 비자발적이거나 참여의지가 미약한 클라이언트의 참여동기를 강화할 수 있기 때문에 매우 중요하다.

② 신뢰감 있고 좋은 첫인상

클라이언트가 사회복지사에 대해 갖는 첫인상은 매우 중요하다. 클라이언트는 대개 상담 사회복지사의 모습에 대한 어떤 기대를 가지고 있는데, 이런 기대가 충족되었을 때 비교적 쉽게 상담 장면에 적응할 수 있다. 사회복지사에 대한 첫인상은 흔히 사회복지사의 복장이나 상담실의 분위기 등의 일반적인 요인에 의해 결정될 수 있다.

첫인상에서 사회복지사의 외모, 특히 얼굴이 영향을 주는 경우가 많다. 이는 얼굴이 잘나고 못나고의 이야기가 아니라 얼마나 노련해 보이는지의 문제다. 일반적으로 상담 관련 전문가라고 한다면 나이가 지긋해 보이는 중년 사회복지사를 기대할 수 있다. 대개 의지하고 싶고 조언을 얻고 싶은 클라이언트는 연륜이 있어 보이는 사회복지사 상을 기대하기 마련이다. 그러나 많은 경우 아직도 사회복지 현장에는 상담 담당 사회복지사들이 젊은 경우가 많다. 그리하여 사회복지사가 자신의 예상보다 어리다거나, 여자 사회복지사를 기대했는데 남자라거나 또는 그 반대일 경우에 클라이언트는 다소 놀라거나 실망할 수 있다.

이럴 때 사회복지사는 클라이언트에게 자신을 분명히 소개하고 클라이언트가 만나야 할 사람을 만나고 있다는 확신을 가지게 해야 한다. 때로는 젊어 보이는 사회복지사가 분명한 태도로 말을 하고 충분히 클라이언트를 다룰 수 있음을 보여 줄 때 클라이언트는 사회복지사에게 더 큰 신뢰를 갖게 되기도 한다. 이 과정에서 핵심은 클라이언트가 사회복지사에게 어떤 첫인상을 받았고, 그것이 평소 클라이언트가 가지고 있던 기대가 어떤 것인지를 확인하는 것이다. 젊은 사회복지사가 당황하지 않고 클라이언트의 의아함을 자연스럽게 받아들이며, "많은 사람이 저를 처음 보면 그러기도 합니다"라면서 여유 있게 받아들이는 모습을 보여주며, "젊어 보여서 당황하셨군요. 나이가 젊다는 점이 상담에 어떻게 영향을 미칠까요?"라고 차분하게 물어본다면 클라이언트는 사회복지사의 여유로움에 크게 안심하게 될 것이다. 클라이언트는 "젊으면 아무래도 경험이 부족하고 그래서 제 문제의 해결법을 잘 모르실 수 있지요"라고 대답할 수 있을 것이다. 이럴 때 사회복지사는 "당신이 솔직하게 말씀해 주시니까 참 좋군요. 당신이 말을 안 했으면 그런 생각을 가지고 있는지 몰랐을 텐데요"라고 가볍게 응수할 수 있다. 사회복지사는 클라이언트의 말이 도전이 되지 않았고 마음을 상하게 하지 않았다는 것을 먼저 전달해 준 다음, 자신의 능력과 경험에 대해 간략하게 이야기해 주는 것이 좋다. "저는 상담전문가 자격을 소지하고 있고 본 센터의 상담부서에서 오랫동안 최선을 다해서 상담을 해왔습니다"라고 부드럽고 차분하지만 자신 있게 이야기한다. 단, 너무 장황하게 설명하는 것은 오히려 역효과를 낼 수 있다. 이렇게 차분하게 응수하는 사회복지사 앞에서 클라이언트는 젊어 보이는 외모는 크게 문제가 되지 않는다고 느낄 것이다.

③ 비공식적인 대화로 시작

클라이언트를 따뜻하게 맞이하는 방법 가운데 하나는 날씨 혹은 기관에 찾아오는 과정에서의 어려움(예 주차문제, 교통편의 등)과 같은 주제를 택하여 비공식적인 대화로 시작하는 것이다. 이러한 비공식적인 대화를 얼마나 오랜 시간 동안 할 것인가는 사회복지사의 경험과 직관력에 달려 있다. 지나치게 짧게 하는 것은 금방 넘어간다는 느낌, 지나치게 길게 하는 것은 불필요한 대화에 시간을 낭비하는 것과 같은 느낌을 갖게 한다(Trevithick, 2000). 비공식적인 대화를 무시할 수 없는 이유는 사회복지사가 어떤 방식으로 상담을 이끌 것인지에 대한 인상을 심어 줄 수 있기 때문이다. 사회복지사 입장에서의 비공식적 대화는 클라이언트에게 어려운 문제나 도움요청과 같은 주제를 다소 편하게 말할 수 있는 기회를 제공하는 것이 된다. 또한 어떤 클라이언트에게는 첫인상에서 받은 느낌을 중요시할 뿐만 아니라 처음 몇 분간의 상호작용으로 인해 사회복지사에 대한 인상을 그대로 갖게 되기도 한다.

④ 전문적 관계 속에서 존중

사람은 누구나 자신을 긍정적인 존재로 여기고 싶어 하며, 자신을 긍정적으로 여기지 못하는 사람들은 사소한 스트레스에도 다양한 심리적 고통을 겪을 것이다. 대개 상담을 받으러 찾아온 클라이언트는 타인에게 긍정적으로 평가받았던 경험이 부족하며 자존감이 낮다.

상담 관계는 이런 클라이언트에게 특별한 경험을 제공한다. 사회복지사는 친구나 부모님과는 다른 방식으로 클라이언트와 대화를 하며 독특한 관계를 맺는다. 즉, 두 사람이 자신들의 욕구를 충족시키는 개인적 관계가 아니라, 사회복지사의 욕구가 아니라 클라이언트의 욕구를 충족시키는 전문적 관계 속에서 존중이 살아 숨 쉬는 관계이다.

사회복지사는 클라이언트를 겉으로 드러난 행동이나 사건의 결과로 평가하지 않고, 클라이언트의 속마음과 노력한 과정을 들여다보려고 한다. 또한 클라이언트를 가식 없이 진실하게 대하며, 클라이언트의 생각과 느낌을 더하지도 덜 하지도 않고 정확하게 공감하려 노력한다. 이런 상담 관계는 그 자체로서 클라이언트에게 존중받는다는 느낌을 준다. 클라이언트는 간혹 “이런 말은 처음 들어봤어요”, “이렇게 대접받기는 처음이에요”라는 식으로 말을 한다.

사회복지사가 존중하는 것은 클라이언트의 무궁무진한 잠재력이다. 비록 지금은 환경이나 다른 갈등 때문에 그것을 겉으로 보여주지 못하고 있다 하더라도 사회복지사는 클라이언트의 내면에 잠재력이 존재함을 믿고 존중한다. 사회복지사는 클라이언트의 다양한 욕구와 감정을 비판하지 않고 존중하며, 이것이 클라이언트를 괴롭히지 않고 반대로 클라이언트를 성장시키는 원동력이 될 수 있도록 유도한다. 상담 관계 속에서 클라이언트에게 존중받는다는 느낌을 전달하기 위해 사회복지사는 두 가지 사항을 유념해야 한다.

첫 번째는 겉으로 드러난 행동뿐 아니라 한 인간으로서의 가치를 존중해야 한다는 것이다. 우리는 흔히 어떤 사람의 행동과 인간으로서의 존재 자체를 혼동하는 우를 범한다. 즉, 공공질서를 지키지 않거나, 부모님께 반항하거나, 거짓말을 하는 사람을 보았을 때 그 사람이 인간적으로 나쁜 사람이기 때문에 그렇게 한다고 보는 것이다. 그 사람이 그런 행동을 할 수밖에 없는 피치 못할 상황이나 환경이 있었을지도 모르는데, 우리는 그런 상황이나 환경을 고려하기보다는 그 사람의 성격이나 인간적 됨됨이 자체에 원인을 돌리는 것이다. 사회심리학자는 이것을 기본적 귀인 오류(fundamental attribution error)라고 부른다.

예시 1

행동은 그 사람의 인간성을 나타내는 직접적인 지표다. 그러나 행동이 항상 인간의 가치를 100% 나타내지는 않는다. 대다수의 사람은 긍정적인 자아실현의 동기를 가지고 있고 선한 본바탕을 가지고 있지만, 환경적인 이유 때문에 또는 내면의 미묘한 갈등 때문에 이를 제대로 발휘하지 못할 때가 있다. 사회복지사는 이 점을 명심해야 하며, 겉으로 드러난 행동뿐 아니라 내면의 욕구와 잠재력을 모두 고려하여 전 인격체의 한 인간으로서 사람을 대해야 한다.

예를 들어, 마약을 하는 애인의 권유로 마약에 손을 대게 된 클라이언트가 있다고 해보자. 그는 사랑하는 사람을 잃어버릴까봐 두려워 그 사람이 권유한 대로 마약에 손을 대었지만 이 때문에 심한 죄책감을 느끼고 상담센터에 찾아왔다. 사회복지사는 이 사람을 어떻게 볼까? 사회복지사는 그 사람이 마약을 하고 있다는 점만 보지는 않을 것이다. 물론 마약에 손을 댄 것은 문제가 있는 행동이다. 사회복지사도 이 점은 잘 알고 있다. 하지만 대다수의 사회복지사는 그 사람이 마약을 하고 있다는 점 외에도 그것 때문에 괴로워하고 있다는 점, 이 갈등상황을 벗어나기 위해 상담센터에 찾아왔다는 점을 함께 볼 것이다.

그렇다면 사회복지사는 이것을 어떻게 클라이언트에게 전달할 것인가? 상담에서는 사회복지사가 느끼고 이해한 바를 클라이언트에게 전달해 주는 것이 중요하다. 그래야만 클라이언트가 자신이 존중받는다는 것을 느낄 수 있기 때문이다. 그러므로 사회복지사의 태도를 잘 전달할 수 있는 상담법이 중요한데, 우선 앞에서 언급한 대로 겉으로 드러난 행동뿐 아니라 내면의 갈등에 대해 관심을 보여주는 것이 필요하다. 앞의 예를 적용하여 설명하면, 클라이언트가 자신의 문제를 이야기할 때 사회복지사가 "아무리 그래도 그렇지, 그래도 마약은 나쁜 거잖아요"라고 말하기보다는 "그렇게 죄책감을 느끼면서도 애인의 권유를 뿌리치지 못했다니 정말 그를 많이 사랑한 모양이군요"라고 말할 수 있다. 이런 말을 들은 클라이언트는 사회복지사가 자신의 속마음을 이해하려고 노력하고 있다고 여길 것이며, 자신을 도덕적 가치나 규범에 따라 비판하지 않고 인간 자체로서 존중해 주고 있다고 느낄 것이다.

예시 2

30대 남자 내담자가 자신이 10대 때 아무도 모르게 어린 아동을 성추행하였다고 고백한다. 내담자는 "선생님, 저는 이 얘기를 아무에게도 하지 못했어요. 정말 부끄러워 죽겠습니다"라고 말을 할 때 사회복지사는 어떻게 응답해 줄 것인가? 물론 난감하다고 생각되어 아무런 말을 하지 않을 수도 있다. 하지만 이런 경우 클라이언트는 사회복지사가 자신에 대해 어떻게 생각하는지 혼란스러워하게 되며, 상담을 마치고 갈 때 즈음 괜히 이야기했다는 마음이 들 수 있고, 이후 상담에서 자신을 드러내는 데 더 조심스러워하게 될 것이다. 그런데 사회복지사가 그런 이야기를 듣고 나서 "그런 일이 있었군요", "이런 얘기를 하기까지 참 힘들었지요? 당신은 참 용기 있는 사람이군요"라고 말을 해주거나 "그런 행동에 대해 부끄러워하고 죄책감을 느꼈다는 것은 오히려 인간적인 면이라고 생각됩니다"라고 말해 주었다고 해보자. 그럴 때 내담자는 사회복지사가 겉으로 드러나는 행동이나 사건의 결과가 아니라 한 사람의 인간적인 잠재력에 가치를 두고 있다고 받아들일 수 있다.

위 예시 1, 2에서 보면 사회복지사가 클라이언트를 한 인간으로서 존중하기 위해서는 한두 가지의 특정한 가치에 매이지 않는 것이 필요하다는 것을 알 수 있다. 이 말은 사회복지사가 어떤 가치관을 가져서는 안 된다는 뜻은 아니다. 앞의 예시 1, 2에서 언급한 마약이나 성추행은 분명 법적·도덕적으로 올바르지 못한 행위이다. 그러나 사회복지사가 그런 가치관을 절대시하여 클라이언트의 행동을 절대 용납할 수 없다고 전제하고 상담을 진행한다면 어떻게 될까?

사회복지사는 클라이언트에게 무조건적 존중을 보여야 한다. 어떤 조건을 충족시켰을 때만 존중해 주는 것을 '조건부 가치(conditioned value)'라고 부르는데, 조건부 가치는 타인의 존중을 받기 위해 자신의 깊은 욕구를 억압하게 된다는 점에서 문제가 있다. 클라이언트는 추후 사회복지사의 존중을 받기 위해 사회복지사의 가치관에 맞는 이야기만 하게 되고, 사회복지사에게 비판받을지도 모르는 이야기는 감추게 될 것이다. 아니면 사회복지사를 다시 찾아오지 않을 것이다.

따라서 한 사람을 인간 자체로 존중하기 위해서는 가치조건을 달지 않는 것이 중요하다. 사회복지사가 이런 태도를 클라이언트에게 보여줄 수 있다면 클라이언트는 자신이 어떤 부끄러운 행동이나 어떠한 가치관을 표현하더라도 사회복지사가 자신을 비난하지 않을 것임을 느끼며, 추후 더 깊은 자기 탐색과 고백을 하게 될 것이다.

두 번째는 사회복지사가 클라이언트의 의견에 동의하지 않는 것과 클라이언트를 거부하는 것은 구별되어야 한다는 것이다. 즉, 클라이언트의 의견에는 동의하지 않을 수 있지만 클라이언트를 하나의 인격체로서 존중할 수는 있는 것이다. 앞의 예에서 마약을 한다는 것을 알게 되었을 때 클라이언트를 존중한다고 하여 무조건 그런 행동을 용납해서는 안된다. 사회복지사는 반대의견을 전달할 수 있으며, 이 사례의 경우 법적인 문제가 걸려 있으므로 분명히 그렇게 해야 한다.

사회복지사와 클라이언트 간의 의견이 일치하지 않는 것은 클라이언트를 수용하지 않거나 거부하는 것과 구별이 되어야 한다. 만일 두 사람 간의 이러한 구별이 확실히 이해되고 있다면, 반대의견을 표현하더라도 인격적으로 존중한다는 태도를 전할 수 있다. 반대로 이러한 구별이 확실히 안 되고 있을 때에는 상담의 촉진적 관계(라포)를 위해서 반대의견을 전하기 전에 이 구별을 클라이언트에게 분명히 가르쳐 주어야 한다. 반대의견의 표현과 인격적 거부는 서로 다르다는 점을 클라이언트가 깨달을 수 있도록 하여 클라이언트의 성장을 촉진해야 한다.

다만, 반대의견을 전달할 경우라도 부드러운 음성이나 기타 비언어적 단서로써 인격적으로 수용하고 있다는 것을 클라이언트에게 전달할 수 있어야 한다. 사회복지사는 클라이언트에게 세심한 배려와 따뜻하고 수용적인 느낌을 주며, 이런 느낌 속에서 클라이언트는 존중받는 경험을 한다. 사회복지사는 이러한 느낌을 말로 전달할 뿐 아니라 음성의 억양과 비언어적 단서, 특히 얼굴 표정으로 전달하게 된다. 따라서 사회복지사가 클라이언트의 의견에 동의하지 못할 경우에는 동의하지 않는다는 사실을 분명히 전달하되 그 표현이나 자세는 어디까지나 온화해야 한다. 만약 동의하지 않음을 전달할 때 클라이언트가 협박을 받고 있는 듯이 불안감을 느끼게 되면, 클라이언트는 주저하게 되며 자기를 방어하게 된다. 그리고 자신의 생각과 감정을 자유롭게 표현하지 않을 것이다. 사회복지사가 반대의견을 말할 때 권위적이거나 강압적인 자세로 한다면, 이미 이루어진 촉진적 관계도 무너지고 말 것이다.

(2) 상담의 시작

상담의 시작단계는 접수, 치료관계의 착수, 상담시간의 처음 진입 등이라고 볼 수 있다. 이 단계에서 사회복지사는 자기소개, 클라이언트에게 클라이언트 자신 및 동행인에 대한 소개를 요청하기, 첫 상담의 목적 설명, 클라이언트의 역할 설명하기, 기관의 정책 및 윤리적 요건에 대해 설명하기, 피드백 요청하기 등과 같은 과업을 수행하게 된다(Cournoyer, 2000).

① 자기소개

사회복지사가 첫 상담에서 처음으로 해야 할 것은 자기소개이다. 자기소개는 사회복지사의 사무실이나 상담실에서 이루어지기도 하지만 대기실에서 이루어질 수도 있다. 사회복지사는 자신의 성명, 소속기관 및 부서 그리고 직위 등에 대해 간략하게 소개한다. 흔하지는 않지만 클라이언트 가운데는 사회복지사의 학력과 출신학교, 자격증 소지 여부에 대해 문의하는 경우도 있다. 사회복지사는 이러한 사항에 대해 솔직하게 답하는 것이 일반적이다. 이와 관련해서 사회복지사가 염두에 두어야 할 것은 클라이언트의 사회복지사의 학력, 출신학교, 자격증에 대한 질문이 갖는 상징적 의미를 파악하는 것이다. 즉, 클라이언트는 사회복지사가 전문가로서 자격을 갖추었는지, 신뢰할 수 있는 사람인지를 확인하려는 의도가 있다. 사회복지 실습생일 경우에는 학생 신분인 점과 실습기간을 명료하게 설명하여 후에 오해의 소지가 없도록 한다.

② 클라이언트에게 클라이언트 자신 및 동행인에 대한 소개를 요청하기

자신의 소개가 끝나면 클라이언트에게 클라이언트 자신 및 함께 온 동행인(예 가족)에 대해 소개해 줄 것을 요청한다. 접수양식과 사전 전화 통화를 통해 방문할 클라이언트에 대해 알고 있다면 기관을 방문한 사람의 이름을 확인해 보고 인사를 나눈다. 문화적 특성상 대체로 연령을 고려하여 연장자의 순으로 인사를 나누는 것이 상례다. 경우에 따라서는 클라이언트와 동행인을 어떻게 부를 것인지 확인하는 것도 필요하다. 예를 들어, '제가 ○○어머니라고 불러도 될까요?' 혹은 '제가 ○○선생님이라고 불러도 될까요?', '나이를 고려해 보니 내가 너를 ○○라고 불러도 될 것 같은데 괜찮겠니?' 등과 같은 확인이 필요하다.

클라이언트와 사회복지사 간에는 연령의 차이가 날 수 있다. 클라이언트가 아동이면서 부모가 동행하였을 경우 문화적인 특성상 '○○어머니', '○○아버지' 등으로 부르기도 한다. 또한 연하의 클라이언트에게는 일반적으로 낮춤말을 쓰지만 이것이 반드시 긍정적인 것은 아니다. 특히 사회복지사가 아동을 접할 때는 발달적・교육적 측면이 강조될 수 있기 때문에 연하의 아동에게도 존댓말을 쓸 필요가 있을 수 있다. 예를 들어, "○○야, 이 크레용을 탁자 한편으로 치워줄래?"와 "○○어린이, 이 크레용을 탁자 한편으로 치워줄래요?"는 매우 다른 어감을 가질 뿐만 아니라 듣는 아동에게도 예의범절을 자연스럽게 배울 수 있는 기회를 갖도록 한다.

연습 : 혼자서 거울을 보면서 혹은 둘씩 짝을 지어 상대방을 보면서 온화하고 부드러우며, 긍정적인 인상을 심어줄 수 있는 표정으로 자신을 소개해 보자. 그리고 클라이언트의 발달연령을 고려하여 각 발달연령(예 유아, 학령기 아동, 청소년, 성인, 노인 등)과 인지능력에 맞는 언어적 표현을 연습해 보자.

③ 첫 상담의 목적 설명

자연스럽게 인사를 마치면 사회복지사는 상담의 목적을 설명한다. 상담의 목적 설명을 통해 사회복지사는 클라이언트에게 상담에 대한 적절한 기대를 갖게 하고 클라이언트의 불필요한 혼동과 막연한 불안을 해소할 수 있다. 목적의 설명은 가급적 직접적이고 분명하면서도 부드럽게 진행되어야 한다. 어려운 전문용어나 현학적인 표현은 가급적 피하도록 해야 한다.

예 1 : 오늘은 저희 기관을 처음 방문하셨으므로 저희 기관에 오시게 된 이유를 알고 싶습니다. 그런 다음에 저희 기관에서 제공하는 서비스에 대해서 설명을 드리도록 하겠습니다. 저희 기관에 어떻게 오시게 되었나요?

예 2 : 오늘은 ○○ 씨께서 가정폭력을 당하신 후 가장 힘들어하는 부분이 무엇인지를 알아보고자 합니다. 무엇이 가장 힘든지, 무엇이 가장 걱정이 되는지 그리고 어떤 도움을 원하는지를 차례차례 말씀해 주시면 됩니다. 그런 다음 해결방안을 함께 모색해 보도록 하지요. 자, 먼저 무엇이 가장 힘드셨나요?

④ 클라이언트의 역할 설명하기

클라이언트가 기관을 처음 방문하여 첫 상담을 할 때는 많은 불안감이나 불확실한 느낌을 갖게 된다. 따라서 사회복지사는 첫 상담에서 클라이언트의 불안감을 감소시킬 수 있도록 노력할 필요가 있다. 이를 위해 사회복지사는 첫 상담을 구조화시키는 방법을 고려해 볼 수 있다(Hersen & Van Hasselt, 1998). 즉, 첫 상담이 어떻게 진행될 것이고, 몇 분간 진행될 것이며, 첫 상담에서 행할 과업이 어떤 것이 있다는 점을 설명해 준 후에 본격적인 상담을 시작하는 것이다. 또한 사회복지사가 클라이언트의 역할과 클라이언트에 대한 기대를 설명하면 이러한 불안이나 불확실한 느낌을 감소시킬 수 있다. 이 과정에서 사회복지사는 클라이언트와 기본 사항을 점검할 수 있다. 기본 사항에는 ㉠ 상담을 위해 시간약속을 꼭 해줄 것과 꼭 지킬 것, ㉡ 시간약속을 취소할 경우에는 반드시 24시간 이전에 사전 통보해 줄 것, ㉢ (해당되는 경우) 합의된 상담료를 납부해 줄 것, ㉣ 클라이언트의 상황변화를 사회복지사에게 알려줄 것, 특히 문제상황에 진전이 있거나 해결의 가능성이 있을 때 이를 함께 논의해 줄 것 등이 있다. 나아가 사회복지사가 활용하는 이론적 접근방법에 따라 클라이언트에게 과제를 내줄 수 있으므로 이를 성실히 수행해 달라고 요청할 수 있다. 이러한 점에서 클라이언트의 역할 및 기대 설명은 클라이언트의 사회화(socialization)라고 하기도 한다.

⑤ 기관의 성격에 대해 설명하기

사회복지사는 기관의 정책 및 윤리적 요소를 설명할 의무가 있으며, 이를 첫 상담에서 실행할 필요가 있다. 사회복지사는 기관에 대해 간략하게 설명한다.

예 1 : 저희 기관은 아동 및 가족에게 상담을 제공해 주는 기관입니다.

예 2 : 저희 복지관에서는 ○○가 필요로 하는 서비스를 제공해 주는 기관으로, 아시다시피 ○○가 사시는 이 지역에 위치하고 있습니다. 저희 복지관은 서울시에서 위탁을 받아 ○○사회복지법인에서 운영을 하고 있습니다.

⑥ 행정절차 및 윤리적 요소 다루기와 피드백 요청하기

그런 다음 기관의 서비스 수혜자격과 요건, 수혜기간, 전달방법, 절차, 후속조치 등에 대해 클라이언트가 이해할 수 있는 수준으로 충분히 설명하고, 이를 이해했는지 피드백을 받을 필요가 있다. 윤리적 요소들 가운데는 비밀보장이 가장 중요한 과제일 수 있다. 외국에서는 사회복지사의 비밀보장이 지켜질 수 없는 경우를 ㉠ 아동학대가 발생하는 경우, ㉡ 클라이언트가 자해(예 자살시도)의 위험이 있는 경우, ㉢ 클라이언트가 타인을 해칠 위험이 있는 경우 그리고, ㉣ 클라이언트가 사회복지사와 기관을 대상으로 소송을 제기했을 경우로 제한하고 있으며, 아동학대, 자살 혹은 타인에 해를 끼칠 경우에는 생명존중과 안전의 원칙에 따라 해당 기관이나 당사자에게 알려 줄 의무를 갖고 있다(Hersen & Van Hasselt, 1998). 하지만 불안한 마음으로 첫 상담에 임하는 클라이언트가 이러한 윤리적 요소를 충분히 이해하는 것이 어려울 뿐만 아니라 처음 기관을 찾은 목적이 이런 요소들과 거리가 있으면 더욱 자신과는 상관없다고 여길 수 있다. 그러나 서비스 제공과정에서 클라이언트는 다양한 문제를 사회복지사에게 가져올 수 있으며, 이 과정에서 위의 경우에서 마지막을 제외한 세 가지 경우와 같은 문제가 종종 발생한다. 이 경우를 대비하여 윤리적 요소들을 적절히 설명해 줄 수 있어야 한다. 이때 윤리적 요소를 지나치게 강하게 상기시키면, 클라이언트는 첫 상담에서의 설명을 상기하기 어려울 뿐 아니라 부인하기까지 하며, 사회복지사를 불신하여 전문적 관계에 심각한 손상을 가져올 수도 있음을 인식해야 한다.

이상과 같이 첫 상담을 통해 클라이언트의 상황에 대한 이해와 기관에 대한 설명을 마친 후 사회복지사는 클라이언트와 질의응답 시간을 갖는다.

3. 적극적 경청기술

상담기술 중 일반 기술에 해당되는 것이 여러 가지가 있는데, 대개 경청, 요약, 수용, 바꾸어 말하기, 반영, 명료화, 직면, 해석, 질문하기, 조언이나 정보제공 등으로 나눈다. 이들 중 경청, 요약, 수용, 바꾸어 말하기, 반영, 명료화 기술은 사회복지사가 클라이언트의 언어적 흐름을 방해하지 않고 따라가기만 하는 방법이므로 비지시적(비개입적) 상담법이라고 하며, 직면이나 해석하기, 조언이나 정보 제공과 같은 기술은 클라이언트와의 대화의 흐름을 따라가기보다는 사회복지사의 의견을 전달하려는 것으로서 지시적(개입적) 상담법이라고 한다. 사회복지사는 상황에 맞게 상담기술을 구사해야 하는데, 즉 어느 한 유형의 상담기술만을 배타적으로 사용할 것이 아니라 상호 보완되도록 구사해야 한다. 여기서는 비지시적 상담기술의 내용과 지시적 상담기술의 내용을 차례로 살펴본다.

1) 경청과 적극적 경청의 이해

(1) 경청

경청은 비지시적(비개입적) 상담법 중 대표적인 것으로 상담의 기본이 된다고 할 수 있다. 상담이라는 것은 클라이언트의 말을 듣는 것부터 시작하기 때문이다. 이러한 경청기술은 ① 클라이언트가 하는 말을 주의 깊게 듣는 것뿐만 아니라, ② 클라이언트의 비언어적 제스처나 자세를 관찰하고, ③ 클라이언트가 자유로이 표현할 수 있도록 적극 격려하고, ④ 사회복지사와 클라이언트 양자 간의 대화내용을 기억하는 것을 모두 포함한다(Cournoyer, 2000).

(2) 적극적 경청

적극적 경청은 공감적 의사소통기술로서 클라이언트 입장에서 그들의 감정, 생각과 표현을 존중하고 이해하고 인정하는 것을 의미한다. 적극적 경청을 통한 공감적인 이해는 사회복지실천에 있어서 클라이언트와의 관계에서 가장 중요한 부분이다. 이렇듯 적극적 경청(active listening)은 경청에 더하여 사회복지사가 클라이언트의 메시지를 정확하게 받아들여 이해하고 있음을 끊임없이 클라이언트에게 전달해 줌으로써 클라이언트가 자신이 정확히 이해받고 있다는 생각을 갖도록 하는 행위까지를 포함한다. 따라서 이것은 공감적 피드백 과정의 일부라고 볼 수 있다.

사회복지사가 적극적 경청을 통해 공감적으로 의사소통을 할 때 클라이언트는 자신이 이해와 존경을 받고 있고, 그리고 수용되고 있음을 느낄 수 있다. 사회복지사의 공감적 반영은 클라이언트가 자신들에게 의미 있는 생각과 감정, 경험을 지속적으로 탐색하도록 도와줄 수 있다. 사회복지사가 클라이언트와 라포를 형성하여 지지를 할 때 그들이 더욱 가치 있는 존재로 느끼고 긍정적인 자아상을 개발할 수 있게 되는 효과가 있다(Brown, 1991 : 59).

(3) 적극적 경청기술의 3단계

적극적 경청기술은 크게 세 단계로 구분된다. 제1단계는 주의를 끄는 초대의 단계(inviting)로 신체적 자세와 얼굴 표정, 목소리, 어투 등의 준비 자세를 의미하며, 클라이언트가 편안한 마음으로 말할 수 있도록 분위기를 조성하는 것이다. 제2단계는 경청의 단계(listening)로 클라이언트의 말을 듣고, 관찰하고, 격려하고, 기억하는 등의 과정으로, 클라이언트의 메시지를 수용하고 보유하기 위해 귀와 두뇌를 활용하는 것을 의미한다. 제3단계는 반영의 단계(reflecting)로 클라이언트의 진술에 대해 주기적으로 해석하는 것을 의미한다. 이를 '제3의 귀를 사용하라'(Brill, 1997 : 79)라는 말로 대신할 수 있는데, 이는 클라이언트가 하는 진실한 말속에 숨겨져 있는 의미를 파악해 내야 한다는 것을 의미한다.

2) 적극적 경청기술 중 반영의 단계에서 기술

적극적 경청기술은 구체적으로 내용 반영 기술, 감정 반영 기술, 결합적 반영 기술로 구분할 수 있다(Evans, 1998, 성숙진 역, 2000 : 101 재인용).

(1) 내용 반영(reflecting contents) 기술

이 기술은 클라이언트의 메시지나 정보에 대한 이해를 전달하기 위한 감정이입기술로서 클라이언트가 말한 내용을 다시 클라이언트에게 부연해서 표현하는 것을 의미한다.

사회복지사는 대부분 클라이언트에게 문제와 상황에 대해 말하도록 요청하는 것으로 시작한다. 클라이언트가 어느 정도 말을 하고 난 후, 사회복지사가 클라이언트의 사실적 메시지 내용에 중점을 두며, 이를 정확하게 다시 말하는 것(반영)은 그 내용에 대해 잘 경청하였고, 이해하고 있음을 표현하는 것이다. 전형적인 도입문구는 "당신은 ~을 말하고 있는 것이군요", "제가 정확하게 이해를 하고 있다면, 당신은 ~하다는 것 같군요" 등을 사용할 수 있다.

예시 1

클라이언트 : 난 이러한 일이 내게 올 줄 몰랐어요, 2년 동안 사귀어온 내 여자친구가 갑자기 저에게 만나지 말자고 하대요. 그리고 그녀로부터 1주 후에 내가 준 그동안의 선물들은 택배로 받았어요.

사회복지사 : (공감적으로) 음, 여자친구가 갑자기 ○○ 씨의 선물 등의 물건을 택배로 보냈고, 지금은 여자친구가 헤어지기를 원한다는 말이군요.

또한 집단대상의 실천의 경우 하위집단이나 전체집단이 드러내거나 표현된 내용을 반영할 수 있다. 사회복지사는 집단에서 확인된 관심이나 상황을 이해하고 있음을 나타내는 말로서 "집단이 ~을 말하고 있군요"라고 할 수 있다.

예시 2

(집단의 몇몇 성원들이 늘 정해진 시간에 모이는 데 대한 어려움을 표현한다면)

사회복지사 : 이 시간에 만나서 여러분들을 위한 실제적인 문제를 표현하는 데 어려움이 있으신가 보군요.

예시 1, 2에서 사회복지사는 클라이언트와 집단의 언어적 메시지의 내용에 대해 반영적 경청기술을 활용하여 공감적 의사소통을 하고 있다.

(2) 감정 반영(reflecting feelings) 기술

감정의 반영은 클라이언트가 자신의 문제나 상황, 다른 성원들 또는 사회복지사에 대해 느끼는 언어적·비언어적 표현을 이해하는 의사소통을 말한다. 기법상으로 볼 때 클라이언트의 느낌(감정)을 반영한다는 것은 클라이언트의 말에서 표현된 주요 감정의 내용을 사회복지사가 다른 참신한 말로 되돌려 주는 시도라고 볼 수 있다. 클라이언트는 자신의 감정을 처음부터 잘 표현하지는 못한다. 클라이언트는 자신의 느낌을 '그런 것 혹은 사람이…'와 같은 표현을 사용하여 자신과는 분리된 것처럼 말하거나 생각을 말하는 것이 보통이다. 이러한 자기 느낌의 소재를 애매하게 표현하는 경향은 하나의 방어기능을 나타내는 것이고, 상담의 초기에 흔히 발견할 수 있는 현상이다.

자기 느낌에 대한 회피는 자신에 대한 이해를 방해하는 큰 요인이 되므로 사회복지사는 그러한 클라이언트의 느낌을 반영해 줄 필요가 있다. 반영의 구체적인 방법이라고 한다면 사회복지사의 스타일에 따라 조금씩 다를 수 있다. 정확하게 클라이언트의 느낌을 되돌려 줄 수 있다면 구체적인 대화스타일은 조금 달라도 상관이 없을 것이다. 대개 일반적인 감정 반영 기술의 전형적인 도입문구는 "당신은 ~(클라이언트가 갖고 있거나 표현한 말속에 들어 있는 감정을 나타내주는 적당한 단어)을 느끼시는군요", "~때문에 ~를 느끼는군요", "~게 느끼시는 것 같네요", "~게 들리는데요", "달리 말하면 ~게 느끼고 계신다는 말씀인가요?", "~라 이해가 되는데요", "정말 ~한가 보네요" 등을 사용할 수 있다.

이 표현을 잘 살펴보면 사회복지사는 클라이언트의 대화수준에 머무르고 있는 것을 알 수 있으며, 클라이언트에게 어떤 충고나 해결방법의 제시 또는 해석이나 위로를 전달하고 있지 않음을 알 수 있다. 사회복지사는 반영반응을 준비하면서 먼저 클라이언트의 대화를 잘 들어야 할 것이다. 이렇듯 반영 기술은 클라이언트 자신이 잘 이해받는다는 느낌을 주기 때문에 촉진적 상담 관계를 형성하는 데 도움을 준다. 즉, 사회복지사와 클라이언트는 서로 더 신뢰하게 되고 안정감 있는 관계를 맺게 된다.

예시 1

(아버지의 심한 술주정으로 부모 간의 싸움이 잦은 철이가 사회복지사에게 말한다)

클라이언트 : "선생님 저는 집에 가기 싫어요. 아버지가 자주 술에 취해 어머니를 때리고 어머니와 치고박고 서로 싸워요. 집에 들어가기 무서워요."

사회복지사 : "그래, 부모님이 화목하지 않고 자주 싸워 매우 마음이 아프겠구나. 그리고 어떻게 해야 좋을지 몰라 많이 답답하겠구나." 혹은 "그랬구나, 집에서 부모님이 자주 싸우시니 무섭고 불안하겠다. 그래서 정말 집에 들어가기 싫겠구나."

예시 2

클라이언트 : (중학교 3학년인 ○○은 전교회장 선거에 출마하여 열심히 선거운동을 하였으나 떨어졌다) 선생님! 너무나 화가 납니다. 학교에 다시 갈 수가 없어요. 친구들을 볼 수가 없어요. 저는 회장을 맡아 열심히 잘해보고 싶었습니다. 저는 너무 속상하고 슬퍼요.

사회복지사 : ○○가 선거에 진 패배감에 매우 실망하고 힘들어하는구나.

예시 3

집단구성원 : (집단을 진행할 경우 많은 성원들이 눈을 아래로 하고, 축 늘어진 자세로 하품을 하고 있다)

사회복지사 : 지금 집단성원들이 상당히 피곤하고 약간 지겨워하는 것처럼 보입니다.

예시 4

집단구성원 : (학교에서 교외봉사명령을 받은 학생들을 위한 집단을 진행하고 있다. 어느 날 집단에 참여해 왔던 ○○가 술 냄새를 심하게 풍기며 집단에 참가를 하였다)

사회복지사 : (집단의 규칙에 술을 마시고는 집단에 참여할 수 없다는 것을 분명히 하며 ○○를 돌려 보냈다. 영수가 집단을 떠나자 남아 있는 집단구성원들은 표정이 약간 굳어지고 조용해지며 사회복지사를 슬그머니 쳐다보았다) 여러분 모두가 지금 좀 긴장되어 보여요. 선생님이 ○○에게 술을 마셨으니까 집단에 참여할 수 없다며 돌려보낸 것에 대해 놀랐습니까?

그리고 클라이언트의 언어적 반응뿐만 아니라 비언어적 메시지에도 주의를 기울여야 한다. 사회복지사는 클라이언트가 말로 표현하는 것뿐만 아니라 자세, 몸짓, 목소리의 어조(語調), 눈빛 등에 의해 표현되고 있는 것도 반영해 주는 것이 필요하다. 특히 클라이언트의 언어표현과 행동단서가 차이나 모순을 보일 경우에는 다음 예와 같이 반영해 주는 것이 바람직하다.

예시 5

사회복지사 : "당신은 지금 괜찮다고 말하고 있는데 나에게는 초조하게 보이는군요."
"당신은 지금 아버지가 고마운 분이라고 말했는데, 당신의 목소리는 무언가 확신이 가지 않는 것 같습니다."
"당신은 그 여자를 사랑한다고 이야기했는데, 그 여자에 대해 말할 때마다 주먹을 꽉 쥐는군요."

이렇듯 감정의 반영은 클라이언트의 감정을 잡아내어 이를 언어적으로 되돌려 주는 작업이다. 당연히 사회복지사의 예민한 감수성이 요청되며, 따라서 감수성이 부족한 사회복지사에게는 결코 쉽지 않은 작업이 될 것이다. 그러므로 사회복지사는 상담 워크숍이나 감수성 훈련 집단 등에 참여하여 부단히 자신의 감수성을 강화하는 노력을 기울여야 할 것이다.

(3) 결합적 반영(reflecting combined feelings) 기술

결합적 반영은 클라이언트가 말하는 내용, 감정, 생각, 의미를 혼합하여 직접적이거나 간접적으로 표현하는 것에 대해 반응하는 것이다. 결합적 반영 기술은 적극적 경청과 공감적 의사소통의 더욱 완벽한 형태이다. 이 기술은 메시지의 감정적 측면뿐만 아니라 사실적 부분도 전달하는 것이다. 그러므로 반영하기 기술의 가장 복잡한 형태라고 할 수 있다. 감정과 의미 반영하기를 위한 전형적인 도입문구는 "당신은 ~때문에 ~느끼고 계시는군요", "당신은 ~그리고 ~느끼고 계시는군요", "당신은 ~느끼지만, ~생각하시는군요" 등을 사용할 수 있다.

결합적 반영 기술은 클라이언트와 관련된 그들의 감정과 사실 혹은 생각을 반영하는 것이다. 다른 형태의 반영하기 기술과 같이, 클라이언트가 표현한 메시지를 정확하게 반영해야 한다. 따라서 추측하거나 해석하기보다는 클라이언트가 경험한 감정과 의미를 부연하거나 그대로 이야기해야 한다. 클라이언트가 전달하는 의미는 그들이 갖는 감정의 외적·상황적인 원인을 제시해 준다(예를 들어, 클라이언트가 "나의 어머니는 내가 죄를 진 것 같이 생각하게 만듭니다"). 어떤 경우에는, 클라이언트가 느끼는 감정의 원인을 그들 자신 탓(태도, 습관, 성격, 심리적인 패턴, 무서움 혹은 심리적 상태)으로 돌릴 수도 있다. 감정과 관계된 의미가 외적이든 내적이든, 감정과 의미를 반영할 때는 클라이언트의 경험과 일치시켜야 한다. 다른 반영 기술들과 마찬가지로 사회복지사의 반응은 클라이언트가 전달한 메시지와 본질적으로 같아야 한다.

예시 1

클라이언트 : (얼굴이 경직되며) 나의 어머니는 내가 죄를 진 것 같이 생각하게 만듭니다.

사회복지사 : ○○ 씨는 어머니가 당신에게 죄책감을 심어주고 있다는 생각 때문에 어머니에 대해 부정적 감정을 느끼고 계시는군요.

예시 2

클라이언트 : (35년간 일한 후 실직을 한 60세 남자) 저는 이제 직업도 수입도 아무것도 없습니다. 회사를 위해 35년간 고생하며 회사를 위해 일했지만 그들은 저를 해고했습니다. 그러면 이제 와서 제가 무엇을 하겠습니까? 저는 너무 허탈하고 화가 납니다.

사회복지사 : (결합적 반영하기) ○○ 씨께서는 수십 년간 회사를 위해 열심히 일해 왔는데 회사에서 당신을 해고하여 절망감을 느끼고 계시는군요. 그리고 다른 일자리를 찾을 수 있을 것 같지도 않다고 생각하시는군요. 또는 ○○ 씨께서는 방금 일자리를 잃어서 세상이 온통 끝난 것 같은 막막한 느낌이 드는군요. 그리고 다른 일자리를 얻을 수 없을 거라는 생각에 무척 속상해하는 것 같군요.

결합적 반영은 집단상담 프로그램에서도 사회복지사가 공감적으로 반응하는데 사용될 수 있다.

예시 3

집단성원1 △△ : (집단상담 장면에서) ○○ 씨, ○○ 씨는 더 이상 어린이가 아니에요. 이제 ○○ 씨 어른답게 행동하세요.

집단성원2 ○○ : (얼굴이 붉어지며) '어른답게' 라는 말 좀 그만 하세요, 지긋지긋합니다!

사회복지사 : ○○ 씨, 당신은 지금 △△ 씨가 당신에게 어른이 되라고 말한 것 때문에 △△ 씨에게 화가 난 것 같아요.

이상의 내용에 추가하여 내용, 감정, 결합적 반영 기술의 보다 명확한 이해와 실제 활용을 돕기 위하여 학교사회복지사의 상담 사례를 연습문제로 부록에 제시하였다. 문제를 풀어보고 두 사람이 함께 역할극을 해보면 더욱 도움이 될 것이다.

4. 질문기술

상담에서 질문은 중요한 기법이다. 사회복지사는 필요한 정보를 얻기 위해서 그리고 클라이언트의 생각과 느낌을 표현하도록 돕기 위해서 질문기술을 활용한다. 나아가 사회복지사의 개방적이고 탐구적인 자세로의 진지한 질문은 클라이언트의 자기탐색을 촉진하고, 당연하다고 여겼던 기존의 사고방식과 행동방식의 객관성에 대한 평가를, 그리고 상담자의 질문태도를 내면화하여 클라이언트가 지금껏 살아온 타성으로 삶을 살아가려는 부분과 그것을 검토하고 수정하려는 부분 간의 내적 대화로까지 영향을 미친다는 데 의의가 있다. 그러나 질문은 클라이언트의 자기탐색과 표현을 방해하지 않아야 한다. 여기서는 상담에서 주로 사용되고 있는 몇 가지 질문형태와 사회복지사가 되도록 피해야 할 질문형태를 알아본다.

1) 개방적 질문과 폐쇄적 질문

(1) 개방적 질문

개방적 질문은 클라이언트가 자신이 말하고 싶을 때 자신의 생각과 감정을 표현할 수 있는 선택의 자유를 허용한다. 클라이언트가 어떤 관심사를 선택할 수도 있고 무시할 수도 있다. 그러므로 탐색하기 위한 충분한 시간을 가지는 것이 무엇보다 중요하다(Trevithick, 2000 : 87). 즉, 개방적 질문은 클라이언트에게 가능한 한 자신의 대답을 선택할 책임과 기회를 많이 주는 것이다.

개방적 질문은 초기상담이나 첫 만남에서 이용하는 것이 유용하다. 하지만 자신의 생각이나 감정을 개방하여 공식화하는 데 익숙하지 않은 클라이언트는 이러한 질문에 대해 좋지 않은 느낌을 가질 수도 있다. 또 어떤 경우에는 클라이언트가 그들에게 일어난 것을 설명하는 적절한 말을 할 수 없어서 개방질문에 답하는 것을 어려워할 수 있다.

"당신 아이들에 대해 이야기해 주십시오"와 같은 질문은 클라이언트가 중요하다고 생각하는 것은 무엇이든 말할 수 있으므로 개방적 질문(open-ended question)이 된다. 그렇지만 개방적 질문은 허용하는 대답의 자유 정도에서는 매우 다양하다. 다음의 세 가지 질문은 모두 개방적 질문이지만 그 개방성은 차이가 있다.

예시 1 개방적 질문

사회복지사 : "○○ 씨의 직업에 대해 이야기해 주십시오."
"○○ 씨의 가족에 대해 이야기해 주십시오."
"나는 ○○ 씨의 직장 내 사람들과의 관계가 궁금하네요.

이 점에서 클라이언트와의 다른 가족성원들에 관해 기록되어 있는 정보와 관련되는 기관의 정책과 그들의 권리를 알려주는 것이 중요하다.

예시 2 초기 상담이나 시정을 위한 개방질문

사회복지사 : "제가 어떻게 도와드릴 수 있을까요?"
"(기록대장을 보며) 저는 무슨 일이 일어났는지에 대해 조금은 알고 있어요. 하지만 이에 대해 ○○ 씨가 저에게 말씀해 주셨으면 좋겠어요."

예시 3 생활력을 알기 위한 상담

사회복지사 : "○○ 씨에 생활에 대해 제가 알 수 있도록 자신에 관해 무엇이든 말씀하시면 됩니다. 어떠세요? 어디서 시작하는 것이 좋을까요?"
"○○ 씨가 그동안 어떻게 생활해 오셨는지가 궁금합니다."

만일 아동과 함께 생활력에 관한 정보를 얻으려 한다면, 놀이, 이야기책, 생활태도 등을 활용하는 것이 도움이 된다.

(2) 폐쇄적 질문

개방적 질문과는 반대로 폐쇄적 질문(closed-ended question)은 클라이언트가 예/ 아니요로 답할 수 있거나 자신의 이름, 주소, 연령 등에 단지 몇 마디로 간단하게 답하는 것으로 반응하게 한다. 폐쇄적 질문은 클라이언트에게 선택할 자유를 주지 않고 제한을 두는 것으로 구체적인 상황에 초점을 둠으로써 클라이언트가 대답할 수 있는 범위를 제한하는 질문의 형태이다. 예를 들면, "당신 아이의 이름이 무엇입니까?"와 같은 질문이다.

사회복지사는 실천과정에서 대개 개방적 질문을 사용한다. 폐쇄적 질문은 사회복지사가 특정한 구체적 정보를 필요로 하거나 혹은 클라이언트가 너무 당황하고 혼란스러워할 때 방향과 초점을 유지하기 위해 필요하다.

폐쇄적 질문의 주된 단점은 상담이 지나치게 집중되어 잘못된 방향으로 나아가게 되는 것이다. 이 형태의 질문은 클라이언트가 쉽게 무시당하거나, 범주화시키거나, 억지로 응답을 하도록 하므로 그들의 입장에서 좌절감을 느낄 수도 있다. 그러므로 사회복지사는 상담 전후에 충분한 시간을 가지고 클라이언트와 함께 이러한 방식의 질문에 답하는 어려움을 이야기하는 것이 필요하다.

예시 1

사회복지사 : "○○ 씨가 자녀들로 인해 괴로워하는 것은 등록금 때문입니까?"
"학교에 관해 걱정되는 것은 성적 때문입니까?"

예시 2 기본적 정보를 얻기 위한 질문

(말, 어조와 시기의 선택이 중요하다)

사회복지사 : 그래요. 이름과 주소를 말씀해 주시겠어요?

클라이언트 : 예, 제 이름은 서인희이고 주소는 ○○시 ○○구 ○○동 224번지입니다.

사회복지사 : 고마워요. 인희양. 생년월일은요?

클라이언트 : ○○○○년 ○월 ○일입니다.

사회복지사 : 그러면 ○○살이에요?

클라이언트 : 예.

2) 간접 질문과 '무엇'이라는 질문

(1) 간접 질문

직접 질문과 간접 질문을 구분할 필요가 있다. 명칭에서 나타난 대로 직접 질문은 직선적으로 물어보는 것에 반하여 간접 질문은 넌지시 물어보는 것이다. 간접 질문은 그 끝에 물음표가 없는 것이 보통이지만 그러면서도 분명히 질문을 하는 것이고, 내담자의 답변을 구하는 질문처럼 작용하는 표현법이다. 간접 질문은 정보를 찾는 좀 더 부드러운 방법이며, 질문의 단어는 직접적인 개방적·폐쇄적 질문보다 덜 위협적인 경향이 있다. 특히 공감과 같은 다른 기술과 결합될 때 간접 질문은 단조로움과 계속되는 질문의 경직성을 완화하는 데 효과적이다. 다음은 직접 질문이 간접 질문으로 바뀐 예다.

① 낮에 일하고 밤에 공부하는 것은 고된 일입니다. 그렇지 않습니까?(직접 질문)
- 낮에 일하고 밤에 공부한다는 것은 확실히 고된 일일 겁니다.(간접 질문으로 변경)

② 당신은 그런 상황에 대해 어떻게 생각하십니까?(직접 질문)
- 당신이 그런 상황에 대해 어떻게 생각하시는지 궁금하네요.(간접 질문으로 변경)

③ 우리가 상담을 시작한 지 30분이 지났습니다. 지금까지 한 이야기 말고 하고 싶은 이야기가 더 있습니까?(직접 질문)
- 우리가 상담을 시작한 지 30분이 지났군요. 그 밖에 다른 것에 관하여 하고 싶은 이야기가 있을 것 같은데요.(간접 질문으로 변경)

④ 회사 측의 그런 방침에 대해서는 어떻게 생각하십니까?(직접 질문)
- 회사 측의 그런 방침에 대하여 여러 가지 생각이 드실지도 모르겠군요.(간접 질문으로 변경)

간접 질문의 전형적인 예시

- 그것이 가능하다고 믿는지 궁금합니다.
- 당신의 의견이 궁금합니다.
- 당신은 이미 결론에 도달했는지도 모르겠군요.
- 이에 대한 당신의 관점은 저에게 매우 중요합니다.

이 인용된 간접 질문의 일부 혹은 전부가 질문이라고 할 수 없을지도 모른다. 그러나 질문이 질문처럼 느껴지지 않을수록 더 좋은 질문이며, 간접 질문은 관심을 보여 주면서도 질문처럼 들리지 않는다는 점에서 가치가 있다.

(2) '무엇'이라는 질문

이 형태의 질문은 개인과 단기가족상담에서 특히 유용하다. 이 질문의 주된 장점은 질문에서 "무엇"이 암시하는 것이 매우 불특정하기 때문에 상담을 받는 사람이 초점을 두고 싶어 하는 관심사나 이슈를 스스로 자유롭게 정의할 수 있게 하는 점이다. 그리고 과거보다는 현재를 강조하는 것이다. 또 다른 장점은 클라이언트의 힘든 상황과 관련된 광범위한 이슈나 지속적으로 문제에 작용하는 요인들 또는 관련이 있는 다른 사람들에 대해 탐색하려고 할 때 매우 적절한 질문이다(Lishman, 1994 : 77, 전재일, 2006 : 89 재인용). 다음은 '무엇'이라는 질문의 전형적인 예이다.

- 무엇이 ○○ 씨를 이렇게 화가 나게 만들었을까요?
- 가족 내 이러한 상황을 계속 악화시키는 요인이 무엇인가요?
- 이 문제에 계속 영향을 미치는 것이 무엇이지요?
- 이 문제를 해결하거나 변화하기 위해 무엇이 필요합니까?
- 자신의 노력으로 이루어진 변화는 무엇을 보면 알 수 있을까요?

3) 피해야 할 질문

(1) 유도하는 질문

유도하는 질문(leading question)은 클라이언트에게 특정한 방향의 응답을 하도록 이끄는 질문이다. 예를 들어, "당신은 그게 잘못됐다고 생각하지 않나요?" 혹은 "나는 당신이 윗사람에게 일을 나가지 않은 이유를 설명했을 거라고 생각합니다", "당신이 싸우고 싶어 했던 게 사실이죠?" 하는 식이다. 유도하는 질문은 클라이언트가 당황해하거나 사회복지사의 견해에 솔직하게 반대하기보다는 거짓말을 하도록 할 수 있다.

(2) 모호한 질문

모호한 질문은 클라이언트가 질문의 방향을 분명하게 이해하지 못하거나 받아들이지 못하는 형태의 질문이다.

모호한 질문은 대명사(누가, 그것이, 저기, 그것을 등)를 많이 사용하거나 혹은 상황에서 벗어난 질문을 할 때 많이 발생한다. 모호한 질문은 특히 대인관계가 복잡한 상황에서 누가 누구와 어떤 관계 속에서 문제가 발생하였는지 파악할 때 많이 발생한다.

예시

사회복지사 : ○○가 집에 있고 부모가 싸울 당시 누가 무엇을 어떻게 했죠?

(3) 초점을 좁히는 기술

사회복지사는 클라이언트가 그의 관심사나 상황을 더 구체적으로 묘사하도록 돕기 위해서 초점을 좁히는(narrowing the focus) 기술을 사용하여 재질문할 수 있다. 예를 들면, 다음과 같다.

예시

사회복지사 : 그때 상황이 어떠하였는지 구체적으로 말해주겠어요?
클라이언트 : 집은 엉망진창이에요.
사회복지사 : 엉망진창이라는 게 어떤 걸 말하는 거죠? 무슨 일이 일어났는데요?
클라이언트 : 아버지가 일을 나가셨다가 집에 오실 때 우리는 밥을 먹고 있었어요. 아버지는 술에 취해 들어와서는 어머니를 때렸어요.
사회복지사 : 그런 일이 일어났을 때 당신은 무엇을 했죠?
클라이언트 : 처음에 난 방 밖으로 도망갔어요. 그랬다가 난 돌아와서 아버지에게 고함을 지르며 멈추라고 했고 그렇지 않으면 경찰을 부르겠다고 했어요.
사회복지사 : ○○ 씨가 경찰을 부르겠다고 말할 때 어떤 생각을 하셨어요?

(4) '왜'라는 질문

사회복지사의 또 다른 일반적인 실수는 '왜(why)'라는 질문을 지나치게 사용하는 것이다. "○○가 음식을 쏟았을 때 왜 그렇게 화가 났어요?"라는 식이다. 본질적으로 '왜'라는 질문은 정보를 구하거나 원인이나 이유를 탐색하는 데 사용되었으나, 오늘날에는 불쾌감이나 불찬성의 뜻까지 함축되어 클라이언트는 자신이 '잘못' 했거나 '나쁘게' 행동했다고 사회복지사가 비난하려고 하는 말로 받아들이기 쉽다. 이런 점에서 클라이언트는 '왜'라는 말을 들을 때마다 자신을 방어하거나 자신의 행동을 정당화하거나 그 상황에서 회피하려 하거나 혹은 공격적이 될 가능성이 있다. 이것이 상담에서 '왜'라는 말을 피해야 하는 가장 큰 이유이다. 따라서 클라이언트의 행동이나 상황에 대해서 '왜'라는 질문 대신에 무엇, 언제, 어디서, 어떻게라고 질문하는 것이 바람직하다. 다음은 '왜' 질문의 예들이다.

- "왜 너는 공부하기 싫어하니?"
- "○○ 씨는 집단에서 함께 계약한 과제를 왜 안 해왔습니까?"
- "오늘 수업시간에 왜 ○○와 이야기를 했지?"
- "○○ 씨, 오늘은 왜 말씀을 안 하시죠?"

연습 : 다음의 '질문'을 '어떻게' 혹은 '무엇'의 질문으로 바꾸어 질문해 보자.
① ○○는 친구들과 갈등이 왜 생기게 되었는지 아니?
② △△는 왜 성적이 떨어졌다고 생각하니?
③ □□는 아버지와 형이 왜 싸우게 되었다고 생각하니?

5. 내용확인 기술

내용확인 기술은 사회복지사가 지금까지 클라이언트와 의사소통을 해온 내용과 의미를 이해했다는 것을 확인하는 것이다. 클라이언트가 말한 것을 반영하거나 요약을 하여 말한 의도를 탐색하고 이해받고 있음을 제공하는 기술이다. 이러한 기술에는 명확히 하기, 요약하기, 피드백 주고받기를 포함한다.

1) 명확히 하기

명확히 하기(clarifying) 기술은 클라이언트가 사고, 감정, 행동, 상황의 중요한 측면에 대해 더 명확하게 말하도록 격려하고 클라이언트가 말한 것에 대해 사회복지사가 이해했음을 입증하기 위해 질문하는 것이다. 사람들은 간혹 애매하거나 일반적인 방법으로 의사소통을 한다. 경험의 세세한 측면이나 단어의 구체적인 뜻을 명확히 하는 것은 사회복지사와 클라이언트가 더욱 완전하고 현실적으로 이해할 수 있도록 할 것이다 .

명확히 하기를 위한 형식과 예시

형식 : '~라고' 말할 때 구체적으로 무엇을 뜻합니까?
~에 대해서 더욱 자세하게 이야기할 수 있습니까?
~에 부연 설명을 할 수 있습니까?

예시

클라이언트 : 제 아버지와 나는 사이가 좋지 않습니다. 오랫동안 그래왔지요. 나는 이러한 관계가 정말 싫습니다.

사회복지사 : '이러한 관계가 정말 싫다'고 하셨는데 구체적으로 어떠한 것을 의미합니까?

2) 요약하기

요약하기(summarizing)는 클라이언트의 여러 가지 생각과 감정을 간략하게 묶어 정리하는 것이다. 이 기술은 세 가지 차원에서 유용하다. 첫째, 사회복지사는 새로운 회기를 시작할 때, 이전 회기에서 다룬 내용을 요약하여 말해 줌으로써 회기 간 연결을 자연스럽게 하고 상담을 촉진시킬 수 있다. 둘째, 지금까지 다루어온 것에 관해 정확하고 간결한 부분이나 자세한 내용을 제공할 수 있다. 예를 들면, 클라이언트와 그의 부적절한 감정에 대하여 대화를 나눈 후 상담이 끝날 무렵 "당신이 가정이나 학교, 현재의 직업에 대해 말한 것을 보면 모든 생활에서 실패감을 느낀 것 같군요"라고 요약할 수 있다. 셋째, 회기가 방향을 잃게 되거나 방향 없이 시작할 때, 적절한 시기에 간략하고 정확한 요약하기는 유용할 수 있다.

한 회기 내에서 이루어진 많은 대화 내용을 요약하여 한두 문장으로 표현하기는 쉽지 않다. 요약의 기본은 대화의 내용과 감정의 요체 그리고 일반적인 줄거리를 잡아내는 것이다. 요약은 꼭 상담이 끝날 무렵만 하는 것은 아니다. 상담에서 상담자는 주로 듣는 편이기 때문에 클라이언트가 많이 이야기하게 된다. 그런데 클라이언트가 너무 많은 말을 하면 중간중간에 클라이언트의 이야기를 정리할 필요가 생긴다. 이때도 요약기술이 필요하다. 이때의 요약은 클라이언트가 이런저런 이야기를 단조롭게 하게 내버려 두지 않으려는 의도가 있다.

즉, 은근히 초점을 맞추도록 압박함으로써 클라이언트에게 더 큰 그림을 보게 하고, 더 본질적인 문제를 찾게 하며, 상담과정에서 다음 단계로 진척하게 돕는 의미가 있다. 예컨대 클라이언트가 상담장면에 와서 쉬지 않고 20여 분간 이야기를 했다고 하자. 그러면 사회복지사는 요약을 해주는데, 이때 클라이언트가 말한 내용을 다 빠뜨리지 않고 정리해 줄 수는 없을 것이다. 사회복지사는 그중에서 특히 클라이언트에게 중요한 내용에 초점을 맞추어 요약해 준다. 그러면서 사회복지사는 클라이언트에게 '지금까지 이런저런 이야기를 많이 했는데 이제는 조금 정리를 해보고, 이 중에 좀 더 관심이 가고 본질적인 문제가 어떤 것인지 잠깐 쉬면서 살펴보라'는 메시지를 은연중에 전달한다.

- 사회복지사 : 그래, 이제 마칠 시간이 되었구나. 자 한번 보자… 오늘 우리는 가족문제하고 그것이 학업에 미치는 영향과 해결책을 찾아봐야 된다는 이야기를 했어.
- 사회복지사 : 오늘 어머니께서 많은 이야기를 하셨습니다. 남편분의 직장에서의 부당한 실직이야기와 자녀들의 학업 뒷바라지의 어려움, 어머니의 건강문제에 대해 걱정과 불안, 막막함을 느끼고 있어요. 제가 오늘 상담에서 정리하신 내용에 대해 어떻게 생각하세요?

3) 피드백 주고받기

피드백 주고받기(giving and receiving feedback)는 사회복지사와 클라이언트 모두에게 이점이 있다. 따라서 사회복지사는 클라이언트와 일하는 전 과정을 통해 주기적으로 피드백을 주고받아야 한다. 사회복지사가 클라이언트에게 피드백을 주는 경우는 상담이나 집단의 초기의 목적과 역할을 설명하고 기관의 정책과 윤리적 요인들에 대해 논의한 것에 대한 피드백을 요청하는 것이다. 그리고 부정적인 피드백에 의하여 과거에 상처를 받아온 클라이언트는 사회복지사로 하여금 그러한 경험을 재경험하게 되는 것을 염려한다. 이러한 걱정을 진정시키기 위하여 '피드백의 목적이 클라이언트의 수행에 관한 판단을 하기보다는 오히려 생활지도, 지지 그리고 도전'을 제공하는 점이라는 것을 강조해야 할 것이다.

예시

('화' 조절능력 강화 부모교육 프로그램에 참여한 ○○○ 씨는 3회기 때 많이 우울해하며 집단에서 힘들어 하는 모습을 보였다)

사회복지사 : ○○○ 씨가 오늘은 다소 힘이 없고 편치 않아 보입니다.(간접 질문)

○○○ 씨 : 네, 2회기 이후 많이 힘이 듭니다. 제가 성장할 때도 제 어머니는 제가 무엇을 하면 늘 비난하며 잘 못한다며 나무랐죠. 이번 교육을 받으면서도 선생님이 저에게 집에서 과제수행에 관해 이야기를 요청해오면 저는 제가 잘 못하고 있는 것 같고, 그동안 아이 둘 키우며 제가 너무 형편없고 참으로 부족한 어머니였다는 생각이 많이 들어 우울한 생활이었습니다.

사회복지사 : 네, 그러셨군요. 어린시절 ○○ 씨가 어머니에게 잘 못 한다고 비난받고 야단맞았던 경험과 현재 부모교육프로그램 참여에서도 과제수행을 여전히 잘 못하고 있다는 생각에 자신이 형편없이 부족한 엄마라는 생각이 많이 들어 우울한 생활을 보내신 것 같네요.

○○ 씨! 저는 ○○ 씨가 지금 경험하고 있는 힘든 상황을 조금 다르게 보고 싶습니다. 지금 이러한 과정은 ○○ 씨의 내면에 성장하고자 하는 욕구가 커서 새로운 것에 도전하고자 할 때 필연적으로 겪게 되는 것이고 결국 이러한 경험들이 '고통없이 얻는 것도 없다'는 말처럼 ○○ 씨의 성장의 밑거름이 될 것이라는 것입니다.

지금까지 클라이언트에게 사회복지사가 피드백을 주는 것에 초점을 두었다. 그렇지만 클라이언트가 주는 피드백이 부정적이거나 비판적일 수 있으므로 사회복지사도 역시 염려하고 방어적으로 행동할 수 있다. 질적인 보장이란 면에서 클라이언트의 피드백은 사회복지실천에서 점차 중요해지고 있다(Adams, 1998 : 115). 기관에 대한 책임과 전문직으로서 역량을 인정받고 유지할 책임이 있는 사회복지사는 부정적인 피드백에 지나치게 민감해질 수 있고 상처받을 수도 있다. 이러한 이유 때문에 상담이나 서비스를 제공하는 과정에서 슈퍼비전을 정기적으로 받는 것이 언제나 도움이 된다.

6. 핵심과 목적을 유지하는 기술

사회복지사는 상담의 핵심과 목적을 유지할 수 있는 몇 가지 방식을 설명한다. 이것은 사정의 목적을 위해 정보를 얻거나, 토의해야 할 이슈를 탐색한 것을 확인하는 것과 같은 구체적인 목적을 효율적으로 실현하기 위해 필요하다. 이들 내용으로는 핵심과 목적에 집중하기, 고취시키기, 검증하기, 침묵 다루기, 자기 개방에 관해 살펴본다.

1) 핵심과 목적에 집중하기

사회복지사가 상담의 핵심과 목적에 집중하는 것은 클라이언트가 보다 적절하지 못한 이슈에서 벗어나게 하는 데 도움이 된다. 이러한 기술은 사회복지사와 클라이언트 간의 라포나 신뢰를 방해받지 않고 상담의 목적에 충실할 수 있게 하는 것이다. 사회복지사는 상담 중 다음의 상황들을 종종 경험하게 되고 핵심과 목적에 집중하기 기술을 활용하는 이유들이다.

① 다른 이슈들을 제외하고 한 가지 이슈에 지나치게 초점을 두게 될 때
② 다룰 내용이 없어지고 의사소통이 반복되고 있을 때
③ 토의가 주변적이거나 부적절한 이슈로 바뀌어 질 때
④ 토론이 정서적으로 부담을 가지게 되어 침착함과 균형을 필요로 할 때

예시 **충분히 다루지 못한 이슈에 초점을 두어 핵심에 충실하기**

사회복지사 : "나는 ○○ 씨 어머니의 건강문제가 그리 심각하지는 않은 것으로 여겨집니다. 그래서 나는 우리가 이쯤해서 당신이 말한 주택문제에 관해서 좀 더 이야기할 수 있도록 어머니의 건강문제에서는 벗어나는 것이 좋지 않을까 생각합니다."

사회복지사 : "이쯤에서 이전에 ○○ 씨가 말한 것으로 되돌아가서, 자녀들이 아버지와 만나는 것에 관하여 더 자세히 말할 수 있습니까? 자녀들은 얼마나 자주 아버지를 만납니까?"

2) 고취시키기

고취시키기(prompting)는 상담을 시작하거나 상담을 받는 사람을 격려하는 데 사용된다. 이것은 첫째, 더 많은 대화를 격려하기 위하여, 둘째, 어떤 이야기와 다른 이야기를 연결시켜 주거나, 셋째, 미완성한 문장이나 설명으로 직접 암시를 하여 더 많은 설명을 끌어내는 것과 같은 여러 가지 형태를 취할 수 있다. 그러나 다른 사람을 고취시키고자 클라이언트의 말을 사회복지사의 생각과 말로 설명하다보면 클라이언트의 이야기를 차단하기 쉽다. 클라이언트의 생각과 감정을 자신의 말로 설명한다는 것은 중요하기 때문에 이야기를 차단하는 것은 반드시 피해야 할 것이다 .

그러므로 사회복지사는 고취시키기 기술을 사용할 때, 시기 맞추기, 민감성, 친절한 어조를 동반한 관심을 보임으로써 그 사람이 억지로 말을 계속하기를 강요받고 있다고 생각하지 않도록 접근하는 것이 중요하다. 이 기술은 최소 격려의 형태로 판소리의 추임새와 같이 말하는 사람의 흥을 돋우는 것과 같다. '계속하시죠', '아, 네…', '그래서요', '맞아요', '음…', '흠…', '그렇죠', '네… 그랬군요' 등과 같은 짧은 어구를 연결음으로 사용한다.

3) 침묵 다루기

상담에서 침묵을 다루는 것은 중요한 기술이며, 모든 역량 있는 사회복지사들이 익숙해질 필요가 있다. 침묵은 클라이언트와 사회복지사 모두에게 어려운 감정을 초래할 수 있다. 이와 관련된 기본 가정은 이야기하는 것이 이야기하지 않는 것보다 좋다는 것이다. 침묵은 언제나 깨트릴 수 있으며, 침묵이 너무 길면 상담은 성공하지 못한다. 경험이 적은 사회복지사들은 클라이언트의 침묵에 불안해하고 의사소통을 잘 하지 못하거나 자신이 클라이언트를 다루는 데 있어서 실패의 신호로 침묵을 생각한다. 침묵은 또한 거절이나 불만의 신호로 사용될 수 있지만, 반드시 그렇지 않을 수도 있다.

이러한 이유 때문에 침묵으로 무엇이 의사소통되고 있는지, 즉 침묵이 어떻게 사용되고 있는지를 명백히 하는 것은 중요하다. 이것은 사회복지사가 얼마나 오랫동안 침묵을 허용할 것인지를 이해하는 데 도움을 준다. 실제로 '창조적 침묵'이라고 할 수 있는 것은 클라이언트나 그가 처한 상황에 관한 의미 있고 중요한 것을 혼자 생각하고 있는 침묵을 말한다. 창조적 침묵은 그 자신에 관한 긍정적인 생각이나 감정에 몰두하는 것이다. 이것은 클라이언트의 불안, 당황이나 혼돈의 감정을 나타내는 침묵이나 '걱정스러운' 형태 또는 철회의 침묵형태와 반대되는 것이다.

사회복지사는 침묵을 다루는 데 있어서 몇 가지 점들을 고려하여야 한다. 상담에서 클라이언트와 사회복지사 두 사람이 모두 침묵을 하게 된다. 사회복지사의 침묵은 조용한 관찰자로서 역할로 인식될 수 있다. 관심을 가져야 할 중요한 점은 클라이언트가 침묵할 때이다.

다음 세 가지 방법 중 하나를 선택할 수 있다. 첫째, 무엇을 생각하고 있는지를 묻는다. 둘째, 뭔가를 다른 직접적인 질문을 던지거나, 셋째, 단순히 클라이언트가 다시 이야기하기를 기다린다.

예시 1 말하지 않은 생각에 대해 침묵하며 침묵을 깨뜨리기

(○○○라는 클라이언트는 지난 며칠 동안 어머니가 아팠고 병간호를 하며 지냈다는 이야기부터 시작하였다. 그러다가 클라이언트는 말하기를 멈추었다. 사회복지사는 약 10초 동안 기다리다가 질문을 하며 침묵을 깬다)

사회복지사 : (격려하며) 지금 무엇에 관해서 생각하고 있는지 말씀해주시겠어요?

클라이언트 : 아무 것도 생각하고 있지 않아요(침묵).

사회복지사 : 마음속에 떠오르는 어떤 것이라도 말씀해주시겠어요?

클라이언트 : (웃음) 내 마음은 정말 텅 비어 있어요.

사회복지사 : 처음에는 그렇게 생각될지 모르지만 그러나 항상 어떤 생각을 하고 있기 마련이죠. 마치 ○○ 씨의 심장이 항상 뛰고 있듯이… 당신의 마음속에는 언제나 어떤 생각들이 떠오르고 있죠.

클라이언트 : 심장이라는 말을 들으니 어제 의사가 나의 어머니에게 심장이 약하다고 일러준 게 생각나는군요.

그리고 이 클라이언트는 다시 자유롭게 얘기하기 시작한다. 여기에서 저항에 대해서는 전혀 언급하지 않았다. 단지 상담을 하는 동안 그녀에게 일어난 생각들을 보고하기를 사회복지사가 바라고 있음을 알려 주었다.

예시 2 직접적인 다른 질문을 하며 침묵을 깨뜨리기

(이 방법은 침묵이 아닌 다른 어떤 주제에 대한 질문을 하는 것이다. 몇 년 전 돌아가신 아버지에 대해 어느 정도 얘기한 후 클라이언트는 입을 다물었다)

클라이언트 : 아버지에 대한 이야기는 이것이 전부라고 생각되는군요(침묵).

사회복지사 : (잠시 기다린 후) 그 후로 ○○ 씨의 어머니는 살아가기 위해서 무슨 일을 하셨습니까?

이렇게 함으로써 클라이언트는 사회복지사가 자신에게 관심 있는 정보를 듣기 위해서 침묵을 깨뜨린다는 것을 배운다.

예시 3 클라이언트가 이야기를 계속하기를 기다리며 침묵에 대처하기

(3회 상담 동안 ○○○ 씨가 침묵하여 사회복지사는 그녀가 계속하기를 조용히 기다린다. 그녀는 마치 사회복지사가 말하기를 기다리는 것처럼 행동하고 그가 가만히 있자 그녀는 이상해한다)

클라이언트 : 왜 선생님은 뭐라고 말하지 않으세요?

사회복지사 : 나는 ○○ 씨의 생각이 무엇인지 들으려고 기다리고 있습니다.

클라이언트 : 내가 의아해하는 것은 왜 선생님이 더 이상 말을 하지 않느냐는 것이에요.

사회복지사 : 나는 도움이 되는 어떤 말을 하기 전에 ○○ 씨에 대해서 많은 것을 알고 싶어요. 그래서 지금 내가 하는 일은 ○○ 씨가 대부분 얘기하는 동안 듣는 것입니다. 그러나 때가 되면 얘기할 테니까, 걱정하진 마세요.

전문적인 역할을 수행하는 사회복지사는 클라이언트가 자신들의 생각을 말로 나타내도록 격려하면서 그들의 느린 보조에 끈기 있게 맞춰나가야 한다. 이때 경험이 적은 사회복지사는 아주 짧은 침묵이 오랜 시간 동안 계속된 것처럼 여겨질 수 있다는 것을 아는 것이 중요하다. 여기에서 사회복지사가 침묵하고 있는 시간을 확인할 수 있는 기회를 가지는 것이 필요하다. 사회복지사는 그 사람이 어떤 형태의 침묵을 한다는 것을 이해하기 위하여 상담의 흐름에 방해를 받지 않고 시간을 확인할 수 있도록 시계를 향해 앉는 것이 도움이 될 수 있다.

4) 자기노출

자기노출(self-disclosure)은 사회복지사가 특수한 상황이나 만남이 효과적이기 위하여 사회복지사 자신의 경험, 태도, 느낌 같은 사적인 이야기를 클라이언트에게 털어놓는 기술이다. 훌륭한 사회복지사는 클라이언트에게 도움이 될 것 같을 때 자기 이야기를 털어놓는다.

사회복지사의 자기노출에 의해 클라이언트의 사고와 감정을 함께 공유하는 것은 클라이언트가 사회복지사를 전문가로서뿐만 아니라 '평범한 인간'으로 이해할 수 있도록 도울 수 있다. 이러한 자기노출은 클라이언트로 하여금 사회복지사가 더욱 자신을 공감하고 있다고 느끼게 하며, 자신이 무엇을 말하고 있고 느끼는가를 이해하는 데 도움을 준다. 그렇지만 자기노출은 때때로 위험을 수반하기 때문에 민감하게 다루어야만 한다.

예시 1 학교에 가기 싫은 것에 대한 사회복지사의 과거 경험 노출하기

사회복지사 : 나도 과거에 학교에 가는 것을 결코 좋아하지 않았던 때가 있었어요. ○○가 좋아하지 않는 곳에 가야만 하는 것에 관해 조금은 알 수 있을 것 같아요. 나의 경우 진정으로 이야기할 수 있는 선생님을 볼 수 있기 때문에 학교를 계속 다녔어요. ○○는 좋아하고 아주 잘 지내는 어떤 선생님이나 학생이 있어요?

클라이언트 : 내가 좋아하는 사람이 약간 있지만 나는 그들을 만나지 않습니다. 만나기도 쉽지 않고…

사회복지사 : 그래요, 어쩌면 내가 ○○가 그들을 만나는 것을 도울 수 있을지도 모르겠는데, 어떻게 생각하세요?

클라이언트 : 몰라요…, 뭐, 만날 수 있으면 만나는 것도 좋겠죠….

예시 2 우울에 대한 사회복지사의 과거 경험 노출하기

사회복지사 : 나도 과거에 우울 상태에 빠진 적이 있어요. 그래서 저는 ○○ 씨께서 어떻게 느끼고 있는가에 관해 생각을 조금 해보았지만, 사람들마다 다른 방식으로 우울을 경험하지요. ○○ 씨는 어떤 상황에서 우울하며, 그런 기분이 언제 시작되었는지를 말해주실 수 있겠습니까? ○○ 씨는 아직 우울로 괴롭습니까?

클라이언트 : 아니요, 지금은 괜찮습니다.

사회복지사 : 우울을 벗어날 수 있다고 말하는 것이 중요합니다. 제가 관심을 가지고 있는 것은 ○○ 씨가 우울을 극복할 수 있도록 돕는 것입니다.

7. 종결기술

종결이 중요한 이유는 사회복지사와 함께 성실히 해온 문제해결과정과 실천활동을 이제 전문가의 도움 없이 실제 생활에서 독립하여 할 기회를 제공하기 때문이다.

종결기술은 첫 회기의 끝맺음과 상담의 과정에서 회기의 끝맺음, 전체 상담과정(사례)의 종결로 생각해 볼 수 있다. 전체 상담과정(사례)의 종결기술은 4장의 개인대상 실천기술에서 다루기로 하고 여기서는 첫 회기의 끝맺음과 상담의 과정에서 회기의 끝맺음 기술을 설명하고자 한다.

1) 상담 첫 회기의 끝맺음

이상에서 상담과 관련된 기술적 내용들을 대략적으로 살펴보았다. 상담의 초기, 특히 첫 상담은 클라이언트가 자신의 문제를 타인에게 최초로 드러내는 기회이며, 상담의 결과가 이후의 상담방향에 중대한 영향을 주게 될 것이다. 첫 상담을 마쳤을 때 클라이언트는 자신이 상담의 시간을 잘 활용하는 셈인지, 자신의 어려움을 제대로 전달하였는지, 사회복지사의 도움을 받을 수 있는지, 상담과정에서 무엇이 어떻게 돌아가고 있는지에 대해 알고 싶어 한다. 따라서 상담이 끝날 무렵에 이러한 클라이언트의 관심사를 이야기하는 기회를 주는 것이 중요하다. 사회복지사는 클라이언트가 이야기한 관심사를 요약해 주고, 이것이 클라이언트가 말한 바와 일치하는지를 확인해 보는 것이 바람직하다. 사회복지사가 클라이언트의 관심사를 잘 요약할 수 있을 때 클라이언트는 자신의 문제를 사회복지사가 잘 이해하였고, 자신이 비교적 상담을 잘 치러냈다는 느낌을 갖게 된다. 예컨대 사회복지사는 다음과 같이 말할 수 있을 것이다. 이때 작은 격려를 해줄 수도 있다.

예시

사회복지사 : 그러니까 ○○ 씨는 …에 대해 걱정이 되고 있군요. 거기에 신경을 쓰다 보니 일의 집중력이 떨어지고 있는지도 모르죠. 학생의 입장으로서 …일은 어떻게 해결해나가야 할지 난감하게 느껴지는 게 충분히 이해가 되죠. 그리고 이렇게 상담실을 찾아와 의논해 보는 것이 현명하고 적극적인 태도라고 생각해요.

앞 장에서도 언급하였지만, 요약의 경우 클라이언트가 직접 하도록 유도해 볼 수 있다. "오늘 했던 얘기들을 한번 정리해 보시고, 그 다음으로 소감을 말해주시겠어요?"라고 말할 수 있다. 이때 클라이언트의 소감을 듣는 것은 매우 중요하다. 클라이언트는 첫 상담 전반에 대한 자신의 느낌을 이야기하게 되는데, 안도감이나 편안함을 보고할 수도 있고, 또는 반대로 의구심이나 아쉬움을 보고할 수도 있다. 어느 쪽이든 이후 상담에 도움이 되는 것이며, 클라이언트가 자신의 의견을 솔직하게 보고하지 않았을 때가 오히려 문제가 된다. 첫 상담뿐 아니라 대개 한 상담시간이 끝나고 나서 클라이언트가 자신의 소감이나 느낌을 보고할 때 간혹 부정적으로 들릴 만한 내용을 이야기할 수 있으나, 이런 때는 "그런 내용을 말해주어 고맙다. 안 그랬으면 모르고 지나갈 뻔했다"라는 식으로 차분하게 받아 줄 수 있다. 강조하는 것은 클라이언트가 불평을 하는 경우보다 솔직하게 이야기를 하지 않고 마음을 숨기는 것이 더 문제가 된다. 왜냐하면 클라이언트는 추후에도 계속 속마음을 조금씩 숨길 것이며, 이것이 쌓이면 공감적인 의사소통은 불가능하게 되기 때문이다. 클라이언트는 사회복지사의 권위가 부담스러워서 또는 부정적인 내용이나 비판적인 내용을 말하면 안 된다는 생각에 자신의 솔직한 소감을 피력하지 않을 수 있다. 이를 방지하기 위해 사회복지사는 클라이언트의 소감을 요청할 때 다음과 같이 덧붙일 수 있다.

예시

사회복지사 : 상담을 마친 소감으로는 어떤 것이든 괜찮습니다. 만일 불만이나 섭섭함이 있었다면, 그런 것을 이야기하는 것도 좋습니다. 말을 안 해주시면 제가 모르고 넘어갈 수 있으니까요. 우리가 가능한 한 허심탄회하게 논의할 수 있다면 좋겠습니다.

상담을 마칠 즈음 사회복지사는 다음 상담을 언제, 어떻게 할 것이라든가 사회복지사로서 클라이언트에게 해주고 싶은 말들을 상세히 이야기해 준다. 클라이언트로서는 자신이나 사회복지사의 역할에 대해 인식이 잡힐 것이고, 자신의 문제나 걱정거리를 비교적 충분히 털어놓았고, 의문점이나 긴장감이 어느 정도 풀렸다면 상담이 성공적이라는 느낌을 갖게 될 것이다.

2) 상담과정 중 회기(session)의 끝맺음

상담과정은 변화가 많으며 상담을 끝맺음하는 것도 마찬가지이다. 상담은 명백한 시간한계가 있지만, 어떤 클라이언트는 성의 없이 별다른 노력을 하지도 않고 상담을 중단하려고 한다. 그 결과 상담은 클라이언트의 어려움을 검토하거나 시작할 때 가진 감정으로 충분히 활동할 시간도 없이 서두르는 식으로 끝날 수 있다. 따라서 시간조정기술이 필요하다.

회기(session)의 끝맺음과 관련하여 클라이언트가 사회복지사에게 어려움을 제기하는 한 가지 현상은 '문 손잡이 폭로(doorknob revelations)'라고 하는 형태를 취하게 되는 경우이다. 클라이언트가 중요하고 고통스러운 정보를 상담의 끝맺음 시기에 나타내는 것이다. 이러한 폭로는 사회복지사를 갈등적이고 어려운 상황으로 몰아넣는다. 예정된 상담시간을 연장하는 것은 사회복지사가 제한된 시간을 조절할 수 없다는 것을 의미하고, 이후의 다른 약속을 늦추게 하지만, 또한 너무 엄격하게 상담시간을 지키는 것은 클라이언트들을 보다 잘 이해할 기회를 놓칠 수도 있기 때문이다. 또한 어떤 경우에는 표현되고 있는 욕구를 충족시키기 위하여 제한된 시간을 융통성 있게 맞추려는 의지를 보이는 것이 매우 중요할 수 있다. 상담의 끝맺음이 가까워질 때 어려움을 이야기하는 것을 해결하는 방법은 클라이언트들을 위해 무엇이 좋은지에 관하여 조기에 이야기하도록 기회를 제공하는 것밖에는 도리가 없다.

예시 복잡하지 않은 상담 종결하기

(클라이언트들은 회기가 끝날 무렵에 장황한 토론이 요구되는 질문을 하거나 사교적인 대화나 얘기하지 않은 사적인 이야기를 함으로써 상담시간을 제 시간에 마치지 못하게 하는 경우가 있다)

사회복지사 : 좋아요. 10분 남았는데, 오늘 우리가 나눈 이야기들에 대해 조금 정리를 해볼까요?

클라이언트 : 그런데요, 선생님! 남편이 교도소에서 나왔을 때 어떤 일이 생길지 이야기할 수 있겠습니까?

사회복지사 : 남편이 출소되었을 때 생길 수 있는 일들에 대해 말씀을 나누고 싶어하시는 것 같아요. 그 부분을 오늘 함께 나눌 수 없어 아쉽지만 다음 회기에 남편의 교도소 출소와 관련된 이야기를 하실 수 있도록 제가 상기시켜 드리고 이야기를 충분히 나누어 보는 것이 어떨까요?

이렇게 사회복지실천과정에서 사회복지사의 상담기술에 대해 시작부터 종결까지 살펴보았다. 사회복지사의 상담기술은 클라이언트와의 신뢰관계는 물론 문제 해결까지의 과정에 매우 중요한 기능을 한다고 하겠다. 이러한 측면에서 Evans(1998)는 사회복지사가 효과적인 개입에 필수적인 상담기술을 배양하는 방법으로 다음 세 가지를 제시하였다. 첫째, 유능하고 경험 많은 사회복지사가 실시한 상담녹음 테이프를 듣는 것이다. 둘째, 노련한 사회복지사가 진행하는 상담을 관찰하는 것이며, 마지막으로 수퍼바이저의 지도하에 자신이 상담을 해본 후 슈퍼비전을 받는 것이다. 따라서 상담에서의 전문가로서 사회복지사가 되기 위해서는 기술의 원리와 이론적인 부분을 충분히 이해하고 실제적인 기술을 배양할 수 있는 부단한 노력을 기울여야 한다.

PART 02

사회복지실천기술 개입모델과 실천기술

CHAPTER 03

심리사회모델

심리사회모델은 역사적으로 정신분석이론의 발달, 자아심리학의 출현, 사회과학적 지식의 도입과 더불어 Richmond의 연구에 의해 발전하였다. 이러한 심리사회모델에서는 모든 개인이 연령에 상관없이 성장하고, 학습하며 적응해나가는 능력을 가지고 있다고 가정한다. 이 이론에서는 인간의 성장과 발달을 위해 '적절한 여건을 조성'하는 것에 개입의 초점을 두고 있다(Woods & Robinson, 1996, 엄명용 외, 2019 : 211 재인용).

심리사회모델은 사회복지실천 분야에서 진단주의와 기능주의의 논쟁에서 진단주의의 실천양식에 뿌리를 둔 모델이기 때문에 어떤 사례를 이해하기 위해 클라이언트의 환경을 현재 및 과거 시점에서 조사했던 Richmond의 영향을 받고 있으며, 관련된 과거 사실에 대한 세심한 개인력 조사를 통한 역동적 분석을 강조한 Freud의 관점도 반영하고 있다. 따라서 이 모델에서는 가족, 개인 및 가족의 최근접 환경, 상황 속의 인간 등을 철저히 조사하는 사정(assessment) 또는 진단(diagnosis)이 강조된다. 이는 개인의 현재 기능은 현재는 물론 과거 사건들의 영향을 받는다는 생각에 기초하고 있다.

이러한 심리사회모델의 특성은 사회복지실천이 개인 내적 요소와 사회적 요소의 영향을 모두 중요시하는 부분을 잘 담아내고 있다는 것이다. 따라서 이 모델에 따라 사회복지사는 사회복지실천현장에서 만나는 문제를 개인 내적인 심리적이고 생리적인 문제와 사회환경의 문제 또는 개인과 사회의 상호작용의 문제로 보고 접근한다.

1. 이론적 배경

1) 등장배경

Woods와 Hollis는 심리사회모델의 이론적 배경으로 생태체계이론, 정신역동이론, 역할이론, 의사소통이론 등을 제시하였다(김혜란 외, 2003 : 72).

심리사회모델은 19세기 우애방문단 및 자선조직협회의 활동, Richmond의 실천모델을 전승하며 이후 Freud 정신분석이론에서 파생된 자아심리학의 영향을 받았을 뿐만 아니라 생태체계이론, 문화인류학 등 인접 사회과학에 이르기까지 어떤 특정 이론에 근거하여 발달하였다고 하기보다는, 사회복지실천의 과정에서 여러 요소들이 절충되어 이루어졌다고 할 수 있다.

심리사회적 접근은 클라이언트 상황에서의 정신 내부적, 대인관계적, 그리고 환경적 측면들을 완전하게 이해하기 위해 새로운 이론과 다양한 지식을 받아들이는 개방체계로서의 성격을 가지면서 절충주의를 취하고 있다. 그러한 점에서 심리사회모델은 사회복지 영역뿐만 아니라 정신의학, 심리학, 사회학, 인류학 등을 포함하는 다양한 지식체계들로부터 클라이언트 상황에 대한 더 나은 이해를 도모한다. 또한 다양한 수준－개인, 소집단, 가족, 중요한 타자, 다른 영역의 전문가, 그리고 클라이언트 생활 내 여타 체계－에서의 원조 제공을 강조함으로써 복잡하고 복합적인 사안들에 효과적으로 대처하고자 하는 경향을 보이고 있다(김기태 외, 2014 : 394－395).

역사적 관점에서 심리사회모델은 정신분석이론에 기반을 두고 진단주의의 옹호자였던 Hamilton(1940)에 의해 사회복지실천에 학문적으로 정착되었다. 심리사회모델은 19세기 우애방문단 및 자선조직협회의 활동에 영향을 받았고, 특히 Richmond는 자선조직협회에 의한 우호방문만으로는 충분한 원조를 제공할 수 없으며, 개인에 대한 초점뿐 아니라 개인은 그를 둘러싼 가족과 집단 등의 환경 속에서 이해되어야 한다는 개념을 주장하였다.

또한 사회복지사의 분석은 정확한 분석으로 이어져야 함을 중시하면서 사회복지실천이 실제 실천경험으로부터 수집된 정보를 토대로 과학적 근거를 갖게 함으로써 진정한 전문직으로 출발할 수 있게 하였다. 이러한 활동은 단순한 자선을 베푸는 것이 아닌 사회조사, 진단, 치료계획과 같은 전문적 원조과정을 가진 전문가로서 사회복지사를 양성하는 데 기초가 되게 했다.

2) 주요 가정 및 실천기술

(1) 원칙과 가정

심리사회모델은 개인 내적 영역과 사회환경적 영역, 그리고 개인과 환경의 상호작용에 초점을 두고 있다. 이 모델은 기본적으로 정신분석이론에 뿌리를 두고 있으며, 자아심리학과 체계이론 등의 영향을 받아 형성된 모델이므로 다음과 같은 가정을 기반으로 한다고 할 수 있다.

① 모든 개인은 생래적 가치 또는 존엄성을 갖고 있다고 전제된다. 사회복지사는 클라이언트의 존엄성을 존중하기 위해 그를 현재 상황에서 있는 그대로 받아들인다.

② 모든 인간은 연령에 상관없이 성장능력, 학습능력, 적응력, 그리고 사회 또는 물리적 환경을 변화시킬 수 있는 능력을 가진 존재로 간주된다.

③ 자아심리학의 영향에도 불구하고 개인이 어떻게 기능하는가에 대한 이해를 위해서는 성격체계의 구조나 발달에 관한 Freud의 관점이 이용된다. 심리사회모델에서는 Freud가 제시한 다음의 사항들이 전제된다 (Woods & Robinson, 1996 : 68).

- 주요 감정 및 생각들은 무의식에 상당부분 존재한다.
- 성격은 행동에 영향을 주는 유동적이고 역동적인 체계이다. 따라서 성격체계 내부의 작은 변화일지라도 그 영향이 성격체계 전체에 파급되어 시간을 두고 생각, 감정 및 행동을 변화시키게 된다.
- 방어기제는 긍정적·부정적 목적 모두로 사용될 수 있도록 구성되어 있다.
- 겉으로 드러난 문제들은 정신 내부의 갈등을 드러내어 해소하고자 하는 적응노력의 산물이다.

• 신경증(neurosis)은 Freud 이전의 이론가들이 말하는 생리적·선천적 취약성의 징후가 아니라 개인의 인간관계 경험에 뿌리는 두고 있는 것이다.

④ 심리체계는 독립적으로 존재하는 것이 아니라 생물학적 체계, 사회적 체계와 끊임없이 상호작용하는 것으로 전제된다. 따라서 사회복지사는 클라이언트의 현재 문제상황에 영향을 주는 생물·심리·사회체계 등 모든 관련 체계에 관여해야 한다.

⑤ 문제상황을 다룸에 있어 차별성이 강조된다. 동일한 유형의 문제상황이더라도 그 상황이 발생한 배경들이 다를 수 있기 때문에 클라이언트의 문화적 배경, 사회경제적 배경, 계층, 주변환경 등이 차별적으로 다루어져야 한다.

(2) 주요 실천기술

심리사회모델에서 사회복지실천의 목적은 인간과 환경 간의 최상의 적합 혹은 적응을 제공하는 것이다. 따라서 상황과 동떨어진 개인이 아니라, 상황 속에 있는 개인을 파악하고, 개입할 때에도 클라이언트가 제대로 기능할 수 있도록 사회복지사가 직접적으로 개입하는 경우와 클라이언트가 환경에 잘 적응할 수 있도록 간접적으로 원조하는 경우가 있을 수 있다. 특히 클라이언트가 원조를 받게 되는 문제상황은 크게 세 가지로 요약될 수 있다.

첫째, 현재 생활상의 압력으로 질병이나 이혼, 실직 등 스트레스를 주거나 사회적 기능을 약화시키는 상황이나 상태가 주어진 경우이다.

둘째, 자아와 초자아가 성숙하지 못하거나 균형을 이루지 못하여 사회적 상황에 적응하지 못하거나 불만을 느끼게 되는 경우로 이런 경우에는 주변상황이 어떠하든지 적응이 어렵게 된다.

셋째, 억압적이거나 경직된 자아방어기제나 초자아 기능이 지나치게 발달되어 과제는 성실하게 수행하나 만족을 모르고 억압이 크고, 경직되어 있어 어려움을 겪는 경우이다.

이렇듯 심리사회모델에서는 환경적 압력이 직접적으로 수정될 수도 있고, 클라이언트가 자신을 변화시키도록 도움을 받아 성격 변화를 이룰 수도 있다. 또는 클라이언트 내에 작용하고 있는 것으로 가정되는 힘의 균형을 수정함으로써 마음의 문제를 다룰 수도 있다(조휘일 외, 2002 : 110).

심리사회모델에서 이러한 문제상황을 해결하기 위한 과정으로서, 사회복지사와 클라이언트 상호 간에 결정한 목표에 따라 심리사회적 개입절차는 6가지 주요한 범주로 나뉘게 되는데 그 내용은 다음과 같다.

- 라포 형성하기
- 제안하기
- 클라이언트의 갇힌 감정을 해소하기 위해 원조하기
- 정보 모으기
- 클라이언트의 현재 상황과 행동의 패턴에 대한 반성적 성찰 격려하기
- 클라이언트의 초기 생활경험이 현재 태도와 행동에 준 영향에 대해 반성적 성찰을 하도록 격려하기

사회복지사가 '상황 속에 있는 클라이언트'를 심리사회적으로 사정하고, 개입하는 과정 속에서 사회복지사와 클라이언트 간의 의사소통은 핵심적 부분이라고 할 수 있다. 제대로 된 의사소통과정을 통해 클라이언트가 가진 문제를 제대로 파악하고, 클라이언트의 개인적 문제와 상황적 측면을 충분히 고려하여 사정하고, 이를 통해 제대로 된 개입이 가능하기 때문이다. 이를 위해 사회복지사와 클라이언트 간의 중요한 의사소통의 유형을 Wood와 Hollis는 크게 6가지 실천기술을 제시하고 있다(Turner, 1996 : 575−576, 신성자 외, 2021: 156 재인용). 이러한 기술들은 3, 4장에서 설명한 것을 상기하면 실제 사회복지 실천기술들이 어떠한 이론적 배경에서 나온 것인지를 인식할 수 있을 것이다.

① 직접적 개입

가. 지지

지지(sustainment)과정은 심리사회모델에 따른 사회복지사의 활동 가운데 가장 기본적이고 핵심적이다. 지지과정이란 사회복지사가 클라이언트를 수용하고 클라이언트를 원조하려는 의사와 클라이언트의 문제해결능력에 대한 확신감을 표현함으로써 클라이언트의 불안을 줄이고 자아존중감을 증진하기 위한 과정이다. 특히 클라이언트가 죄책감과 수치감을 느끼거나 두려워하거나 분노를 느끼는 경우에 사회복지사는 지지기법을 적극 사용함으로써 클라이언트를 이해하고 있음을 보여야 한다. 지지과정은 언어적 의사소통뿐 아니라 따뜻한 표정, 어깨를 두드리는 등의 비언어적 방법도 포함한다. 또한 클라이언트가 당면한 문제에 대해 실질적 도움(예 가정봉사원, 보육서비스, 경제적 지원, 자원봉사자 연결 등)을 제공함으로써 사회복지사가 클라이언트를 따뜻하게 수용하고 지지함을 나타낼 수 있다. 사회복지사가 클라이언트에게 관심과 수용(interest and acceptance), 공감적 이해(empathic understanding), 재보증(reassurance), 격려(encouragement)를 보여주기 위한 언어적·비언어적 형태의 의사소통을 모두 포함하고 있다. 이를 통해 클라이언트의 불안을 감소시키고, 클라이언트와 함께하고 있다는 신뢰를 갖도록 격려한다.

나. 직접적 영향 주기

직접적 영향(direct influence)이란 클라이언트의 행동을 향상하기 위한 조언이나 제안 등을 통해 사회복지사의 의사를 관철하기 위한 과정이다. 클라이언트가 스스로 자신의 문제를 해결하는 결정을 하는 것이지만 사회복지사가 그 결정에 직접적으로 영향을 미칠 수 있다. 사회복지사의 영향은 다양한 방법으로 이루어지는데, 의견 제시에서 클라이언트가 이미 내린 결정에 대한 지지, 강력한 주장, 직접적 개입 등의 방법을 포함한다.

직접적 영향이 효과적이기 위해서는 지지과정을 통해 신뢰관계를 형성하는 것이 무엇보다 중요하다. 사회복지사가 조언하고 싶은 욕구를 강요하는 것이 아니라 클라이언트가 가진 욕구를 명료화하여 조언해야 한다. 그러므로 조언하기 위해서는 충분히 경청하고 클라이언트가 서 있는 곳에서 출발해야 한다. 이 기술은 다양한 수준의 조심스러운 제안이나 충고를 제시하는 것이다. 부모의 안내나 위기개입은 때로 사회복지사가 강한 의견을 표현하거나 클라이언트가 특정한 행동과정을 따르도록 촉구하기도 할 정도로 직접적 영향을 준다. 물론 클라이언트가 자신의 생각대로 결정에 이르기는 하지만 어느 정도 방향은 분명하게 제시하기도 한다.

다. 탐색, 묘사, 환기

탐색(exploration)과 묘사(description)는 클라이언트의 문제와 관련하여 클라이언트, 클라이언트의 환경 혹은 클라이언트와 환경의 상호작용에 관한 사실을 진술하고 설명하도록 원조하는 것이며, 환기(ventilation)는 사실과 관련된 감정을 끄집어냄으로써 카타르시스를 경험하도록 원조하는 것이다. 탐색－묘사－환기는 연관되어 있는데, 사실을 진술하거나 설명하는 과정에서 자연히 감정이 표현되기 때문이다.

심리사회모델에서는 특히 분노, 상실에 대한 애도반응, 죄책감, 불안 등의 감정에 주의를 기울인다. 이런 감정들은 표현할 수 있는 준비가 되었을 때 말로 표현되어야만 클라이언트가 환기를 경험할 수 있다. 때로는 환기를 경험하는 것 자체로 문제가 해결되는 경우가 종종 있다. 그러나 클라이언트가 개방할 준비가 되지 않았을 때에는 더욱 방어적 태도를 취하거나 표면적으로만 그 사실을 다루게 되어 실제로 느끼는 그 감정은 그대로 남아 있는 경우도 생긴다. 클라이언트가 자신의 상황과 감정을 사회복지사와 의사소통할 때 탐색(exploration), 묘사(description), 환기(ventilation)를 통해 설명한다. 감정을 환기하면 클라이언트는 즉각적으로 감정적으로 편안함을 느낀다.

라. 개인-상황의 구성에 대한 성찰

개인－상황의 구성에 대한 성찰(reflection of person－situation configuration)을 통해 클라이언트의 현재 환경과 다른 사람과의 상호작용에 관한 인식, 생각, 감정을 더 잘 알 수 있도록 도움을 준다. 클라이언트가 말하는 것에 대해 사회복지사가 의견 제시, 질문, 부연 설명 등을 통해 관심 있는 사건에 대해 클라이언트가 깊이 있게 되새겨 볼 수 있도록 돕는 것이다. 클라이언트와 사회복지사 간의 관계를 탐색하는 것도 개인－상황 반영의 일부분이 될 수 있다.

마. 유형-역동의 성찰

유형－역동의 성찰(pattern dynamic reflection) 기술은 사건에 대해 특정한 방식으로 생각하거나 행동하도록 이끄는 클라이언트의 행동경향, 사고나 감정의 패턴을 확인하도록 도와준다. 이런 절차는 클라이언트가 자신의 심적 기능을 탐색하도록 격려한다.

예시

사회복지사 : "○○ 씨의 생각을 평가절하하거나 비판하거나 하는 것을 어떻게 알게 되었나요?"

사회복지사 : "○○ 씨가 자신을 희생해서 다른 사람을 돌보는 방식으로 다른 사람도 항상 ○○ 씨를 돌보아 주었으면 좋겠다고 바라고 있나요?"

바. 발달과정의 성찰

발달과정의 성찰(developmental reflection) 기술은 현재의 인격과 기능에 영향을 주는 원가족이나 초기 생활의 경험을 클라이언트가 고려해 보도록 한다. 과거의 상황과 개인의 감정이 연결되도록 돕는다. 때로는 특정한 초기 경험과 현재 행동이나 태도 간에 관계를 인식할 수 있도록 촉진시키는 질문을 던진다. 해석보다는 질문이 보통 더 바람직하다. 클라이언트는 동의하지 않아도 되므로 자유롭게 느끼고 사회복지사의 의견이 잘못될 수도 있기 때문이다.

예시

사회복지사 : "이전에도 이와 같은 감정을 가진 적이 있습니까?"

사회복지사 : "○○ 씨의 자녀가 ○○ 씨의 청소년기와 비슷한 점은 무엇입니까?
(10대의 자식을 가진 부모에게 자신의 어린 시절을 성찰하도록 돕는 질문)

사회복지사 : "○○ 씨의 아버지에게 느꼈던 대로 상사 앞에서 위축됩니까?"

② 간접적 개입

환경을 조정하는 개입기술로 목표는 클라이언트를 둘러싼 인적·물적 환경에 관계된 문제를 해결하는 것이다. 주 내용으로는 환경에 관련된 사람과의 관계에 개입하거나 사회환경적인 변화를 추구하는 활동이다. 클라이언트가 필요로 하는 자원을 발굴하여 제공하며 클라이언트에 대한 옹호 및 중재 활동을 한다. 또한 클라이언트 스스로가 주변을 변화시킬 수 있도록 원조한다. 클라이언트의 문제해결과정에서 주변 사회환경 자원을 최대한 활용하기 위해서 사회복지사는 기관의 정책, 기관이 갖고 있는 자원, 기관의 권력구조, 타 전문직의 문화 또는 분위기 등에 대해 이해하고 있어야 한다. 또한 기관의 직원과도 지속적인 협력관계를 유지해야 한다. 세부 기법들은 직접적 개입기술들이 활용된다. 환경과 작업을 할 때 사회복지사는 클라이언트의 신상에 관한 정보가 공개되지 않도록 비밀 유지에 신경을 써야 하며, 환경에 대한 개입에 관련된 의사결정에 대해 사회복지사가 아닌 클라이언트가 책임을 진다는 것에 유념해야 한다.

3) 주요 적용 영역 및 한계

심리사회모델은 심리 내적 부분과 환경이라는 부분의 상호작용을 강조하는 모델인 만큼 개인, 집단, 가족, 환경 등에 폭넓게 적용될 수 있다. 의사소통을 통해 클라이언트에게 도움이 될 만한 사람들과 관계형성을 맺게 하고, 다양한 자원을 활용하도록 하고, 사회복지사가 클라이언트를 위해 행동하는 역할을 하게 함으로써, 자원을 창조하고 발견하고 제공하는 역할을 하고, 클라이언트와 다른 사람들 사이에서 중재자의 역할을 한다는 점이 이 모델의 장점이라고 볼 수 있다.

그러나 이 모델이 표방하는 바는 인간과 환경 간의 상호작용을 강조한다고는 하지만 심리 내적 요인에 좀 더 초점을 두고 있다는 점은, 결국 문제의 원인을 사회적 요인보다는 개인이나 가족에서 찾으려는 면이 강하다는 점을 부인하기 어렵다. 즉, 개인의 변화나 적응을 촉구하고 강조하는 면이 강하다고 할 것이다. 실제로 사회적 약자이거나 사회구조적 측면에서 개입해야 하는 클라이언트의 문제의 경우에는 심리사회모델로서는 한계가 있다는 점을 염두에 두고 적용해야 할 것이다. 또한 클라이언트의 문제를 밝히고 성찰을 높이는 접근과 사정은 큰 장점이지만, 이런 사정을 바탕으로 사회복지실천현장에서 구체적 적용과 개입을 하려고 할 때에는 실증적 부분이 부족하다는 점은 약점으로 꼽힌다.

2. 개입과정과 사례 적용

이제 구체적 사례를 통하여 앞서 살펴본 심리사회모델의 이론적 배경과 주요 개념들이 사회복지실천현장에서 어떻게 적용되는지 살펴보자(신성자 외, 2021).

1) 사례 개요

16살 된 명수(가명)는 여러 가지 문제로 어머니가 사회복지사에게 데려온 청소년이다. 명수의 집은 종합사회복지관 옆에 있는 임대아파트에 위치하고 있었는데 어머니는 일용직 노동자였다. 명수의 어머니는 명수때문에 "집에서 화가 나 폭발할 지경"이라며 불평했다. 명수는 학교에서 친구들과 싸우고 어린 동생을 괴롭히고 있었다. 하지만 심리사회적 조사를 통해 드러난 바로는 가족체계 전체가 위기상황에 있었다(개인의 문제로 보이는 상황도 심리사회적 조사를 통해 상황 속의 개인의 문제라는 것을 이해할 수 있게 된다). 아버지는 몇 년 전에 동맥경화증으로 진단을 받고 점점 상태가 안 좋아져서 지금은 일자리를 잃었다. 아버지는 우울하고, 까다롭고, 명수에게 비판적이었다. 어머니는 남편을 간병하면서 많은 걱정과 책임감을 느끼게 되면서 아들에게 엄격한 요구를 많이 하게 되었다. 어머니는 "하루하루의 생활이 자신의 의지와 노력에서 벗어난 것" 같아 미래에 대해 두렵다고 말했다. 명수와 부모의 갈등은 명수가 사춘기가 되어 부모로부터 해방되고 개인적 생활이 필요하게 되자 더 심해졌다(발달단계상의 이해 필요). 그러나 부모의 생각은 아이들은 부모의 '사랑과 복종' 안에 있어야 한다는 것이다. 명수는 다음 발달단계로 나아가지 못하게 억제되어 있다고 느꼈다. 즉, 나이에 맞는 자기결정이나 관심사를 추구할 수 없었다. "부모님은 내가 시야를 벗어나는 걸 용납하지 못하세요"라고 명수는 불평했다. 더구나 명수의 아버지는 명수의 삶에서 오랫동안 강한 남성이었지만, 비판적이고 힘 있는 아버지임에도 불구하고 육체적으로는 약했기 때문에 존경을 받을 수 없는 것으로 보였다.

첫 번째 가족상담 이후에 명수는 부모가 자신을 대하는 방식을 설명하면서 부모가 기대하는 대로 이전처럼 돌아갈 수는 없다고 말했다. 변화가 필요했다. 사회복지사가 약간의 지지를 하자, 가족성원 중 가장 자기 인식이 있어 보이는 어머니는 지속적 상담을 결심했다(가족의 강점). 다음 상담에서 가족은 각자 미래와 가족 모두에게 충격이 되었던 아버지의 병에 대해 털어놓았다. 막내아들은 '편안하게' 설명하면서 자신이 점차 위축되었다는 것을 알게 되었다. 사회복지사의 도움으로 부모는 아이의 선생님과 의논을 함께 준비하기로 했다. 부모는 명수가 가족의 슬픔과 두려움의 무게로 희생양이 되어 왔다는 것을 알 수 있었다. 무엇보다도 부모는 아이들과 더 이상 다투지 않게 되었다. 상호 간에 더 많은 지지가 위기 속에서 혼자가 아니라고 느끼게 해주었다. 사회복지사는 가족을 행정복지주민센터의 사회복지사와 연결해서 경제적 도움을 받을 수 있는지 알아볼 수 있도록 해주었다. 자활센터와 연결해 어머니가 일용직 일 외에 정기적 일자리 교육을 받아 직업활동을 할 수 있도록 원조하였다. 또 아버지의 병과 관련해서 병원의 의료사회복지사와 연결해서 지속적 관리를 받을 수 있도록 하였다. 종결 전에 부모의 요청으로 명수는 가족모임을 갖는 것에 동의했다. 집안에 흐르던 긴장은 점차로 감소되었다.

부모의 새로운 가능성은 어려움에 대해 터놓고 말하게 된 것이며, 서로에게 귀 기울일 수 있게 된 것이다. 명수는 우울하고 화나고 불안한 가족의 분위기에서 조금씩 벗어날 수 있게 되었다. 이제 병은 의논되고, 명수는 더 이상 부모가 비판적이라거나 자신을 통제한다고 느끼지 않게 되었다. 명수는 아버지의 병에 대한 슬픔과 자신의 행동에 대한 이야기를 나눌 수 있게 되었다.

2) 사례 적용

가족에게 위기를 가져오는 다양한 요소를 사정하고, 부분적으로 어머니의 변화 가능성을 사정함으로써 가족이 좀 더 편해질 수 있도록 가족 내에 힘의 균형을 가져오는 상담이 유효했다(동기가 있는 어머니의 힘을 알아채고, 상담이 지속하도록 이끌게 함으로써, 병든 아버지의 문제를 억압하지 않고 드러내고 지지하도록 원조). 이 과정에서 어머니가 새로운 일자리를 얻음으로써 경제적 문제를 해결하고 가족의 희생양이었던 명수가 가족 내에서 자신의 목소리를 낼 수 있도록 원조, 사회복지사가 비자발적인 명수를 도우려고 했거나 병든 아버지를 위한 개별상담 회기를 주장했다면, 이 개입은 실패했을 것이다. 명수의 발달단계적 특징을 충분히 이해하고, 명수의 개인적 문제로 보거나 아버지의 문제로 단순화하지 않고, 상황 속의 개인의 문제로 이해하여 접근하였기 때문에 변화가 가능하였고, 이를 위해 가족의 위기나 역동에 대한 사정이 꼭 필요하였다. 사회복지사는 이러한 점을 사정하였기에 개입에 반영할 수 있었다. 이 가족의 강점은 어머니가 가진 변화에 대한 의지이다. 어머니가 변화에 두려워하지 않고 자신의 감정적 반응과 행동에 대해 끊임없이 변화하려고 노력한 것이 궁극적으로 전체 가족체계에 영향을 주었고 가족이 건강성을 회복하는 변화를 가져왔다.

다음에서 클라이언트와 사회복지사 간의 의사소통을 예시를 통해 심리사회모임을 적용하는 실천기술을 구체적으로 제시하고 예시 중간에 그 상황이 어떠한 실천기술과 관련 있는지를 표시하였다.

예시

철주(가명) 씨는 사회복지사를 찾아와 엉망진창인 부인과의 관계를 불평한다(환기). 철주 씨는 사회복지사가 반대의견을 내지 않을까 주의 깊게 살피고 있다. 사회복지사는 고개를 끄덕이면서 "이해해요"라고 말하면서 철주 씨를 격려한다. "결혼생활에 어떤 일이 일어났는지 더 자세히 얘기해 주시겠어요?". 사회복지사는 비심판적이고, 관심 어린 태도로 상황을 더 탐색하면서 철주 씨를 돕는다(지지와 탐색). 철주 씨는 더 자세하게 부적절한 감정과 자기의심을 표현하자(환기), 사회복지사는 "가까운 관계는 종종 혼란과 강한 감정이 가득하죠"라고 재보증을 한다(지지). 이런 재보증이 있자 철주 씨는 사회복지사에게 부인과 욕하며 싸우는 상황을 설명한다. 철주 씨는 부끄러움과 후회의 감정을 사회복지사와 나눈다(환기). 철주 씨의 감정을 알아가는 동안 사회복지사는 철주 씨와 밝혀진 것을 정확하게 논의하도록 그를 격려한다(지지와 탐색). 사회복지사는 철주 씨에게 "당신은 언제 부인에게 욕을 하게 되나요?"라고 부드럽게 묻는다. 사회복지사의 도움으로 철주 씨는 부인이 자신을 거부할 때 화가 난다고 말했다(개인과 상황의 성찰). 사회복지사는 철주 씨에게 부인이 거부하는 것이 어떤 의미인지 묻는다. 철주 씨는 "마누라가 나를 거부하는 건, 나를 떠나려고 하기 때문이에요"라고 대답한다(패턴-역동의 성찰). 그 이후의 회기를 지나면서, 철주 씨는 자신의 어린 시절을 말하기 시작한다. 아버지는 자주 집을 비웠고 어머니는 만성적인 병을 앓고 있는 여동생을 돌보는 데 전념했다. 사회복지사가 이러한 점을 지적하는 약간의 도움을 주자, 철주 씨는 부인과의 관계에서 강한 반응을 보이는 것이 훨씬 오래 전에(부모로부터 관심을 받지 못하고 거부당하는 듯한) 이러한 어린 시절의 감정들과 관계가 있다는 것을 알게 되었다(발달단계의 성찰).

CHAPTER 04

인지행동모델

인지행동모델은 인지이론과 행동주의이론을 통합한 것으로 두 이론이 각각의 독특한 특성을 가진다. 인지이론에서는 인간의 환경에 대한 사고・인식・해석이 정서와 행동의 결정요인이라고 보는 반면, 행동주의이론에서는 인간의 행동은 모방과 관찰을 통해 학습된 것이기 때문에 행동수정을 통해 변화를 가져올 수 있다고 간주한다. 따라서 인지이론에서는 왜곡된 인식이나 해석으로 인해 인간의 문제가 발생한다고 보는 반면, 행동주의이론에서는 클라이언트가 잘못된 혹은 부정적인 행동을 모방・학습한 결과로 역기능적인 행동을 보인다고 주장한다(Payne, 1997).

인지행동모델에서 제공하는 실천기술은 사회복지 실천기술 가운데 아동・청소년을 대상으로 특히 많이 활용되고 있다. 인지행동이론에 입각한 개입기술은 문제를 일으키는 잘못된 가정과 소고의 유형을 확인・점검하고 재평가하여 수정하도록 격려하고 원조한다. 이 이론에 포함되는 치료접근방법으로는 인지치료, 행동치료, 합리정서치료, 현실치료, 인지행동치료가 있다(Gilliland & James, 1997, 양옥경 외, 2018 재인용).

1. 이론적 배경

1) 주요 가정

인지행동모델의 기본적인 전제는 인간의 사회적·행동적 역기능이 사건이나 상황에 대한 클라이언트의 잘못된 생각(혹은 인지)으로 인해 발생한다는 것이며, 따라서 인지 및 행동의 수정을 통해 역기능이 해소될 수 있다고 보는 것이다(엄명용 외, 2019). 인지행동모델은 인지이론과 행동이론이 통합·발전되었으므로 인지이론과 행동이론이 갖는 주요 특징이나 몇 가지 기본 가정을 먼저 살펴보고 인지행동모델에 대해 살펴보고자 한다.

(1) 인지이론의 기본 가정

인지이론은 인간의 감정, 동기, 행동 등이 의식적인 사고과정의 결과임을 전제로 하고 있다(엄명용 외, 2019). 이는 인간의 행동이 무의식적인 힘 혹은 충동에 의한 것이 아니라 인간의 의지에 의해 결정되는 것임을 의미하며, 부적응적인 행동은 곧 역기능적인 사고 혹은 인지적 왜곡에 의해 발생한다고 여긴다. 또한 인지이론에서는 인지가 정서 및 행동의 역기능을 중재한다고 간주한다(Thyer & Myers, 1997). 따라서 인지이론에 기반한 치료과정에서는 부적응적인 사고유형을 파악하고 이를 직면하여 변화할 수 있도록 돕는다. 이러한 점에서 인지이론이 제시하는 몇 가지 기본 가정을 살펴보면 다음과 같다.

① 인간의 행동은 무의식적인 힘이 아닌 의지에 의해 결정된다.

② 인간의 행동은 사고에 의해 결정되며, 부정확한 지각과 생각이 부적응적인 행동을 초래한다.

③ 잘못된 인지, 왜곡된 생각, 비합리적인 신념은 개인의 의식수준 밖에서 일어난다. 특히 잘못된 생각을 학습하고 이를 지속적으로 사용하면서 인지적 신념들이 '자동적'으로 활용되어 자신도 모르게 역기능적인 정서가 형성된다.

④ 인간의 감정은 자신과 사회적 상황에 대해 생각하고 말하고 가정하고 믿는 것으로부터 초래된다. 인간이 가지는 감정의 대부분은 사람들의 생각, 스스로에게 하는 말 그리고 자신이나 지신의 환경에 대해서 믿거나 가정하는 바에서 직접적으로 파생되는 결과다.

⑤ 인간은 창조적이고 성장의 욕구를 가지고 자신의 능력을 최대한 개발하고 목표달성을 추구하는 기본적인 경향을 가지고 있다(Lantz, 1996; Werner, 1981, 엄명용 외, 2019 재인용).

(2) 행동주의의 기본 가정

일반적으로 행동주의에서 제시하는 기본 가정은 행동주의의 여러 학파에 따라 조금씩 다르다. 즉, 스키너(Skinner)의 행동주의이론과 반두라(Bandura)의 사회학습이론, 급진적 행동주의(radical behaviorism), 신행동주의이론(neobahaviorism) 등에서 제시하는 기본 가정은 차이가 있게 마련이다. 여기서는 Skinner의 행동주의이론과 Bandura의 학습이론에서 제시하는 기본 가정을 비교하여 살펴보고자 한다.

첫째, Skinner와 Bandura 모두 인간의 행동이 환경적 자극에 의해 동기화된다고 전제하였지만, Skinner는 인간의 행동이 강화에 의해 행동의 빈도와 강도가 결정된다고 본 반면, Bandura는 개인의 인지적 요인과 다른 내적 사건들에 의해 중재되어 최종적으로 표현되는 행동이 결정된다고 주장한다.

둘째, Skinner는 인간이 자신의 행동을 통제할 수 있는 힘이 없다고 보았지만, Bandura는 인간은 자기효능감을 성취하는 방향으로 행동을 규제할 수 있다고 믿었다.

셋째, Skinner는 외적 강화가 없이는 행동의 학습이나 수정이 불가능하다고 여겼지만, Bandura는 새로운 행동의 학습은 외적 강화 없이도 이루어질 수 있다고 여겼다.(김동배 · 권중돈, 2000)

이에 비해 Bruce와 Fedric(1997, 양옥경 외, 2018 재인용)은 학습이론의 기본 원칙과 가정을 다음과 같이 제시하고 있다.

① 인간에 의해 일어나는 모든 현상들(분명한 행동과 언어, 숨겨진 사고와 인지, 느낌, 꿈 등)은 관찰이 가능하든 불가능하든 모두 행동으로 간주한다.

② 인간행동은 생활경험에서 광범위하게 학습되며, 이러한 학습은 전 생애에 걸쳐 일어난다.

③ 기본적인 학습은 여러 문화와 생활환경을 통하여 개인의 행동으로 나타나며, 정상적이거나 역기능적인 행동, 느낌, 사고 등은 학습의 결과다.

④ 대인적 행동 역시 학습과정에 의한 기능이며, 행동의 범위가 커질수록 기본적인 학습기제가 보다 복잡하게 작용한다.

⑤ 주요 학습과정은 반응적 조건화, 조작적 조건화, 관찰학습의 세 가지로 대표된다.

(3) 인지행동이론

인지행동이론은 앞서 제시한 인지이론과 행동이론을 통합하여 활용한 것으로 때로 행동이론에 근거한 인지적 개입기술(cognitive intervention based on behavioral approach)로 불리기도 한다. 이는 인지치료기법을 통해 사회복지사가 클라이언트가 상황을 왜곡하여 해석하는 방식과 정서를 변화시킬 수 있도록 도우면서, 동시에 새로운 행동기술을 습득하고 실제상황에 적용할 수 있도록 강화를 통해 행동의 변화를 유지하도록 한다(Lantz, 1996).

이런 점에서 인지행동이론은 다음과 같은 몇 가지 특징 혹은 기본 가정을 가지고 있다(양옥경 외, 2018; Granvold, 1994).

① 자신과 타인에 대한 무조건적인 존경

Ellis는 인간의 문제의 주요 원인이 자신에 대한 부정적인 평가라고 주장하면서 많은 문제가 자신을 가치 있게 평가하지 않는 데서 비롯된다고 하였다. 이는 곧 자신의 성공에 대해 낮게 평가하거나, 자신을 입증하기 위해 더 많은 것을 요구하거나 혹은 타인의 승인을 적극적으로 얻는다거나 자신의 성취가능성에 대해 스스로 방해하는 것을 의미한다. 따라서 인지행동이론에서는 클라이언트가 자신의 가치에 대해 긍정적으로 평가할 수 있도록 도울 필요가 있다.

② 주관적인 경험의 독특성

이는 각 개인이 갖는 삶의 사건과 정서반응의 독특한 의미, 현실을 조직하는 데 작용하는 정보전달과정, 신념, 신념구조와 같은 주관적 경험의 독특성을 의미한다. 또한 클라이언트는 정서적·행동적 반응에 관계된 인지적 기능에 대해 경험적으로 탐구하도록 사회복지사와 협력함을 의미한다.

③ 자신의 책임

이는 클라이언트가 자신의 정서적·행동적 문제를 다른 사람의 탓으로 돌리지 않고 자신의 책임으로 수용하는 것을 의미한다. 즉, 타인이 자신의 문제의 원인이라고 하는 것은 곧 자신의 문제에 대한 통제력이 자신의 내적인 면에 있기보다는 타인에 의해 조정되는 것임을 의미한다.

④ 구조화된 접근

인지행동모델은 치료자가 문제해결을 위해 구조적인 절차를 가지고 있으며, 클라이언트와 사회복지사 간의 협조적인 관계와 노력 그리고 적극적인 참여를 기반으로 하고 있다.

⑤ 소크라테스적 방법과 질문

소크라테스식 질문 및 접근방법은 클라이언트의 문제를 논박을 통해 인지적 왜곡이나 오류가 있음을 밝혀내고, 질문을 통해 자기발견과 타당화의 과정을 거치게 되어 사건이나 행동의 의미를 재발견하는 것이다.

2) 주요 개념과 원칙

인지행동모델의 주요 개념으로는 인지이론에서 제시하는 개념인 ① 도식(schema), ② 자동적 사고(automatic thinking), ③ 추론과정에서의 체계적 오류(예 임의적 추론, 선택적 추상화, 과도한 일반화, 과대평가 및 과소평가, 개인화, 절대적 사고, 이분법적 혹은 양분적 사고, 인지재구조화 등)가 있으며(양옥경 외, 2018), 이 외에 규칙(rules), 의미(meaning), 부적응적 사고(maladaptive thoughts) 등을 들 수 있다(엄명용 외, 2019). 이에 비해 행동이론에서는 ① 고전적 학습과 반응적 조건화, ② 조작적 학습(조작적 조건화), ③ 사회학습, ④ 강화와 처벌, ⑤ 소거, ⑥ 변별자극 등이 있다.

Beck(1995, Lantz, 1996 재인용)은 사회복지사가 인지행동모델에 근거한 기술을 효과적으로 활용하기 위해서는 다음과 같은 몇 가지 원칙을 염두에 둘 필요가 있음을 제시하였다.

① 클라이언트 및 클라이언트의 문제에 관해 인지행동적인 용어로 공식화하고 이를 근거로 전개한 계통적 설명에 기초를 둔다.
② 건전한 치료관계를 필요로 한다.
③ 사회복지사와 클라이언트의 적극적 참여로 이루어지는 협력을 바탕으로 한다.
④ 문제에 초점을 두며 목표 지향적이고 문제 중심적이다.
⑤ '지금-여기'를 강조한다.
⑥ 교육적이며 클라이언트 자신이 스스로 치료자가 될 수 있도록 교육한다.
⑦ 가능하다면 시간에 제한을 두도록 한다.
⑧ 상담은 구조화되어 있다.
⑨ 사회복지사는 클라이언트가 역기능적 사고와 신념을 확인하고 평가하면서 효과적으로 대응할 수 있도록 돕는다.
⑩ 사고, 감정, 행동을 변화시키기 위해 다양한 치료기술을 사용한다.

3) 주요 실천기술

인지행동모델의 개입목표는 클라이언트가 당면한 문제를 해결하고, 역기능적 사고와 행동을 수정하는 것을 목표로 한다. 따라서 클라이언트의 문제 사정에 있어 클라이언트의 역기능적인 인지왜곡이나 잘못된 사고, 감정 행동을 파악하고 이에 대한 인지 및 행동의 변화를 유발할 기술을 활용하게 된다. 인지행동모델의 주요 실천기술은 <표 4-1>에 정리되어 있으며, 이를 구체적인 예시를 통해 살펴보면 다음과 같다.

〈표 4-1〉 인지행동이론의 주요 기술

상담기술	설 명
1. 내적 의사소통의 명료화	클라이언트 스스로에게 피드백을 줌으로써, 자신의 생각과 이야기 속에 숨겨진 인지적 오류와 비합리적 신념에 대한 통찰력을 발전시키고 이해할 수 있도록 도움을 줌
2. 설명	클라이언트의 정서가 Ellis가 제시한 ABC모델(사건-인지-정서적 결과)에서 어떻게 작용하는지를 가르쳐 줌
3. 기록과제	클라이언트로 하여금 정서에 대한 Ellis의 ABC모델을 활용하는 방법에 대해 읽고 기록할 수 있도록 양식을 제공함
4. 경험적 학습	클라이언트에게 자신의 인지적 오류에 부합하지 않는 특정한 행동을 하도록 함으로써 클라이언트가 자신의 인지적 오류를 발견하고 수정하도록 함
5. 역설적 의도	특정 행동에 대한 클라이언트의 불안이 그 행동을 유발할 때, 클라이언트가 두려워하는 행동을 하도록 지시함으로써 클라이언트의 인지적 오류에 도전하고 불안을 감소시킴
6. 역동적・실존적 반영	객관적이고 물질적인 세계에 초점을 두고 실제적인 문제에 대한 답을 찾아가는 것에 강조를 두는 역동적 숙고와 삶에 대한 의미와 잠재적 의미에 대해 숙고하는 실존적 숙고를 통해 인지재구조화를 촉진시킴
7. 인지재구조화	클라이언트의 역기능적 사고와 관념을 인식하고 이를 현실적인 사고와 관념으로 대치하고 순기능을 할 수 있도록 도움을 줌
8. 모델링	관찰학습과정을 통해 클라이언트가 시행착오 학습을 거치지 않고 원하는 행동을 학습할 수 있도록 하게 하는 것
9. 시연	발달시키고자 하는 행동을 반복적으로 연습함으로써 행동으로 숙달되도록 하는 것
10. 자기지시기법	목표선택, 목적행동 형성, 자기탐지, 계획의 실천 등의 과정을 통해 자신이 통제하거나 변화시키기를 원하는 구체적인 행동에 대한 지침과 계획들을 세우는 것
11. 체계적 둔감화	클라이언트에게 가장 덜 위협적인 상황에서 가장 위협적인 상황까지 상황들을 순서대로 제시하면서, 불안자극과 불안반응 간의 연결이 없어질 때까지 불안을 일으키는 자극들을 반복적으로 이완상태와 짝짓는 것
12. 이완훈련	근육의 수축과 이완, 깊고 규칙적인 호흡, 즐거운 사고나 심상 등을 훈련함으로써 일상생활에서 유발되는 스트레스에 대처할 수 있도록 가르침

(1) 내적 의사소통의 명료화

내적 의사소통의 명료화(clarifying internal communication)기술은 클라이언트 스스로 자신에 대해 독백하고 사고하는 것으로, 이에 대해 사회복지사가 피드백을 주기 때문에 효과적이다. 이를 통해 클라이언트는 자기 자신과 다른 사람에게 하는 말 속에 숨겨진 잘못된 생각과 비합리적인 신념에 대해 더 잘 이해할 수 있게 된다. 클라이언트가 이러한 잘못된 생각을 깨닫게 될 때 인지적 검토를 통해 인지의 변화가 유발될 수 있다. 다음의 예시는 내적 의사소통의 명료화를 활용한 것이다.

예시

클라이언트 : 우리 아이는 정말 지독해요.
사회복지사 : 아이가 구체적으로 어떻게 지독하단 말인가요?
클라이언트 : 도무지 제 말을 듣지 않아요. 제가 장난감을 치우라고 하면 소리를 지르기 시작하지요.
사회복지사 : 그럼, 어머니께서는 뭐라고 하시지요?
클라이언트 : 어떤 때는 아무 말도 안할 때도 있고… 화가 나는 거죠.
사회복지사 : 그런 상황에서 어머니께서 침묵하시는 건 어떤 의미인가요? 그것이 무엇을 의미할까요?
클라이언트 : 잘 모르겠어요. 아마도 죄책감을 느끼는 것일 수도 있고…
사회복지사 : 죄책감이요?
클라이언트 : 네. 잘 모르겠는데… 느낌이 없어요… 저는 아들을 야단치기가 힘들어요. 제가 그동안 많은 실수를 해왔고, 아이도 그래서 힘들었을 거예요. 아시잖아요. 아이를 야단치는 것에 대해 죄책감이 들어요.
사회복지사 : 어떤 사람들이 실수를 저지르나요?
클라이언트 : (침묵) 실패자들.
사회복지사 : 어머니께서는 자신을 실패자라고 생각하시나요?
클라이언트 : (침묵) 네, 자주 그래요.

출처 : Lantz(1996), p. 104, 엄명용 외(2019), p. 228 재인용.

(2) 설명

설명(explanation)기술은 클라이언트에게 감정이 어떻게 행동에 영향을 미치는지에 대한 ABC 모델을 설명하기 위해 사용된다. 즉, 촉발사건(A : activating event)이 있은 후에 클라이언트는 자신의 신념(B : belief), 사고 혹은 사건에 대해 스스로에게 이야기하며, 이 신념, 인지, 자기대화로부터 야기된 감정적 결과(C : consequences)를 설명하는 것이다.

예시

(다음의 예시는 우울증 증세를 보이고 있는 클라이언트에게 사회복지사가 ABC모델을 설명하는 것이다)

사회복지사 : 만약 제가 당신의 의자 밑에 폭탄이 있다고 말한다면 어떤 느낌이 들 것 같으세요?

클라이언트 : 웃을 것 같아요.

사회복지사 : 겁나지 않나요?

클라이언트 : 아니요. 왜냐하면 당신을 믿지 않을 거니까요.

사회복지사 : 좋아요. 보세요, 당신이 어떻게 느끼는지는 당신이 믿고 생각하는 것에 달려 있어요. A는 제가 당신에게 폭탄에 대해서 이야기한 것이지요. B는 당신이 그 사건에 대해서 믿고, 자신에게 이야기한 것이에요. C는 B, 즉 당신이 어떻게 믿는지에 따른 당신의 느낌이지요.

출처 : Lantz(1996), p. 105.

(3) 기록과제

인지행동모델에서의 기록과제(written homework) 혹은 숙제는 클라이언트의 적극적인 협조와 참여를 기반으로 하고 있다. 과제는 클라이언트가 자신의 문제에 대한 인식을 향상시킬 뿐만 아니라 새로운 행동을 획득하거나 과거의 반응을 제거할 수 있도록 돕는다(Cormier & Cormier, 1991). 과제를 부여할 때는 클라이언트로 하여금 정서에 대한 Ellis의 ABC 모델을 활용하는 방법에 대해 읽고 기록할 수 있도록 양식을 제공할 수 있으며, |그림 4-1|의 방식에 따라 작성하게 할 수 있다.

A 어떤 사건인가?

B 그 사건에 대한 나의 생각은 무엇인가?

C 나의 느낌은 어떠한가?

D1 A에 대한 나의 묘사는 정확한가?

D2 B는 합리적인가? 그렇지 않다면 그에 도전하는 생각을 써 보시오.

E D1, D2로부터 어떤 감정이 초래될 것인가?

날짜	상황	정서적 반응	자동적 사고	합리적 반응	결과

|그림 4-1| 인지행동 과제수행표

(4) 경험적 학습

경험적 학습(experiential learning)기술은 왜곡된 인지에 도전하고 변화하도록 유도하는 것으로 인지적 불일치 원리(cognitive dissonance principle)로 설명된다(Lantz, 1996). 인지적 불일치란 자신의 행동, 행위 또는 생활양식에 부합하지 않는 태도나 신념을 변화시키려는 경향을 의미한다. 이 기술은 클라이언트에게 자신의 인지적 오류에 부합하지 않는 특정한 행동을 하도록 함으로써 클라이언트가 자신의 인지적 오류를 발견하고 수정하도록 하는 데 자기주장훈련, 모델링, 역할극, 사회기술훈련, 심리극(psychodrama) 등을 활용할 수 있다.

(5) 역설적 의도

이 기술은 어떤 불유쾌한 구체적 행동이 자꾸 발생할 것을 불안해하여 그 행동을 오히려 더 발전시킬 경우에 사용될 수 있다. 역설적 의도(paradoxical intention)기술은 클라이언트의 불안에 대한 인지적 오류에 도전하고 두려워하는 행동을 하도록 지시하게 된다. 이는 사회복지사가 클라이언트에게 이중구속적인 메시지를 전달하는 것이며, 클라이언트는 이중구속적인 메시지에 관계없이 변화를 일으키게 된다(Corey, 1991). 예를 들어, 우울한 클라이언트에게 "계속해서 우울하게 지내세요"라고 말하면, 클라이언트는 우울한 것을 유지하기 위해 노력하게 되고 이는 자신의 문제에 대한 통제력을 계속 유지하므로 인해 자신감이 생기는 반면, 이러한 메시지에 반대해서 우울해지기를 거부하면 증상으로부터 호전되는 것이다. 이 기술을 자해 혹은 타해의 위험이 있는 클라이언트에게는 절대로 사용해서는 안 되며, 문제의 원인이 신체적인 것에 기인하고 있는 증상일 때도 사용할 수 없다. 나아가 클라이언트가 불안해하는 행동을 하도록 지시하는 것이기 때문에 클라이언트에게 치료기술에 대해 충분히 이해시킨 후 동의한 경우에만 사용한다.

(6) 역동적 · 실존적 반영

역동적 반영(dynamic reflection)은 클라이언트의 문제와 문제해결에 초점을 맞춰 활용된다. 이는 증명할 수 있고 객관적이며, 경험적이고 이론적인 지식에 목적을 두는 문제해결의 반영을 의미한다. 이에 비해 실존적 반영(existential reflection)은 개인의 삶의 의미와 의미의 잠재성 발견에 초점을 둔다(Lantz, 1996). 따라서 사회복지사는 클라이언트의 회복된 의미와 의미의 잠재성을 사용하고 인식하는 데 도움이 될 수 있는 문제해결 전략을 개발 · 발전시키도록 돕는다. 실존적 반영은 두 부분으로 구성되어 있는데, 첫 번째는 역동적 반영의 완전하고 충분함에 대한 '불신'이고, 그 결과로 추상적이고 역동적인 사고에 의해 왜곡된 의미와 경험의 '회복'을 시도한다. 두 번째는 심각하고 민감하고 엄격한 삶의 '측정할 수 없는' 의미와 의미의 잠재성에서의 회복과 참여를 돕기 위한 역량이다.

(7) 인지재구조화

이 기술은 인지행동모델의 핵심적인 기술 가운데 하나다. 인지재구조화기술은 클라이언트가 자신의 기능에 부정적인 영향을 미치는 역기능적 사고와 관념을 인식할 수 있도록 돕고, 이를 현실에 맞는 신념과 행동으로 대치하여

기능을 향상시킬 수 있도록 하는 기술이다(Granvold, 1994). 이 기술은 다음과 같은 절차를 통해 활용된다.

① 클라이언트는 생활사건에 대한 자신들의 정서적 반응을 매개할 가정이나 신념을 가지고 있다. 따라서 사회복지사는 클라이언트가 이 점을 수용할 수 있도록 돕는다.
② 클라이언트가 문제에 내재해 있는 역기능적인 신념과 사고과정의 유형을 파악할 수 있도록 돕는다.
③ 클라이언트가 자신의 역기능적 인지를 유발한 상황을 파악할 수 있도록 돕는다.
④ 클라이언트가 자학적인 인식을 대치할 만한 긍정적이고 순기능적이며 대안적인 자기진술(self statement)로 대체할 수 있도록 돕는다.
⑤ 클라이언트의 성공적인 대처노력을 클라이언트 스스로 보상할 수 있도록 돕는다(Hepworth et al., 1997).

(8) 모델링

이 기술은 클라이언트가 사회복지사가 제시한 방법을 따라 직접 해볼 수 있도록 하는 기술로서, 사회복지사는 클라이언트가 취할 행동을 시범적으로 보여주고 클라이언트가 이를 똑같이 따라해 보도록 한다. 모델링 기술에는 ① 즉석 모델링(live modeling), ② 상징적 모델링(symbolic modeling), ③ 복합 모델링(multiple modeling), ④ 참여자 모델링(participant modeling)이 있다. 즉석 모델링은 클라이언트에게 사회복지사가 바로 그 자리에서 모델링을 제시해 주는 것이고, 상징적 모델링은 영화, 비디오 테이프 혹은 다른 미디어기술을 활용하는 것이며, 복합 모델링은 집단상담 상황과 같이 여러 명의 모델링을 한꺼번에 볼 수 있다(Corey, 1991; Cormier & Cormier, 1991). 이 기술은 종종 역할극을 통해 활용되며, 클라이언트가 보인 행동에 대해 다시 피드백을 제공해 준다. 이 기술은 다음과 같은 구성요소를 가지고 있다(Granvold, 1994 : 51).

① 변화를 필요로 하는 구체적인 행동을 파악한다.
② 모델을 제시한다.
③ 클라이언트가 모델링에 주의와 관심을 갖도록 한다.
④ 모델의 행동을 따라하도록 한다.
⑤ 따라한 행동을 강화한다.

예시

아동상담과 부모교육을 담당하는 사회복지사로서 어머니가 아동의 주의 산만한 행동에 대해 고함을 친 후 아동의 행동이 고쳐지지 않자 때리는 것을 목격하였다고 하자. 아동과 어머니를 대상으로 어떻게 모델링을 제시해 줄 수 있을지 소집단의 역할극을 통해 연습해 보자. 이를 위해 세 명이 한 조가 되어 한 사람은 사회복지사, 한 사람은 어머니 그리고 나머지 한 사람은 아동이 되어 각자의 역할을 시도해 보고 서로 의견을 교환하면서 피드백을 주는 것으로 연습을 마친다.

(9) 시연

시연(rehearsal)은 클라이언트가 습득한 행동기술을 현실세계에서 직접 실행하기에 앞서 사회복지사 앞에서 습득한 기술을 반복적으로 연습하는 것이다(Lanz, 1996; Rgehr, 2001). 특히 이 기술은 집단상담을 통해 여러 사람의 피드백을 동시에 받을 수 있다는 점에서 매우 효용가치가 높다. 시연은 숨겨진 시연(covert rehearsal)과 명백한 시연(overt rehearsal)이 있는데, 숨겨진 시연은 클라이언트가 원하는 반응에 대해 속으로 상상해 보고 반영해 보는 것을 의미하며, 명백한 시연은 클라이언트가 원하는 행동을 역할극에서 실제로 말로 표현해 보고 행동으로 나타내는 것을 의미한다(Cormier & Cormier, 1991).

예시

대인공포증을 가지고 있는 클라이언트가 대중 앞에 서서 자신의 장단점에 대해 1~2분 동안 발표할 예정이다. 이 클라이언트를 돕는 사회복지사로서 모델링기술을 통해 클라이언트에게 기술을 가르친 후 이를 시연하는 연습을 해 보도록 하자. 또한 수업

중에 이를 연습해 보고, 다른 학생들은 이에 대해 피드백을 제공해 보자. 또한 클라이언트의 입장에서 숨겨진 시연을 시도한다고 생각해 보고, 이를 다른 학생들과 공유해 보자.

(10) 자기지시기법

자기지시(self instruction)기법은 클라이언트가 변화시키기 원하는 행동을 대상으로 구체적인 목표를 설정하고, 이에 따른 실천행동지침을 작성하며, 이를 실행에 옮기는 과정을 말한다. 이 기술은 과제나 기술 혹은 문제해결과정의 수행을 안내할 자기 언어화(self verbalization)을 활용하는 것으로, 단계별로 자기진술(언어적 자기강화진술, 대처진술 등)을 활용하여 자신감을 개발하는 것이다. 이에는 다음과 같은 다섯 단계를 거친다(Granvold, 1994 : 25).

① 사회복지사는 과제에 대한 수행방법을 모델로 제시하면서 큰 소리로 자기 자신에게 말한다(인지적 모델링)
② 클라이언트는 사회복지사로부터 언어적 도움(verbal guidance)을 받으면서 똑같은 과제를 수행한다(명백한, 외부적인 도움).
③ 클라이언트는 과제를 수행하면서 자기 자신에게 큰 소리로 지시한다(명백한, 자기도움).
④ 클라이언트는 지시를 속삭이듯이 말하면서 과제를 수행한다(감소한, 명백한, 자기도움).
⑤ 클라이언트는 자기 자신에게 속으로 말하면서 과제를 수행한다(숨겨진 자기지시).

(11) 체계적 둔감화

이 기술은 전통적인 조건화의 원칙에 근거한 것으로, 클라이언트에게 가장 덜 위협적인 상황에서 가장 위협적인 상황까지 상황들을 순서대로 제시하면서, 불안자극과 불안반응 간의 연결이 없어질 때까지 불안을 일으키는 자극들을 반복적으로 이완상태와 짝짓는 것이다(Corey, 1991; Lantz, 1996). 따라서 클라이언트는 위협적인 상황이 높아질수록 더 많은 불안을 일으키지만, 궁극적으로는 이에 상응하는 이완훈련을 통해 위협적 상황에 둔감해져서 실제 위협적인 상황에 부딪힐 때 불안을 경험하지 않는다. 이 기술은 클라이언트의 충분한 이해와 동의를 필요로 한다.

(12) 이완훈련

이 기술은 클라이언트가 겪을 수 있는 스트레스 상황에 적절히 대처할 수 있도록 돕는 기술이다. 만성적으로 긴장되어 있거나 불안한 클라이언트, 위기상황에 부딪힌 클라이언트, 앞으로 있을 사건이나 상황에 대해 미리 불안해하는 클라이언트, 두통이나 편두통, 답답함, 불면증, 분노 및 우울을 느끼는 클라이언트에게 효과적이다(Hepworth et al., 1997). 이 기술은 클라이언트에게 특정 근육을 수축, 이완하는 기술을 가르치고, 깊고 규칙적인 호흡방법, 즐거운 사고나 심상방법 등을 훈련함으로써 일상생활에서 유발되는 스트레스에 대처할 수 있도록 가르친다.

이상과 같은 인지행동모델의 치료기술 이외에 ① 생각중지기법(thought stopping techniques), ② 침습적 생각의 외현화(externalizing intrusive thoughts), ③ 코칭(coaching) 등이 있다(Regehr, 2001). 생각중지기법은 부적응적인 신념과 이에 동반하는 정서적·신체적 감각의 경험을 생각해 보게 하고, 이러한 생각을 긍정적인 생각의 틀이나 자기지시기법으로 대체하는 것을 의미한다. 침습적 생각의 외현화는 부정적인 사고를 글로 쓰거나, 누군가에게 말하거나, 녹음하는 방법 등을 통해 외부적으로 표현하는 것을 의미한다. 코칭은 클라이언트가 그날 일과 중 가장 힘든 일을 미루면서 부정적인 생각이 증가하도록 두기보다는 이러한 일을 가장 먼저 하는 것을 의미한다.

4) 한계점

인지행동모델에 근거한 다양한 기술들이 사회복지 실천현장에서 활용되고 있음에도 불구하고, 이들 기술들을 클라이언트에게 적용하는 데는 몇 가지 한

계점이 있다. 우선 이 이론을 적용할 때는 클라이언트가 자신의 사고와 감정, 행동의 관계 및 인지행동모델에서 적용하고자 하는 기술을 충분히 이해할 수 있어야 하기 때문에 일정한 교육 수준 혹은 지적 능력을 가진 클라이언트에게 적용이 가능하다. 반면 지적 능력이 낮은 클라이언트(예 지적장애인)에게는 반복적인 학습과 훈련을 통해 어느 정도의 효과를 기대할 수는 있지만 그 효과성에는 많은 제약이 따른다. 그리고 이 이론에 근거한 기술들은 일반적으로 4~14회 정도의 치료기간이 소요되므로 즉각적인 개입을 필요로 하는 클라이언트(예 자살의도를 가진 클라이언트, 가정폭력의 피해자 등)에게는 적용하기 어렵다. 그럼에도 불구하고, 인지행동모델의 기술들은 가장 널리 활용되는 기술이면서 정신분석적 해석이나 통찰력을 이해하지 못하거나 그러한 해석이나 통찰력에 거부감을 가지고 있는 클라이언트에게 적용될 수 있다.

인지행동모델에 입각한 기술을 적용할 때 사회복지사는 개입·치료과정에서 적극적이어야 한다. 즉, 클라이언트에게 이들 기술을 활용하는 목적을 분명하게 설명하고 이를 수용할 수 있어야 한다. 나아가 문제해결을 위해 클라이언트는 새로운 시도(예 시연, 인지재구조화, 모델링 등)를 해보려는 의지를 가지고 있어야 한다(Payne, 1997). 예를 들어, 공포로 인해 두려움을 갖고 있는 클라이언트에게 사회복지사가 공포감을 줄여 주기 위해 일련의 체계적 둔감화를 적용하여 지속적인 공포상황에 지속적으로 노출시켰을 때 이 클라이언트는 오히려 지나친 공포감으로 인해 더욱 악화될 수 있는 가능성이 있기 때문이다. 이러한 점에서 사회복지사는 클라이언트의 교육 및 인지 수준과 인지행동모델에 입각한 치료기술을 익힐 의지와 동기 그리고 윤리적 문제에 대해 충분히 고지된 동의와 이해를 파악한 상황에서 이들 기술을 적용할 필요가 있다.

2. 개입과정과 사례 적용

1) 개입과정

인지행동모델은 모든 심리적 장애에서 왜곡되고 역기능적 사고가 공통적이며, 이러한 역기능적 사고는 클라이언트의 기분과 행동에 영향을 미친다고 가정하는 인지이론과 기능적 행동은 학습을 통해 습득될 수 있다고 가정하는 행동주의 이론의 영향을 받았다. 따라서 인지행동모델은 인지치료적 방법으로 교육을 통해 왜곡된 방식으로 상황을 해석하는 것을 변화시키거나 기능적 차원에서 해석하는 방식을 배우며, 관찰학습을 통해 새로운 기능적 행동기술을 학습하고, 행동주의적 강화를 통해 변화를 유지시키는 것을 목적으로 한다(양옥경, 2000).

인지행동모델에 의한 실천과정은 행동주의 또는 인지적 접근을 통해 다양하게 실천할 수 있다. <표 4-2>는 우울증을 겪고 있는 클라이언트에 대한 인지행동적 실천과정을 기술하였다(권정혜, 1999; 권정혜 · 이재우, 2001).

〈표 4-2〉 우울증을 겪고 있는 클라이언트에 대한 인지행동적 실천과정

단 계	내 용	적용방법
기초단계	• 라포 형성 • 클라이언트 평가나 진단 • 인지행동치료에 대한 교육 • 사례의 개념화	• 클라이언트가 편안한 상태에서 치료자에게 신뢰를 가지고 대화할 수 있도록 하고 정확한 평가를 한다. • 인지행동치료의 원리와 치료과정에 대한 설명을 하고, 소책자나 책을 활용하기도 한다. • 클라이언트의 역기능적 가정이나 신념체계를 파악한다.

<table>
<tr><td rowspan="2">초기단계</td><td>행동기법</td><td>• 주간활동계획표 사용하기
• 즐거움을 주는 활동 증가하기
• 점진적 과제 부여
• 다양한 행동기법 활동 (사회기술훈련, 주장훈련, 역할연습)</td><td>• 인지행동치료에서 인지변화를 일으키기 위한 준비단계로 행동기법을 사용한다.
• 활동을 통해 기분의 변화를 기록하여 클라이언트 스스로 약간의 즐거움과 기분의 변화를 눈으로 확인하게 한다.
• 거의 확실히 달성할 수 있는 쉬운 과제부터 단계적으로 제시하여 성공경험을 강화한다.
• 자동적 사고를 클라이언트의 행동을 통해 검증해 본다.</td></tr>
<tr><td>인지기법</td><td>• 자동적 사고 파악하기
• 인지적 오류 점검
• 자동적 사고 현실 검증 (소크라테스식 대화)</td><td>• 특정 상황에서 자동적으로 떠오른 심상을 통해 자동적 사고를 파악한다.
• 자동적 사고에 나타난 인지적 오류를 검토한다.
• 소크라테스식 대화를 통해 자신의 자동적 사고에 대해 스스로 평가할 수 있게 한다.</td></tr>
<tr><td rowspan="2">중간단계</td><td>역기능적 가정이나 핵심믿음 발견하기</td><td>• 자동적 사고를 통한 유추
• 하향식 화살표 기법 사용</td><td>• 자주 나타나는 특정한 자동적 사고를 통해 역기능적 가정이나 핵심믿음을 파악할 수 있다.
• "이것이 나에게 무엇을 의미하는가?"라는 질문을 계속하다 보면 자동적 사고 기저의 핵심믿음을 파악할 수 있다.</td></tr>
<tr><td>역기능적 가정이나 핵심믿음 재구성하기</td><td>• 역기능적 가정이나 핵심믿음 검증하기
• 행동실험을 통한 검증
• 대안적 가정이나 핵심 찾기</td><td>• 클라이언트의 일상생활 사건을 통해 핵심믿음이 맞는지 틀리는지 검증하는 증거를 수집한다.
• 검증할 가정이나 신념을 정하여 이 생각을 검증하기 위한 행동실험을 한다.
• 핵심믿음을 지지하는 증거와 지지하지 않는 증거를 모으다 보면 이전 핵심믿음보다 덜 절대적이고 덜 부정적인 대안적 신념을 발견할 수 있다.</td></tr>
<tr><td colspan="2">종결단계</td><td>• 상담자 역할 연습하기
• 재발 및 예상되는 어려움 다루기
• 종결에 대한 감정, 태도 다루기</td><td>• 종결 후 클라이언트 스스로 치료자 역할을 하면서 역기능적 신념을 극복할 수 있도록 연습한다.
• 앞으로 나타날 수 있는 문제를 어떻게 극복할지 대처방법을 연습해 본다.
• 종결과 관련된 불안, 원망, 슬픔 등에 대한 감정을 표현하게 하여 다루어 준다.</td></tr>
</table>

2) 사례 적용

① 사례 개요

클라이언트는 40세 된 주부로 남편, 두 아들과 함께 살고 있다. 5년 전 친구 내외와 저녁 식사를 하러 갔는데 친구 남편이 친구와 클라이언트를 대할 때 존중하는 태도를 취하여 매우 부러웠다고 한다. 또 그 친구는 쇼핑을 할 때 돈을 여유 있게 쓰는 것에 비해 클라이언트는 돈을 쓰는 것에 항상 불안을 느껴 그 친구와 옛날에는 처지가 비슷했는데 이제는 처지가 많이 달라져 기분이 나빴고, 내 자신이 지금까지 무엇을 했나? 하는 생각을 많이 하게 되었다고 한다. 돈을 벌고 소일거리를 하기 위해 남편과 상의하여 꼬치구이 가게를 시작했는데, 남편이 나중에 술집 같다며 완강하게 반대하여 인테리어비만 손해 보고 그만두었다고 한다. 이후 신경이 예민해지고, 쉽게 섭섭함을 느끼고, 화가 치밀어 오르며, 머리가 아프고 식욕이 떨어지고, 구역질이 나기도 하여 생활이 힘들어졌다(권정혜 외, 2001 사례 요약).

② 사례개입 과정

사례에 대한 개입과정을 <표 4-3>에 제시하였다.

〈표 4-3〉 사례개입 과정

<table>
<tr><th colspan="2">단 계</th><th>내 용</th><th>적용방법</th></tr>
<tr><td colspan="2">기초단계</td><td>• 라포 형성
• 클라이언트 평가나 진단
• 인지행동모델에 대한 교육
• 사례의 개념화</td><td>• 상담을 통해 클라이언트의 어려움과 상담에 대한 기대를 표현하게 하고 지지함
• 자동적 사고와 느낌을 구별하는 훈련(상황 : 남편이 늦게 들어온다. 느낌 : 화가 난다. 자동적 사고 : 나에게 무관심하다)</td></tr>
<tr><td rowspan="2">초기단계</td><td>행동기법</td><td>• 주간활동계획표 사용하기
• 즐거움을 주는 활동 증가하기
• 점진적 과제 부여
• 다양한 행동기법 활동(사회기술훈련, 주장훈련, 역할연습)</td><td>• 하루일과 적어 오기, 시간단위로 계획 수립
• 즐거운 활동을 가장 쉬운 단계부터 시작하여 점진적으로 수행(약수터에서 물 떠오기 : 아침에 일어나기 → 간편한 복장으로 약수터 입구까지 갔다 오기 → 약수터까지 갔다 오기 → 약수터에서 물 떠오기)</td></tr>
<tr><td>인지기법</td><td>• 자동적 사고 파악하기
• 인지적 오류 점검
• 자동적 사고 현실 검증(소크라테스식 대화)</td><td>• 생활 속에서 자동적 사고를 기록해 오도록 함
• 나는 사랑받지 못한다, 나는 무능하다 등
• 소크라테스식 대화를 통해 현실검증(그렇게 생각할 근거가 있어요?, 어떻게 해서 그런 생각을 하게 되었지요? 등)</td></tr>
<tr><td>중간단계</td><td>역기능적 가정이나 핵심믿음 발견하기</td><td>• 자동적 사고를 통한 유추
• 하향식 화살표 기법 사용(“그게 무슨 뜻입니까?”라고 클라이언트의 생각에 대해 계속 추적)</td><td>• 남편은 일부러 늦는다. 나는 매일 남편이 언제 집에 들어오는지 기다려야 하나? 사는 것이 무의미하고 가치 없다(핵심믿음 : 나는 언제나 혼자고 사랑받지 못한다).
• 남편이 연락도 없이 늦는다 → 화가 난다 → (그게 무슨 뜻입니까?) 남편은 약속도 없으면서 일부러 술자리를 만든다 → (그게 무슨 뜻입니까?) 남편은 나를 무시한다 → (그게 무슨 뜻입니까?) 나를 떠나간다. 나는 혼자가 된다.
• 남편을 기다리고 있을 때 → 내가 부엌데기나 하고 살아야 하나 → (그게 무슨 의미일까?) 나는 더 큰 일을 해야 한다 → (어떤 일을 해야 하나?) 남들과 같이 살아야 한다 → (구체적으로 어떻게 살아야 하나?) 친구같이 돈도 잘 쓰고, 남편이 대우도 잘해주고 → (그렇게 못 살면 어떻게 되나?) 남에게 무시당한다, 나는 가치가 없다</td></tr>
</table>

역기능적 가정이나 핵심믿음 재구성하기	• 역기능적 가정이나 핵심믿음 검증하기 • 행동실험을 통한 검증 • 대안적 가정이나 핵심 찾기	• 핵심믿음을 뒷받침하는 증거(40세가 되었는데 이룬 것도 없고, 병만 남겨 남에게 귀찮은 존재가 되었다 : 내가 남편을 훌륭히 뒷바라지하여 직장 간부가 되었는데 이제는 나는 무시당하고 혼자다) • 핵심믿음을 반박하는 증거(누구든지 나이를 먹으면 병이 든다. 남편이 병이 들면 당신은 남편을 귀찮아할 것인가 : 남편이 이제는 지쳐서 그렇다. 남편도 보통사람이다. 내 요구사항이 지나친 것도 있다) • 남편에게 함께 식사, 쇼핑하자고 정한다 → 결과를 적어본다. • 남편은 남이고 나를 떠나갈 것이다 → 남편은 남이 아니고 나의 동반자이다
종결단계	• 클라이언트가 치료자 역할 연습 • 재발 및 예상되는 어려움 다루기 • 종결에 대한 감정, 태도 다루기	• 앞으로 닥칠 상황을 예상하여 어떻게 다룰지 역할연기를 통해 계속 연습하기 • 상담과정 동안의 증상 감소 정리하기 • 사회복지사가 든든한 후원자로 남아 있음을 강조

CHAPTER 05

해결중심모델

사회복지실천의 효과를 평가하는 데 있어 장기 혹은 단기간의 개입(혹은 상담) 가운데 어느 것이 더 효과적인지에 대해 끊임없는 논란이 있었다. 앞서 제시한 심리사회적모델이 비교적 중・장기간의 상담을 요한다면, 해결중심모델은 단기상담의 대표적인 개입방법을 제시해 주고 있다. 해결중심모델은 특히 클라이언트 지향적인 접근방법으로, 클라이언트를 자신의 문제를 가장 잘 아는 전문가로 인정함과 동시에 문제해결의 주체로서 전문적 관계의 동반자로 인정한다. 해결중심모델의 기본 가정과 원칙, 기술 및 한계점을 중심으로 살펴보면 다음과 같다.

1. 이론적 배경

1) 주요 가정

Metcalf(1998), O'Connell과 Palmer(2003), Peller와 Walter(1998)는 해결중심모델의 문제해결과정에 있어 다음과 같은 몇 가지 기본 가정을 제시하고 있다.

첫째, 클라이언트는 자신이 무엇을 원하고 삶에서 어떤 변화가 일어나기 바라는지를 가장 잘 알고 있는 전문가이다. 따라서 사회복지사는 클라이언트의 문제해결능력을 인정하고 이를 중요시해야 한다. 이는 클라이언트가 자신에게 유용한 것과 그렇지 않은 것을 구분할 수 있는 능력이 있으며, 자신의 삶에서 무엇이 변화하기를 원하는지 생각할 수 있는 힘을 가지고 있음을 의미한다. 따라서 상담의 목적은 클라이언트가 원하는 것이어야 한다.

둘째, 해결중심모델을 활용하는 사회복지사는 클라이언트를 변화시키는 전문가가 아니라 클라이언트의 변화에 도움을 주는 자문가의 역할을 한다. 따라서 사회복지사는 클라이언트가 원하는 것에 대한 이야기를 경청하는 과정에서 클라이언트와 함께 문제의 해결 가능성 및 기회를 파악하고 탐색하며 이를 공동의 노력으로 해결하도록 한다. 그러므로 치료는 사회복지사와 클라이언트 간의 상호존중, 대화, 탐구, 확인, 시도와 관련된 상담과정으로 간주된다.

셋째, 해결중심모델을 기반으로 한 개입과정에서는 문제내용 자체보다는 문제해결방안과 새로운 행동유형을 시작하는 데 초점을 둔다. 즉, 문제의 원인과 문제의 발전과정에 관심을 두기보다는 해결방안 구축과정에 초점을 둔다. 이는 문제에 관한 많은 정보를 수집하는 대신에 클라이언트에게 적절한 해결방안을 모색하는 것이 문제해결에 더 효과적이라는 믿음에 기초한다. 따라서 문제 관련 정보수집에 필요한 오랜 시간이 불필요하게 되므로 개입기간을 줄일 수 있는 이점이 있다. 그리고 문제 내용 자체에 초점을 두지 않기 때문에 클라이언트가 문제의 원인에 대한 통찰력을 가질 필요가 없다.

넷째, 해결중심모델은 클라이언트의 잠재적인 변화 욕구를 인정하고 중요시한다. 특히 이 이론에서는 대부분의 클라이언트가 진정으로 변화하고 협조하기를 원한다고 믿기 때문에 클라이언트가 변화과정에서 저항을 보일 것이라고 간주하지 않는다. 그리고 클라이언트가 저항하는 것은 사회복지사의 해석이나 개입이 클라이언트에게 적합하지 않다고 생각하기 때문이라고 본다.

다섯째, 사회복지사의 역할은 클라이언트가 문제해결을 위한 열쇠를 사용하도록 돕는 데 있다. 따라서 사회복지사의 역할은 클라이언트에게 무엇을 달리 해야 하는지 직접 가르치거나 행동변화를 하도록 새로운 전략을 가르치지 않으며, 클라이언트가 이미 알고 있는 문제해결방안을 생각해 내도록 돕는 역할을 한다. 그리고 클라이언트가 자신의 목표를 알 수 있도록 돕기 위한 상황을 제공하고, 성공적인 경험을 하도록 돕는다.

여섯째, 사회복지사－클라이언트 관계는 협력적인 동료관계다. 이는 클라이언트가 자신의 문제에 관하여 가장 많이 안다고 여기고 클라이언트의 변화 욕구를 인정하고 중요시하므로 클라이언트에게 좀 더 나은 해결방안과 최선의 것을 탐색하고 선택하는 데 있어서 함께 작업을 해야 하기 때문이다.

이상과 같은 해결중심모델의 기본 가정은 현대 사회복지실천 가운데 임파워먼트의 개념을 많이 내포하고 있으면서 강점에 초점을 두고 있다는 점에서 이전의 병리적 모델을 탈피하고 새로운 관점을 추구하는 사회복지사들에 의해 적극적으로 활용되어 왔다. 또한 사회복지실천에서 추구하는 클라이언트의 자기결정권을 존중하며, 이를 사회복지사가 수용한다. 나아가 클라이언트의 잠재력 향상과 독특성을 인정한다는 점에서 사회복지실천의 목적에도 부합한다.

2) 주요 원칙

클라이언트의 잠재력과 문제해결능력 그리고 그 가능성에 초점을 두고 있는 해결중심모델은 클라이언트와의 협력적 관계를 중요시하며, 사회복지사의 개입은 단지 클라이언트의 문제해결과정에서 자문가 역할을 하는 것이다. 이러한 해결중심모델은 다음과 같은 몇 가지 원칙에 기반을 두고 있다(Berg & Miller, 1992, 정문자·송성자, 2008 재인용).

(1) 병리적인 것 대신에 건강한 것에 초점을 둔다.

이는 클라이언트의 실패보다는 성공경험 및 그 방법에 초점을 두어 치료에 활용한다. 이는 클라이언트가 삶에 대해 몇 가지 불평이 있는 것이지, 클라이언트를 증상을 가진 환자로 여기지 않는다는 것을 의미한다. 그리고 문제가 있다 하여도 이를 병리적인 관점에서 볼 것이 아니라 해결 가능성이 있는 관점에서 재진술하도록 한다.

(2) 클라이언트의 강점, 자원, 건강한 특성을 발견하여 상담에 활용한다.

이는 클라이언트가 원하는 결과를 성취하기 위해 자신이 이미 가지고 있는 자원, 기술, 지식, 믿음, 동기, 행동, 증상, 사회관계망, 환경, 개인적인 특성 등을 활용할 수 있도록 돕는 것을 의미한다.

(3) 탈이론적이고 비규범적이며 클라이언트의 견해를 존중한다.

다른 이론에서와 같이 인간행동에 대한 가설적 이론의 틀에 맞추어 클라이언트의 문제를 사정, 평가하지 않는다. 그리고 클라이언트가 표현하는 견해와 불평방법을 그대로 수용하며, 개별성을 최대한 존중한다.

(4) 변화는 항상 일어나며 불가피한 것이다.

일상생활에서 변화는 있게 마련이다. 그리고 어떠한 문제라도 문제가 발생할 때가 있고, 문제가 발생하지 않을 때가 있다. 그러나 클라이언트는 문제에만 관심을 두기 때문에 예외적인 것, 즉 문제가 발생하지 않는 상황은 인식하지 못하고 무시한다. 이는 해결중심모델에서 매우 중요한 부분을 차지하는 것으로 문제가 발생하지 않는 상황, 예외적인 상황이 발생하는 이유를 파악함으로써 클라이언트가 가지고 있는 장점을 파악하는 것이다.

(5) 현재와 미래를 지향한다.

해결중심모델에서는 과거에 관하여 깊이 연구하지 않으며, 현재와 미래에 적응하는 것을 돕는 데 관심을 둔다. 즉, 클라이언트를 과거와 문제로부터 멀리하고, 미래와 해결방안을 구축하는 데 관심을 집중하도록 한다. 과거에 대한 이해는 현재의 문제를 이해하는 데 도움이 될 경우에 매우 제한적으로 시도한다.

(6) 클라이언트의 자율적인 협력을 중요시한다.

클라이언트의 목표성취를 위해서는 협력이 중요하며, 이는 사회복지사와 클라이언트가 함께 해결방안을 발견하고 구축하는 과정에서 특히 중요시된다. 이러한 이유로 인해 비자발적인 클라이언트에게 협력을 요청하는 것이 어려운 과제로 떠오르게 된다.

3) 주요 기술

Peller와 Walter(1998)는 해결중심모델에서 제시하는 주요 기술을 크게 일반적인 상담기술, 해결중심적인 기술, 목표설정, 메시지 작성 및 전달 등으로 구분하여 논의하였다.

(1) 상담기술

상담기술은 사회복지사로서 기본적으로 갖추어야 할 기술을 의미하는데, 이에는 경청기술, 인정하기, 호기심 갖기, 안내하기, 격려하기가 있다.

① 경청과 인정

경청과 인정(listening & acknowledging) 기술은 상담에 있어 가장 기본적인 요소로 사회복지사와 클라이언트 간의 신뢰 형성의 기초가 된다. 해결중심모델을 활용하는 사회복지사는 클라이언트의 강점과 능력에 귀를 기울이며, 이를 인정하고 클라이언트가 원하는 것을 계속할 수 있도록 돕는 데 초점을 둔다.

② 호기심 갖기

사회복지사는 클라이언트를 진단하거나 무엇을 하도록 시도하지 않는다. 따라서 해결중심모델을 활용하는 사회복지사는 병리적 관점보다는 문제해결에 초점을 두기 때문에 진단, 치료 등의 용어를 사용하지 않는다. 그리고 사회복지사는 클라이언트의 문제해결에 있어 전문가가 아니며, 평가를 위해 정보를 수집하거나 질문하지 않는다. 대신에 사회복지사가 클라이언트에게 던진 질문에 대한 클라이언트의 대답에 호기심(being curious)을 갖는다.

③ 초대하기

사회복지사는 클라이언트가 미래의 삶과 인생을 어떻게 살고 싶은지 대화할 수 있도록 초대하는 역할을 한다. 그리고 사회복지사는 클라이언트가 상담을 통해 원하는 것이 무엇인지, 목적이 달성되고 문제가 해결되면 진전되었다는 것을 나타내는 표시가 무엇인지 파악할 수 있도록 대화에 초대한다.

④ 격려하기

격려하기(encouraging)기술은 사회복지사가 클라이언트에게 효과 있는 것을 하도록 용기를 북돋워 주는 것을 중요하게 여긴다. 또한 상담과정에 있어 무엇이 효과가 있는지 회고하기 위하여 상담 중 휴식시간을 활용한다.

(2) 해결 중심적인 기술

타이론의 기술과 비교해 볼 때 해결중심모델의 핵심 기술은 크게 다섯 가지 핵심 기술로 분류될 수 있는데 이에는 첫 상담 이전의 변화에 관한 질문, 예외질문, 기적질문, 척도질문, 대처질문이 활용된다(송성자, 2002; O'Connell & Palmer, 2003). 대처질문은 타이론에서도 많이 활용되고 있으며, 그 외의 질문들은 해결중심 이론에서 독특하게 활용되는 기술들이다.

첫째, 첫 상담 이전의 변화에 관한 질문은 클라이언트가 처음 전화를 걸거나 약속시간을 정한 후부터 처음 상담에 왔을 때까지 변화된 것이 있는지를 묻는 것이다(송성자, 2002). 이는 클라이언트가 문제가 심각할 때 혹은 더 이상 참거나 견디지 못할 때 도움을 요청하며, 이후 첫 상담까지의 시간 동안에 변화가 발생할 수 있기 때문에 이러한 변화를 파악하는 것이다. 특히 긍정적인 변화가 일어났다면 그렇게 될 수 있었던 방안이 무엇인지를 파악하여 이를 강화하려는 의도가 있는 것이다.

둘째, 예외질문(exception question)은 클라이언트의 성공경험과 현재 잘하고 있는 것을 발견할 목적으로 활용되는 질문이다. 예외질문은 문제해결을 위해 성공적으로 잘하고 있으면서도 의식하지 못하고 있거나 가치를 두고 있지 못하는 것을 발견하고, 사회복지사가 의식적이고 의도적으로 성공하였던 클라이언트의 행동을 강화시키는 기술이라고 할 수 있다. 결과적으로 클라이언트가 문제에 관한 부정적인 생각과 문제의 제거와 감소에 몰두하는 사고방식으로부터 벗어나 해결방안을 모색하는 것에 관심을 집중하도록 하는 방법이다.

예시

사회복지사 : "문제가 발생하지 않았던 때는 언제인가요?"
"문제가 발생하지 않았다는 것을 어떻게 알 수 있나요?"
"문제가 발생하는 상황과 발생하지 않는 상황이 어떻게 다른가요?"
"문제가 발생하지 않을 때는 무엇을 하나요?"
"어떻게 하면 문제가 발생하지 않을 것 같나요?"
"문제가 해결된다면 이를 어떻게 알 수 있나요?"

셋째, 기적질문(miracle question)은 문제가 해결된 상태를 상상해 보고, 해결하기 원하는 것들을 구체화하고 명료화하며, 치료목표를 현실적이며 구체적으로 설정하기 위한 질문기법이다. 이 기술은 클라이언트의 마음상태를 문제 중심에서 해결 중심으로 전환하도록 하여 바뀐 현실을 꿈꾸고 희망을 갖게 하는 역할을 한다.

예시 1

사회복지사 : "밤에 잠자는 동안에 기적이 일어나 염려하였던 문제가 해결되었다고 합시다. 그러나 잠자는 동안에 기적이 발생하였기 때문에 무슨 일이 생겼는지 아무도 모르지요. 그러나 가족들이 당신의 어떤 행동을 보면 지난밤에 기적이 일어나 문제가 해결된 것을 알 수 있을까요?"

예시 2

부모-자녀의 갈등을 겪고 있는 청소년과 어머니를 대상으로 상담을 한다고 할 때 다음과 같이 기적질문을 활용할 수 있다.

사회복지사 : "(청소년에게) 어머니가 너에게 더 이상 잔소리를 하지 않고 가만히 둔다고 가정해보자. 그리고 어머니는 너와의 관계가 긍정적으로 해결되어 매우 기뻐하고 있다고 가정해보자. 어머니가 그렇게 된 이유가 어디에 있을까? 무슨 일이 발생하였기에 어머니가 너에게 더 이상 잔소리를 하지 않아도 되며, 너와의 관계에 매우 만족해하고 있을까?"

사회복지사 : "어머니가 그렇게 되기 위해서 너는 무엇을 하였니? 혹은 무엇을 하면 그렇게 될까?"

넷째, 척도질문(scaling question)은 문제의 심각한 정도를 사정하고, 상담목표 성취 정도를 측정하고, 결과를 구체적으로 평가하는 데 있어 구체적인 수치를 사용하여 그 정도를 표현할 수 있도록 하기 때문에 매우 유용한 질문이다. 이는 매우 창의적으로 사용할 수 있으며, 사용할 때 주의할 것은 '오늘' '지난주' '지난달'과 같이 시간을 제한해 주어야 클라이언트가 혼동하지 않는다. 그리고 현재와 미래에 관하여 초점을 두고 과거에 초점을 두지는 않는다.

예시

사회복지사 : "상담 받으러 왔을 당시의 우울한 상태를 0점이라고 하고, 10점을 치료목표가 성취된 상태라고 한다면, 오늘의 상태는 몇 점인가요? 1점을 높이기 위해 무엇을 다르게 행동해야 할까요?"

다섯째, 대처질문(coping question)은 자신의 미래를 절망적으로 보아 희망이 없다고 하는 클라이언트에게 사용하는 기술이다. 이 기술은 클라이언트가 절망적인 상황에서도 잘 견디어 내어 더 나빠지지 않은 것을 강조하고, 위기에서 살아남기 위해 대처해 온 방법을 파악하며, 그것을 인식·강화·확대하기 위해 활용되는 것이다. 이 질문을 통해 클라이언트는 자신의 노력과 의지, 자원을 발견하게 되고 이를 활용하여 스스로 문제해결을 위해 노력할 힘과 용기를 가지게 된다.

예시

사회복지사 : "어떻게 모든 것을 포기하지 않고 오늘까지 지탱해 왔습니까?"
사회복지사 : "어려운 상황 속에서도 견디어 낼 수 있었던 것은 무엇이라 생각합니까?"

(3) 목표설정

해결중심모델을 활용하는 사회복지사는 상담의 목표를 잘 정의하는 것이 중요하다. 목적이 잘 정의되어 있다는 것은 사회복지사와 클라이언트가 클라이언트의 목표를 달성하기 위하여 노력하는 것을 의미하고, 상담의 종결 시기를 알 수 있도록 하며, 그 결과를 측정할 수 있도록 한다. 잘 정의된 목표는 긍정적이고 과정의 형태로 이루어지며, 지금－여기(here and now)에 초점을 맞추고, 가능한 한 상세히 설정한다. 목표설정과정은 상담을 문제－해결의 구조에서 클라이언트의 삶이 문제에서 벗어난 가설적인 이야기로 전환시킨다. 목표설정은 클라이언트가 이전과 다르고 좀 더 바람직한 방향으로 자신의 삶을 경험할 수 있도록 하는 의미를 포함하고 그 가능성을 높이는 과정이다.

목표설정과정에서 사회복지사는 네 가지 영역을 다루는데, ① 클라이언트가 상담을 통하여 원하는 것이 무엇이라고 말하는지, ② 클라이언트가 원하는 것이 그들에게 어떻게 변화를 줄 수 있는지, ③ 클라이언트가 자신이 원하는 것을 위해 노력하고 있다는 것을 어떻게 알 수 있는지, ④ 클라이언트는 그들이 지금 원하는 것을 얼마나 경험하고 있는지가 이에 포함된다(Peller & Walter, 1998). 이러한 목표설정은 특히 클라이언트에게 중요한 것을 목표로 설정하고, 작고 구체적이며 행동적인 것을 목표로 설정할 필요가 있다. 나아가 클라이언트가 갖고 있지 않은 것보다는 갖고 있는 것에 관심을 둘 필요가 있으며, 목표를 문제해결과정의 마지막이라고 보기보다는 시작으로 간주하는 것이다(송성자, 2002).

(4) 메시지 작성과 전달, 과제 부여

해결중심모델에서 사회복지사는 상담을 잠시 중단하고 뒤편으로 물러나 짧은 시간을 이용하여 메시지를 준비한다. 이는 사회복지사가 클라이언트에게 즉각적으로 반응하는 것으로부터 벗어나, 객관적인 사고를 통해 상담과정에서 클라이언트와 사회복지사가 나눈 이야기를 정리하고, 클라이언트가 사회복지사의 메시지를 수용할 수 있는 방법으로 클라이언트의 상황 변화에 도움을 줄 수 있는 메시지를 준비하는 것이다. 사회복지사와 함께 일하는 치료팀이 없는 경우에도 사회복지사는 상담시간 도중에 잠시 중단하고, 치료과정을 검토하면서 적절한 메시지와 과제를 준비하는 것이 효과적이다.

① 메시지 작성과 전달

사회복지사는 메모지에 기록한 내용을 천천히 신중하게 읽고 설명하면서 전달한다. 이때 사회복지사는 메시지 내용이 클라이언트에게 도움이 되고 좋은 것임을 알게 해야 하고, 칭찬을 할 때는 관계성과 근거를 가지고 해야 한다. 사회복지사는 클라이언트의 목표에 동의하고 긍정적인 방법으로 말한다. 또한 사회복지사는 클라이언트가 적절한 시기에 치료를 받으러 왔음을 강조하고, 목표를 성취하는 것이 매우 힘든 것이라는 점을 지적한다. 나아가 사회복지사는 클라이언트에게 잠재적인 능력과 가능성이 있음을 강조한다. 메시지를 작성·전달하는 방법에는 클라이언트가 이미 실시하고 있는 것이 클라이언트에게 도움이 되고 좋은 것임을 알게 하고, 가능한 한 클라이언트가 사용한 단어를 사용하여 클라이언트의 협조를 증진시키며, 사회복지사는 클라이언트의 목표에 동의하고, 적절한 시기에 도움을 받으러 왔으며 목표성취가 어려울 것이라는 점을 인식할 수 있도록 도우며, 적절한 문장으로 시작하고, 명확하게 과제와 그 목표를 설명할 것 등이 포함된다(송성자, 2002).

② 과제 부여

사회복지사는 클라이언트에게 생각, 관찰, 확인, 작은 것 행동하기 등과 같은 과제를 내 줄 수 있다. 이때 과제는 항상 잠재적인 문제나 해결해야 하는 문제가 해결되는 방향으로 이끄는 것이어야 한다.

4) 한계점

해결중심모델은 단기상담 접근방법이면서 장기상담와 비슷한 상담의 효과가 있는 점과 클라이언트 중심의 관계 및 협조를 활용하고 클라이언트의 장점을 파악한다는 점에서 많은 유용성을 갖고 있다. 하지만 이 이론에 대한 비판도 적지 않은 것을 볼 수 있으며, 다음과 같은 비판이나 한계점이 있다.

우선 사회복지사들 가운데 해결중심모델에 근거한 접근방법을 클라이언트와 대화를 나누는 철학적인 접근방법으로 보기보다는 여러 기법의 배합 혹은 절충주의적 접근으로 보려는 경향이 있다. 그리고 일부 사회복지사들은 해결중심모델에 기초한 접근방법을 문제의 원인을 해결하기 위한 기법보다는 임시대응적인 응급기법으로 여긴다. 나아가 이 이론을 활용할 때 비용효과성에 대하여 비현실적인 기대를 가지고 있다. 즉, 해결중심이론을 활용하면 단시간에 더 효과적인 문제해결을 가져올 수 있을 것이라 여기지만, 실제로 이 이론을 활용하려는 사회복지사들은 이 모델을 적용하는 데 많은 시간과 노력이 필요하다(Peller & Walter, 1998). 그리고 과거에 대한 이해를 중요시하지는 않지만 사회복지사는 여전히 클라이언트에 대하여 사정하고 진단할 필요가 있다. 이 이론을 활용하는 사회복지사는 클라이언트의 변화에 대하여 기술하고 이야기할 때 병리적인 것에 초점을 두는 모델과는 다른 용어를 사용하므로 다른 전문가들과 협력하는 것이 쉽지 않다. 마지막으로, 이 이론에서는 클라이언트가 추후상담과 종결을 결정하기 때문에 클라이언트에 따라 상담하러 오는 시간 간격이 다르므로 사회복지사의 업무일정을 계획하고 실행하는 데 어려움을 경험할 수 있다(Peller & Walter, 1998).

2. 개입과정과 사례 적용

다문화 부부 개입과정을 사회복지 개입과정에 따른 과정별 분석, 해결중심모델에서 활용하는 실천기술분석, 적용결과분석을 사례 소개를 통해 이해를 돕고자 한다.

해결중심모델의 성공경험, 클라이언트의 의견존중, 현재 초점을 중심으로 이끌어 내기, 확장, 강화, 재질문 등의 원리와 실천기술은 다양한 형태의 가족들로 하여금 강점과 자원을 활용하여 갈등을 치유하는 해결중심적 사고의 패러다임을 갖게 하는 데 매우 중요하다. 결국 본 사례 개입의 목적은 부부의 생각과 감정을 개방하여 차이와 다양성을 인정하고 가족위기를 발전의 기회로 전환시켜 부부, 가족전체와 사회적 관계에서 긍정적 변화를 나타내는 것이다.

1) 사례 개요

본 사례[1]는 한국인 남편과 베트남 부인, 3세 남아와 남편의 친어머니 4인 가족으로 구성되어 있다. 40대 초반인 남편은 아내와의 갈등과 고부갈등으로 인한 괴로움을 호소하였다. 아내는 시어머니와 다투면 남편에게 '이혼하자'며 가출을 수차례 시도하였고, 남편에게 바람을 피운다며 소리를 지르기도 한다. 며느리에게 일방적으로 폭언을 퍼붓는 어머니와 그에 맞서 대항하는 아내와의 싸움이 끊이지 않아 삼자 갈등이 심하게 되었는데 아내와 어머니의 중간자 입장에서 어려움을 호소했다. 20대 후반인 아내는 남편이 화가 나면 큰 소리 치고 불같이 화를 내 다른 사람 같아 무섭고 '어떻게 사나' 하는 불안한 마음이 들어 걱정되고 화가 난다고 하였다. 또한 3세 아들이 버릇이 없고 부모와 떨어지지 않으려 울고 떼를 써 일상의 어려움이 있다고 하였다. 남편과 사별한 70대 후반의 시어머니는 아들 부부와 동거하고 있는데 베트남 며느리와 소통의 어려움을 답답해한다고 남편이 진술하였다. 결국 남편은 이혼을 염두에 두고 가족해체를 막기 위한 마지막 방법으로 상담을 신청하였다. 본 사례의 회기는 남편과 5회 대면상담, 아내와 3회 대면상담, 그리고 부부는 2회의 대면상담으로 구조화하였다. 총 7회기로 종결한 단기상담이다. 10회기로 구조화되었던 초기 목표와는 달리 조기 목표 달성으로 계획보다 일찍 종결을 하였다. 남편 어머니의 거동 불편으로 손자를 돌볼 수 없어 부부가 자녀를 상담실에 데려와 교대로 돌보느라 부부가 함께 상담할 수 있는 기회가 줄어들었다.

2) 과정별 분석

실천과정 각 단계별 목표와 과업을 가장 중요시하고 실천단계에서 사용되는 기법과 기술을 충실히 실천하였으므로 그 과정을 분석, 소개하여 사회복지실천기술의 적용에 대한 이해를 높이고자 한다.

---

1) 이춘희·홍영준(2013). 다문화부부 가족치료의 사례연구, 한국사회복지질적연구, 7(1), 85-113에서 발췌하여 수정, 보완하였다.

(1) 접수(intake)와 자료수집

① 의뢰경위 : 지역사회의 종합사회복지관에 남편이 상담을 신청하고 담당 사회복지사가 초기 면접지를 이용하여 클라이언트(Client, 이하 Ct)의 의뢰경위, 가족관계, 주요 갈등, 원하는 상담 내용, 가족상담 서비스 경험 유무 등을 접수하여 복지관의 가족상담 사회복지사에게 부부 상담을 배정하였다.

② 내담자의 가족구성원의 인적사항 : <표 5-1>과 같다.

〈표 5-1〉 가족구성원의 인적사항

구성원	인적사항
남편	• 상담신청자로 운송업계의 성실한 정규직 사원이며 40대 초반 • 가정경제를 직접 관리하고 4남 2녀 중 다섯째로 아들로는 막내 • 서글서글하고 선한 눈매에 호리호리하며 날카롭고 예민함이 보임 • 설거지, 청소 등 집안일을 잘 도움 • 아내가 속상하거나 토라질 때 아들에게 감정적으로 대하여 화가 난다고 호소 • 심한 고부갈등으로 둘 사이에서 심적 어려움을 겪어옴 • 속상할 때마다 이혼을 언급하고 가출하는 아내의 생활패턴으로 안정적인 생활의 어려움을 호소 • 결혼생활 유지의 마지막 기회로 상담을 선택했고 변화 없으면 이혼 원함. 초혼
아내	• 베트남 출신의 전업주부로 20대 후반 • 2남 1녀 중 둘째 • 예쁘고 통통한 얼굴로 잘 웃고 친화력이 보임. 상담실에서는 잘 웃거나 우는 등 감정 표현을 잘함 • 한국말이 서툴러 정확한 단어로 자신과 상황을 표현할 수 없으나 기본적인 의사소통에는 무리 없음 • 결혼 후 남편, 아들과 함께 두 번 친정 방문 • 한국 요리도 잘하며 상대의 말을 잘 듣고 빨리 배워 사용하는 재치가 있음 • 남편과 친밀한 관계를 원하나 정서적 거리감으로 외로움과 우울로 힘들어함 • 남편이 화를 내고 큰 소리를 쳐서 불면(不眠), 신경질, 화가 나고 슬픔이 쌓이는 등의 어려움을 호소함 • 아들의 주 양육자로 안정적 애착관계가 관찰됨 • 결혼 후 반복되어 온 시어머니의 자신에 대한 폭언으로 화가 나고 신경질과 물건 집어던지는 행동을 하게 됨 • 주 1회 한글교실 수강 중. 초혼

아들	• 3세로 명랑하고 쾌활하며 부모와 애착 형성이 잘된 것으로 관찰됨 • 의사표현이 분명하고 사실을 설명하면 잘 이해함 • 한국어 말하기는 아직 서툴고 엄마가 하는 베트남어를 이해하고 반응함 • 부부는 합심하여 아들을 잘 양육하고자 함. 부인은 현 남편과 한국에서 아들을 잘 키우고 싶어 함
어머니	• 남편과 사별한 70대 후반 • 병환으로 거동이 부자유스러우나 혼자서 동네회관에 마실 다니며 일상 유지 • 아들인 남편의 보고에 의하면 동네 아줌마들이 어머니에 대해 '니 엄마는 어려운 사람'이라고 말하며 본인이 보아도 고지식하고 답답하며 성질이 괴팍함 • 잔소리와 간섭이 많고 큰 소리가 잦은 버럭쟁이지만 따뜻한 마음이 있음 • 말이 안 통하는 며느리와 소통의 어려움을 답답해하며 불편해함 • 병환 악화로 전과는 달리 손자와 놀아주거나 돌봐주시지는 못함

(2) 사정(assessment)

해결중심모델의 특성상 일반상담에서 행해지는 문제중심주의 사정보다 Ct가 호소하고 해결하고자 하는 어려움에 대해 해결중심 질문기법을 이용한 자기사정(self-assessment)을 진행하였다. 그 내용을 <표 5-2>와 같이 구체화하고 이러한 사정은 회기가 진행되면서 갈등들을 구체화하여 해결하도록 도왔다. 부부의 강점과 자원을 <표 5-3>에 정리하였다.

〈표 5-2〉 부부가 해결을 원하는 갈등내용

관계	해결을 원하는 갈등 내용	
남편	결혼생활 유지 여부	• 툭하면 '이혼하자', '못살아' 하는데 이제는 더 못 봐주겠어요. • 계속 그럴거고 진짜 원하는 거면 이혼하고 비행기 태워 보낼라고요.
	어머니에 대한 예우	• 나나 어머니한테 어려워하는 게 없어 보여요. 함부로 하고… • 그리고 어머니가 사시면 얼마나 사시겠냐고요. 연세도 많고 몸도 안 좋고 한데. 잘 좀 해드리지.
	원만한 대인관계	• 내가 아는 형 부인이 베트남서 왔는데 내가 그 형수를 좋아한다고 소리치고 난리였어요. 에이 그게 말이 돼요? • 자기네들끼리 모이면 무슨 말을 하는지… 처음에는 같은 나라 사람들이니까 친구가 돼서 좋겠다 했는데 그것도 아녜요. • 그 사람들하고라도 잘 좀 지내지…
	신체화	• 뒷목 당김 • 탈모 • 짜증과 신경질, 잦은 흡연

부인	남편과의 친밀감	• 남편이 큰 소리 치고 화낼 때는 다른 사람 같아요. • 시엄마랑 싸워서 행복 없어요. 시엄마 때문에 화가 나서 '이혼하자' 했는데 남편이 '잘 생각해 봐. 베트남 가고 싶으면 비행기표 끊어줄게' 해서 울었어요. • 2년 같이 안 잤어요. 나는 애기랑 자고 남편 거실 자고… 다른 여자 있나 생각해요. 동네 친구들도 얘기해요. • 남편은 같이 안 자서 이상해요. 남편이 필요할 때만 나한테 왔다 가요. 부부 같지 않아요.
	시어머니 언어폭력	• 시엄마는 나한테 처음 왔을 때 지금까지 '속상해, 답답해, 너 뭘 잘했다고' 하면서 큰 소리로 욕해요.
	신체화	• 우울, 불면 • 화내기, 던지기 • 비만

〈표 5-3〉 부부의 특성

	남편	아내
강점	• 부지런함과 성실함 • 긍정성 • 정직함 • 높은 자존감 • 자상함과 따뜻함 • 객관적 입장 견지 노력	• 적극적 태도와 빠른 적응력 • 남편의 비폭력적 대우에 대한 신뢰 • 순발력 • 도전정신 • 결단력 • 자녀에게 관심 • 밝고 명랑한 성격
자원	• 안정적인 직업 • 비교적 안정적인 경제상황 • 고향의 안정된 네트워크 • 좋은 인간관계 맺기 능력 • 가장으로서의 책임감 • 형제와 친지들의 따뜻한 지지 • 운전기술	• 빠른 언어습득 능력 • 이중언어 구사 가능 • 사회적 활동 욕구 • 혼인 전 직장생활 경험 • 남편의 적극적 지지 • 동네에 형성된 동향 친구들 • 친정에서의 정착 지지 응원 • 한국에서 자녀양육 원함 • 육아에 관심과 헌신 • 배우려는 자세(한국문화, 양육)

(3) 계획(plan)

부부가 해결하기를 원하는 갈등이 구체화된 후 부부와 함께 개입의 목표를 결정하는 합의과정을 거쳤다. 변화 정도가 파악이 가능하며 성취 가능하고 구체이며 현실인 계획이 되도록 부부특성에 맞추었다. 지금의 갈등상황을 벗어나기 위해 적절한 변화를 추구하기 위한 이 과정은 개입방향을 제시하고 종결 후 평가의 근거기반이 될 수 있다. 이를 <표 5-4>에 요약 정리하였다.

〈표 5-4〉 계획 · 계약

<table>
<tr><td>표적문제</td><td colspan="2">• 의사소통기술 향상(자기노출, 긍정적인 언어 · 비언어적 의사소통)
• 거리감 해소(의사소통, 성적 친밀감, 시간공유)</td></tr>
<tr><td>목표</td><td colspan="2">• 자신의 마음과 똑같이 말하기
• 결혼생활 지속 여부 정하기
• 화내기, 소리지르기 및 신경질 내기 대신 원하는 것과 필요한 것을 정확히 말로 밝히기
• 궁금한 것을 그 자리에서 물어보기
• 같은 방과 같은 이불 사용하기
• 부부가 대화시간 갖고 공동활동하기</td></tr>
<tr><td rowspan="2">과제</td><td>부부</td><td>• 상담시간 엄수
• 함께 결정한 과제 성실히 이행하기
• 상담실에서 나눈 이야기는 다른 곳에서 언급하지 않기
• 결담 시 24시간 전에 연락하기(3회 불이행 시 자동 계약 해지)</td></tr>
<tr><td>치료자</td><td>• 상담시간 엄수(매주 1회 50~60분 진행)
• 상담실에서 나눈 이야기는 다른 곳에서 언급하지 않기(비밀보장)
• 결담 시 24시간 전에 연락하기(3회 불이행 시 자동 계약 해지 : Ct가 거부의사 가능)</td></tr>
<tr><td>개입일정 계획</td><td colspan="2">• 매주 1회씩 10회
• 부부상담을 원칙으로 하되 필요와 상황에 따라 개인상담 가능
• 진행 중 어떤 사항이라도 상의 가능</td></tr>
<tr><td>특이사항</td><td colspan="2">• 합의한 위의 내용은 필요에 의해 재합의로 변경 가능
• 종결 후에도 필요시 언제든지 다시 상담이 가능</td></tr>
</table>

(4) 개입

부부가 원하는 목표, 갈등해결을 위해 진행한 회기별 내용이다. Ct 부부가 가족과 함께 만족하는 생활을 위해 그들이 각자 위치와 역할 기능을 스스로 조절하거나 회복할 수 있도록 돕는 것이 목표이다. 각 회기별 개입내용은 <표 5−5>에 요약 정리하였다.

〈표 5-5〉 개입 내용

회기	관계	주요 내용
1	부부	• 상담신청서 동의서 사전검사지 작성 • 상담신청 후 변화 탐색 • 부부가 제시하는 어려움 탐색과 의사소통 방식 확인 • 부부가 원하는 것 찾기 • 예외탐색, 기적탐색으로 목표 설정 • 메시지(강점 찾고 강화해주기)와 과제
2	부인	• 일주일간 자기노출과 의사소통방식의 긍정적 변화 확인과 강화 • 베트남과 한국의 가족문화 유사점 탐색을 통한 친밀감 찾기(가족의 정의, 역할, 기능 등) • 동네의 베트남 친구들과 친정의 긍정적 관계 탐색과 강화 • 남편과의 긍정적 기억 찾기 • 메시지(강점 찾고 강화해주기)와 과제
3	남편	• 일주일간 부부간, 고부간의 긍정적 변화 확인과 확대 및 강화 • 둘째 자녀 계획 탐색을 통한 성적 친밀감 정도 탐색 • 성적 친밀감 정도에 대한 관계성 탐색 • 메시지(강점 찾고 강화해주기)와 과제
4	남편	• 일주일간 고부갈등 예외상황 확인과 긍정적 확대 및 강화 • 어머니와의 관계 탐색 • 아내와 시어머니와의 관계개선을 위한 역할 탐색과 역할극 해보기 • 아내의 사회적 지지망과 원하는 사회활동(취업) 탐색과 아내와의 대화를 위한 긍정적 입장 정리 • 성적 친밀감 욕구와 필요 탐색 • 다문화가정 자녀의 강점과 긍정성 찾기 • 메시지(강점 찾고 강화해주기)와 과제
	부인	• 일주일간 생활의 긍정적 변화 탐색과 확대 및 강화 • 자녀양육과 취업욕구 탐색 • 성적 친밀감 욕구와 탐색 • 다문화가정 자녀의 강점과 긍정성 찾기 • 메시지(강점 찾고 강화해주기)와 과제

5	남편	• 일주일간 부부의 친밀감(성적, 의사소통, 시간 공유) 쌓기 활동 확인과 긍정성 확대 • 부인이 원하는 둘째 자녀 출산 여부에 대한 진지한 격려와 긍정성 확대 • 남편과 아들로서의 가장 역할에 대한 강점 확인과 긍정적 확대 • 메시지(강점 찾고 강화해주기)와 과제 • 종결 예고
6	남편	• 일주일간 평안함을 유지할 수 있었던 자원 탐색과 강화 • 어머니의 아내에 대한 선의 전달과정 탐색과 남편의 입장과 역할에 대한 탐색 • 고부간의 갈등해결 방법 탐색과 강화 • 메시지(강점 찾고 강화해주기)와 과제 • 종결 예고
7	부부	• 상담을 통한 부부간, 고부간의 변화 확인 • 생활에서의 갈등해결 능력 향상에 대한 자축과 갈등과 그에 따른 대처를 위한 협력적 태도 탐색 • 공감 강화 • 메세지를 통한 강점 강화 • 사후설문

(5) 종결

모든 개입활동을 마무리하는 과정으로 처음 계약 시 사회복지사와 Ct가 함께 합의했던 목표를 이루기 위해 합심하여 매주 성실히 상담에 응하였으며 함께 정한 과제도 성실히 수행하였다. 상담회기가 진행될수록 처음에 어색했던 분위기는 사라지고 따뜻함과 활기가 생동감 있게 전해졌다. 빠른 목표성취 과정에 부부도 상담에 더욱 흥미를 느끼고 잘해나가고 있는 스스로에게 뿌듯함을 느끼게 되며 서로를 자랑스러워하였다. 부부관계가 안정되자 고부간의 갈등도 많이 완화되었다. 긍정적 고부 관계 강화를 해 그 부분을 더 도우려 제의했으나 아내가 그 상태에 만족하게 되어 종결하였다. 생활에서의 갈등은 항상 있을 수 있으며 그것을 해결해 나가는 것이 인생의 성숙과정이라는 큰 깨달음이 있었다는 부부의 견해 일치로 마지막 회기를 마무리 한 사례이다. 종결 후에도 도움 요청이 가능함을 알렸고 순조로운 개입과정과 Ct의 성공인 과업수행으로 만족스러운 종결이 이루어진 사례이다.

3) 해결중심모델에서 활용하는 실천기술 분석

(1) 건강한 것에 관심 두기

Ct의 부족과 장애, 결함보다 강점(strengths)과 자원(resources) 그리고 능력(abilities)을 부각시킨다. 잘못되고 고착된 것보다 무엇이 잘 되었고 어떻게 활용되었는지를 찾으려 하는 실천기술이다. 아내가 표현하는 우울증, 불면증 등 진단중심 용어 채택보다 잠을 일찍 잘 수 있었던 때와 그때는 어떻게 일찍 잘 수 있었는지 찾아내어 다시 시도해 보도록 과제화하였으며 간략한 내용을 <표 5-6>에 제시하였다.

〈표 5-6〉 건강한 것에 관심 두기

상담자	부인	질문기법
• 그렇게 늦게까지 잠이 안 들면 괴로우셨을 텐데 혹시 최근에 가장 일찍 잠드셨던 시간이 언제쯤인지 기억나시나요?	• 음... 11시?	• 예외질문
• 아! 새벽 3~4시보다 정말 빨리 주무셨네요. 그날은 혹시 어떻게 일찍 잤는지 기억하세요?	• 애기하고 마당...(에서) 놀았어요	
• 아아! 애기랑 마당에서 노셨군요. 재미있으셨겠네요. 몸은 좀 어떠셨어요?	• 오래...(애기가) 안 들어가서... 피곤해요(했어요). 재미있(었)어요.	
• 아! 낮에 밖에서 오래 노니 피곤하셔서 일찍 주무셨군요. 그럼 밤에 일찍 자기 위해서는 뭘 하는 게 도움이 될까요?	• 애기랑 많이 놀아요. (애기가) 좋아해요.	• 대처질문
• 혹시 그날 일찍 주무셔서 다른 새로운 일이 있었다면 기억하세요?	• 다음(날) 아침... 일찍 일어나(났어)요 남편 출근해서(할 때) 인사 했어요.	• 확장
• 메세지(과제) : 이번 주는 선생님(아내)이 생각하신 방법인, 매일 애기랑 밖에서 오래 놀고 일찍 자기를 시도해 보고 일주일에 몇 번 성공하는지 세어보고 오시길 바라겠어요.		

(2) 활용하기

Ct가 바라는 결과를 이끌어내기 위하여 그들의 자원, 기술, 지식, 신념, 동기, 행동, 증상, 사 회 연계, 상황과 개인 특성을 활용하는 실천기술이다. 부인은 체류한 기간에 비해 빠른 언어습득 능력과 주변의 도움으로 한국말을 잘하는 능력을 자원으로 활용하여 부인의 그 능력을 칭찬하고 남편의 도움을 확인하여 부부의 협력을 부각시켜 거리감을 좁히려 하였다. 남편의 자상하고 따뜻한 강점을 자원으로 활용하여 그동안 몰랐던 아내의 마음을 알게 되고 아내가 느끼는 거리감 대신 친밀감을 갖게 되어 아내에 대한 남편의 애틋한 감정이 깊어지게 되었다. 구체적인 내용을 <표 5-7>에 제시하였다.

〈표 5-7〉 활용하기 : 부인/ 남편

상담자	부인	질문기법
• 3년 밖에 안 되었는데 한국말을 어떻게 그렇게 잘하실 수 있으세요?	• 잘해요?(웃음) 한국어 교실 다녀요. 일주일에 한 번...	• 칭찬
• 일주일에 한 번 다녀도 선생님처럼 잘하시는 분은 흔치 않죠. 누가 또 좀 잘하도록 도와준 사람이 있나요?	• 음 남편이요, ○○아빠 저녁에 퇴근하면 매일 한국말 따라해(하라고) 알려주고... 말 많이 해(하라고) 알려줘요. 좋은 사람예요.	• 확장 • 관계성
• 남편이 보시기에는 선생님(아내)의 한국말 점수가 몇점이라고 생각할까요? 0~10점	• 5점? • 한국어 교실 안 결석해요.	• 척도
• 6점으로 올리려면 어떻게 하면 될까요?	• 시엄마한테 존댓말? 남편이 "어른한테 존댓말 해야 돼" 해요.	• 확장
• 6점으로 오르면 선생님(아내)이 한국말을 어떻게 할까요?		
• 메세지 : 선생님(아내)이 한국어를 빨리 배우게 도와주신 남편께 도와줘서 고맙다고 말하고 존댓말도 잘 배우게 도와달라고 선생님의 마음을 이야기하고 남편과 함께 매일 시간을 정해서 연습해 보시기 바랍니다.		
상담자	**남편**	**질문기법**
• 직장일도 하시고 집안일도 돕고 바쁘실 텐데 어떻게 그렇게 아드님과 잘 놀아주시나요?	• 늦게 결혼해서 낳은 아들인데 예쁘지요.	• 칭찬
• 그렇겠군요. 아드님 예쁜 것도 있고 또 다른 이유가 있다면 뭐가 좀 있을까요?	• 그리고 ○○엄마가 하루 종일 집에서 힘들 테니까 좀 도와주는 거지요.	• 확장
• 아유, 자상하시네요. 음, 그러면 혹시 ○○어머님이 그거 말고 더 좀 힘들어하는 게 있나요?	• 힘들어하는 거? 뭐가 힘들어요. 내가 다 해주는데. 청소, 빨래, 설거지, 퇴근하면 애기 봐주고 친정에 돈도 보내주고 뭐 사달라면 다 사줘… 뭐가 힘들어요.	

(3) 탈이론적이고 비규범적이며 내담자 견해 존중하기

해결중심모델은 Ct나 동료들과 왜 문제가 생성되었는지 설명하거나 찾아내기 위하여 전념하지 않으며 내담자의 결정우선과 탈이론인 입장을 취한다. 부부가 해결하기 원하는 문제만을 다루며 부부의 갈등 혹은 목표 종결 등을 상담자가 일방으로 진단하거나 사정하지 않고 부부의 자율적인 의사와 견해를 존중한다. 이에 대한 구체적인 내용을 <표 5−8>에 제시하였다.

〈표 5-8〉 내담자 견해 존중하기

상담자	내담자	질문기법
• 두 분 사이가 좋아지시고 고부간의 사이도 많이 좋아지셨다니 반갑네요. 처음 목표가 모두 달성되어 상담이 더 이상 필요 없을 듯한데, 원하시면 고부간의 더 편한 관계를 위해 2~3회 할 수 있을 듯합니다. 두 분 생각은 어떠세요?	• 아내 : 시엄마가 안 소리질러요. 편해요. 좋아요. • 남편 : 어머니가 저 사람한테 예쁘다고도 하고 지난 일주일은 ○○엄마하고 어머니하고 얘기도 잘하고 아무 일 없이 잘 지냈어요. • 네, 이 정도만 돼도 대만족이죠. 요즘은 퇴근하고 빨리 집에 가고 싶어져요. 그럴 땐 집에 가면 기분 좋죠.	• 간접칭찬
• 아, 그러면 두 분은 어머니랑 사이는 지금 정도면 만족하시는 거네요?	• 내가 두 사람한테 신경 쓰면 괜찮아요. (두 사람 사이를) 보니까... 어머니도 이 사람도 내가 잘해야지요. 여자들은 대화 많이 하니까 되네요. 웃고 어떻게 지냈냐? 힘들었지? 어머니한테도 똑같이 묻고 칭찬해드리고. ○○엄마도.	• 강화
• 그런데 어떻게 금방 사이가 좋아지실 수 있었을까요? 자세히 좀 알려주실래요?		

(4) 간략화

해결중심모델은 원하는 상담 결과를 얻기 위해 사용되는 상담과정들이 경제적인 효율성을 위해 노력하는데, 이 경제적 효율성은 면밀히 조직화된 것보다 일반 대중적인 것을 사용하는 것으 로부터 성취한다. 이러한 상담은 가장 간단한 가정과 전략으로 행해지며 필요시에만 복잡성이 행해진다. 이에 대한 구체적인 내용을 <표 5−9>에 제시하였다.

〈표 5-9〉 간략화

상담자	부부	질문기법
• "이혼해, 못살아" 대신에 어떤 말을 하셨나요?	• 항상 건강해요. 아프지 마세요. • 나 보고 웃어요. 화 안내고 소리 안 질러요. 쑥스럽고 행복해요.	• 대처 • 관계성
• 남편이 어떻게 하시던가요?	• 아침에 우유에다 커피 타줘요. 3번 했어요. 음식 많이 해요. 흰머리, 흰 수염 뽑아줘요. 농담하면서… 나 행복해요. 대화 많이 해요.	• 대처
• 뭘 좀 더 하신 게 있었나요?	• 내가 반찬 많이 하고… 일찍 일어나서 밥 잘 차리고… 요새는 잔소리 안 해요. 안 화내요. 안 싸워요. 아빠(남편)하고 친해져서 시엄마하고도 친해요. 쪼오끔… (함박웃음)	• 관계성
• 시어머니는 ○○어머니의 어떤 점을 좀 좋아하나요?		

(5) 불가피한 변화

해결중심모델의 변화는 삶에 있어 큰 영역으로 Ct는 그들 스스로 변화하는 것을 막을 수 없다는 가정을 기초로 하고 있다. 따라서 상담은 자연스럽게 일어나는 변화들을 간단하게 확인하고 그것들을 활용하는 것이다. 아내가 남편에 대해 남같이 느끼지 않았던 때에 대하여 알아보고 남같을 때와는 어떤 점이 다른지 탐색하여 친밀감을 되찾도록 돕는 것이다. 이에 대한 구체적인 내용을 <표 5-10>에 제시하였다.

〈표 5-10〉 불가피한 변화

상담자	부부	질문기법
• (남편을)남같이 느끼지 않았던 때는 언제였나요? • 그때는 지금과 어떤 게 달랐을까요?	• 2년 됐어요. • 같이 잤어요. 같이 이불 덮고.	• 예외

(6) 현재와 미래에 관심 두기

특별하게 계획된 상담진행은 Ct가 과거와 문제로부터 떠나 미래와 해결을 지향하게 한다. 예를 들면, 해결중심모델 상담과정에서 평이하게 사용하는 '기적질문' 같은 것이다. 상담신청자인 남편은 자신이 원하는 것을 잘 표현하였으나 그와는 달리 부인은 표현이 자유롭지 않았다. 기적질문을 사용하여 남편이 자신의 남편이라는 확신을 갖도록 친밀한 부부의 모습을 원하였고 시어머니의 폭언에서 벗어나고 싶어 한다는 것을 알게 되었다. 이에 대한 간략한 내용을 <표 5-11>에 제시하였다.

〈표 5-11〉 현재와 미래에 관심 두기

상담자	아내	질문기법
• 잠자고 있는 사이에 어떤 일이 벌어졌는데 아침에 일어나 보니 ○○어머님이 바랐지만 일어날 수 없었던 일이 벌어진 거예요. 그런 걸 기적이라고 하지요. 지금 힘든 것 중에 기적이 일어났다면 어떤 모습일까요?	• 매일 같이 자요. 같은 이불 속에서. • 시엄마가 안 욕해요. 소리 안 질러요.	• 기적

(7) 협력하기

진정으로 협력적인 상담관계는 Ct가 사회복지사에게뿐만이 아니라 사회복지사도 Ct와 협력하여야 한다는 것이다. 부부는 이혼을 진지하게 생각했고 두 사람 다 이혼을 원하지 않았으므로 사회복지사와 협력하여 이혼 위기의 고리를 끊고자 하였다. 이에 대한 간략한 내용을 <표 5-12>에 제시하였다.

〈표 5-12〉 협력하기

상담자	부부
• 두 분이서 상담을 꾸준히 오시고 숙제나 약속을 잘 지키신 보람이 있네요. 저를 믿고 잘 참여해 주셔서 감사합니다.	• (남편) 아니, 선생님이 저희를 어떻게 해서든지 잘 붙어 살게 해주신 덕이지요. 잘한다고 칭찬도 하시고 잘못해도 다시 하면 된다고 하고.. • (아내) 남편이 시엄마하고 나한테 '선생님하고 약속했다. 잘하자' 했어요.

4) 해결중심모델 상담목표에 따른 실천기술 적용 결과 분석

부부가 갈등하는 문제를 중심으로 목표로 설정하고 개입을 진행하여 부부 모두 의사소통, 친밀감, 고부관계의 변화를 인정하였으며 그동안의 부부의 변화노력에 서로 만족하고 고마워한 사례이다. 세 가지 사항에 대해 1회기와 마지막 7회기에 점검하여 변화 정도를 <표 5-13>에 제시하였다.

(1) 의사소통

해결중심적 의사소통 방법을 사용하여 부부의 의사소통 방식을 순기능으로 바꾸는 데 성공한 것이 부부가 효율적으로 갈등에 대처하는 초석이 되었다. 일단 부부의 원활한 의사소통 체험을 위하여 가족 공동의 정서에서 벗어나 고유한 자기 자신의 감정을 개방적이고 자유롭게 표현하도록 '안전한 분기를 유지'하였다. 대화의 안전한 분위기는 심리적으로도 안정감을 갖게 하여 자신의 어떤 것이 어려우며 어떤 것을 원하고 기하는지 그리고 현재와 미래에 대해 자유로운 생각과 감정을 나눌 수 있게 되었다. 그 과정에서 원하는 것과 이야기되는 것이 자신들이 원하는 것과는 다른 형태의 역기능적 의사소통이라는 것을 부부 스스로 알게 되었고 순기능적 의사소통을 위한 배움이 필요할 때마다 '역할극'을 하고 꾸준한 '과제제시'와 '점검'을 통해 해결중심적 대화를 학습하였다. 'I-message' 전달과 부부간에도 '서로 알지 못하는 태도'에 대한 상호 질문과 '경청·수용을 나타내는 언어·비언어 의사소통을 연습'하는 것도 의사소통에 도움이 되었다. 부부간의 의사소통이 원활해져 부인은 "이혼하자, 못살아" 대신 "나 속상해요, 마음 아파요, 당신하고 행복하게 살고 싶어요"라는 긍정적 표현을 하게 되었고 남편도 화가 나서 했던 "비행기 표 끊어줄 테니 돌아가라" 대신에 "당신을 사랑하는데 나와 ○○를 놓고 당신이 가버리면 불행하다"고 표현하게 되었다. 화내기, 소리 지르기, 신경질 내기 대신 '원하는 것과 필요한 것을 정확히 말로 표현'하게 되었고, 고부갈등도 원인을 나 때문으로 돌리기보다 문화 괴리에서 오는 일시적 충격으로 이해하게 되었다. 상담과정을 통하여 부부는 쌓여가던 오해와 갈등을 줄이고 결혼 후 잊고 있던 첫 만남과 신혼의 시간들을 떠올리며 신뢰를 회복하고 다시 쌓아가며 서로에게 감사하게 되었다. 이에 대해 첫 회기와 마지막 회기에 다음과 같이 '척도질문'을 하였다. "나의 마음이 전달되고 충분히 이해받는 느낌이 충분히 느껴지면 10, 느껴지지 않으면 0으로 표시할 때 지금 느끼는 정도는 0~10 중 얼마 정도 될까요?"

(2) 친밀감

상담과정에서 아내가 호소하던 친밀감 욕구도 조금씩 해결되었는데, 부부가 제시한 구체적 문제를 해결하는 데 '초점을 두는 방법'이 전반적인 부부문제를 해결하는 데 기초가 되었다. 친밀감의 문제는 각자의 내적 준거틀과 관련되는 의사소통 문제로부터 출발하여 부부의 성 문제까지 연결되어 있었다. 남편은 안전한 운전을 해야 하는 직업상의 필요로 수면방해를 극도로 싫어하였으며, 양육에 대한 과도한 책임감으로 어렵지는 않지만 그리 풍족하지 않은 경제 사정상 한 자녀만을 원하여 아내와의 동침을 회피하였다. 2년 정도 장기화되자 아내는 이에 대해 자신에 대한 무시나 소홀 혹은 외도와 연관지어 상상하고 괴로워하였다. 남편이 자신의 사정과 심정을 밝히면서 부부의 친밀감을 회복하고 더욱 쌓아 나가도록 잠자리 함께 하기, 애정 표현하기, 함께 활동하기, 서로에게 헌신하기 등을 '과제화'하고 확인함으로써 서로의 생각과 감정을 더욱 자유롭게 표현하고 교환할 수 있었다. 부인이 생각하는 부부의 성적 친밀감은 부부는 매일 함께 같은 이불 속에서 자야 한다는 것이며 자녀는 4살이 되면 혼자 자도록 해야 한다는 정서를 가지고 있었다. 한국의 정서와도 별반 다르지 않다고 남편도 동의하였다. 이에 해 첫 회기와 마지막 회기에 다음과 같이 '척도질문'을 하였다. "부부로서 충분히 친한 관계라고 느끼면 10, 그렇지 않으면 0으로 표시할 때 지금 느끼는 정도는 0~10 중 얼마쯤 될까요?"

(3) 고부갈등

시어머니와 며느리는 언어, 생각과 생활패턴이 서로 달라 서로 이해하지 못하고 답답해하였다. 상담 초기에는 서로 다른 언어로 인한 생활 고충을 극복하기 위하여 많은 도움을 주었던 남편의 태도와는 달리 시어머니는 며느리에게 폭언을 일삼아 며느리는 시어머니로부터 심한 무시감과 분노를 느끼고 마음의 문을 닫은 상태였다. 상담 중 남편은 아내에 대하여 그런 마음을 알아주고 인정하며 아내에게 일방적으로 맡겨놓았던 어머니에 대한 보살핌에도 자상한 관심을 보이면서 고부간의 관계도 조금씩 나아지게 되었다. 시어머니는 한 번도 복지관 상담실에 오지 않았으나 며느리에게 칭찬도 하게 되었다. 상담 초기에 며느리는 '척도질문'에서 시어머니와의 단절로 갈등의 최고 상태인 0으로 표시하고 제삼자인 남편은 고부간의 갈등 정도를 3으로 표시하였다. 그러나 종결 당시 답답해하는 어머니의 마음을 이해하게 되면서 마음의 문을 열기 시작하여 5로 표시하였다. 남편은 고부간의 싸움이나 부인의 가출상황이 재현되지 않아 8로 표시하였다. 고부갈등에 대해 부부에게 첫 회기와 마지막 회기에 다음과 같이 '척도질문'을 하였다. "시어머니와 며느리로서 사이가 좋을 때를 10, 갈등이 최고일 때를 0으로 표시한다면 지금 느끼는 정도는 0~10 중 얼마쯤 될까요?"

〈표 5-13〉 **척도질문에 의한 상담목표의 달성 정도**(초기 → 종결)

	남편	부인
의사소통	2 → 8	3 → 9
친밀감	5 → 8	1 → 10
고부관계	3 → 7	0 → 5

CHAPTER 06

위기개입모델

위기개입모델은 위기상황에 즉각적으로 개입하여 단기 전문원조를 제공하기 위한 모델로, 높은 스트레스 상황에 있는 클라이언트를 대상으로 한 개입에 매우 효과적이고 유용한 개입방법이다. 위기개입모델은 기존 지식과 임상적 측면이 결합되어 있다는 점에서 다분히 절충적이며, 전통적 개별사회복지 실천보다는 실제적 기법으로 평가되고 있다. 본 장에서는 위기이론과 위기개입에 대해 살펴보고, 상황적 위기의 하나로서 우울증을 앓는 클라이언트에 대한 개입방법에 대해 간략하게 알아본다.

1. 이론적 배경

1) 등장배경

위기개입모델은 현장 실무자나 조사자 그리고 이론가들이 공동으로 만들어 낸 결과이다. 위기에 관한 지식들은 스트레스 및 대처이론, 병리적 위기 및 역기능적 결과들에 관한 임상조사 등의 영향을 받아 형성되었으며, 보건 및 인간서비스 영역에 종사하던 실무자들이 위기를 예방하고 심리적 병리나 가족해체 등을 미연에 방지하고자 하는 노력을 통해 이 모델이 형성되었다.

위기개입모델은 제2차 세계대전 이후에 전쟁으로 인한 후유증과 이별이나 사별에 따른 심리적 문제 등에 대한 신속하고 숙련된 전문서비스가 요구됨에 따라 연구에 탄력을 받기 시작하였다. 위기개입모델은 사회복지이론은 물론 심리학, 사회학, 정신분석학 등에 그 뿌리를 두고 있다. 그중에서도 긴장이론과 Lindermann(1944)의 사별에 따른 슬픔반응에 관한 연구, Caplan(1964) 등의 지역사회 수준에서의 예방정신의학 연구 등이 위기개입이론의 토대를 형성하면서 1950~60년대에 급격하게 성장했다(이문국 외 공역, 1998 : 686).

위기개입모델의 초기라고 할 수 있는 이 단계에서는 위기에 처한 개인이나 가족을 중심으로 하는 임상적 접근법을 강조하였다. 1950년대 이래, 사회사업이 정신보건 부문에 적극적으로 개입하게 되면서 위기개입모델을 적극 활용하게 되었으며, 1960년대에 Caplan이 위기를 해결하고 난 후 적응 과정에서 환경 자원, 특히 지역사회서비스 체계의 중요성을 주장하게 됨에 따라 개인의 심리적 문제뿐만 아니라 환경에 대한 접근을 중시하게 되었다. 인간의 위기가 사회구조적 측면과 사회체계적 측면에 의해 제기된다는 인식이 확산되면서 심리중심의 위기개입과 함께 생태학적 측면의 환경중심접근이 강조되었다.

사회복지실천의 역사는 위기개입의 역사라고도 할 수 있을 것이다. 왜냐하면 잠재적으로 위험 가능성이 있는 인생 사건에 노출되어 있거나 현재 위기를 겪고 있는 클라이언트들을 대상으로 사회복지실천이 이루어지기 때문이다. 그러므로 사회복지실천에서 사회복지방법의 이론들이 갖고 있는 개입목표와 위기이론의 개입목표는 매우 유사하다(김만두, 1985).

2) 위기의 정의 및 분류

(1) 위기의 정의

위기란 '위협적 혹은 외상적 위험사건을 경험함으로써 취약해지면서 여태까지의 대처전략으로는 스트레스나 외상을 대처하거나 경감할 수 없는 불균형(disequilibrium)의 상태가 되는 것'을 말한다(Roberts, 2000). 위기는 사건 자체보다는 사건에 대한 개인의 주관적 현실에 기초하는데, 같은 상황에서도 어떤 사람은 위기를 느끼는 반면, 다른 사람은 위기를 느끼지 않기 때문이다.

(2) 위기의 분류

위기는 위기상태를 촉발시키는 특성에 따라 여러 가지 유형으로 분류될 수 있는데, Richard와 Burl은 Brammer(1985)의 세 가지 위기범주에 생태체계이론의 시각에서 환경적 위기의 개념을 추가하여 네 가지 위기의 영역을 설명하였다(한인영 외 공역, 2008 : 21－22 재인용).

① 발달적 위기

인간이 성장하고 발달해나가는 가운데 자연스럽게 발생하는 사건으로, 이 사건으로 인하여 비정상적 반응을 일으키는 경우이다. 예를 들어, 청소년의 정체성 위기, 중년의 위기, 노년의 위기 등 개인의 생애주기에 따른 위기와 결혼, 자녀의 출생 등으로 인한 가족의 생애주기에 따른 위기를 포함한다.

② 상황적 위기

상황적 위기는 사람이 예견하거나 통제할 수 없는 드물고도 극히 이례적인 사건이 발생할 때 나타난다. 예를 들어, 2014년 4월 16일 세월호 참사, 자동차 사고나 갑작스러운 질병, 배우자 사별, 이혼, 실업, 자살 등과 같은 사건에서 발생한다.

③ 실존적 위기

실존적 위기는 목적이나 책임감, 독립성, 자유, 헌신 등 중요한 인간적 이슈에 동반되는 갈등이나 불안과 관련된 위기이다. 실존적 위기는 어떤 사람이 40대에 자신이 어떤 특정 전문직이나 조직에 중요한 영향력이 없음을 깨달으면서 경험하게 되는 위기일 수도 있다(예 내가 별 것 아니구나…, 내가 없어도 조직이 굴러가네…).

④ 환경적 위기

개인이나 집단에 자연이나 인간이 일으킨 재해가 갑자기 덮쳤을 때 발생한다. 이러한 위기는 태풍이나 홍수, 화재, 지진, 폭풍, 눈보라, 산불과 같은 자연재해일 수도 있으며, 여객기 추락사고, 건물 붕괴, 다리 붕괴, 사람과 동물에 의한 전염병 등 인간에 의한 재해를 포함한다.

3) 위기의 구성요소와 주요 가정

위기는 다섯 가지 요소들로 구성되어 있는데 위험사건(hazardous event), 취약상태(vulnerable state), 촉발요인(precipitating factor), 실제 위기상태(active crisis), 재통합(reintegration)이 그것이다(Golan, 1978). 이러한 구성요소는 위기의 발달 및 진행과정과 맥을 같이하며 개입 시 고려해야 할 주요 가정이 있다.

(1) 위기의 구성요소

① 위험사건

위기는 개인, 가족, 집단, 지역사회, 국가에서 언제라도 일어날 수 있다. 위기는 대개 위험사건에 의해 시작되는데, 위험사건은 외부적인 스트레스 사건일 수도 있고 혹은 내부적인 압력일 수도 있으며, 하나의 재앙사건일 수도 있고 혹은 연속적으로 축적된 사건일 수도 있다. 하나의 위험사건으로는 갑작스러운 배우자의 죽음, 교통사고로 인한 장애, 해고, 이혼, 강간, 이민 등을 예로 들 수 있으며, 연속적인 사건으로는 최근 직장에서 상사와 갈등이 있는 여성이 남편의 질환, 자녀의 성적 부진 등을 연속적으로 경험하면서 위기에 빠지는 예를 들 수 있다.

② 취약상태

위험사건으로 항상적 균형을 잃으면 취약상태가 된다. 취약상태에서는 이전의 평형상태를 회복하기 위해 평소 사용하던 문제해결기제를 시도하며, 이에 성공하지 못하면 위기상황에 대처하기 위한 새로운 방법을 강구하게 된다.

③ 촉발요인

촉발요인이란 긴장과 불안을 최고봉으로 올려놓음으로써 취약상태를 불균형 상태로 만드는 요인이다. 어떤 위기상황에서는 위험사건이 압도적이어서 동시에 촉발요인이 되지만, 어떤 경우에 촉발요인은 위험사건과 직접 관련이 없을 수도 있다. 예를 들어, 최근 이혼한 여성이 운전 중 접촉사고를 당하고 가까스로 유지하여 오던 평형상태가 깨지면서 실제 위기를 맞는 경우이다.

④ 실제 위기상태

실제 위기상태는 혼돈, 불안, 염려, 절망, 분노와 같은 감정을 동반하는 격심한 정서적 혼란상태를 말한다. 위기에 처한 개인은 심리적 취약성, 방어기제의 위축, 문제해결 및 대처능력의 와해를 경험한다.

⑤ 재통합

재통합 단계에서는 위기에 대해서 인지하고, 위기와 관련된 감정을 표현하며, 변화를 수용하고, 새로운 대처능력을 개발한다. 또한 위기상황을 성공적으로 극복함으로써 자기효능감과 자아존중감이 증진되기도 하고, 새롭게 학습한 적응기제는 앞으로 있을 수 있는 문제에 대처하는 데 적용될 수 있다. 그러나 부적절한 대처기제를 학습한 경우에는 앞으로의 상황에 적절히 대처하는 능력에 손상을 입어 위기상황 이전보다 전반적 기능이 떨어질 수 있다. 예를 들어, 위기상황에서 음주습관을 형성하거나 '아무것도 소용없다'는 학습된 무기력감(learned helplessness)을 습득하는 경우에는 위기상황 이전보다 전반적인 기능이 떨어질 수 있다.

(2) 위기개입의 주요 가정

Gilliland와 James(1997)는 위기개입 시 고려해야 할 기본 가정을 다음과 같이 제시하였다.

첫째, 인간이 처한 다양한 상황에서 초래되는 직접적 스트레스와 위험한 사건에 직면했을 때 겪는 격심한 정서적 불균형과 사회적 해체현상은 정상적인 것이다.

둘째, 위기상황으로 인해 겪는 격심한 고통은 정상적인 삶의 경험으로 일시적 혼란이라 할 수 있으며, 누구나 일생을 통해 겪을 수 있는 현상이다.

셋째, 정서적 불균형을 경험하는 사람은 본능적으로 정서적 균형을 찾으려는 경향이 있다.

넷째, 사람들은 정서적 균형을 회복하려고 노력하는 과정에서 일시적이고 격심한 심리적 유약성을 경험할 수 있다.

다섯째, 심리적으로 현저히 약해져 있을 때, 일반적으로 사람들은 심리적 치료 서비스를 수용하는 태도를 갖게 된다.

여섯째, 위기는 부정적 결과를 가져올 수도 있지만 한편으로는 성장과 발전의 기회가 되기도 한다.

4) 위기개입의 목표와 원칙

(1) 목표

위기개입은 매우 초점화된 단기개입으로, 위기상황과 관련된 구체적 문제 해결에 초점을 두기 때문에 목표가 제한적이다. Rapoport(1970)는 위기개입의 목표를 6가지로 제시하고, 처음의 네 가지는 반드시 달성해야 할 목표이지만 마지막 두 가지는 상황이나 클라이언트의 특성 등이 허락하는 경우에 달성할 수 있는 목표라고 했다.

① 위기로 인한 증상을 제거한다.
② 위기 이전의 기능수준으로 회복한다.
③ 불균형 상태를 가져온 촉발사건에 대해 어느 정도 이해한다.
④ 클라이언트나 가족이 이용할 수 있는 지역사회의 자원이나 치료기제를 규명한다.
⑤ 현재의 스트레스와 과거의 경험 및 갈등과의 연관성을 인식한다.
⑥ 새로운 인식, 사고, 정서를 계발하고, 위기상황 이후에도 사용할 수 있는 새로운 적응적 대처기제를 개발한다.

요약하면 위기개입모델의 목표는 위기로 인한 정서적 문제를 해소하고, 위기 이전의 기능수준까지 회복시키며, 더 나아가 위기 이전의 수준을 능가하는 가능을 수행하도록 하는 데 있다.

(2) 원칙

위기개입에는 많은 이론적 준거틀이 있으나 이들을 종합해 보면 다음과 같은 유사한 실천원칙들을 발견할 수 있다.

첫째, 위기개입은 즉시 이루어져야 하는데, 일반적으로 위기상태에 들어간 때부터 6주 내에 어떤 형태로든 해결이 되어야 한다.

둘째, 위기개입은 위기와 그 위기에 대한 클라이언트의 행동에 초점을 둔다. 그러므로 위기개입은 클라이언트의 과거를 탐색하는 데 비중을 두지 않는다.

셋째, 위기개입의 목표는 직접적으로 위기상황과 관련된 구체적 문제에 초점을 두고 설정되어야 한다. 따라서 목표는 너무 장황하지 않고 간결해야 한다.

넷째, 위기개입 사회복지사는 다른 어떤 실천접근에서보다 적극적이고 직접적인 역할을 수행한다.

다섯째, 위기에 처해 절망하고 있는 클라이언트에게 무엇보다 희망을 고취하는 것이 중요하다. 그리고 클라이언트에게 실제적 정보를 제공하거나 정서적으로 지지하며, 사회적 지지체계를 개발하고 형성하도록 해야 한다.

여섯째, 대부분의 클라이언트는 자기 자신을 실패자로 인식한다. 사회복지사는 클라이언트의 자기상을 사정하고 이해해야 한다. 사회복지사는 클라이언트와 신뢰관계를 조성하여 클라이언트의 자기상(self image)을 보호해 주고, 더 나아가 건전한 자기상을 확립하도록 원조한다.

5) 주요 적용 영역 및 한계

위기개입모델은 높은 스트레스 상황에 있는 개인 및 가족들과 일할 때 사회복지사들이 전통적으로 사용해 오던 접근방법들과 많이 부합하기 때문에 다양한 사회복지 분야에서 적용되고 있다. 위기개입모델은 스트레스로 인한 개인의 심리적 문제, 특정한 행동적 문제, 사회체계의 문제 등에 개입할 수 있는 틀을 제공한다. 위기개입 실천가들은 지속적으로 확장되는 위기의 범주에 대응하기 위해 많은 노력을 기울여 왔으며, 동시에 적극적이고 예방적인 개입을 발달시키기 위해 노력해왔다.

사회복지실천에서의 위기개입이론은 주로 지역사회 정신보건 프로그램, 자살방지센터, 가족서비스센터, 의료체계 등에 있던 사회복지사에 의해 초기 발달이 이루어졌고, 근래에는 아동복지체계, 학교, 성폭력상담센터, 가정폭력상담센터, 여성긴급전화 1366, 정신건강증진센터, 자살예방센터, 다문화가족지원센터, 재난구조체계 등의 장으로 위기개입의 활용영역이 확대되어 사회복지실천현장에서 광범위하게 활용되고 있다.

이러한 많은 유용성에도 불구하고 위기개입모델은 효과성 검증에 대한 실증적 자료가 부족하고, 이론적 체계가 미흡하다는 비판이 대두되고 있으며, 위기개입실천을 위한 구체적 기술이 개발되지 못한 한계성이 있다.

2. 개입과정과 사례 적용

1) 개입과정

위기개입의 개입과정을 Golan(1978)은 초기, 중기, 말기로 나누어 설명하고 있으며, Gililand(1982)는 사정하기, 경청하기, 행동하기의 단계에 따라 세부적 6단계 모델을 제시하였다.

한편 Aguilera와 Messick은 문제해결모델에 근거하여 사정, 계획, 개입, 위기 대비 계획 등의 4단계 위기개입과정을 제시하였다(양옥경 외, 2003 : 319−324 재인용). Aguilera와 Messick가 제시한 개입단계는 사회복지사에게 익숙한 문제해결모델을 위기개입모델에 적용한 것이기 때문에 사회복지현장에서 유용하게 적용할 수 있을 것이다.

(1) 사정단계

사회복지사는 사정단계에서 클라이언트의 정서적 고통을 완화하거나 경감시키는 것과 동시에 개인과 문제에 대한 사정을 수행하게 된다. 사회복지사는 사건 및 위기에 대한 정확한 사정을 위해 초점화 기술을 적극적으로 활용하여야 한다. 사정의 목적은 위기상태의 특성과 수준, 위기가 클라이언트에게 주는 의미와 영향, 위기상황을 초래한 사건과 요소, 클라이언트의 대처능력, 위기상황을 완화시킬 수 있는 자원 등을 결정하는 것이다.

Aguilera와 Messick은 좋은 사정을 위해서 고려해야 할 다섯 가지 세부 영역들을 제시하였다.

① 위기와 선행 사건에 관한 파악

클라이언트가 왜 오늘 도움을 받으러 왔는지를 파악하는 것으로, 이는 무슨 일이 있었는지를 이해하기 위한 것이다. 클라이언트에게 "무슨 일로 여기에 오셨나요?"라거나 "무슨 일로 그렇게 화가 나셨나요?"라는 질문으로 위기상황을 체크할 수 있다.

② 현재의 위기와 선행 사건에 관한 클라이언트의 인식

클라이언트에게 "이 사건에 대해 어떻게 느끼십니까?" 혹은 "이 사건이 앞으로 당신에게 어떤 영향을 줄 것 같습니까?" 등의 질문을 통해 클라이언트가 위기와 선행 사건을 어떻게 인식하고 있는지 파악할 수 있다.

③ 자원에 관한 고려

클라이언트에게 도움을 줄 만한 지지적 자원을 파악하고 자원의 지지수준이나 질을 고려해 보아야 한다. 이를 위해 사회복지사가 할 수 있는 질문은 "주변에 이 일에 관해서 이야기를 나눌 수 있는 사람이 있습니까?" 혹은 "이야기를 나누기 가장 편한 사람은 누구입니까?" 등이다.

④ 과거의 문제경험과 대처기술

클라이언트가 과거에 비슷한 문제를 겪은 적이 있는지, 있다면 어떻게 해결했는지 고려하여 클라이언트의 대처기술을 탐색한다. 이는 기존의 대처기술이 현재의 위기극복에 도움이 될 수 있는지 탐색하기 위한 것으로, 이를 위해 "전에도 이와 비슷한 일을 겪은 적이 있습니까? 있었다면 그때는 어떻게 해결하셨습니까?" 등의 질문을 할 수 있다.

⑤ 클라이언트의 자해 또는 타해의 위험 정도

클라이언트가 자해나 타해의 위험이 있는지 그 심각성 정도를 사정하여야 하고, 자해의 위험성이 있다고 판단되면 입원치료 의뢰와 같은 절차를 즉시 연결해야 한다. 자살의 위험을 파악하기 위해서는 자살에 대한 구체적 계획을 가지고 있는지, 그 방법이 어느 정도 치명적인지, 그리고 일상생활의 변화가 어느 정도인지 등을 본인과 가족을 통해 자세히 알아보아야 한다. 또한 타해의 위험을 파악하기 위해서는 클라이언트의 폭력적 표현이나 약물남용 등에 대해 조사해야 하고, 구체적 대상에 대한 적개심을 보이거나 해칠 가능성이 있는 경우에는 당사자에게 알려주는 것이 중요하다.

(2) 계획단계

촉발사건과 위기에 대한 정확한 사정이 이루어지면, 위기로 인해 나타난 증상들을 감소시키기 위해 가능한 개입활동을 하게 된다. 사정을 통해 확보한 정보와 자료들을 근거로 대안적 대처방안을 강구하게 된다.

계획단계에서는 먼저 위기로 인한 클라이언트의 기능 손상 정도와 회복 가능성, 주변 자원들의 반응과 도움을 줄 수 있는지 등에 대한 평가가 이루어져야 한다. 그리고 가능한 잠재적 대안들을 고려하고, 이들의 장단점을 평가하고 무엇을 추구할 것인지에 대한 행동을 계획한다.

개입활동을 위한 계획단계에서는 여러 가지 개입기술이 필요한데, 클라이언트가 위기를 이해하고 자신의 감정을 인정하고 토로하도록 원조하는 기술, 클라이언트의 대처기제를 찾을 수 있도록 원조하는 기술, 사회적 지지망을 활용하는 기술, 현실적 목표를 세울 수 있는 기술 등이 요구된다.

(3) 개입단계

사정에 근거하여 설정한 목적과 목표를 달성하기 위하여 구체적으로 개입함으로써 행동 변화를 초래하고자 한다. Aguilera와 Messick은 다음과 같은 개입의 3단계를 제시하였다(양옥경 외, 2003 : 341－342 재인용).

① 클라이언트가 표현하기 힘든 감정을 드러내도록 돕는다

스트레스는 종종 불안과 불편함, 강한 부정적 감정을 불러일으키지만 사람들은 이러한 감정을 드러내기보다는 다스리려고 노력하며, 통제하여 내면에 담아 둔다. 이처럼 감정을 억압하는 것은 사람을 움직이지 못하도록 하는 원인이 된다. 이러한 감정을 다루기 위해서는 클라이언트가 먼저 이러한 감정을 인정해야 하기 때문에 사회복지사는 이러한 감정을 표현하도록 돕는 것이다.

② 대처기제를 탐색한다

이 단계에서는 클라이언트가 변화하도록 돕는 것이 목표이므로 클라이언트가 새로운 대안을 확인하고 접근할 수 있도록 도와주거나, 사회복지사가 직접 해결을 위해 무엇을 해야 할지 방향을 제시해 줄 수 있다. 위기개입은 다른 개입보다도 직접적이고 단기적인 개입이기 때문에 사회복지사의 적극적 역할이 요구되는 것이다.

③ 사회적 활동 재개를 돕는다

이는 클라이언트가 사회적 지지체계를 유지하거나 새로운 지지체계를 재형성할 수 있도록 돕는 것이다. 위기에 있는 많은 사람들은 가능한 한 많은 사회적 지지와 자원을 필요로 한다. 따라서 이미 존재하는 지지자원을 확인하고 이용하도록 하며, 기존의 자원이 존재하지 않거나 부적절한 경우에는 새로운 자원을 개발하여 새로운 관계를 형성할 수 있도록 도울 수 있다.

(4) 위기 대비 계획 단계

위기 대비 계획(anticipatory planning)은 클라이언트가 미래의 다른 위기를 준비하도록 돕는 것을 의미한다. 이 단계는 클라이언트가 위기를 다루는 과정에서 무엇을 배웠는지를 정리하는 단계다. 사회복지사의 과제는 클라이언트가 대처행동을 명확화하고 구체적으로 이해할 수 있도록 돕고, 이를 통해 클라이언트가 미래에 위기를 맞았을 때 학습한 대처기술을 활용할 수 있도록 돕는 것이다.

이때 클라이언트가 모든 문제를 미래에 혼자 해결해야만 한다는 메시지는 전달하지 않는 것이 좋다. 미래에 도움이 필요할 때 언제든지 도움을 받을 수 있으며, 사후 지도도 이루어질 것이라는 것을 설명해 주어야 한다.

이 단계에서는 평가와 사후관리도 함께 이루어진다. 평가의 초점은 효과적 대처기제를 중심으로 이루어져야 한다. 그리고 위기개입의 경우 타 기관에 의뢰해야 하는 경우가 많기 때문에 의뢰하고 난 후의 사후관리가 필요하다.

2) 사례 적용

다음의 사례는 Aguilera와 Messick이 제시한 위기개입 4단계를 토대로 진행된 사례를 Karen Hust(1993)가 제시한 것이다(양옥경 외, 2003 : 329-333 재인용).

(1) 사례 개요

클라이언트 김은정(41세)은 남편 이영택(45세)과 17년 전에 결혼하여 자녀 둘(각각 17세, 14세의 아들)을 두었다. 두 사람의 결혼생활은 약간의 기복은 있었으나 비교적 행복했다. 남편은 중견업체에 다녔고, 부인은 가끔씩 시간제 일을 하여 가계를 도왔다. 사회경제적인 면을 보면, 자신의 집을 소유하고 있으며 약간의 저축도 하고 있는 중산층이다. 이러한 생활을 유지하던 중 2주 전에 남편이 교통사고를 당하여 갑자기 사망하였다. 김은정은 이 사건 이후 비탄에 빠졌으며, 자녀의 장래가 염려되고 불안하여 지금까지의 가정생활을 유지하기 힘들 정도로 우울해지고 불안이 심해졌다. 이로 인해 누구에게도 도움을 구하지 못하고 집 밖에 나오지 못할 정도가 되었다. 이러한 문제로 그녀는 전화상담기관에 전화를 하여 지역 내의 정신보건센터를 소개받고 전화로 도움을 요청하여 사회복지사를 만나게 되었다.

(2) 사례개입 과정

사례개입 과정을 <표 6-1>에 정리하여 제시하였다.

〈표 6-1〉 위기 사례 개입 과정

1. 사정단계	
① 클라이언트가 인식하는 위기 사건 ② 위기 사건에 대한 인식 ③ 유용한 자원 ④ 과거 경험과 대처기제 ⑤ 자살 위험성	• 남편의 죽음과 자녀양육문제 • 위기 사건을 남편 없이 생활하는 것에 대한 막막함과 두려움, 외로움, 미래에 대한 염려로 인식 • 집 근처에 살고 있는 언니와 친한 친구, 자녀들이 어머니를 염려하고 있어 정서적 지지가 됨 • 5년 전 어머니와의 사별, 사별 후 가슴이 답답하고 우울, 언니와 친구의 지지로 극복 • 자살에 대해 생각한 적이 없고 과거에도 자살을 시도해 본 적이 없으므로 자살 위험성은 없음
2. 계획단계	
① 일상생활수행 기능 손상 정도와 회복 가능성을 고려한 개입계획 ② 대안 탐색과 대처 전략 세우기	• 남편의 죽음으로 인해 우울감에 압도되어 무력감을 호소 • 최소한의 가사생활은 수행하지만 외부와의 교류는 거의 이루어지지 않고 있음 • 자녀양육에 대한 염려로 무력감을 호소 • 현재 일상생활수행기능 손상은 배우자와의 사별에 따르는 전형적 반응 → 따라서 사별한 사람들을 위한 자조집단인 애도자 모임의 참석을 권유할 예정 • 배우자와의 사별 전부터 시간제 임시직을 가지고 있음 → 전일제 직장을 구할 수 있도록 직업훈련 프로그램을 연계할 계획 • 재정문제에 대한 염려가 커서 재정 설계를 도와줄(교통사고 보상금, 산업재해 보상금 등의 문제) 자원이 필요 → 기관 내 전문사회복지사의 원조와 재정 설계 담당 은행원인 자원봉사자와 연계 • 자녀양육에 대한 염려와 심리적 외로움 호소 → 자녀와의 상담 결과 자녀들은 대체로 예측되는 문제가 없다는 점을 상기시킴. 그리고 언니와 친구의 정서적 지지를 받도록 할 계획
3. 개입단계	
① 위기 사건에 대한 이해 돕기 ② 감정 표현 돕기 ③ 대처 전략의 효과성 점검 ④ 사회적 활동 재개 격려와 점검	• 남편과의 사별 후 자신의 삶에 대해 객관적으로 이해하도록 도와줌 • 남편과의 사별로 인한 슬픔, 두려움, 분노 등의 감정을 표현하도록 도와줌 • 재정 설계 전문가와의 만남→재정 운용에 도움을 받고 막연한 두려움을 극복 • 언니, 친구와의 접촉과 자조집단의 참여→심리적 안정감을 회복하고 자녀에 대한 염려 완화 • 교회 참석 재개→목회자와 교우들의 정서적 지지

	• 시간제 임시직을 재기하고 전임직으로의 전환을 신정하였으며 이를 위해 직업훈련 프로그램에 신청 → 희망 고취 • 자녀들의 학교 행사에 참석 → 자녀에 대한 긍지 • 언니와 친구뿐만 아니라 사고 이후 참여하지 않았던 친구 모임에 참석 → 정서적 지지
4. 위기 대비 계획 단계	
① 진전을 검토 ② 향후 있을 위기에 대비한 계획 수립	• 재정적 위기에 대한 구체적 도움, 자조집단을 통한 정서적 지지, 직장 유지, 언니와 친구를 통한 지원관계 유지, 교회 출석과 목회자 및 교우들의 지원의 유용성 확인 • 앞으로 어떤 위기를 만나더라도 이 과정을 통해 획득한 전략을 계속 사용하기로 함

CHAPTER 07

동기강화모델

최근 사회복지실천에서 직접적으로 활용할 수 있는 상담 모형으로 동기상담(motivational interviewing)이 소개되고 있다. 동기상담은 알코올 및 약물 중독자를 위한 상담 모델로 출발하였다. 하지만 사회복지 현장에도 비자발적이거나 비협조적인 클라이언트, 복합적인 문제를 가진 클라이언트가 증가하면서 적극적인 사회복지 개입으로 진입하는 과정에 동기강화모델이 보편적으로 활용도가 높다는 인식이 증가하며 보급되고 있는 중이다. 이처럼 일반적인 사회복지실천에서도 초기 단계에서 클라이언트의 동기 형성을 위한 상담 개입으로 동기강화모델의 유용성이 클 것이다. 이에 동기강화모델[1]의 원리와 기법을 구체적으로 살펴보고자 한다.

1. 이론적 배경

1) 등장배경

동기강화모델에서 동기강화상담은 변화를 위한 동기를 끌어내고 안내하는 협력적이고 인간 중심적인 대화이다(Miller, 1983). 이는 상담의 초기 관계에서 라포 형성이 중요함을 강조한다. 동기강화상담의 핵심은 행동 변화에 관한 양가감정의 확인, 탐색, 해결이다. 즉, 동기강화상담은 클라이언트의 양가감정

1) 동기강화모델은 김정진(2019). 사회복지실천기술론 사례와 함께하는 사회복지실천기술 연습. 학지사, pp. 237-260 내용을 참조, 수정하였음을 밝혀둔다.

을 탐색하고 해결함으로써 그 사람의 내면에 있는 변화 동기를 강화시킬 목적으로 하는 클라이언트 중심적이면서 지시적인 방법이라고 정의할 수 있다. 동기강화상담은 다음과 같이 다른 치료 기법과 구별되는 특성이 있다(신성만 · 권정옥 · 손명자 공역, 2006).

첫째, 동기강화모델은 클라이언트의 관심과 관점에 초점을 맞추며, Carl Rogers의 클라이언트 중심 모델의 영향을 받은 인간중심적인 상담이자, 클라이언트의 현재 관심과 염려에 초점을 맞춘다.

둘째, 동기강화모델에서는 의식적으로 지시적인 방법을 사용한다는 점에서는 Rogers의 방법과 다르다. 동기강화상담은 양가감정의 해결 방안을 모색하기 위한 의도를 가지고 진행되며, 가끔은 특정한 방향으로 변화가 일어나게 하기 위해 클라이언트로부터 변화 대화를 끌어내어 이를 선택적으로 강화하는 지시적 방법을 활용하기 때문이다. 또한 클라이언트의 저항을 감소시키기 위하여 의도적인 방법으로 저항에 반응한다. 동기강화상담은 클라이언트의 양가감정 해결 방안을 모색하기 위해 사회복지사가 클라이언트의 말에 선택적으로 반응하여 클라이언트가 변화를 향하여 나가도록 돕는다.

셋째, 동기강화모델은 상담기술이라기보다는 의사소통 방법 중 하나이다. 동기강화상담은 근본적으로 사회복지사가 클라이언트와 함께하는 협력을 강조하며, 클라이언트들에게서 자연적 변화가 일어날 수 있도록 사회복지사가 효율적인 의사소통으로 접근하는 방법이다.

넷째, 동기강화모델의 초점은 클라이언트에게 내재되어 있는 변화 동기를 이끌어 내는 것이다. 동기강화상담은 클라이언트의 내적인 동기에 초점을 맞추는 것이다. 법정 명령과 같은 외적인 압력에 의해 할 수 없이 상담을 받기 시작한 사람들과 동기강화상담을 할 때에도 그들의 내적 동기에 초점을 맞춘다.

다섯째, 동기강화모델은 변화를 이끌어 내는 데 중요한 역할을 하는 양가감정을 탐색하고 이 양가감정을 해결하는 데 초점을 둔다. 즉, 클라이언트의 내면에서 변화에 대해 동기화되는 과정을 중점으로 다룬다. 동기강화상담은 클라이언트의 가치관과 신념에 맞지 않는 변화를 강요하지 않는다. 이는 어떤 식으로든 클라이언트가 변화에 대한 관심이 없으면 변화는 일어나지 않을 것이고, 클라이언트 자신의 가치관이나 관심이 변화와 관련이 있을 때 변화가 생기게 된다는 가정을 가지고 있다.

2) 동기강화모델의 적용 시 사회복지사의 마인드

동기강화모델은 사회복지사가 클라이언트와 협동하는 관계를 형성하고, 클라이언트에게 내재되어 있는 동기를 유발하며, 스스로 선택할 수 있는 자율성 부여를 강조한다. 이 세 가지가 지켜져야 변화의 내적 동기와 변화 행동이 촉진될 것이라고 믿는다.

(1) 협동 정신(collaboration)

동기강화모델은 클라이언트의 관점을 존중하고 클라이언트와 파트너 정신으로 해나가는 것이다. 사회복지사는 클라이언트를 억지로 변화시키기보다는 변화하도록 분위기를 조성하는 협동 관계를 중요시한다.

(2) 유발성(evoking)

변화에 대한 동기는 클라이언트의 내면에 내재되어 있다고 가정한다. 동기강화모델 기법을 활용하여 클라이언트의 느낌, 관점, 인생 목표, 가치관을 인식하도록 도와 변화 동기를 끌어내는 유발성을 강조한다.

(3) 자율성(autonomy)

사회복지사는 클라이언트에게 스스로 자신의 일을 선택하고 결정할 수 있는 선택의 자유권과 능력이 있다고 생각하고 또 그렇게 말한다. 그리고 이 선택에 대한 자율권을 촉진시킴으로써 자율성을 강화하는 것을 중요시한다.

3) 동기강화모델의 일반원리

동기강화모델의 세 가지 마인드를 기반으로 <표 7-1>과 같이 네 가지의 일반 원리와 네 가지의 상담 전략을 구체적으로 차별화하고 있다. 우선 동기강화모델의 기본 원리 네 가지를 자세히 살펴본다(신성만 외, 2006).

〈표 7-1〉 동기상담의 일반 원리와 개입 전략

<table>
<tr><th>일반 원리</th><th>기술과 전략(OARS)과 변화 대화(DARN-CAT)</th></tr>
<tr><td>1. 공감 표현하기 : 수용을 해주면 변화가 촉진된다. 이때 노련한 반영적 경청이 필수적이다. 클라이언트가 양가감정을 느끼는 것은 정상이다.
2. 불일치감 만들기 : 사회복지사가 아닌 클라이언트가 변화에 대한 논쟁을 펴야 한다. 변화동기는 현재의 행동과 개인의 중요한 가치관 사이에 불일치감을 느낄 때 생기게 된다.
3. 저항과 함께 구르기 : 변화에 대한 논쟁을 피하라. 저항에 직접적으로 맞서면 안 된다.
4. 자기효능감 지지해 주기 : 변할 수 있다는 개인의 믿음이 중요한 동기요인이다.</td><td>OARS
• O(Open ended questions) : 개방 질문, 주제에 관한 탐색
• A(Affirmation) : 클라이언트의 강점 확인, 자기효능감 지지
• R(Reflection) : 반영적 경청, 공감 표현의 기본 기술, 변화 지향, 목표 지향으로 가기 위해 양가감정의 해결이 필수임. 양가감정의 해결을 위해 다양한 유형의 반영적 경청
• S(Summaries) : 대화의 진전을 위해 불일치감을 만들려면 사회복지사가 잘 이해하고 있고 대화에 관심이 있음을 보여 주는 데 유용함

DARN-CAT
클라이언트가 변화를 고려하고 동기가 생겼다는 것을 알 수 있는 다음의 진술들을 하는지 파악하고 변화를 적용하고 유지할 수 있도록 돕기 위해 변화 대화를 지속하도록 이끄는 것이 중요하다.
• 변화를 고려하는 변화 대화의 시작
– Desire : 난 변화하고 싶다
– Ability : 난 변화할 수 있다
– Reason : 변화하는 것이 중요하다
– Need : 난 변화해야 한다
• 긍정적 변화를 기대하는 변화 대화의 적용
– Commitment : 난 변화하겠다
– Activation : 난 준비되어 있다. 변화하려고 한다
– Taking steps : 난 변화를 위해 구체적으로 행동하려고 한다.</td></tr>
</table>

(1) 공감 표현하기

공감 표현하기를 위해 사회복지사에게 요구되는 태도와 기술은 경청이다. 공감을 표현하려면 사회복지사는 반영적 경청을 하면서 클라이언트를 판단,

비판, 비난하지 않고 클라이언트의 느낌이나 관점을 이해하고자 애쓰는 것이 기본이고, 이것이 수용이다. 수용은 동의하고 인정한다는 말과 같은 뜻이 아니라, 그 관점을 수용하고 이해하는 것을 말한다. 또한 사회복지사가 클라이언트를 수용하는 태도로 대해야 한다는 뜻은 클라이언트가 상담의 궤도에서 벗어나는 표현을 하거나 어떤 관점을 보일 때 사회복지사가 이를 지적하지 않아야 함을 의미하는 것도 아니다. 사회복지사의 수용하는 태도의 초점은 클라이언트의 관점을 이해하고자 하는 열망으로, 클라이언트의 말을 존중하는 태도로 귀를 기울이는 데 있는 것이다. 이렇게 사람을 있는 그대로 수용해 주면 스스로 변화하고 싶어 하는 역설적인 현상이 만들어지고, 강력한 표현의 수용하지 않는 말(예 너는 형편없다, 너는 달라져야만 한다) 등을 들으면 사람들은 변화에 대해 꼼짝도 하지 않는 경향이 있다. 또한 변화와 관련하여 사람들은 변화를 원하면서도 자신의 문제행동의 변화를 주저하게 되는 양가감정을 겪는 것이 일반적이므로 클라이언트의 양가감정을 병리적인 것이나 해로운 방어기제로 보지 않고 이를 공감하고 인정하여 양가감정을 해결하게 도와주는 것이 중요하다.

(2) 불일치감 만들기

동기강화모델과 전통적인 클라이언트 중심 상담의 차이는 여기서 나타나기 시작한다. 동기강화모델에서는 변화에 앞서 해결해야 하는 문제가 양가감정이므로 양가감정을 해결하는 방향으로 의도적이고 지시적으로 상담이 이루어진다. 전체적으로 탐색을 주로 하는 클라이언트 중심 상담은 변화 동기의 문제보다는 사람들이 자신의 삶을 정리한다든지 혹은 어려운 결정 때문에 고민할 때 적합하다. 동기강화모델은 의도적이며 지시적으로 양가감정에 묶여 꼼짝 못하고 있는 사람을 움직일 수 있게 하는 쪽으로 지원한다. 즉, 클라이언트의 관점에서 본 자신의 현재 행동과 자신의 보다 넓은 목적과 가치관 사이에 불일치감을 찾아서 이를 증폭시키는 것이다.

(3) 저항과 함께 구르기

새로운 관점은 유도되어야 하는 것이지 강요되어서는 안 된다. 클라이언트는 해답과 해결책을 찾아가는 제1자원이다. 저항은 반응을 바꾸라는 신호로 이해하고, 논쟁하지 않으며, 인내하고 기다려 주는 것이다.

(4) 자기효능감 지지해 주기

자기효능감(self efficacy)은 어떤 행동이나 활동을 수행하며 특정 목표를 성공적으로 해낼 수 있다는 자신의 능력에 대한 신념이다(Bandura, 1977). 사람의 변화 능력에 대한 사회복지사의 믿음은 클라이언트의 자기효능감을 지지해 주는 기반이 된다.

4) 동기강화모델과 변화 단계

클라이언트에게 내재되어 있는 변화 동기를 끌어내고 변화를 위한 준비와 실행을 하고 유지하도록 돕는 것이 동기강화모델이다. <표 7-2>에서 보듯이 동기강화모델을 통해 단계별로 알코올 중독자의 단주와 생활 변화를 돕기 위해 변화를 숙고하기 전부터 유지하기까지의 단계별 동기강화모델 전략을 요약하였다. 하지만 알코올 중독은 재발이 잘되는 만성질환이므로 재발을 하게 되면 원인을 분석하여 숙고 단계로 돌아가 다시 시작하게 된다.

〈표 7-2〉 단계별 동기강화모델 전략

변화 단계	내용
숙고 전 단계 (변화하고자 하는 마음이 없는 단계)	• 라포 형성, 신뢰감 형성이 중요 – 중독의 위험에 대한 사실적 정보 제공 – 술의 장점과 단점 탐색 – 변화의 필요성 및 가능성 지지
숙고 단계 (변화를 위한 동기강화 단계)	• 양가감정의 탐색 및 자각 – 중독의 부정적 결과를 알고 중단을 선택하도록 지지 – 변화를 위한 동기부여 강화 – 의지와 결단에 대한 변화 대화 이끌기
준비 단계 (변화계획에 대한 결심지지 단계)	• 변화의 필요성 인식과 결심 지지 • 변화의 가능성에 대한 희망 부여 • 구체적인 변화 전략 지지 • 변화 장애물 예상 및 기대수준 조절 • 변화 단계를 타인에게 알림
실행 단계 (변화 노력 단계)	• 변화에 대한 실천 노력 지지 • 구체적 생활방식 수정 • 고위험 상황 발견 및 대처 능력 향상 • 재발에 대한 경계 강화 • 자기효능감 향상/ 변화 유지 강화
유지 단계 (행동실천관리/ 재발 예방)	• 변화된 행동 유지 및 변화된 생활양식 지지 • 자기효능감 인정 • 위기대처 능력 연습 향상 • 보다 높은 단계 회복에 초점
중독행동재발 단계 (재발 혹은 실수에 대한 위기 개입)	• 재발 원인 분석 • 변화의 한 과정으로 받아들임 • 변화 단계 수립/ 실행 단계로 진입하도록 격려

2. 개입과정과 사례 적용

첫 회기에서 상담 분위기나 상담에 대한 기대가 정해지므로 첫 회기는 중요하다. 단 한 번의 상담에서도 사회복지사의 행동이 클라이언트의 변화나 상담의 장기적인 효과에 미치는 영향은 강력하다. 첫 회기에서의 라포 형성도 클라이언트의 상담 지속 여부 결정에 영향을 준다. 시작이 반이라는 속담이 있듯 동기강화모델은 시작을 중시하고, 다음과 같이 첫 상담을 이끌어 가도록 제안한다.

1) 시작 구조

사람들이 상담을 받으러 올 때 가지고 오는 기대는 아주 다양하다. 그들은 상담에서 비판, 치유, 충고, 질문, 경청, 비난, 훈계, 약물이나 위로 등을 받게 될 것이라는 기대를 가지고 올 수 있다. 문제가 있어 자발적으로 찾아온 사람들도 치료에 막상 임할 때 갖는 기대는 다양하고, 동시에 불안, 근심, 희망 등도 느낄 것이다. 그러므로 사회복지사는 첫 회기뿐만 아니라 상담 전반에 걸친 주요 사항을 간결하게 구조화하여 상담을 시작할 때 클라이언트에게 소개해주면 좋다. 잘 짜인 오리엔테이션은 클라이언트의 마음도 편안하게 하고 상담 시작의 출발도 좋게 한다. 잘 구조화된 진술문에 포함시켜야 할 몇 가지 요소는 다음과 같다.

- 상담 시간의 양
- 사회복지사의 역할과 상담 목표
- 클라이언트의 역할
- 반드시 알아 두어야 할 세부 사항들
- 열린 질문

다음은 상담 시작의 한 예이다.

예시

사회복지사 : 이제부터 약 1시간가량 함께 시간을 보낼 것입니다. 이 1시간 동안 당신이 상담을 받으러 오게 된 이유를 알고 싶습니다. 이번 시간의 대부분은 당신이 하는 말을 주로 듣겠습니다. 그래야 현재 상황에 대한 당신의 생각이 어떤 것이며, 또 무엇을 염려하는지에 대해 알 수 있을 것입니다. 상담을 받는 동안 어떤 일이 생겼으면, 혹은 생기지 말았으면 하는 그런 희망을 당신은 가지고 있을 텐데 그게 어떤 것인지 듣고 싶습니다. 이 시간을 마칠 때쯤에는 몇 가지 필요한 정보를 얻기 위해 구체적인 질문을 제가 할 것입니다만, 우선 이대로 그냥 시작합시다. 지금 제 말을 들으며 어떤 생각이 드십니까?

• 안건 정하기

안건 정하기는 처음 상담 시작 때부터 사회복지사가 마음속 한편에 늘 명시하고 있어야 하는 이슈이다. 클라이언트와 무슨 이야기를 하지?라는 기본 질문이 바로 그것이다.

2) 다섯 가지 초기 방법

다음에 기술되는 구체적인 방법 다섯 가지는 상담 첫 회기에서뿐만 아니라 동기강화모델 전반에 걸쳐 유용하게 사용할 수 있는 상담 기술이며 전략이다. 이것들을 '초기'방법이라고 부르는 것은 상담 초기에만 유용하고 그 다음에는 버려도 되는 것이라는 뜻이 아니라, 초기부터 당장 그것들을 적절하게 사용해야 할 만큼 중요하기 때문이다.

첫 네 가지 방법은 약자 OARS(Open questioning : 열린 질문하기, Affirming : 인정하기, Reflecting : 반영하기, Summarizing : 요약하기)로 요약한다. 다섯 번째 방법인 변화 대화(change talk) 끌어내기는 동기강화모델만의 보다 지시적이고 특정적인 것이다. OARS의 네 가지 방법을 통합하여 사용하면서 다섯 번째 대화인 변화 대화로 진전하도록 돕는다.

(1) 열린 질문하기(Open questioning)

다섯 가지의 초기 방법 중 처음 네 가지 방법(OARS)은 클라이언트로 하여금 말을 많이 하게 만드는 데 직접적인 도움이 된다. 그중에서도 OARS의 첫 번째 기법인 열린 질문하기는 클라이언트가 대화의 대부분을 끌어가도록 닫힌 문을 여는 열쇠이다. 열린 질문을 하면 클라이언트가 길게 대답하게 된다. 닫힌 질문(짧은 대답)을 할 필요도 있지만, 동기강화모델의 초기 단계에서는 닫힌 질문은 매우 드물게 하는 것이 좋다. 만약 클라이언트가 무엇에 대한 이야기를 하고 싶어 하는지를 알고 있거나 그에 대한 어떤 느낌이 오는 경우에는 간단하게 문을 열어 주는 열린 질문으로도 충분하다. 몇 개의 예시를 보자.

예시

사회복지사 : 상담 받으러 오신 것을 보니 아마 뭔가 이야기하고 싶은 것이 있으리라 짐작이 됩니다. 무엇에 관해 이야기하고 싶으십니까?

사회복지사 : 당신이 왜 여기에 오셨는지 궁금합니다. 여기에 무슨 일 때문에 오셨습니까? 당신에게 어떤 걱정이 있다는 것을 압니다. 말씀해 보십시오.

사회복지사 : 전화상으로 당신은 자신에게 어떤 문제가 있고, 그래서 그에 대해 이야기하고 싶다고 말씀하셨습니다. 처음부터 시작해서 지금 이 자리에 오기까지 있었던 일들을 이야기해 보시겠습니까?

양가감정으로 인해 많이 혼란스러워하는 클라이언트와 주요 문제를 함께 이야기 할 때에는 동전의 양면처럼 열린 질문과 닫힌 질문을 같이 사용하거나, 한 덩어리로 연결된 비교적 중립적인 열린 질문을 하면 좋다. 어떤 사회복지사들은 클라이언트들이 현재 가지고 있는 '문제'행동 또는 상황에 대해 클라이언트 스스로 그다지 나쁘지 않다고 생각하고 있는 측면에 대해 먼저 질문하고, 그런 다음 그 문제에 대한 불편한 측면도 포함시켜서 묻는 방식으로 질문을 한다. 다음의 몇 가지 예가 있다.

예시

사회복지사 : 마약 사용에 대해 이야기를 나누어 봅시다. 그것을 하면 어떤 좋은 점이 있습니까?(그러고 나서 나중에 또 묻는다) 안 좋은 점은 무엇인가요? 마약을 사용하면서 걱정되는 것은 무엇입니까?

사회복지사 : 몇 년 동안의 결혼생활을 통해 깨닫게 된 것을 이야기해 봅시다. 어떤 것이 변했으며, 이 변화가 당신에게 어떤 영향을 미쳤습니까?

사회복지사 : 자신의 도박 행동에 대해 이야기하러 여기에 오신 줄 알고 있습니다. 도박에 대해 저는 잘 모르니 제가 이해할 수 있도록 말씀해 주십시오. 도박을 하면 무엇이 즐겁고, 안 좋은 점은 무엇입니까?

열린 질문을 하는 것은 다른 방법들(인정하기, 반영하기, 요약하기 : ARS)의 사용 기회를 주는 문을 여는 것이다. 다음의 예는 좋은 의도를 가지고 있지만 도움은 되지 않는 상담의 예이다. 이 클라이언트는 자신의 양가감정을 탐색하도록 도움을 받지 못하고, 대신 해결책을 향하여 나아가도록 조급하게 압력을 받고 있다. 이 상황에서 사회복지사는 클라이언트의 말을 한 번도 진정으로 경청하지 않았고, 클라이언트로 하여금 이야기를 계속하거나 탐색할 열린 질문을 한 번도 주지 않았다. 대화의 진전이 없이 클라이언트는 여전히 답답한 마음으로 상담실을 나서게 될 것이다.

예시 **도움이 되지 않는 예**

클라이언트 : 그를 떠나야 할지 말아야 할지 모르겠어요.

사회복지사 : 생각해 보고 자신에게 최선이 되는 쪽으로 결정해야 합니다.

클라이언트 : 그러나 그게 바로 어렵다는 겁니다! 뭐가 최선인지를 모르겠어요.

사회복지사 : 아니요, 당신 마음속에는 뭐가 자신에게 최선인지 알고 있어요.

클라이언트 : 글쎄요. 나는 내가 그냥 함정에 빠진 것 같은 느낌이에요. 이 관계가 숨이 막혀요.

사회복지사 : 헤어지면 어떤 느낌이 들까를 알기 위해 잠시 동안 헤어져 있어 보는 걸 생각해 본 적이 있습니까?

클라이언트 : 그러나 나는 그를 사랑해요. 만약 내가 떠나면 그는 상처를 많이 받을 거예요!

사회복지사 : 그러나 만약 당신이 그대로 있으면 그건 당신 인생을 낭비하는 것일 수 있습니다.
클라이언트 : 그렇지만 내가 그렇게 하면 그건 이기적인 것이 아닐까요?
사회복지사 : 당신 자신을 위해서 그렇게 해야 한다고 봅니다.
클라이언트 : 내가 어떻게 그렇게 할 수 있을지 또 그걸 견딜 수 있을지를 모르겠어요.
사회복지사 : 나는 당신이 잘 해낼 거라고 확신합니다.

(2) 인정하기(Affirming)

OARS의 두 번째 기법인 A는 인정하기다. 상담 과정 중에 클라이언트를 말로 직접적으로 인정해 주고 지원해 주면 클라이언트와의 라포도 형성되고, 클라이언트가 드러내고 자기 문제를 탐색해 보고자 하는 마음도 강화된다. 즉, 인정하기는 클라이언트에게 칭찬을 하거나, 감사하다는 말을 하거나, 이해한다는 말을 하는 것이다. 반영적인 경청을 통해 클라이언트를 지지할 수도 있지만, 직접적인 말로 지지를 할 필요가 있을 때도 있다. 다음은 인정하는 표현의 몇 가지 예이다.

예시

사회복지사 : 오늘 제 시간에 와 주셔서 고맙습니다.
오늘 큰 결심을 하고 여기에 오신 것을 고맙게 생각합니다.
그렇게 오랫동안 그런 어려움을 견뎌 오셨다니 당신은 분명히 내적인 힘이 엄청난 사람입니다.
그거 좋은 생각입니다.
만약 제가 당신 입장이라도 그 엄청난 스트레스를 견디기 힘들었을 겁니다.
당신은 정말로 어떤 면에서는 정신력과 의지가 강한 사람이군요.
당신은 다른 사람들과 함께 행복해 하고 그들에게 웃음을 선사하는 것을 즐거워하시는군요.
오늘 함께 대화하면서 당신에 대해 조금 알게 되어서 기쁩니다.

(3) 반영하기(Reflecting)

OARS의 세 번째 기법인 R은 반영하기이다. 반영하기는 반영적 경청이라고도 하는데, 여기에는 의미 반영하기와 정서 반영하기가 있다. 반영적 경청 반응을 할 때 사회복지사는 클라이언트의 말이 의미하는 것을 추측하게 되는데, 이것이 반응의 핵심이다. 사람은 말하기 전에 상대에게 전달하고자 하는 어떤 의미를 가지고 말을 한다. 이 의미는 언어로 부호화되어 표현되지만 보통 불완전하게 표현된다. 사람들은 자신이 생각하고 있는 의미를 말 속에 충분히 담아 내지 못하기 쉽다. 그러므로 듣는 사람은 표현된 말을 정확하게 듣고 난 후에는 그 말 속에 담겨 있는 의미를 해독해야 한다. 반영적 경청자는 말하는 사람이 의도했던 본래의 의미가 무엇인가를 합리적으로 추측하고 이렇게 추측한 것을 진술문의 형태로 말을 하여, 클라이언트가 말하고자 하는 의미로 반영한다. 진술문과 질문의 차이는 미묘하여 모두가 다 그것을 알아채는 것은 아니다. 다음 예시에서 들리는 느낌의 차이를 생각해 보자.

예시

사회복지사 : 불편함을 느끼시나요?
불편함을 느끼시는군요.

사회복지사 : 당신은 어머니에게 화가 나나요?
당신은 어머니에게 화가 나는군요.

주된 차이는 억양에 있다. 질문은 억양이 올라가고, 진술문은 억양이 부드럽게 내려간다. 반영적 경청 진술문은 끝의 억양이 보통 내려와야 한다. 그것은 이해했다는 뜻이 담긴 진술문이 되어야 하기 때문이다.

반영적 경청으로 클라이언트에게 반응하기 위해서는 먼저 사회복지사가 반영적으로 생각하는 훈련을 스스로 해야 한다. 사람들이 한 말의 의미일 것이라고 믿고 있는 것이 말한 사람의 실제 의미가 아닐 수도 있다는 것을 늘 의식하고 있어야 한다. 진술문의 대부분은 같은 문장이라도 쓰인 상황에 따라 다양한 의미를 가진다. 예를 들어, "나는 내가 좀 더 사회성이 있으면 좋겠어"

라고 말하는 사람의 말에는 어떤 의미가 들어 있을 수 있을까? 몇 가지 추측 가능한 의미를 생각해 보자.

예시

클라이언트 : 나는 외로워요. 좀 더 많은 친구가 있으면 좋겠어요.
나는 낯선 사람과 이야기할 때 매우 긴장해요.
사람들을 사귀는 데 시간을 좀 더 할애해야 할 것 같아요.
나는 내가 인기가 있으면 좋겠어요.
사람들과 같이 있을 때 나는 할 말이 생각이 안 나요.
사람들은 나를 파티에 초대하지 않아요.

반영적으로 생각한다는 것은 어떤 말을 들으면 그 말의 의미를 생각해 보고, 가장 가능성이 높은 의미를 추측해 내는 것이다. 이때 추측한 의미가 맞는지 점검해 보는 과정을 필요로 한다. 요점은 의미를 반영하기 위한 사회복지사의 진술은 하나의 문단 안에서 클라이언트가 한 말에 의도적으로 다음 말을 이끌어 내는 것이지, 클라이언트의 마지막 문장을 단순한 반복만 하는 것이 아니라는 것이다. 이와 같은 노련한 형태의 반영을 '문단 이어가기(continuing the paragraph)'라고 한다.

예시

클라이언트 : 저는 때때로 제가 술을 너무 많이 마시지 않나 하고 걱정해요.
사회복지사 : 그동안 술을 너무 많이 마셨나 보군요.
클라이언트 : 그렇게 많이는 아니라고 생각합니다. 많이 마실 수 있지만 그러고 싶지 않아요.
사회복지사 : 대부분의 사람이 마시는 것보다는 많이 마신다는 말씀이군요.
클라이언트 : 그래요. 대부분의 사람이 취해서 쓰러져도 저는 더 마실 수 있어요.
사회복지사 : 그래서 다른 사람들보다 많이 마시는 것이 걱정되시는군요.
클라이언트 : 글쎄요. 그것도 그렇고 술 마시고 난 뒤의 느낌도 걱정되고 그래요. 술 마신 다음날 아침에는 보통 기분이 엉망이에요. 신경이 날카롭고 아침 내내 생각이 흐리멍텅하고 그래요.

사회복지사 : 그래서 그게 뭔가 이상하다고 느끼시는군요.

클라이언트 : 예, 그게 뭔가 이상한 것 같아요. 그동안 그렇게 많이 생각해 보지는 않았습니다만, 늘 정신이 흐리멍텅한 건 좋지 않다고 생각해요. 그리고 때로는 어떤 걸 기억을 잘 못해요.

사회복지사 : 술 마시는 동안 일어난 일이 기억이 잘 안 난다는 말이죠.

클라이언트 : 그것도 그렇습니다. 때때로 술을 마신 몇 시간 동안의 일이 그냥 멍하게 생각이 안나요.

사회복지사 : 지금 자신의 기억력에 문제가 있는 것 같다고 말한 건 그런 뜻으로 말씀하신 건 아니죠.

클라이언트 : 예, 아닙니다. 술을 마시지 않을 때에도 무얼 자주 기억을 못하는 것 같고 생각이 명쾌하지 않아요.

사회복지사 : 그런 증상들이 자신이 마시는 술 때문인지 궁금해하고 있군요.

클라이언트 : 술 이외에 어떤 이유가 있는지 모르겠어요.

사회복지사 : 옛날에도 지금과 같은 증상이 있었나요?

클라이언트 : 예, 아닙니다. 이렇게 된 건 지난 몇 년 전부터였어요. 아마도 나이가 들어가고 있기 때문인지도 모르겠습니다.

사회복지사 : 나이가 45세가 되면 일어날 수 있는 일이기도 하죠.

클라이언트 : 아니요, 아마도 저는 술 때문인 것 같아요. 잠도 잘 자지 못해요.

사회복지사 : 그러니까 당신은 자신이 마시고 싶은 대로 술을 마셔서 자신의 건강과 수면과 뇌에 아마도 손상을 주고 있을 것 같다고 생각하시는군요.

클라이언트 : 그렇지만 저는 알코올 중독자가 아니에요. 결코 그런 적이 없어요.

사회복지사 : 그 정도로 나쁜 건 아니다. 그러나 여전히 걱정은 된다는 말씀이죠.

클라이언트 : '걱정한다'는 건 아니지만 이에 대해 생각은 많이 하는 것 같아요.

사회복지사 : 그리고 뭔가 조치를 취해야 하지 않을까 생각해서 여기에 오신 거죠?

클라이언트 : 그렇다고 생각됩니다.

사회복지사 : 여기에 오긴 했지만 뭔가 확신이 없군요.

클라이언트 : 저는 제가 무얼 원하는지를 잘 모르겠어요.

사회복지사 : 지금까지 당신이 한 이야기를 제가 이해한 대로 요약해 보면 당신은 그동안 술을 너무 마셨고 그래서 당신의 건강이 상하고 있다고 스스로 생각합니다. 그러면서도 자신의 음주 습관을 바꾸고 싶은지에 대해서는 아직 확신이 서지 않는 것 같습니다.

클라이언트 : 말의 앞뒤가 안 맞는 것 같지요?

사회복지사 : 그만큼 당신은 혼란을 느끼고 있다는 의미이겠지요.

이 대화를 보면 사회복지사가 중간에 어떤 방해되는 말도 끼워 넣지 않고, 대화를 이어가면서 클라이언트가 말하고자 하는 것과 염려하는 것이 무엇인지 생각을 이끌어 내고 있다. 이처럼 생각의 의미를 반영하는 상담의 목적이 클라이언트에게서 변화 대화를 이끌어 내는 것이기 때문이다.

한편 클라이언트의 정서를 반영하는 것은 클라이언트가 표현한 정서의 강도를 높게 혹은 낮게 사회복지사가 표현하는 것이다. 사회복지사가 클라이언트가 표현한 정서의 강도를 약간 낮춰서 말한다면, 클라이언트는 그 표현된 정서에 대해 더 탐색하고 이야기할 가능성이 높다. 다음의 예를 보자.

예시 1 높은 강도의 정서 표현

클라이언트 : 제가 아이를 기르는 방법에 대해 이러쿵저러쿵 말씀하시는 어머니가 저는 그냥 싫어요.
사회복지사 : 어머니 때문에 정말로 화가 나셨군요.
클라이언트 : 아, 아뇨, 화는 아니에요. 그래도 제 어머니인데요 뭐.

예시 2 낮은 강도의 정서의 표현

클라이언트 : 제가 아이를 기르는 방법에 대해 이러쿵저러쿵 말씀하시는 어머니가 저는 그냥 싫어요.
사회복지사 : 어머니 때문에 약간 속이 상하셨군요.
클라이언트 : 그래요. 어머니가 항상 저를 보고 고치라고 지적하고 비난하시니 짜증이 납니다.

클라이언트의 정서 반영은 낮은 강도로 표현하는 것이 안전하다는 것을 알 수 있다.

이상과 같이 의미와 정서를 반영하는 기법을 살펴보았다. 반영을 한다는 것은 단순히 클라이언트의 말을 수동적으로 비추어 주고 반복하는 것이 아니라, 방향성 혹은 의도성이 있다. 즉, 클라이언트가 한 말 중에서 무엇을 반영하고 무엇을 무시하며, 무엇을 강조하고 무엇은 덜 강조해야 하는지, 또 의미 포착을 위해 어떤 단어를 사용할 것인지를 사회복지사가 결정하기 때문이다. 따라서 클라이언트가 한 말의 어떤 점을 강화하거나 그 말의 의미를 약간 바꿀 목적으로도 반영 기술을 사용할 수 있다. 예를 들어, 클라이언트로부터 변화 대화가 나오면 사회복지사는 그것을 우선적으로 반영한다.

(4) 요약하기(Summarizing)

동기강화모델 초기나 상담 전반에 걸쳐 사용되는 OARS 방법의 네 번째 기법인 S는 요약하기이다. 요약은 말 전체를 연결하고 이때까지 한 말의 내용들을 명료하게 강화하기 위해 하는 것이다. 예를 들면, 클라이언트의 변화 대화를 끌어내고자 할 때에는 정기적으로 클라이언트의 말을 요약해 주는 것이 좋다.

예시

사회복지사 : 그러니까 당신의 말을 요약해 보면 심장발작을 겪고 나서 마음이 정말 약해졌다. 그렇다고 죽음을 두려워하는 것은 아니다. 당신이 걱정하는 것은 장애를 가지고 가족에게 부담을 주는 그런 삶을 살게 되지 않을까 하는 것입니다. 당신의 삶에 대한 목표는 손자들이 자라는 것을 보고 싶고, 당신이 이때까지 어떤 특별한 의미를 가지고 쭉 해 오던 일을 그만두고 싶지 않다는 것입니다. 이전만큼의 강도로는 할 수 없다 하더라도 계속하고 싶다. 그런 말씀이시죠? 그 외에 또 하실 말씀은 어떤 것이 있습니까?

요약하기에는 세 가지 종류가 있다. 첫 번째는 앞에서 한 것과 같은 수집 요약(collecting summary)으로서 클라이언트와의 대화를 탐색하는 동안 클라이언트에게서 변화 대화에 관한 주제가 여러 번 나올 때 하는 것이다. 이는 꽃을 하나씩 모아서 작은 부케를 만들어 되돌려 주는 것과 비슷하다. 수집 요약은 보통 몇 문장만으로 구성되기 때문에 짧게 하고, 클라이언트의 이야기 흐름을 방해하는 것이 아니라 지속되게 해야 한다. 수집 요약을 한 끝에는 그 외에 하실 말씀은요? 또는 말을 지속하게 만드는 몇 마디를 하는 것이 좋다('그 외에 하실 말씀은요?'는 열린 질문이라서 지속적인 탐색을 유도하지만, '또 다른 하실 말씀이 있습니까?'는 닫힌 질문이라서 말 그대로 '예' 또는 '아니요'로 대답을 하게 되는데, '아니요' 하고 대답을 하게 만들기 쉽다). 하지만 수집 요약을 너무 자주하면 클라이언트에게 오히려 인위적인 느낌을 줄 수 있고 자연스러운 탐색을 방해할 수 있다.

두 번째는 연결 요약(linking summary)인데, 이는 이전에 혹은 앞의 회기에서 클라이언트가 했던 말과 지금 클라이언트가 하는 말을 연결시키는 것이다. 수집 요약과 연결 요약의 차이는 모호하나 그 목적은 약간 다르다. 수집 요약은 클라이언트의 변화 대화를 끌어 모아 클라이언트로 하여금 이야기를 계속 하도록 만드는 것이다. 연결 요약은 클라이언트가 다시 음미해 보도록 하기 위한 것이다. 연결 요약은 특히 클라이언트의 양가감정을 명료화할 때 도움이 될 수 있다. 양가감정이 있는 경우, 전형적으로 하게 되는 내적 경험은 변화해야 할 이유와 변하지 않고 그대로 있을 이유의 두 생각을 가지고 있음을 깨닫게 하고, 동시에 이 두 가지 생각의 장점과 단점을 점검해 보도록 해 주는 방법이다. 연결 요약의 예는 다음과 같다.

예시

사회복지사 : 당신은 두 가지 방향의 생각을 하고 있는 것처럼 들리는군요. 한편으로는 당뇨병을 오랫동안 잘 관리하지 못해 생기는 합병증인 실명, 절단과 같은 일이 일어나지 않을까 걱정하고 있어요. 그건 생각만 해도 우울하게 되죠. 얼마 전에 응급실에 실려 갔던 사실도 당신을 두렵게 하고, 그때 만일 아무도 당신을 발견하지 못했다면 당신 아이들은 아버지가 없는 아이들이 될 수 있었다는 걸 깨닫게 되었죠. 다른 한편으로는 평상시에는 스스로 자신에 대해 상당히 젊고 건강하다고 느끼죠. 그래서 당뇨병에 해가 되더라도 그냥 좋아하는 음식을 즐기고 당뇨 합병증은 멀리 있는 것 같이 느낍니다. 당신은 당뇨병에 대해 걱정을 하기도 하고, 동시에 걱정을 하지 않기도 하는군요.

세 번째는 전환 요약(transitional summary)인데, 이는 한 초점에서 다른 초점으로의 이동을 알리고자 할 때 사용하는 요약이다. 전환 요약은 회기의 마지막에 회기 전체를 요약하기도 하고, 단계 1에서 단계 2로 넘어가도 되는지를 시험하기 위해 사용하기도 한다. 특히 1회기의 끝에 전환 요약을 하면 실질적인 도움이 되는데, 이는 1회기를 통해 깨닫게 될 것을 전부 한곳에 모아 주기 때문이다. 이런 요약을 할 때, 요약 진술 안에 무엇을 포함하고 무엇을 강조할지를 사회복지사가 결정해야 한다는 것을 기억해야 한다. 전환 요약을 할 때에는 그것에 이어 다음에 무엇이 이어지는지를 공식적으로 알리는 서론적 진술을 하는 것이 좋다. 다음은 첫 회기의 끝에 전환 요약을 적절하게 사용하여 서론적 진술로 마무리한 예이다. 클라이언트가 더 할 말은 없는지 질문하는 것도 포함하고 있다.

예시

사회복지사 : 시간이 다 된 것 같습니다. 이제 제가 당신이 지금까지 했던 말을 요약해 보려고 합니다. 그렇게 하면 우리가 지금 어디에 있고, 어디로 가려고 하는지를 알 수 있을 겁니다. 만약 요약 중에 중요한 사실을 제가 빠뜨린다면 알려 주세요. 당신은 자신의 음주 행동과 마라화나 흡입에 대해 남편이 걱정하기 때문에 여기에 왔습니다. 만약 당신의 남편이 당신에게 압력을 가하지 않았다면 당신은 아마도 여기에 오지 않았겠죠. 그러나 당신이 자신의 문제를 탐색하는 데 이야기를 많이 털어 놓았고 그렇게 해 주신 것에 감사하게 생각합니다. 당신이 술과 마리화나와 관련된다고 여기고 있는 인생의 문제들에 대해 제가 물었고 당신은 몇 가지를 언급했죠. 당신은 근래에 계속 아주 우울하고 피곤함을 느껴 왔으며 인생에 대한 의욕이 생기지 않는다고 말했어요. 그러고는 다시 그것이 음주와 마리화나와 관계가 있을지 모른다고도 했죠. 그게 원인 전체라고는 믿지는 않지만요. 당신은 남편이 당신을 혼자 여기에 보낸 것에 분개합니다. 왜냐하면 어떤 면에서 당신이 가지고 있는 문제의 일부분은 당신 남편과도 관계가 있다고 생각하기 때문이죠. 당신에게 실시한 검사 결과에 의하면 당신은 상당히 알코올 의존도가 높고 술보다는 정도가 덜하긴 하지만 마리화나에도 상당히 의존하고 있다고 나와 있어요. 그리고 이에 대해 어떤 조치를 취하지 않으면 그 의존

도는 점점 심각해질 것이라는 걸 자신도 알고 있습니다. 2년 전에 한 번 체포되었을 때 알코올 수치가 0.20이 넘었고 정말로 아주 취해 있었죠. 비록 그때 당신은 자신이 그렇게 많이 마셨다고 느끼지 않았지만요. 술에 대한 이런 내성 자체가 어떻게 위험 요소가 되는지에 대해 우리는 이야기했어요. 당신은 또한 술과 마리화나 때문에 당신이 바라는 모습의 엄마가 되지 못한 것에 대해 걱정했어요. 그리고 당신의 아이들이 약물 문제를 가지고 성장하길 원치 않는다고 했어요. 당신의 주치의는 아마도 음주 때문에 위가 나빠졌을 거라고 말했지요. 한편 동시에 당신은 쉬고 싶고, 가족 때문에 생기는 무거운 스트레스로부터 도망가고도 싶어서 술과 마리화나를 사용해 왔다고 했어요. 당신은 술과 마리화나 없이 인생을 어떻게 살아갈 수 있을지 모른다고 했어요. 그래서 지금 당신은 어떻게 해야 좋을지 모릅니다. 요약이 잘 되었나요? 빠뜨린 것은 없습니까?

(5) 변화 대화

앞의 OARS 기법은 변화 대화로 진전하도록 돕는 것이며, 변화 대화는 동기강화모델의 특징적이고 핵심적인 방법이다. 동기강화모델은 직면적 방법과 정반대다. 일반적으로 직면적 방법에서 사회복지사는 '문제와 변화'에 대해 직면 시키고, 클라이언트는 이에 대항하여 방어하게 된다. 직면적 대화가 종종 해가 되는 이유는 클라이언트로 하여금 변화하지 않으려는 입장을 고수하게 만들기 때문이다. 하지만 동기강화모델은 클라이언트가 변화 대화는 클라이언트가 다음과 같이 '현상 유지의 불이익'을 깨닫는 진술을 할 때, 클라이언트가 변화를 고려하기 시작했다는 것을 알아차릴 수 있다.

예시

클라이언트 : 제가 느끼고 있는 것보다 저에게 문제가 더 있을 것 같습니다. 저의 행동이 가족에게 어떤 영향을 주는지에 대해 전에 이처럼 많이 생각해 본 적이 정말로 없습니다.

> 제가 가진 문제가 심각한 것이군요.
> 아마도 그동안 저는 위험한 짓을 바보같이 해 온 것 같습니다.
> 만약 제가 변하지 않으면 결국에 가서는 어떤 일이 일어날지 모릅니다.

이와 반대로 변화하면 좋아지는 점을 대화에 반영한다.

이처럼 변화 대화가 시작되면 이에 대하여 주목하고 변화 대화로 지속하도록 이끌어 가는 것이 중요하다. 가장 간단하고 직접적으로 변화 대화를 끌어내는 방법은 클라이언트에게 직접 질문하는 것이다. 열린 질문을 하면 클라이언트가 자신의 생각이나 느낌, 염려 등을 깊이 생각해 보도록 만들 수 있다. 클라이언트에게 문제가 있는지의 여부를 물어보기보다는(예 당신은 자신의 문제가 있다고 생각합니까?) 클라이언트의 변화에 대한 양가감정을 인정하고, 변화에 대한 생각을 촉진하기 위한 다음과 같은 변화 대화를 이끄는 열린 질문 기법들을 활용한다.

변화 대화로 이끄는 열린 질문의 예

- 현상 유지의 불이익
  - 현 상태에 대해 걱정되는 것은 무엇인가요?
  - 혈압에 대해 뭔가를 해야 할 필요가 있다고 왜 생각하게 되었습니까?
  - 마약 복용으로 인해 그동안 겪은 어려움이나 골치 아픈 일은 무엇인가요?
  - 당신의 음주에 대해 자신이나 다른 사람들이 걱정하는 문제는 무엇입니까?
  - 어떤 면에서 이것이 당신에게 걱정이 됩니까?
  - 이 문제로 인하여 하고 싶은 일을 어떻게 못하게 됐나요?
  - 만약 당신이 변하지 않으면 어떤 일이 일어날 것이라고 생각합니까?
- 변화의 좋은 점
  - 당신은 어떻게 변화되기를 바랍니까?
  - 체중을 줄이면 좋은 점은 무엇일까요?
  - 지금부터 5년 뒤에 당신 인생이 어떤 모습이면 좋겠습니까?
  - 기적처럼 당신이 지금 당장 변할 수 있다면 당신 주위의 상황이 어떻게 더 좋아질까요?

- 당신이 여기에 왔다는 사실은 적어도 당신 마음속 일부에는 뭔가를 하지 않으면 안 될 때라고 생각한다는 걸 말해 줍니다. 당신이 변화해야겠다고 결심한 중요한 이유는 무엇인가요? 변화를 하면 좋은 점이 무엇일까요?

• 변화에 대한 낙관론
- 변화하겠다고 결심만 하면 당신은 변할 수 있으리라고 생각하는 것은 무엇 때문입니까?
- 원하기만 하면 변화할 수 있다고 당신에게 용기를 북돋우는 것은 무엇인가요?
- 변하기로 결심했다면 결심 후 어떻게 무엇을 해야 변할 것 같습니까?
- 당신의 인생에서 언제 이와 같은 중요한 변화가 있었나요? 그때 어떻게 그 변화를 가져왔습니까?
- 이 변화를 이룰 수 있다고 얼마나 자신합니까?
- 변화를 성공시키는 데 도움이 될 만한 어떤 개인적인 강점을 가지고 있습니까?
- 이런 변화를 이루는 데 도움이 되는 지원을 해줄 수 있는 사람은 누구인가요?

• 변화 의도
- 이 시점에서 자신의 도박에 대해 어떤 생각을 합니까?
- 지금 궁지에 빠진 것 같이 느낀다는 걸 알 수 있습니다. 어떻게 변하려고 합니까?
- 무엇을 할 수 있다고 생각합니까?
- 이것이 당신에게 얼마나 중요합니까? 이것을 얼마나 많이 원하고 있습니까?
- 어떤 시도를 기꺼이 해 보려고 합니까?
- 내가 언급했던 여러 방법 중에서 가장 자신에게 맞는 것처럼 들리는 것은 어느 것입니까?
- 지금은 '어떻게'에 대해서는 신경 쓰지 마십시오. 일어났으면 하는 것이 무엇입니까?
- 그래서 지금 하려고 하는 것은 무엇인가요?

• 중요성 척도 사용하기
클라이언트가 생각하는 변화의 중요성 정도에 해당되는 숫자를 척도상에 표시하게 한 다음 두 가지 질문을 한다.
- 0이 아닌 (숫자_)에 왜 표시를 하셨나요?
- 어떻게 하면 (숫자_)에서 (더 높은 숫자)로 갈 수 있을까요?
이 질문들에 대한 대답을 하다 보면 아주 쉽게 변화 대화가 될 것이다. 주목할 것은 "당신이 왜 10이 아닌 (숫자_)에 표시하였을까요?"라고 묻지 말라는 것이다. 이 질문에 대한 대답은 변화에 대응되는 논쟁을 일으키기 때문이다.

• 결정 저울 탐색하기
클라이언트로 하여금 자신의 현재 상태나 혹은 현재 행동의 긍정적인 면과 부정적인 면 모두를 이야기해보도록 하는 것이 도움이 될 수 있다. 예를 들어, 클라이언트에게 자신의 현재 행동 패턴에 대해 좋은 점이 무엇인지를 이야기하거나 목록을 만들도록 요구하는데, 나쁜 점보다 좋은 점에 대해 먼저 질문한다. 그래야 사람들이 말을 쉽게 꺼내고 편안함을 느끼며 양가감정의 두 측면도 분명하게 느끼게 된다. 예 술 마시면 어떤 점이 좋은가요? 안 좋은 점은 무엇인가요?

• 변화 목표 구체화하기
변화해야 하는 이유 하나가 일단 거론되면 사회복지사들은 보통 다른 이유들을 더 찾으려고 다른 이야기로 넘어가는 경향이 있다. 그러나 다른 이야기로 넘어가기 전에 앞에 나온 이유에 대해 클라이언트가 좀 더 자세하게 이야기하도록 하는 것이 도움이 된다. 즉, 이렇게 하면 더 깊이 있는 변화 대화가 되고 동기를 강화하는 것이 된다. '어떤 방법으로?', '얼마나 많이?', '언제?'와 같이 명료화와 '이 문제가 마지막으로 발생했을 때의 상황'을 묻는 것 같이 구체적인 예시로 요구하거나, 변화 대화 중에 '또 다른 것은?'이라고 묻는 것과 같이 자세히 이야기하도록 질문한다.

PART 03

개인대상 사회복지실천기술의 이해

CHAPTER 08. 개인대상 사회복지실천 과정의 이해와 적용하는 실천기술

CHAPTER 08

개인대상 사회복지실천 과정의 이해와 적용하는 실천기술

초기 개별사회사업의 목적은 '개인과 그 환경과의 보다 나은 조화로운 적응을 위한 기능 향상과 지역사회의 자원 활용에 대한 개인의 능력 개발을 할 수 있게 하는 것'이다. 그러나 근래 개별 사회복지실천의 목적은 '인간의 존엄성과 사회정의의 실현을 통해 개인의 최적의 삶의 질을 보장하는 것'을 중심으로 구성되고 있다. 특히 개인의 문제를 사회적 환경 속에서 삶의 문제로 이해하고 다양한 수준에 체계적으로 개입할 것을 강조하는 통합적 접근이 등장하면서 인간과 환경 간의 상호적인 변화를 가능하게 하는 것이 목적이다. 이에 따라 개별사회사업은 통합적 실천을 주 방법론으로 하는 개인 대상 실천으로 확장되었다. 이에 본 장에서는 개인대상 사회복지실천 과정에서 통합적 실천의 이해와 다차원적 개입이 필요한 복합적 욕구를 가진 클라이언트 대상 사회복지실천기술에 대한 이해를 제공하고자 한다.

1. 개인 대상 사회복지실천 과정의 이해

1) 통합적 실천기술의 이해

개인 대상 실천은 1980년대 이전에는 개별사회사업으로 분류되었다. 개별사회사업은 개인이 경험하는 문제는 사회 속에서 기능적으로 역할을 하지 못하기 때문으로 정의하고, 개인의 사회적 기능을 향상시킬 수 있도록 개인의 변화에 초점을 둔 임상적이고 직접적인 서비스에 주목하였다. 하지만 개인의 문제는 사회구조, 제도, 자원의 활용과 변화 없이는 매우 효과적으로 해결할 수 없다는 생태체계적 관점으로 개인의 문제를 보는 관점이 변화하였다(김정진, 2019). 그리하여 더 이상 개별사회사업이라는 용어를 사용하지 않고 개인대상 통합적 실천으로 변화하였다.

개인의 사회 기능 향상을 위해 자아발달 지원 '개별사회사업(social casework)'	➡	개인과 환경의 체계 교류를 지원하는 '개별 대상 실천 (social work practice with individuals)'

개인대상의 실천에서 사회복지사의 개입방식은 크게 대면접촉을 통해 서비스를 제공하는 직접 실천, 자원연계나 환경적 조정과 같은 개입을 하는 간접 실천으로 나누어진다. 직접 실천(direct practice)은 임상사회사업(clinical social work) 분야에서 클라이언트와의 상담이나 상담을 주로 활용하여 접근하는 반면, 간접 실천은 지역사회를 중심으로 클라이언트의 주변체계에 개입하여 사회지지체계나 관련자원들을 활용하는 방법이다.

개인대상의 실천을 개입자의 수에 따라 단독형과 지지망형으로 구분하기도 한다(최옥채, 1999). 단독형은 1인의 클라이언트에게 사회복지사 1인이 개입하는 것으로, 사회복지사 단독으로 개별사례를 맡아 문제해결과정에 직접 개입하는 것을 말한다. 반면에 지지망형은 1인의 클라이언트에게 사회복지사 외에 다수의 사회복지사나 관련 전문가가 개입하는 모형으로 사회복지사는 클라이언트의 문제해결을 위한 공식적·비공식적 지원체계를 조직하고 활용하며, 필요로 하는 서비스가 적절히 제공되는지를 모니터링하는 역할을 한다. 단독형은 클라이언트의 문제에 대한 개입의 초점을 개인에게 두고 개인의 심리 내적 기능이나 대인관계적 측면을 강조하던 전통적인 개별지도의 개념에 가까우며, 지지망형은 클라이언트 체계[1]는 개인이지만 다양한 행동체계와 자

1) 네 가지 체계적 관점에의 사회복지실천의 적용
체계이론의 관점에서 사회사업실천에서 상호작용하는 사람과 조직은 네 가지 체계, 즉 변화매개체계(the change agent system), 클라이언트 체계(the client system), 표적체계(the target system), 행동체계(the action system)로 분류될 수 있다(Pincus & Minahan, 1973).

원을 활용하기 때문에 통합적 접근에 가깝다. 이러한 두 가지 형태를 <표 8-1>에서 간략히 요약, 비교하였다.

〈표 8-1〉 개입자 수에 따른 개인 대상 실천

구분	단독형	지지망형
개입자	클라이언트(1) & 사회복지사(1)	클라이언트(1) & 사회복지사(다수)
사회복지사의 역할	사회복지사가 단독으로 개별 사례를 맡아 모든 문제를 해결 과정에 직접 개입함	다수가 함께 자원 체계를 조직하고 활용하며, 서비스가 적절히 제공되는지 모니터링함
접근 방식	통합적 접근 문제에 대한 초점을 개인에게 두고 개인의 심리 내적 기능이나 대인관계적 측면을 강조함 간접 실천을 통합하여 자원 연계를 지역사회 자원 체계 활용	통합적 접근 클라이언트 체계는 개인이지만 다양한 행동체계와 자원을 활용하며 통합적 측면을 강조

---

① 변화매개체계 : 전문가들 그들이 활동하는 기관, 조직, 서비스들(사회적 지지 서비스, 사회기술 훈련 서비스, 직업재활서비스 그리고 사례관리 등)이며 이들의 목표는 클라이언트들이 환경으로부터의 요구나 스트레스에 대처하는 데에 필요한 기술이나 자원을 개발하는 것이고 방식은 개별적 혹은 집단적 방식으로 전문가와 클라이언트 간의 대면적 접촉과 클라이언트 간의 접촉이다.

② 클라이언트체계 : 클라이언트에게 도움을 줄 수 있거나 환경적 스트레스를 주는 체계를 말하며, 변화매개체계가 일하는 것에 관여하는 사람, 집단, 가족, 지역사회 등으로 구성된다. 즉 클라이언트에게 많은 영향을 미치는 가족, 동료나 지역사회의 공사의 원조체계가 여기에 포함된다. 변화매개체계인 개인사회복지실천기술들은 클라이언트가 이러한 체계들과 적절히 교류할 수 있는 기술을 획득하게 하며, 주변의 체계들과의 교류를 증진키고 이러한 체계가 없는 경우는 새로이 만들어 주는 기능을 수행한다.

③ 표적체계 : 변화매개체계가 목표를 달성하기 위하여 변화시키고자 하는 사람들이다. 즉, 직접적으로 변화매개체계가 개입하는 체계이다. 이는 클라이언트와 동일할 수도 있고 아닐 수도 있는데 이를 경우 가족이 그 예이다. 개인사회복지실천기술들에서 자기주장훈련, 직업재활 서비스 등은 클라이언트를 표적체계로 이루어진다. 사회적 지지 서비스나 사례관리는 클라이언트가 가장 중요한 표적체계이지만 가족, 이웃 그리고 친구들을 표적체계에 포함하여 수행하는 경우도 있다. 변화매개체계는 표적체계의 변화를 통하여 클라이언트 체계의 변화를 도모한다. 즉, 개인사회복지실천기술들은 가장 중요한 표적체계인 클라이언트의 기술이나 자원개발을 통하여 클라이언트 체계에의 변화를 가져올 수 있다.

④ 행동체계 : 변화매개체계의 목표를 성취하기 위하여 함께 일하는 사람들이다. 행동체계는 클라이언트 체계나 표적체계와 같을 수도 있고 다를 수도 있다. 여기에는 클라이언트가 가장 중요한 행동체계가 되며, 전문가, 자원봉사자, 가족, 친구, 이웃들도 포함된다. 체계이론의 관점에서 행동체계는 변화매개체계에의 투입요소이며, 투입과 클라이언트 효과인 산출과의 관계는 사회복지실천에 대한 효율성 평가의 중요한 근거가 될 수 있다.

2) 개인대상 사회복지실천 과정에서 사회복지실천기술의 이해

실천과정의 기술은 클라이언트의 문제에 효과적으로 개입하여 해결해 나가는 원조과정에 필요한 기술로서, 개인 대상의 실천에서는 개별 클라이언트의 문제에 대한 이해와 규명, 개입을 위한 계획과 실행, 원조과정을 점검하고 평가하는 기술이 포함된다. 미국교육협의회의 학부와 석사과정을 위한 교과과정 규정에서 정하고 있는 실천과정의 기술을 단계별로 준비－초기/ 탐색－사정－계약－개입－평가/ 종결로 나누어 살펴보면 다음과 같다(Cournoyer, 1996, 김혜란 외, 2006 : 140 재인용).

(1) 준비단계 기술

전통적인 문제해결과정에서 상대적으로 소홀히 다루어져 왔던 클라이언트와의 첫 만남은 앞으로의 원조과정의 지속 여부와 방향을 결정하는 중요한 일이다. 사회복지사는 개인적으로나 전문적으로 준비단계(preparing phase)에 필요한 기술을 활용함으로써 서비스의 효과적인 전달이 초기부터 가능하도록 한다. 구체적인 준비기술을 살펴보면 다음과 같다.

첫째, 초기 접촉 이전에 기관이나 사회복지사에게 주어진 정보를 검토하고 점검하는 기술은 중요한 기초정보를 파악하도록 도와주며, 클라이언트에게 이미 제공된 정보에 대해서는 반복적으로 제공하지 않도록 함으로써 시간을 절약하게 한다. 또한 특정 클라이언트에게 요구되는 시설이나 장비 등에 관해서도 준비를 가능하게 한다.

둘째, 초기 상담자나 의뢰인, 이전에 사례를 담당했던 직원 등으로부터 클라이언트(이름, 연령, 연락처, 주소, 기타 인적 사항 등)와 문제상황(문제의 특성, 심각성, 위급성, 활용 가능한 자원 등)에 관해 알아보는 기술이 필요하다. 이러한 초기의 탐색을 통해 타인으로부터 얻은 정보는 클라이언트의 견해와는 다를 수 있으며, 객관적인 정보이기보다는 의견이라는 것을 인식하며 섣불리 선입견이나 불필요한 가정을 하지 않도록 주의할 필요가 있다.

셋째, 클라이언트와의 첫 만남이 이루어지기 전에 지도감독자나 동료에게 조언을 구하는 것도 필요하다. 잠정적으로 상담의 목적을 설정하고 관련된 실무적 사항들에 관해 논의를 하는 것은 면접의 효과를 높이는 데 중요하게 작용할 수 있다.

넷째, 상담을 방해하는 요소를 사전에 차단하고 의사소통을 원활히 하기 위해 첫 만남을 구체적으로 준비하는 것이 필요하다. 예를 들면, 약속 시간과 상담장소의 확인과 분위기나 자신의 외모 등도 점검한다.

다섯째, 예상되는 클라이언트의 문제와 상황에 대해 공감적 이해를 해본다. 서비스를 찾게 된 배경이나 클라이언트의 동기, 초기에 느낄 수 있는 클라이언트의 생각이나 감정, 관련된 이슈에 대해 클라이언트의 입장에서 생각하는 기술이 필요하다. 이는 초기 신뢰관계 형성에 매우 도움이 될 수 있다.

여섯째, 효과적인 상담을 위해 사회복지사는 클라이언트와 만나기 이전부터 상담의 목적이나 동기, 방향성, 예상되는 결과, 전문가의 역할, 질문의 내용, 과정 등에 관한 임시계획을 세우게 된다. 이러한 잠정적인 계획은 상담을 일관되게 이끌 수 있게 하며, 상담에서 클라이언트와 함께 목적을 세워나가는 데 도움이 된다.

(2) 초기단계와 탐색단계 기술

클라이언트와의 첫 만남으로부터 시작되는 초기단계(beginning phase)는 접수(intake)상담을 포함하며, 이때는 만남이 긍정적이며 뭔가 도움이 될 것 같다는 느낌과 인식이 들도록 하는 기술이 필요하다. 초기 만남에서 서로의 소개가 이루어지고, 모임의 목적이나 방향이 설정되고, 클라이언트의 기대가 확인되고, 기관의 정책이나 규정, 윤리적 원칙들에 대한 검토가 이루어짐으로써 클라이언트는 서비스가 제공되는 맥락을 이해하고 참여할 수 있다. 이때 클라이언트의 피드백은 매우 중요하며, 클라이언트가 혼란스럽거나 복잡하게 느끼는 내용들을 명확히 밝혀주는 것이 필요하다.

초기단계와 연결되는 탐색단계(exploring phase)에서는 클라이언트의 사고나 감정, 서비스를 요청하게 되는 주요 관심사나 상황 등에 대해 공유할 수 있도록 격려하는 기술이 필요하며, 이러한 과정 속에서 필요한 정보를 수집하고 클라이언트의 문제와 상황에 대한 보다 많은 이해가 가능하게 된다. 탐색단계에서 활용될 수 있는 구체적인 기술에는 질문, 격려, 고취시키기, 탐색, 명확화, 반영, 세분화, 이해와 공감 등이 있다.

(3) 사정단계 기술

탐색단계를 통해 많은 양의 정보를 얻은 후, 사정단계(assessing phase)에서는 개인과 문제, 상황과의 연관성에 대한 이해, 분석함과 동시에 문제해결을 위한 계획을 수립하는 과정을 수행한다. 따라서 사정은 중요하며 자료에 대한 전문적 판단이 요구된다. 이는 사회복지사가 클라이언트의 문제상황에 초점을 두어 의미 있는 사실을 취사선택하여 평가하는 것으로 사회복지사 개인의 능력과 자질과도 관련이 있다고 하겠다.

사정단계에서 요구되는 기본적인 기술은 첫째, 탐색단계에서 수집한 정보를 정리하는 것이다. 이는 클라이언트의 표출문제와 상황, 사회력, 강점과 자원, 대처노력, 필요한 외부자원, 병력, 정신상태 검사, 발달력, 사회경제적 상황, 아동발달 관련 구체적 사항, 자해 및 타해의 위험성, 약물남용 등에 대해서 명확히 이해하는 것을 포함한다. 그러고 나서 실천과정에 대한 개입의 초점과 방향을 구체화함으로써 클라이언트에 관해 수집된 자료에 대한 체계적인 이해가 가능하도록 하는 기술이다.

두 번째는 임시적인 사정틀을 구성하는 것이다. 사정을 통해 사회복지사와 클라이언트는 문제 상황에 영향을 주는 요소들에 대해 이해하게 된다. 문제를 정의하고, 주요 클라이언트 체계를 결정하고, 개입과정에 참여하게 되는 체계들을 명확히 하고, 변화목표를 설정하고, 변화결과를 예측하기도 한다. 또한 변화과정에 발생할 수 있는 위험요소(자살, 자해나 타해, 중독문제)나 장애요소, 자원이나 강점을 찾아보고, 문제해결에 활용될 수 있는 전략을 준비하여야 한다. 아울러 사정단계에 필요한 과제들을 체계적으로 기술하기 위한 다양한 양식들을 기관이나 사례의 성격에 알맞게 선택하여 활용하는 기술도 필요하다.

(4) 계약단계 기술

계약단계(contract phase)에서는 클라이언트의 상황과 관련된 문제들에 대한 사정을 기초로 구체적인 목표와 개입 프로그램, 방법 등에 대한 실행과 평가 계획을 세우고 클라이언트와 합의하는 데 필요한 기술을 요구한다. 따라서 계약단계에서는 문제에 관한 상호이해를 통해 문제를 구체화하고, 목표를 설정하며, 효과적인 접근방법을 개발하며, 단계적 행동방법을 구상하고, 평가계획을 세우는 실천기술을 필요로 한다.

(5) 개입단계 기술

개입단계(working phase)의 기술이란 문제해결을 위한 접근 시 필요한 실천과정의 기술로서, 문제해결이나 인간관계 · 성장 · 발달을 위한 클라이언트의 능력을 향상시키고 회복시키는 기술, 사회적 기능을 향상시킬 수 있는 자원 · 서비스 · 기회 등을 제공할 수 있는 지역사회 체계로 클라이언트를 연결시키는 기술, 사회적 정의에 입각하여 권리를 잃어버리고 소외된 약자들이 기회를 얻고 되찾을 수 있도록 그들과 함께 효과적 개입 · 옹호를 하는 기술, 클라이언트나 소비자의 욕구에 반응적인 새로운 서비스의 개발이나 기존의 지역사회서비스 및 자원체계의 개선과 통합적 제공을 위해 개입하는 기술이 포함된다.

(6) 평가와 종결단계 기술

평가기술은 실천의 효과성을 평가함으로써 서비스를 제공받는 사람들과 서비스 전달체계, 사회에 대해 책임을 진다는 측면에서 사회복지사에게 매우 중요한 실천기술이다. 평가단계(evaluating phase)에서는 목적달성을 위해 진행해온 지금까지의 과정을 다양한 평가방법을 통해 검토하게 된다. 만일 평가를 통해 변화가 없거나 부정적인 결과를 보이는 경우, 이전의 사정이나 계약단계, 개입단계에 대한 점검이 필요하다. 과정에 대한 검토와 최종평가를 통해 함께 진행과정을 돌아보고 앞으로의 방향에 대한 논의가 가능하다. 종결단계(ending phase)에서는 최종평가와 함께 원조관계를 끝내는 것에 대한 클라이언트와의 종결소감을 공유하는 것이 중요하며, 종결이 된 후 종결기록을 남기는 것이 필요하다.

2. 다차원적 개입이 필요한 복합적 욕구를 가진 클라이언트 대상 사회복지실천기술

오늘날 사회적 돌봄이 필요한 복합적인 욕구를 가진 노인, 장애인, 정신질환자, 요보호아동 등의 클라이언트가 증가하고 있다. 하지만 현재의 재가서비스 또한 공급기관별, 사업별로 단편적, 분절적으로 제공되어 이들이 필요한 다양한 서비스가 연계, 통합되지 못하는 문제가 있다. 요보호아동, 장애인, 노인, 정신장애인 등에 대한 돌봄 부담이 사회문제화되면서 간병 및 보호부담에 지친 가족원에 의한 살인이라는 이른바 '간병살인'이나 돌봄을 제공할 가족자원의 부재로 요양병원이나 정신병원, 생활시설에 장기 입원하는 '사회적 입원' 현상 등이 나타나고 있다. 한편으로는 노인의 요양병원 입소 거부는 점차 증가하여 57.6%에 이르며, '거동이 불편해도 살던 곳에서 여생을 마치고 싶다'라고 응답 또한 시설에서 생을 마감하고자 하는 것보다 더 많고(2017, 노인실태조사), 장애인 및 정신장애인 당사자의 탈시설 운동이 증가하고 있다. 이처럼 지역사회 안에는 주거, 의료 · 요양 · 돌봄 서비스의 복합적인 욕구를 가진 클라이언트가 증가하고 있으며 이들의 지역사회 통합 돌봄 서비스(커뮤니티케어) 욕구가 절실하다. 이렇듯 복합적인 욕구를 가진 클라이언트에게 사회복지서비스를 효율적으로 제공하려면 그 욕구에 부응하는 지역사회 서비스 체계가 구축되어 있어야 하고, 그 서비스들을 연계하여 통합적으로 지원하고 관리하는 통합사례관리자의 역할이 필요하다(김정진, 2019).

이러한 필요에 대해 보건복지부는 2018년 초 '커뮤니티케어 추진 계획'을 발표하였다. 커뮤니티케어를 추진하기 위하여 노인의료, 노인돌봄, 장애인 탈시설, 지역사회 건강관리, 전달체계, 사회서비스, 아동복지 등의 분야와 협력하여 맞춤형 주거지원 인프라 구축, 찾아가는 방문건강 및 방문의료 실시, 재가 장기요양 및 돌봄서비스 확충, 사람 중심의 민관 서비스 연계 및 통합 제공의 4대 핵심 중점 과제를 추진한다고 하였다. 복합적인 욕구를 가진 클라이언트를 위한 기존의 지역사회기반 통합적 사례관리와 크게 다르지 않으나 보건·의료·복지 욕구를 가진 클라이언트를 위한 서비스체계 간 연계와 자원 구축을 강화시킬 수 있다. 그러나 지자체 간 재정 자립도나 지역 인프라의 차이가 있어 중앙정부의 예산 확보와 지역의 참여가 우선시되어야 하므로 지역마다 '커뮤니티케어 제공'의 편차가 있다. 노인을 중심으로 4대 과제 내용을 간략히 살펴보면 다음과 같다(보건복지부, 2018).

1) 맞춤형 주거 지원 인프라 구축

신규로 공급하는 노인 공공임대주택(예 2019~2022년 약 4만 호 예정)은 모두 케어안심주택으로 확보하고, 노인이 많이 거주하는 영구 임대주택(14만 호) 등도 케어안심주택으로 탈바꿈할 수 있도록 사회복지관 등의 서비스 연계를 확대한다. 노인의 독립생활을 지원하면서 낙상을 예방할 수 있도록 주택 개조(집수리) 사업을 대대적으로 실시한다. 일상생활 동작(옷 갈아입기, 화장실 사용, 목욕 등)에 어려움을 겪는 노인, 병원(시설) 퇴원(소)자 등 약 27만 세대의 집에 미끄럼을 방지하는 안전 바닥재를 깔고 욕실 등에 안전 손잡이를 설치하는 등 맞춤형 주거 서비스를 제공한다.

2) 찾아가는 방문건강 및 방문의료 실시

건강상태가 우려되는 노인의 집으로 간호사 등 의료진이 찾아가 혈압, 혈당 등을 확인하고 생활 습관과 만성질환을 관리해 주는 방문건강서비스가 요구된다. 현재 기초수급자, 차상위계층 노인 등 저소득계층 위주의 서비스에서 나아가 장기입원 후 퇴원한 노인, 독거노인 및 노인부부 세대 등 건강관리가 취약한 노인을 대상으로 하는 보편적인 서비스로 단계적으로 확대할 필요가 있다. 집중형 방문건강관리서비스를 위해 보건소에 건강생활지원센터(2019년 기준 66개소)를 단계적으로 확충한다. 약 2,000개의 병원에 '지역연계실'(사회복지팀)을 설치·운영하여 퇴원환자의 지역 복귀를 위한 퇴원계획 수립과 돌봄 자원·서비스 연계를 지원한다.

3) 재가 장기요양 및 돌봄서비스 확충

장기요양보험으로 돌보는 노인을 2025년까지 전체 노인의 11% 이상 수준(약 120만 명)으로 목표를 설정하고 2017년에는 전체 노인의 8.0%(58만 명) 수준이었으나 2022년에는 9.6%(86만 명) 수준으로 단계적으로 확대한다. 집에서 독립적으로 생활하는 데 필요한 보조기기(전동침대 등) 지원, 다양한 재가서비스 신설로 통합 재가급여를 도입하여 집에서 장기요양서비스를 이용하는 노인이 2017년에는 69%에 그쳤으나 2025년에는 80%까지 이용률을 확대한다. 다양한 재가서비스를 제공하기 위하여 사회서비스원 직영 종합재가센터나 종합사회복지관 지정 종합재가센터를 신설하여 지역사회 통합 돌봄의 거점이 되도록 한다. 한편 식사배달('어르신 건강영양도시락 배달'), 법률 지원, 안부 확인 등의 신규 재가서비스를 선도사업 등을 통해 개발하고 노인장기요양보험이나 사회서비스 급여(바우처) 등을 통하여 지원한다. 또한 재가·의료급여를 신설하여 의료급여 퇴원환자의 재가생활을 지원하기 위하여 장기입원 후 퇴원한 의료급여 대상자에게 재택의료, 간병, 돌봄·영양, 이동 지원(예 외래 이용) 등의 통합서비스를 제공한다.

4) 사람 중심의 민관 서비스 연계 및 통합 제공

공급자 중심의 분절적인 서비스 칸막이를 해소하고, 사회보장정보시스템과 보건소 정보시스템 간의 연계를 고도화하여 자원과 대상자의 정보 공유를 활성화하고, 지역사회보장계획과 지역보건의료계획에 지역 커뮤니티케어 계획을 포함하는 등 오랜 기간 누적된 보건과 복지 영역의 칸막이를 해소하여 보건복지통합서비스를 제공한다. 지역사회에서 민간과 공공이 협력하여 사람을 중심으로 각종 서비스를 연계 제공하는 모델을 마련한다. 첫째, 읍・면・동에 각종 서비스를 안내하는 케어안내창구를 운영한다. 둘째, 지역에서 민・관이 협력하여 사람을 중심으로 서비스를 연계하고 통합 제공하기 위하여 '지역케어회의'를 운영한다. 이를 뒷받침할 수 있도록 민・관의 서비스 제공 인력을 대폭 확충하기 위해 사회복지공무원 확충(2022년까지 15.5천 명), 종합사회복지관 등의 인력을 증원한다. 지역의 민・관 복지자원과 각종 서비스 등을 사람(노인, 장애인, 아동 등)을 중심으로 재구조화하고 통합・관리하여 다양한 서비스가 필요한 사람에게 종합적으로 안내・연계될 수 있도록 뒷받침한다.

5) 복합적 욕구를 가진 클라이언트 사례와 사회복지실천기술

다음의 사례를 통해 복합적인 요구를 가진 다양한 클라이언트에게 커뮤니티케어를 실시하면 어떻게 달라질 수 있는지 예를 들어 설명하고자 하였다(보건복지부, 2018). 이러한 과정에서 사회복지사는 어떤 실천기술이 필요한지를 잘 인지하여 복합적인 욕구를 가진 클라이언트를 잘 도울 수 있어야 할 것이다.

사례 ❶ '재활난민', 회복기에 재활서비스가 필요한 클라이언트

A씨는 60대 중반의 독거 남성으로 집 화장실에서 넘어져 뇌출혈과 다리 골절로 5주간 입원치료를 마치고 더 이상 입원치료가 필요하지 않지만 후유증으로 일상생활 능력이 저하되어 퇴원 후 혼자 이동하거나 생활하는 것이 어렵다. 집으로 돌아가고 싶으나 퇴원 시 바로 장기요양인정 신청이 어려운 등 형편이 여의치 않아 결국에는 요양병원을 전전하고 있다. 하지만 퇴원 이후 환자의 건강 상태와 위기 상황에 따라 필요한 케어자원을 안내해 주고 연계해 줄 '중간연결자(코디네이터)'가 없다. 몸이 아파 거동하기도 쉽지 않은 환자가 주민센터, 복지관 등에 문의하여 연계 자원을 알아보고, 본인의 어려움을 입증할 서류를 제출하고 신청을 직접 하는 것이 현실적으로 어려운 실정이다.

이러한 클라이언트에 사회복지사가 커뮤니티케어를 제공하면서 관련된 실천기술을 적용하면 다음과 같은 결과를 가져 올 수 있다.

- (A씨의 삶) 입원 초기부터 병원에 설치된 '지역연계실(사회복지팀)'에서 퇴원계획 수립을 시작 입원치료를 마치고 퇴원을 할 때가 되자 읍·면·동 케어안내창구에서 장기요양인정 및 서비스 신청을 대행, 퇴원 전에 평소 살던 집의 문턱 제거 등 집수리를 마쳐 하지 골절로 인한 생활 불편을 최소화·사물인터넷(IoT) 등을 통해 안전알람시스템(스마트 홈) 미리 구축
- 환자는 장기요양인정 신청 후 등급 판정 전이라도 퇴원과 동시에 재가서비스를 제공
- 장기요양등급을 받은 후에는 방문요양, 방문간호, 방문목욕 등의 통합재가서비스 이용이 가능해짐
- 입원 병원에서 퇴원 전에 수립해 둔 방문의료계획에 따라 생활하는 집에서 방문의료를 정기적으로 제공받음

❖ 관련된 실천기술 : 격려, 반영하기, 명료화, 초점화, 설명, 정보제공, 권익옹호, 연계

사례 ❷ '간병실직', 치매환자 보호자로 일을 그만두거나 근로 시간을 단축할 수 없는 클라이언트

40대 중반의 B씨는 어머니가 뇌경색 후 알츠하이머성 치매에 걸리고, 아버지마저 간암으로 사망하자 회사를 그만두고 수년째 간병 중이다. 경제적 궁핍함과 함께 언제 끝날지 모를 간병에 삶은 무너지고, 극단적 선택을 할 생각도 수차례 한다('간병살인')

이러한 클라이언트에 사회복지사가 커뮤니티케어를 제공하면서 관련된 실천기술을 적용하면 다음과 같은 결과를 가져올 수 있다.

- (B씨의 삶) 집 근처 읍·면·동 케어안내창구를 방문하였고, 담당자와 상담 담당자는 어머니가 받을 수 있는 다양한 서비스와 제공기관에 대한 내용을 '케어통합이용안내서'로 작성해서 안내
- 치매가 의심되는 초기부터 케어안내창구에서 연계해 준 보건소에서 치매선별검사 등으로 치매 진단, 치매를 지연하는 약을 먹기 시작함. 치매 진단을 받아 노인장기요양 등급을 받고, 재가요양기관을 통해서 방문요양, 간호, 목욕, 주야간보호 등의 서비스를 통합하여 제공받음. 한 번씩 병원 외래진료를 갈 때마다 이동 지원 서비스 지원, 집 근처 주민건강센터에서 방문간호사가 분기마다 집을 방문하여 어머니의 당뇨와 고혈압 증상도 관리해 주기 시작

❖ 관련된 실천기술 : 격려, 반영하기, 명료화, 피드백 활용, 초점화, 설명, 정보제공, 권익옹호, 연계

사례 ❸ 복합욕구와 관계적 빈곤 상태에 있는 클라이언트

C씨는 70대 독거노인으로 정신질환과 고혈압, 신기능장애 등 복합 만성질환이 있으나 병원도 가지 않고 약도 먹지 않으며, 멀리 사는 조카 외에는 연락하는 친척이 없고 이웃과 왕래도 거부하고 있다. 사는 집에는 쓰레기가 쌓여 냄새가 심해지자 이웃이 시청에 몇 차례 신고하였으나 사회복지사를 쫓아내어 소용이 없고, 조카가 지역의 의사에게 진료 예약을 해 주어도 노인이 진료를 거부하고 있는 상황이다.

이러한 클라이언트에 사회복지사가 커뮤니티케어를 제공하면서 관련된 실천기술을 적용하면 다음과 같은 결과를 가져올 수 있다.

- (C씨의 삶) 이웃의 신고를 받은 케어안내창구 담당자는 노인의 집을 방문해서 상황을 파악하고 지역케어회의에 해결을 의뢰함. 지역케어회의 담당자가 다시 C씨의 집을 방문하여 그동안 쌓였던 민원, 이웃의 이야기를 듣고 종합적인 상황 평가를 함. 문제 해결에 필요한 수단과 자원을 보유한 다양한 기관 및 전문가에게 연락을 하여 지역케어회의를 개최함. 멀리 사는 조카, 이웃, 경찰, 보건소, 지역의사회, 정신건강복지센터, 사회복지관, 자원봉사자 등이 참석, 조카와 경찰, 지역케어회의 담당자가 C씨를 설득. 시군구 담당자와 자원봉사자가 집에 쌓인 쓰레기를 청소하고, 사물인터넷(IoT) 등의 기술을 활용한 안부확인시스템을 구축하고 집을 수리해 줌. 지역의 방문의료 실시기관에서 방문의료서비스를 제공하여 건강이 더 이상 악화되지 않도록 관리함. 정신건강복지센터에서 정신과적 문제에 대해 맞춤형 사례관리를 해 줌.

❖ 관련된 실천기술 : 격려, 반영하기, 명료화, 피드백 활용, 초점화, 설명, 정보제공, 권익옹호, 연계, 중재

사례 ❹ '사회적 입원', 의료급여로 요양병원, 정신병원에 180일 이상 입원하고 있는 환자

D씨는 60대 중반의 독거 여성으로 파킨슨 질환으로 5년간 외래 경과관찰 중 일상생활수행능력 저하로 입원하였다. 이후 재활치료로 호전되어 약간의 도움만 있다면 본인의 집에서 살 수 있음에도 불구하고, 자녀가 돌봄을 제공할 수 없는 형편에 있어 자녀가 거주하는 지역 주변의 요양병원으로 전원하게 되었고, 요양병원 전원을 수년 째 거듭하면서 오히려 일상생활수행능력은 저하되고 우울감이 생겨 힘들어하고 있다.

이러한 클라이언트에 사회복지사가 커뮤니티케어를 제공하면서 관련된 실천기술을 적용하면 다음과 같은 결과를 가져올 수 있다.

- (D씨의 삶) 요양병원 지역연계실(사회복지팀)에서 퇴원계획 수립. 이 과정에서 의료급여관리사(시군구)가 '지역연계실'과 협력하여 의료급여 입원환자의 퇴원 후 필요서비스 조사 및 연계 지원, 퇴원 후 3개월 동안 장기요양시설 내에 설치 된 전문요양실에서 전문적인 간, 재활, 기능 회복 훈련 등을 받고 집으로 복귀하여 일상생활을 영위할 수 있는 준비가 되었음. 이후 집으로 돌아와 재가의료급여를 통해 방문의료, 간병, 돌봄, 영양, 이동 지원 등의 통합서비스를 제공받음.

❖ 관련된 실천기술 : 지지, 격려, 반영하기, 명료화, 피드백 활용, 초점화, 설명, 정보제공, 권익옹호, 연계, 중재

사례 ❺ '노노 부양 가구' – 노인이 노인을 부양하며 힘들어 하는 클라이언트

90대 중반의 치매 어머니를 모시는 60대 중반의 아들 E씨는 심장수술을 받고는 체력적 한계를 느껴 다른 형제들과 어머니를 누가, 어떻게 모실지 상의하였으나 어쩔 수 없이 요양병원에 모시게 되었다. 집에선 잘 돌아다녔던 어머니는 요양병원 입소 후 3주 만에 걷는 법을 잊어버리게 되었다. 운동 없이 앉아만 있어 혈액 순환이 되지 않는 탓인 듯하다. 어머니는 일주일에 한 번씩 문병을 오는 아들에게 집에 데려가 달라고 울음을 터뜨리지만 뾰족한 방법이 없어 답답한 상황이다.

이러한 클라이언트에 사회복지사가 커뮤니티케어를 제공하면서 관련된 실천기술을 적용하면 다음과 같은 결과를 가져올 수 있다.

- (E씨의 삶) E씨가 종합재가센터 또는 읍・면・동 케어안내창구를 방문하여 담당자와 상담 이후 어머니는 케어안내창구에서 연계해 준 재가요양기관을 통해 방문요양, 간호, 목욕, 주야간보호 등의 서비스를 통합하여 제공받음. 한 번씩 병원에 갈 때마다 이동 지원서비스까지 지원
- 사물인터넷(IoT) 등을 통해 안부확인 시스템을 집(스마트 홈)에 구축하여 E씨가 어머니를 두고 외출하여도 어머니가 잘 계신지 확인할 수 있게 됨. E씨도 집 근처 주민건강센터에서 방문간호사가 분기마다 집을 방문하여 심장수술로 인한 합병증이나 다른 만성질환이 발생하지 않도록 건강관리를 해줌.

❖ 관련된 실천기술 : 지지, 격려, 반영하기, 명료화, 피드백 활용, 초점화, 설명, 정보제공, 권익옹호, 연계

PART 04

집단대상 사회복지실천기술의 이해

CHAPTER 09

집단대상 실천기술의 개요와 집단 유형별 실천기술

인간은 태어나면서 집단에 소속되며 집단을 통하여 성장과 발달을 경험한다. 집단 사회복지실천기술은 의도적인 집단의 경험을 통하여 개인의 욕구를 충족시키고 사회심리적 기능을 향상하도록 하며, 개인이나 집단의 당면 문제를 해결할 수 있도록 하는 사회복지실천방법 중의 하나이다. 이 장에서는 집단대상 사회복지실천이 어떻게 적용되는지를 살펴볼 것이다. 먼저 집단 사회복지실천기술의 개념을 이해하기 위하여 집단을 대상으로 하는 실천기술의 정의, 집단의 장점을 인식하고, 집단의 종류에 대한 이해와 집단 사회복지실천기술을 알아보기로 한다.

1. 집단대상 실천기술의 개요

1) 집단대상 실천기술의 정의

집단대상 실천기술의 정의는 역사적 발달과정에 따라 변화되어 왔고 다양한 정의들이 이루어졌지만 공통적인 것은 '집단의 영향력'을 활용한 서비스 활동이며, 사회복지사가 담당해야 하는 개입역할의 유형에 대한 공통된 개념을 가지고 있다(Schopler & Galmsky, 1995).

따라서 집단을 일종의 주요 서비스 수단으로 여기며 그 서비스 제공이 일어나는 환경(집단)으로 파악하는 것은 사회복지사로 하여금 집단 속의 개인과 집단 전체를 보는 이중역할에 초점을 두도록 한다. 서비스 제공수단으로서의 집단의 힘은 공통의 과제를 설정하여 수행해나가는 성원들에게 적절한 영향을 줄 수 있는 분위기와 관계의 개선에 집중된다. 서비스 환경으로서의 집단은 집단 내의 모든 활동과 행동이 집단발달의 전체 기간에 걸쳐 영향을 준다는 점을 말한다. 상호원조체계로서의 집단은 성원들이 서로 도움을 주고받는 상호원조관계를 형성해 나간다는 것이다. 사회복지사는 성원 간에 서로 영향을 끼치고 상호 원조관계를 형성하며 문제를 해결할 수 있는 집단조건을 촉진하도록 한다.

여러 서구학자들의 정의를 토대로 우리나라 학자들이 집단대상 실천기술에 대해 정의한 바를 살펴보면, 김용석 등(2012)은 '집단대상 실천기술이란 사회복지실천방법 가운데 하나로서, 전문가에 의한 의도적인 집단과정과 경험을 통해 개인의 사회적 기능수행을 향상케 하며, 또한 개인, 집단, 지역사회의 당면 문제들에 대해 보다 효과적으로 대처해 나갈 수 있도록 도움을 주는 것이다'라고 정의하고 있다.

2) 집단의 장점과 유의점

개인, 가족 또는 집단을 대상으로 하는 사회복지실천방법은 각각 그 나름대로 다른 방법을 제공할 수 없거나 또는 다른 방법이 제공하는 정도에 비해 독특하게 클라이언트의 목표를 달성하는 데 기여하는 장점이 있다. 다음은 Yalom(1995)이 제시하는 11가지 집단의 치료적 요인들로 집단이 갖는 장점을 나타낸다.

① **희망의 고취** : 집단은 클라이언트에게 그들의 문제가 개선될 수 있다는 희망을 심어주고 이러한 희망은 그 자체가 치료적 효과를 가진다.

② **보편성** : 클라이언트는 종종 자신만이 유독 끔찍하거나 용납될 수 없는 문제, 생각, 충동 등을 가지고 있다고 생각한다. 집단을 통해 다른 사람들도 자기와 비슷한 갈등과 생활경험 또는 문제를 가지고 있다는 것을 알고 위로를 얻는다.

③ **정보전달** : 클라이언트는 집단사회복지사의 강의를 통해서 자신의 문제에 대해 보다 명확하게 이해할 수 있으며, 또한 집단성원으로부터도 직간접적인 제안, 지도, 충고 등을 얻게 된다.

④ **이타심** : 집단성원들은 위로, 지지, 제안 등을 통하여 서로 도움을 주고받는다. 자신도 누군가에게 도움을 줄 수 있고 타인에게 중요할 수 있다는 발견은 자존감을 높여준다.

⑤ **1차 가족집단의 교정적 재경험** : 집단은 가족과 유사한 점이 있다. 집단사회복지사는 부모가, 집단성원은 형제자매가 되는 것이다. 클라이언트는 부모형제들과 상호작용하는 방식으로 사회복지사 및 집단성원들과 상호작용을 재현하는데, 그 과정을 통해서 그동안 해결되지 않은 가족갈등에 대해 탐색하고 도전한다.

⑥ **사회기술의 발달** : 집단성원으로부터의 피드백이나 특정 사회기술에 대한 학습을 통해 대인관계에 필요한 사회기술을 개발한다.

⑦ **모방행동** : 집단사회복지사와 집단성원은 새로운 행동을 배우는 데 좋은 모델이 될 수 있다.

⑧ **대인관계 학습** : 클라이언트는 집단성원 간의 다양한 상호작용 속에서 자신의 대인관계에 대한 통찰을 얻게 되고 자신이 원하는 관계형성에 대한 아이디어를 가질 수 있다. 또한 집단은 대인관계 형성의 새로운 방식을 시험해 볼 수 있는 장이 된다.

⑨ **집단응집력** : 집단 내에서 자신이 인정받고, 수용된다는 소속감은 그 자체로서 집단성원의 긍정적인 변화에 영향을 미친다.

⑩ **정화** : 집단 내의 비교적 안전한 분위기 속에서 집단성원은 그동안 억압되어온 감정을 자유롭게 발산할 수 있다.

⑪ **실존적 요인** : 클라이언트는 집단성원과의 경험 공유를 통하여 자기 자신이 다른 사람에게 아무리 많은 지도와 후원을 받는다고 하더라도 자신들의 인생에 대한 궁극적인 책임은 스스로에게 있다는 것을 배운다.

이상의 요인들은 개별적 이해를 돕기 위해 분리하여 설명하였으나 집단 실제에서는 각 요인들이 중복되어 전달되고 경험되는 과정을 통해서 집단성원들이 도움을 받는다. 이러한 장점으로 인해 집단은 사회복지실천의 한 방법으로 널리 활용되고 있다. 그러므로 집단을 대상으로 실천하는 사회복지사는 집단을 진행하면서 집단이 가지는 이러한 장점들이 집단성원과 실제 집단에서 효율적으로 작용하는지 점검하고, 이 요인들에 대한 체험이 극대화될 수 있도록 의도적인 노력을 기울여야 할 것이다.

그러나 집단은 위에서 제시된 장점뿐만 아니라 유의해야 할 점도 있다. 대표적인 것으로는 집단은 성원의 순응과 성원 간의 의존성을 조장할 수 있으며 집단 희생양을 만들어 낼 수도 있다는 점이다. 집단을 형성하는 그 자체만으로 집단의 장점이 우연히 생성되지는 않으며 사회복지사에게는 클라이언트의 자기이해와 변화를 격려할 수 있는 어떤 형태의 상호작용을 만들 책임이 있다.

2. 집단 유형별 특성과 실천기술

사회복지사가 집단작업을 어떻게 할 것인지에 따라 구성, 역동성, 원조 과정이 달라진다. 집단의 유형은 크게 치료 집단(treatment group)과 과업 집단(task group)으로 분류할 수 있다(Toseland & Rivas, 1995). 치료 집단에는 '성장 집단, 치료 집단, 교육 집단, 지지 집단과 자조 집단, 사회화 집단'이라는 다섯 가지 유형이 있다. 집단 유형별 특성과 실천기술은 다음과 같다.

1) 치료 집단

집단성원의 교육, 성장, 행동 변화, 사회화에 대한 욕구 충족을 위해 구성된 집단으로, 다음의 다섯 가지 유형이 있다(김정진 외, 2007).

(1) 성장 집단

성장 집단(growth group)은 집단 참여자의 자기인식(self-awareness)을 증가시켜 행동과 태도의 발달을 가져오고 개인의 잠재력을 최대화하는 데 초점이 있다. Zastrow(1987)는 성장 집단의 발달 단계를 평소 익숙하지 않은 방식으로 자신이 자동적으로 반응해 오던 방식에 도전하는 단계인 얼음 깨기 단계, 타인에게서 느끼는 감정에 대한 피드백을 교류하면서 자신의 행동이 타인에게 어떤 영향을 주는지 인식하며 행동과 태도의 변화를 가져오는 변화 단계, 새로운 행동 패턴을 경험하여 효과적 방식으로 타인과 상호작용하는 것을 받아들이게 되는 성장 단계의 3단계가 있다고 하였다. 이 집단의 예로 성장 지향 집단, 참만남 집단, 가치 명료화 집단, 인간관계 훈련 집단, 민감성 훈련 집단, 은퇴 준비 노인 집단 등이 있다.

(2) 치료 집단

치료 집단(therapy group)의 목적은 개인 정신치료와 같이 클라이언트의 정신적 고통을 덜어 주고, 내재한 갈등을 집단 내의 대인관계 속에서 표현하게 함으로써 새로운 행동의 변화가 일어나게 하고, 통찰을 얻어 사회생활이나 대인관계의 긍정적 개선을 도모하는 데 있다. 집단 내에서는 성원 간의 상호작용을 통해 변화와 성숙이 가능해진다. 치료자는 여러 가지 이론에서 도출된 기술들을 사용하여 이러한 집단적 행동을 도와주고 통제하는 역할을 한다. 그러므로 치료 집단은 집단을 매개로 개인의 병리적 행동과 정서의 치료 및 기능 회복에 초점이 있다. 이 집단의 예로 집단정신치료 집단이 있으며, 주로 정신의료기관에서 정신과 의사, 임상심리사, 정신건강사회복지사가 개별적으로 혹은 공동 치료진으로 함께 운영한다. 그 유형은 다음과 같다(민성길, 2006)

① **표현적 집단치료** : 감정을 자유롭게 표현하고 성원 상호 간의 이해와 수용 확대에 중점을 둔 집단치료이다. 임상에서 가장 보편적이고 활용하는 방법인데, 클라이언트 스스로 대화를 이어가도록 분위기를 만들고 치료자의 권위나 개입은 최소화하는 것이 특징이다.

② **분석적 집단치료** : 정신분석의 이론을 도입한 치료로서 주 1~3회 회동하고 1~3년간 지속한다. 현재 및 과거 생활 경험과 집단 내외의 대인관계가 다루어지며 무의식, 전이 현상, 꿈 등을 분석하고 의존, 방어기제, 갈등 등이 다루어지며 인격 역동의 개선이 목적이다. 적용이 되는 정신의학적 증상을 불안장애, 경계형 상태, 인격장애 등이다.

③ **지지적 집단치료** : 주 1회 정도 모임을 갖고 대개 6개월간 모이며, 분석보다는 현재 기능적인 행동을 유지하도록 격려하는 데 초점이 있다.

④ **상호작용 집단치료** : 주 1~3회 회동하며, 1~3년간 모인다. 주로 집단 내 대인관계가 토론되고 과거보다 지금 여기가 강조된다.

⑤ **지시적 집단치료** : 집단을 이끌어 가는 사회복지사가 권위적 입장에서 충고, 지시, 재교육 및 직접적 토론을 실시하는 방법이다.

⑥ **교육적 집단치료** : 불안이나 선입관을 제거하기 위하여 동일 문제를 가진 집단을 대상으로 강의식으로 교육하고 적용하는 방식

⑦ **행동 집단치료** : 대개 주 1~3회 모이고, 6개월까지 지속된다. 학습 이론을 근거로 하여 공포증이나 성 문제를 가진 클라이언트들이 모여 원인에 대해서는 고려하지 않고 재강화, 조건화, 능동적 · 직접적 과정을 통해 새로운 방어기제를 획득함으로써 특정 증상을 없애는 데 치료 목표가 있다.

(3) 교육 집단

교육 집단(educational group)은 지도자가 집단성원의 문제와 욕구를 해결하기 위해 필요한 기술과 정보를 제공하는 데 초점이 있는 집단이다. 대표적인 예로 부모교육 집단, 예비부부 집단, 성교육 집단, 약물 및 알코올 남용 예방교육 집단 등이 있다.

(4) 지지 집단과 자조 집단

지지 집단(support group)은 비슷한 문제와 욕구를 가진 사람들로 구성하여 동병상련(同病相憐)의 경험을 나누고 해결 대안을 함께 모색한다. 지지 집단에

서는 전문가가 의도적으로 집단을 구성하여 정서적 지지와 문제 해결을 지원한다. 자조 집단(self-help group)은 동류의식을 가지는 당사자들이 중심이 되어 지지 기반을 형성하여 공동의 욕구와 그 해결의 위해 함께 이끌어 가는 집단이다. 전문가의 지원으로 시작된 지지 집단이 계기가 되어 집단을 종결한 후 당사자들이 중심이 되어 자조 집단으로 발전하는 사례도 많다. 지지 집단은 종결이 있는 시간제한적 전문가의 개입으로 이루어진다면, 자조 집단은 시간제한 없이 당사자들이 마련한 규칙과 스스로 마련한 경비에 의해 운영되는 것이 다르다. 물론 종합사회복지관이나 대상별 복지조직에서 당사자의 자조 모임을 활성화하기 위해 당사자의 요청이 있을 시 자문, 장소, 예산의 지원 등을 해주기도 한다. 전문가가 이끄는 지지 집단으로 부부 사별자 집단, 가정폭력 피해자 집단, 화상환자 집단, 소아당뇨 청소년 집단, 미혼모 집단, 장애아 부모 집단 등이 있다. 자조 집단으로는 AA(익명의 알코올 중독자 자조모임), GA(익명의 도박중독자 자조모임), AMI(정신장애인 가족회) 등이 있다.

(5) 사회화 집단

사회화 집단(socialization group)은 사회적 관계에 어려움을 갖는 클라이언트를 대상으로 사회에서 수용받을 수 있는 태도와 행동을 습득하도록 돕는 데 초점이 있는 집단이다. 그 예로는 소년원의 청소년, 정신건강사회복지시설이나 지역사회 정신건강복지센터의 정신장애인 등을 대상으로 하는 사회 기술 훈련 집단, 레크리에이션 집단, 지역사회 적응 훈련 집단, 보호관찰대상을 위한 교육 집단 등이 있다.

이상의 치료 집단 유형별로 그 목표와 진행 방법 및 적용 집단의 예를 살펴보면 <표 9-1>과 같다.

〈표 9-1〉 치료 집단 유형별 목표와 진행 방법 및 적용 집단의 예

구분	성장 집단	치료 집단	교육 집단	지지 집단	사회화 집단
목표	자기인식의 확대로 행동과 태도의 발달 및 인격의 성숙	무의식적 동기와 대인관계적 상호작용에 대한 통찰과 행동 변화	적응적 행동의 강화에 초점을 두고 집단을 구조화	동질적인 문제를 가진 집단성원을 대상으로 상호지지 체계 형성	변화의 유지와 사회적응 이슈를 구체적으로 다루어 재활 도모
진행 방법	다양한 집단 체험으로 평소 익숙하지 않은 방식의 자아도전 경험, 자기노출과 피드백 등의 상호작용으로 타인에 대한 영향 인식, 새로운 행동양식 습득의 과정으로 자기인식과 잠재력을 확대함	클라이언트의 애매모호한 호소들을 대인관계적 상호작용의 언어로 교체하여 현재 그리고 여기를 분명히 하면서 해석, 직면 등의 기술을 활용하여 클라이언트가 자기표현을 이해하게 하고 자신의 가치를 이해하고, 자신의 타인에 대한 영향력 이해 도모	인지행동적 기술에 대한 교육, 관찰 학습과 동일시 촉진, 집단 후의 사회화 조장, 자기 노출의 경험으로 집단의 결속력 강화, 보편성 인식 향상 도모	상호 지지 기반 형성, 집단 결속력 강화, 공동의 문제 해결, 집단 후 자조모임 격려	인지행동적 기술에 대한 교육, 대리적 학습에 의한 학습과 동일시 촉진, 집단 후의 사회화 조장, 보편성 인식 향상, 구체적 문제 해결능력 증진
적용 집단의 예	참만남 집단	지지치료 집단	부모교육 집단	동질적 지지 집단(예 화상환자 집단, 한부모 집단)	사회기술, 일상생활 훈련, 상황대처 훈련 집단
	민감성 훈련 집단	분석적 치료 집단	약물 및 알코올 중독 예방교육	사별과 재난 피해 집단	직업재활 훈련 집단
	인간관계 훈련 집단	교육적 치료 집단	가정폭력 가해자 집단	가정폭력 피해자 지지 집단	산재 재활 집단
	청소년 가치 명료화 집단	인지행동치료 집단	조현병 가족에 대한 심리교육적 집단	동료 지지 집단	사회성 향상 집단

이 외에도 심리극(psychodrama)이 집단 정신치료의 한 유형으로 정신건강 현장에서 활용되고 있고, 다수의 정신건강사회복지사가 정신과 병동이나 낮병원 등에서 실시하고 있다. 심리극은 Moreno가 개발한 특수 형태의 집단치료로 클라이언트의 인격 문제, 대인관계, 갈등, 감정 문제 및 정신적 증상과 관련된 문제를 연극적인 방법을 통해 치료하는 방법이다. 몇 명의 클라이언트와 사회복지사는 함께 준비된 각본 없이 무대에서 연극적 표현 방법으로 연출하여 치료 효과를 얻는다(민성길, 2006).

갈등 또는 문제를 가지고 있지만 어느 정도 자발적 표현 능력을 가진 클라이언트를 주인공으로 하여 연극 상황을 선택한다. 연극할 상황 내의 인물로서 상대역인 보조자아는 집단 내 다른 클라이언트들이다. 감독은 강력한 지도자로서 클라이언트들이 자발적으로 참여하고 자연스럽게 자신을 표현하도록 격려하는 촉매자 역할을 하며 전체 연극의 방향을 클라이언트 등의 필요에 따라 지도해 통찰을 획득하게 한다. 그리고 나머지 클라이언트들은 관객이 되며 일부는 연극에 참여하기도 한다. 참여자들은 자신도 연극에서 일어나는 사건에 대해 동일시함으로써 그리고 그 순간의 생각과 감정을 경험하고, 감정에 대해 가능한 한 진지하게 대화함으로써 치료 효과를 보게 된다. 중요 기법으로 독백, 역할 바꾸기, 다중역할 등이 있다. 연극으로 표현할 상황은 대개 가정 생활, 지역사회 생활, 꿈 등 특정한 기능적 상황이며, 이때 그 상징적 역할, 무의식적 태도, 상상하는 미래의 상황 등에 초점이 맞추어진다. 망상이나 환각도 연기될 수 있다. 연극을 끝낸 후에는 동질적인 문제를 가진 청중들과 토론을 하게 된다. 정신연극에 적합한 문제 영역이나 대상은 가족 내 갈등, 회복기 조현병, 행동장애를 가진 어린이 및 청소년 등이다(김정진, 2019).

2) 과업 집단

조직 또는 집단의 과업 성취를 위해 구성된 집단으로 각종 위원회, 행정 집단, 협의회 등이 있다. 예를 들어, 사회복지기관에서 프로젝트 유치를 위해 과업 집단을 구성한 후 일정 기간 동안 과업을 공동 수행한다면 이 집단이 과업 집단이다. 사회복지기관 이용자들이 이용수칙이나 규범들을 자체적으로 만들기 위하여 집단을 구성한다면 규정을 만들기까지 일정 기간 동안 모임을 가지고 함께 수행해 낸다면 과업 집단에 해당된다. 이처럼 과업 집단은 그 초점이 과업의 성취에 있다. 집단구성원들의 관계가 돈독하다면 그 성취가 높을 것이므로 팀 빌딩을 위한 대화나 게임 등을 할 수 있지만 이 또한 과업성취를 더 잘하기 위한 팀워크 향상이 목표이다. 이때 개인적으로 집단 속에서 좋은 동료관계를 발전시키고 싶거나 상사에게 인정받을 기회로 삼으려는 개인적인 욕구가 작용할 수 있지만, 지도자는 개인적인 욕구에 주목하지 않고 팀워크를 통해 팀원의 잠재력을 최대한 끌어내어 과정을 성취하는 것에 주력한다.

3. 집단 유형별 실천 사례

1) 성장 집단 사례

이 사례는 박명희(2014)가 2013년에 초등학교 고학년 학습부진아의 학교생활적응을 돕기 위한 자아성장 집단 프로그램으로, 15명씩 실험 집단과 통제 집단으로 무선 배정하여 매주 1~2회 50분씩 6주간 진행한 프로그램이다.

〈표 9-2〉 성장 집단 사례

단계	회기	주제	활동 목표	활동
초기	1	시작하기	• 프로그램의 내용 이해 • 집단원 소개	• 서약서 쓰기 • 애칭 짓기
	2	나는 누구일까요?	• 나에 대해 소개하기 • 집단원 알아가기	• 나는 누구일까요?
	3	신뢰감 형성	• 상대방을 신뢰하는 법을 배우기 • 협동의 좋은 점 경험하기 • 상호 친밀감을 높이기	• 눈감고 뒤로 넘어가기 • 장님 모셔가기 • 과자먹기 상부상조

전개	4	지혜를 나누어요	• 자신의 마음을 깨닫고 자기를 이해하기 • 상대방의 이야기에 경청하고 공감하기	• 지혜를 나누어요
	5	경청하기	• 상대방의 이야기에 적극적으로 경청하기 • 내가 표현하고자 하는 바를 정확하게 표현하기	• 경청하기 게임
	6	나는 이런 사람이야	• 자기 수용을 높이기 • 상대방 격려하고 지지하기	• 나의 자랑 10개 쓰기
	7	내게 소중한 사람들	• 소중한 사람들 떠올리고 감사하기	• 내게 소중한 사람에 대해 이야기하기
	8	가치관 경매	• 나에게 소중한 가치관 확인하기	• 가치에 대한 우선순위 정하기 • 가치관 경매 게임
	9	피드백 주고받기	• 자신의 모습을 수용하기 • 바람직한 인간관계 맺기	• 알아맞히기 게임
종결	10	마무리하기	• 집단원간에 감사와 우정을 표시 • 프로그램에 대한 소감 나누기	• 지난 한 달 돌아보기 • 감사 릴레이 • 소감문 작성

2) 집단상담 사례

이 사례는 왕영선과 김정미(2012)가 장애인복지관에서 발달장애아동의 비장애 형제 10명을 대상으로 주 1회 8회기로 실시한 집단 인지행동집단상담 사례이다. 이는 비장애 형제의 발달장애 형제나 부모와 관련된 부적응적 사고와 신념의 변화를 위한 치료 목표를 가지고 운영되었다. 이를 위해 자기 모니터링, 인지적 재구성, 의사소통 훈련, 문제 해결 훈련을 활용하였다. 집단상담 프로그램은 <표 9-3>과 같다.

〈표 9-3〉 집단상담 사례

단계	회기	주제	활동
초기	1	• 인지행동모델 이해(생각-감정-행동의 패러다임) • 집단원 간 친밀감 형성	• 나는 정말 니가 좋아 : 친밀감 증진 활동 • 사-생-감 : 인지행동치료 모델 배우기 • 생활사건을 인지행동치료 모델로 이해하기
	2	• 자기 모니터링 Ⅰ : 감정 찾기 · 자동적 사고 찾기	• 60가지 감정 맞히기 : 감정이란 무엇일까? • 오늘 나의 기분은 : 내 감정 그려보기 • 감정 목록과 감정 시간표 • 생각과 감정 연결하기
전개	3	• 자기 모니터링 Ⅱ : 감정 찾기, 자동적 사고 찾기, 인지적 오류 찾기	• 3B를 찾는 감정 탐정 놀이 • 방금 내 마음을 스쳐간 것이 무엇이지? • 인지적 오류통에는 무엇이 들었을까 : 인지적 오류에 이름 붙이기
	4	• 자기 모니터링 Ⅲ : 감정 찾기, 자동적 사고 찾기, 중간 신념 찾기, 인지적 오류 찾기 • 인지적 재구성 Ⅰ : 자동적 사고 바꾸기, 중간 신념 바꾸기	• 우리 집 규칙 찾기 : 중간 신념 찾기-만약에~, 그러면~ • 자동적 사고의 공통 주제 찾기 • '가장 친한 친구' 역할 연기 : 중간 신념 바꾸기 • '생각의 추적자' 도움받기 : 핵심 신념찾기
	5	• 자기 모니터링 Ⅳ : 핵심 신념 찾기 • 인지적 재구성 Ⅱ : 자동적 사고 및 중간 신념 바꾸기 • 의사소통 훈련 Ⅰ	• 핵심 신념 찾기 • 의사소통을 위한 공감 훈련 : 감정 경청 • 60가지 감정 맞히기, 감정 파악하고 이름 붙이기, 감정 수용하기, 감정 수용 전달하기
	6	• 인지적 재구성 Ⅲ : 핵심 신념 바꾸기 • 의사소통 훈련 Ⅱ	• 핵심 신념에 도전하기 : 강점과 단점, 마치 ~인 것처럼 행동하기
종결	7	• 인지적 재구성 활용 Ⅰ • 의사소통 훈련 Ⅲ • 문제 해결 훈련 Ⅰ	• 나를 행복하게 하는 생각 : 새로운 핵심 신념 발전시키기 • 나-메시지 훈련 카드 게임 : 의사소통 훈련 • 문제 해결 미로 찾기 : 문제 해결 훈련 • 문제 해결 카드 게임 : 문제 해결 훈련
	8	• 인지적 리허설 • 종결 준비	• 재미있는 인지행동치료 • 생활 속 의사소통 기술 활용 • 생활 속 문제 해결 기술 활용 • 피드백

3) 지지 집단 사례

이 사례는 최혜영(2021)이 희귀성질환 아동을 양육하며 부정적인 상황과 감정을 접하게 되는 부모에게 집단을 서로 신뢰하고 자신들의 약점과 부정적인 사고를 꽃, 식물, 향기 등 다양한 자연물인 원예를 통해 안전하게 나누게 하였다. 동시에 긍정성과 스트로크를 체험하게 하는 교류분석적 접근으로 같은 어려움과 과제를 가진 부모들이 긍정적인 힘을 얻고 상호 연대감과 상호 지지를 경험함으로써 자기성장과 가족탄력성 향상의 기회를 갖도록 돕기 위해 진행한 사례이다. 이 집단 실천 사례는 총 8회기로, 각 회기는 120분간 다음과 같은 내용으로 운영되었다.

〈표 9-4〉 지지 집단 사례

회 기		세부 내용	활동주제	활동목표	활동내용
1	도입	프로그램 참여의 동기부여	새로움에 참여한 자신을 스트로크 하기	프로그램 참여를 스트로크하고 참여자 간 라포를 형성한다.	• 프로그램의 내용과 목적 안내 • 사전검사 실시 • 시들지 않는 프리저버드 플라워를 사용하여 나의 이름표를 만들고 내가 원하는 별칭지어 나를 소개한다. • 자연스러운 자기개방을 할 수 있도록 스트로크한다. • 새로운 만남에 참여를 스트로크하고 친밀을 형성하도록 한다.
2	전개	가족신념 알아보기	나를 알아가기	자아상태 구조를 알고 나를 알아가기 가족신념 알아보고 긍정적 변화를 기대하기	• 안부를 전하며 스트로크 나눈다. • 자신의 성격유형을 알아보는 자아상태검사에 대해 설명한다. • 자아상태 검사를 통해 나의 신념체계를 알아본다. • P자아, A자아, C자아를 장미로 표현하여 높낮이 간격 등을 자유롭게 하여 꽃꽂이한다. • 소국과 유칼립투스를 조화롭게 배치함으로써 가족구성원의 의미 찾기 • 구조틀은 준거틀과 같음을 설명함 • 오래된 가족신념이나 부정적인 신념체계는 새롭게 바꿀 수 있음을 알려준다. • 자아상태 검사지의 결과를 보고 자신에 대한 이해와 관심을 나눈다. • 지금 여기, 자신에 대해 스트로크하기

3	전개	역경에 대한 의미부여	적응과 변화에 대한 긍정적 스트로크 나누기	수경재배 가능한 식물의 적응을 통해 나의 긍정적 적응과 가능성 알기	• 수경재배가 가능한 식물에 대한 정보를 전하기 • 감각을 동원하여 식물을 관찰해 보기 • 수경재배에 대한 이로운 점과 한계점을 설명하기 • 식물의 뿌리를 꺼내 봄으로써 마음에 두고 보이지 않았던 역경이나 상처 등을 직면할 수 있다. • 자연스러운 자기개방을 할 수 있도록 스트로크한다. • 식물을 자유롭게 배치하고 뿌리를 고정할 수 있도록 색돌을 올려 기능적인 역할과 장식적인 역할을 설명한다. • 색돌은 뿌리를 지지하는 역할을 함으로 생활 속에서 스트로크의 역할과 같은 의미이다. • 외부환경의 변화로 흙과 물 두 가지 환경에서 살 수 있는 식물의 확장성과 성장을 알고 스트로크가 필요함을 설명한다.
4	전개	역할 안전성과 융통성	나와 가족을 이해하고 스트로크 나누기	다육식물 모아심기와 스트로크를 통해 가족 구성원의 역할을 인식하기	• 스트로크의 종류와 필요성에 대한 자료를 보며 설명하기 • 다육식물의 종류와 특징, 생육방법에 대해 설명하기 • 가족이 함께 살아가면서 각자가 가지고 있는 사회적 자원과 연결성을 함께 이야기하기 • 화분과 다육식물을 가족 수만큼 선택하여 식재한다. • 다육식물이 가지고 있는 수분이 오랫동안 생명유지에 도움이 되듯이 스트로크가 충분한 상태에서 가족 간의 상호작용에 영향이 있음을 설명하기. • 화분 구멍에 망을 깔 때 가족구성원이 가진 사회적 안전망은 어떤 것이 있는지 생각해 보기 • 다육식물 모아심기를 통해 가족 구성원의 역할과 구성을 느끼고 함께 하는 일상의 작은 일들을 스트로크 한다. • 식물의 생육환경인 햇빛, 물, 공기처럼 가족구성원 모두 소중한 존재라는 것을 느껴본다.

5	전개	사회적 관계와 자원 탐색하기	사회적 자원 스트로크 나누기	가족의 사회적 자원을 알아보고 함께 하고 있음을 알아차린다.	• 스트로크 샤워를 경험하고 꽃으로 나의 장점을 표현하고 꽃상자를 만들어 자신에게 선물한다. • 스트로크 꽃 상자 만들기 • 자신이 받은 스트로크와 자신이 직접 적은 장점을 꽃으로 표현하여 장식한다. • 그동안 가족에게 내가 듣고 싶었던 표현들을 나에게 해보기 • 내가 가족들에게 하고 싶었던 표현들을 해보기 • 꽃상자 만들기 활동은 연결성과 관계를 나타낸다. • 그동안 받은 긍정적 스트로크를 회상하며 관계망을 구성해 본다. • 내가 받은 스트로크와 내가 준 스트로크를 꽃으로 표현할 수 있다. • 스트로크가 긍정적인 변화를 이끌어 가족의 조직응집력 향상에 도움을 줄 수 있을 것이다.
6	전개	의사 소통의 명확성, 개방된 감정표현	스트로크로 의사소통 나누기	상호 의사소통의 방법으로 스트로크를 나누어 본다.	• 허브 오일로 디퓨저 만들기 • 허브 오일의 향과 기능을 알아보고 향이 섞임으로써 나타나는 장점을 느껴본다 • 가족자원의 역할 안정성과 융통성을 알 수 있다. • 로즈마리, 라벤더, 유칼립투스 향을 종이 스틱에 드랍하여 향기 맡는다. • 각각의 향기의 다름을 느끼고 향기가 섞여 조화롭게 디퓨저의 기능을 하는 것처럼 가족구성원이 각각의 역할을 함으로 서로 조화롭게 됨을 활동을 통해 느껴본다. • 한 가지의 향이 강하면 조화로운 향으로 어우러지기 어려운 점을 설명하고 I'M OK, YOU'RE OK 할 수 있도록 스트로크한다 • 나의 향기와 가족구성원의 가진 각각의 향기를 생각하고 긍정적인 스트로크를 나눈다.

7	전개	상호 협력적인 문제해결	서로 다름을 인정하고 스트로크 나누기	가족 간의 감정표현을 할 수 있도록 유도하고 현실적인 문제에 대해 서로 의사표현을 할 수 있도록 긍정적 스트로크 나누기를 한다.	• 모스로 자아상태 소망나무 만들기 • 나의 자아상태 소망나무를 만들어 봄으로써 가족 간의 명확한 의사소통과 개방된 감정표현을 하고 있는지 알아본다. • 소망나무 옆에 나무 이름을 지어주거나 자신이 변화하고 싶은 모습을 글로 적어 표현한다.
8	마무리	강점 관점으로 변화에 도전하기	스트로크 일상화 하기	문제해결 능력을 발휘할 수 있도록 어른자아를 인식한다. 스트로크를 일상생활에서 지속적으로 할 수 있도록 지지하고 스트로크한다.	• 행복나무와 공중식물을 심어 새로운 출발을 시작하기 • 문제해결 능력을 키우는 긍정적 스트로크를 일상화할 수 있도록 행복나무를 심어 가족의 회복과 행복을 식수한다. • 각각 다른 생육환경을 가진 식물들을 같은 공간에 배치하여 심어 만들어 본다. • 땅에 뿌리를 내리는 식물과 수생식물 공중식물을 배치하여 다름과 공생을 표현해 본다. • 다양한 종류의 식물을 직접 선택하여 식재해 본다. • 선택권을 가짐으로 능동적 자신으로 참여한다. • 프로그램에 대한 전반적인 소감 나누기 • 함께 한 참여자들 간 스트로크 나누기 • 사후검사 하기

4) 사회화 집단 사례

이 사례는 성현주(2016)가 공감, 자기주장, 자기조절, 협동의 사회기술 향상을 목표로 진행한 사회기술훈련 집단이다. 이러한 사회기술은 학교 등 특정 환경에서 아동에게 기대되는 긍정적인 상호작용에 필요한 기술이므로(Gresham, 1981), 학교생활부적응 아동의 사회화를 위하여 이 기술들을 향상할 수 있는 프로그램들을 고안하였다. 사회기술훈련에 참여한 아동은 총 35명(남아 30명, 여아 5명)으로 교사, 부모 등의 추천을 받아 교육복지전문가 등과의 심층상담을 통해 선발하였다. 각 학교별로 4~5명의 소규모 집단으로 나누어 진행하였으며, 총 7개 학교, 8개 집단을 대상으로 총 12회기(주 1회, 60분)에 걸쳐 진행되었다(성현주, 2016).

〈표 9-5〉 사회화 집단 사례

회기	활동주제	활동명	활동내용	핵심주제
1	프로그램 소개 진행자, 관찰자, 아동 소개	자기 이름 꾸미기	자신의 특징을 이름 위에 꾸미고 소개해 보기	
2	나의 감정 이해하기	감정단어 만들기	주어진 단어카드를 활용하여 다양한 감정 단어를 찾아보기	공감
3	타인의 감정 이해하기	2인 1조 그림	2인 1조를 이뤄 순서대로 돌아가며 그림을 완성한 후 조원의 의도를 이해하여 이야기해 보기	공감
4	경청하기	듣고 따라 그리기	진행자 또는 참여 아동이 설명하는 간단한 그림을 듣고 따라 그리기	공감
5	공감하기	초콜릿 공감	일정량의 초콜릿을 나누어 가진 후 최근 기억에 남았던 경험을 나누고, 이에 공감하는 아동끼리 초콜릿을 주고받기	공감
6	부탁하기, 거절하기	따라 그리기	아동의 진행 상황에 따라 부탁과 거절을 적절히 활용하여 한정된 색연필을 나눠 쓰며 제시된 그림을 완성하기	자기주장
7	자기주장	지시 따라하기	짝을 지어 상대가 지시한 행동을 하고, 불가능한 행동에 대해서 이야기하여 다시 지시하고 따라하기	자기주장

8	대처전략 (1)	좋은 친구, 나쁜 친구	간단한 상황에 대한 역할극을 통해 다양한 전략을 탐색하고 효율적인 전략을 선택하기	자기조절
9	대처전략 (2)	나쁜 사람 되어보기	제시된 갈등 상황에서 아동이 생각하는 나쁜 행동을 해보고, 옳은 행동을 재탐색해 보기	자기조절
10	결과를 인정하고 받아들이기	젠가	참여 아동 모두 보드게임을 하며 게임의 결과를 받아들이기	협동
11	협동하여 해결하기	우리가 만드는 주사위 게임	진행자가 준비한 뱀주사위 게임의 구체적인 내용과 규칙을 정하여 진행해 보기	협동
12	프로그램 마무리	종결파티	종결 모임 및 보상 간단한 퀴즈를 통한 전체 프로그램 복기	

5) 교육 집단 사례

이 사례는 김혜숙(2016)이 정서행동문제아동 어머니의 양육스트레스를 감소시킬 수 있는 구체적인 개입 방안으로 심리적 웰빙 증진 부모교육을 실시한 사례이다. 이 프로그램은 회기마다 교육받은 유익한 양육행동을 연습하고, 다양한 과제 수행을 통해 습득하게 하는 심리적 웰빙(psychological well-being)이론과 현실치료와 선택이론, 긍정심리이론과 의사소통 이론을 기초로 구성하였다. 각 회기 프로그램은 과제 점검, 목적 제시 및 강의, 활동, 느낌 나누기 순으로 총 10회기(주 1회, 120분)로 진행하였다.

〈표 9-6〉 교육 집단 사례

회기	심리적 웰빙 구성 요소	목표	제목	내 용
1	관계 맺기	상호 이해	서로를 알고 소개하기	〈사전 검사〉 • 전체 프로그램의 목적과 구성내용 안내 • 조별전지작업 : 조 이름, 로고, 강점, want 적고 발표 ⇒ 집단 응집력을 통한 소속감과 즐거움의 욕구 충족 • 서로의 바람 이해와 참여동기 소개 〈과제〉 감사일기(매일 한 가지) 쓰기
2	자아 수용	자기 이해	행복은 선택	• 심리적 웰빙 개념과 6요소 이해 • 행복의 요소와 주도적인 삶(Pie이론) • 5가지 기본욕구 충족 위한 행동선택-조별작업 ⇒ 현재의 삶은 최선의 선택 수용 ⇒ 더 나은 선택의 가능성 자각 〈과제〉 감사일기(매일 한 가지) 쓰기
3	환경 통제력	시각 변화	나의 좋은 세계	• 좋은 세계(Quality World)란? • 나의 좋은 세계에는 무엇이 있나? • 좋은 세계와 지각된 세계의 차이는? • 지각된 세계 점검하기 : 관점의 변화가 일어난 경험 나누기 • 관점의 변화로 주변에 대한 통제력을 가질 수 있음을 자각 〈과제〉 감사일기(매일 한 가지) 쓰기
4	자율성	주도성 훈련	활동에 따른 정서	• Total Behavior 4요소 이해 : 전행동(Total Behavior)의 4요소 개념 ⇒ 앞바퀴-생각하기, 활동하기 중요성 • 갈등상황에서 나의 real want 찾기(조별작업) • 내가 조절할 수 있는 요소는? ⇒ 자율성에 대한 자각 • 자율적인 선택에 대한 책임의 중요성 인식 〈과제〉 감사일기(매일 한 가지) 쓰기
5	긍정적 대인 관계	의사 소통 훈련	누가 더 힘든가	• 네모꼴수용도식 이해 • 의사소통기술 사용의 시점과 방법 • 자녀의 문제와 나의 문제 가려보기 : 3인 1조별 작업 • 의사소통의 걸림돌이란? • 공감과 소통의 기술-영적 경청이란? 〈과제〉 걸림돌 적게 쓰기

6			공감과 표현	• 자녀가 힘들 때 경청과 공감해 주기 ⇒ Role Play : 자녀와 부모역할극 - 걸림돌과 공감의 차이 경험 • 부모가 힘들 때 분노 대신 나의 생각과 감정 전달하기 ⇒ I-Message 3요소 • Role Play : I-Message(나-전달법)/ You-Message (너-전달법) • 칭찬의 함정과 긍정메세지 실습 〈과제〉 반영적 경청으로 공감한 사례 적기
7	개인적 성장	긍정적 정서 증진	감사와 용서	• 반영적 경청(공감) 적용사례 나눔-성공감과 실패에서 배운 점 • 감사카드 쓰기-전달방법 • 용서의 의미와 단계 • 용서받은 경험 나눔 • 상황을 객관적으로 서술(개별작업) • 용서를 다룬 작업을 통해 느낀 점 나눔-힘들었던 감정을 정리하는 시간 안배 〈과제〉 감사카드 전달하기
8			최고의 행복	• 감사카드 전달 과제 나눔 • 몰입이란? • 몰입나무를 그리고 각자의 몰입경험 적고 나눔(조별작업) • 몰입 리스트 만들고(개별작업) 나눔 〈과제〉 소소한 일상의 몰입경험 실천해 보기
9	삶의 목적	삶의 의미 찾기	나의 강점과 비전	• 몰입 경험과제 나눔 • 강점 체크리스트(24 CSV 체크리스트) • 나의 강점과 연관되는 과거에 잘된 일 나눔 • 나의 강점과 연관해서 현실적인 비전 그리기 ⇒ 삶의 목적 확인 〈과제〉 가족의 강점 적어보기
10			비전 계획·배운점	• 가족강점 과제에서 배운 점 나눔 • 비전 Planning : 구체적, 현실적인 계획하기 • 〈나의 다짐〉 작성하고 발표 • 프로그램에서 배운 점 나눔 〈사후검사〉

CHAPTER 10

단계별 집단대상 사회복지실천기술의 적용

집단단계에 대한 구분은 학자에 따라 다양하나 여기서는 집단단계를 준비단계, 성원들이 처음으로 집단에 모여 집단을 시작하는 초기단계, 성원들의 문제나 욕구를 해결하기 위한 목표를 달성해나가는 중간단계, 그리고 집단목표의 달성 여부와 관계없이 집단을 끝내야 하는 종결단계로 나누어 살펴보기로 한다. 각 단계에서 나타나는 집단성원과 집단의 공통적인 특징 및 집단의 성공을 증진, 방해하는 요인들을 탐색하고 이에 대한 사회복지사의 역할과 과제를 소개한다.

1. 준비단계

1) 사전준비의 중요성

효과적인 집단을 운영하기 위해서는 집단의 형성과 관련해서 충분한 시간을 가지고 계획해야 한다. 예를 들면, 누구를 위한 집단인지를 결정해야 하며 집단의 목표가 무엇인지를 결정해야 한다. 또한 집단의 크기는 어느 정도로 할 것인지, 집단이 어떤 구성원으로 구성될 것인지, 모임의 빈도와 기간은 어느 정도로 할 것인지, 모임을 위한 장소는 어느 곳으로 할 것인지, 평가방법은 무엇인지 등은 사회복지사가 집단을 운영하기 전에 치밀하게 계획해야 할 사항들 중의 일부분이다.

집단사회복지실천에서 사회복지사들은 집단의 사전준비를 게을리하기 쉽고 또한 그렇게 한 적이 많다고 할 수 있다. 사전준비에 소홀한 이유는 사회복지사가 사전준비를 하면 집단성원의 자기결정권을 침해한다고 생각하거나 집단의 사전준비에 대한 시간적 압박으로 인해 철저하게 준비하기보다는 대충하는 경우가 많다(Northern & Kurland, 2001). 하지만 집단이 실패하는 원인을 분석해 보면, 집단의 사전준비단계에서 철저히 준비하지 못한 데 기인한다고 볼 수 있다. 따라서 사회복지사가 집단의 사전준비의 중요성을 인식하고 이에 대해 철저히 준비하면 효과적으로 집단을 운영할 수 있을 것이다.

사전준비 및 계획과정을 통해 사회복지사는 집단에 대한 전반적인 밑그림 혹은 설계도를 그릴 수 있고, 이는 사회복지사가 집단을 잘 운영할 수 있는 자신감을 심어 준다. 또한 사전준비를 통해 사회복지사는 집단성원의 개개인에 대한 특성을 파악할 수 있고, 집단 전체 그리고 집단을 둘러싸고 있는 주변환경(예 기관 및 사회적 상황)을 파악할 수 있는 기회를 갖는다.

2) 준비단계에서의 과제

준비단계에서 집단성원의 현재 상태와 사회복지사가 해야 할 과제를 <표 10－1>에 제시하였다. 집단의 초기·중간·종결단계에서 집단성원과 집단의 특성 그리고 사회복지사의 과제가 단계별로 포함되어 있다. 표에서 보듯이 집단은 아직 구성되지 않은 상태이지만 사회복지사의 할 일은 여러 가지 이므로 꼼꼼히 준비하여야 한다. 즉, 집단성원을 임시적으로 선별하고, 집단의 모임이나 횟수, 기간, 공간, 규칙 등을 임시적으로 설정하며, 집단성원들의 욕구에 근거해서 집단의 내용과 목적, 목표를 어떻게 설정할 것인지 미리 예측해 보아야 한다. 또한 사회복지사는 집단에 영향을 줄 수 있는 기관의 정책이나 사회적 환경을 고려해야 한다. 특히 집단을 운영할 때 집단성원 개개인의 목표가 뚜렷이 설정되지 않으면 집단성원은 자신이 이 집단에 참여하는 이유나 동기를 파악하지 못할 수 있으므로 사전 접촉을 통해 개별성원의 목표를 설정할 필요가 있다. 이는 개별성원이 언제 집단 참여를 종료할 것인지의 판단기준이 된다.

〈표 10-1〉 집단의 준비단계에서의 사회복지사의 역할

집단성원의 특성	집단의 특성	사회복지사의 역할
• 예상 집단성원의 임시 구성 • 집단의 구조 임시 설정, 모임장소, 횟수, 기간, 공간, 규칙 • 집단의 내용, 목적, 목표를 임의 설정 • 집단성원의 욕구파악 • 집단 개별성원의 사전 접촉,개별목표 설정	(해당없음)	• 개별성원의 욕구 및 목표 파악 • 집단의 목적을 명료하게 설정하고 설명 • 집단구성에 영향을 주는 요인 파악 (예 기관의 정책, 장소, 의뢰, 공동 진행자 선정 유무와 협의)

출처 : 김성이 외(2004). 청소년복지학. 서울 : 집문당, p. 199 인용.

3) 집단계획

(1) 집단계획안

세부적인 집단계획안은 집단의 예비성원, 전체집단, 후원조직, 사회복지사 활동, 모임환경 등을 고려하여 집단실천의 근거를 명확히 할 수 있는 수단이다. 사전계획은 집단이 취할 방향과 집단을 위한 지도자의 목표에 도달하는 합리적인 구성을 선별하는 것이므로, 집단계획은 명확할수록 더 좋다.

집단계획안에는 일반적으로 다음과 같은 점들이 포함되고 설명되어야 한다.

① 집단의 1차적 초점은 무엇인가? 교육, 성장, 상호 공유인가 아니면 행동상의 변화인가?

② 집단의 목적은 무엇인가? 사회복지사가 달성하고자 하는 희망은 무엇인가?

③ 집단은 어떤 사람들을 대상으로 하는가? 그 대상의 충족되지 않는 욕구는 무엇인가?

④ 집단은 두 명의 사회복지사를 필요로 할 것인가? 그렇다면 누가 집단을 지도할 것인가?

⑤ 집단에는 누가 참여할 것인가? 성원들은 어떻게 선발할 것인가?
⑥ 집단이 그 목적을 달성하기 위해서 집단성원의 수는 어느 정도가 가장 적절한가?
⑦ 성원들은 집단에 대하여 어떻게 준비해야 할 것인가?
⑧ 집단에서 어떤 문제 또는 논제가 다루어질 것인가?
⑨ 어디에서 집단모임을 가질 것인가?
⑩ 최초 모임에 들어가면서 어떤 사람(지도감독자, 기관장, 수위)을 염두에 두어야 하는가?
⑪ 집단 초기에 어떤 기본적 규칙들이 정해져야 하는가?
⑫ 사회복지사의 역할은 무엇인가?

(2) 집단목적

집단목적은 집단의 궁극적인 목표이자 존재이유이다. 일반적으로 집단의 목적은 클라이언트 개개인의 욕구를 고려하여 집단지도자 또는 기관 직원에 의하여 결정된다. 또한 집단목적은 기관이나 조직 자체의 승인, 목적, 임무의 틀 안에서 설정된다. 집단형성의 목적이 클라이언트의 실제적인 욕구에 바탕을 두게 되면, 집단에 참여하는 개인들의 목표들은 기관 및 사회복지사의 목표들과 조화를 이룰 것이다. 세 가지 주요한 목표유형들－기관이나 조직의 목표, 사회복지사의 목표, 그리고 집단성원들의 목표－의 공유영역은 집단노력의 핵심뿐만 아니라 에너지의 원천이 된다.

집단목적의 간략한 진술은 집단모임의 이유, 집단진행 방식, 참여자들에게서 요구되는 기대 등에 관한 정보로 구성된다. 목적은 그 특성상 광범위할 수밖에 없으나, 성원들에게 집단이 도움이 될지 결정할 수 있는 정보를 제공할 수 있을 정도로 분명해야 한다. 다음은 목적진술의 예이다.

예 1 : 집단은 이혼한 부모들의 자녀를 대상으로 한다. 성원들은 유사한 경험을 가진 또래의 지지를 통하여 관심사를 논의하고, 그들의 상실을 슬퍼하고 치유할 수 있는 적절한 대처기술을 발달시키고 격려받을 것이다.

예 2 : 집단은 정신과 병동에서 생활하는 새 환자들을 대상으로 한다. 논의는 병원에서의 생활에 대한 안내와 불필요한 스트레스의 감소에 초점을 둘 것이다. 성원들은 특정 문제를 제기할 수 있으며, 직원과 다른 환자로부터 조언을 받을 수 있다.

(3) 잠재적 성원의 모집과 선별

사회복지사는 모집절차를 통하여 적절한 수의 잠재적 성원을 확보하여야 한다. 모집과정에서 전문가는 잠재적 성원을 확인하고 이들이 집단에 관심을 가질 수 있도록 다양한 방법을 활용하여야 한다. 잠재적 성원은 기관 내부, 다른 조직 또는 지역사회에서 모집할 수 있다.

기관 내에서 잠재적 성원은 동료 직원이 다루는 사례, 기관의 기록 또는 주소록을 통해서 확인할 수 있다. 잠재적 성원들이 기관이나 사회복지사에게 특정 서비스를 요청해오기도 하는데, 이런 경우 별도의 모집과정이 필요 없을 수도 있다. 또한 서비스를 기다리고 있는 사람 중 집단을 통하여 이익을 얻을 수 있는 사람이 있는지를 확인하기 위하여 기관의 대기자 명단을 활용할 수 있다.

기관 내에 잠재적 성원이 부족한 경우에 타 기관에 의뢰를 요청할 수 있다. 특정 인구학적 특성을 지닌 사람이나 특정 문제를 가진 사람들로만 집단을 구성하려는 경우에 타 기관 의뢰가 필요한 경우가 많다. 타 기관에 의뢰하는 경우 그 기관의 책임자와 잠재적 성원을 확인할 수 있는 일선의 직원들에게 집단의 목적에 대해서 분명하게 설명해야 한다. 지역사회 내에서 성원이 될 수 있는 사람이 어느 정도인지를 알기 위해서는 인구조사자료를 검토하거나 지역지도자, 경찰, 교사, 종교인 등을 통해 정보를 수집하고 평가할 수 있다.

이상과 같은 성원모집의 원천을 찾았을 때 잠재적 성원에 접근하는 방법을 정해야 한다. 성원모집 방법은 다양한 홍보방법을 강구해야 하는데, 성원과의 직접적인 접촉, 안내문 게시, TV 또는 라디오를 통한 홍보, 인쇄물 배포나 신문을 통한 방법, 온라인 매체, 지방자치단체가 운영하는 홈페이지 등이 있다. 비교적 효과적인 방법으로는 잠재적 성원에게 직접 접촉하거나 그들에게 집단을 소개하는 짧은 안내문을 우송하는 것이다(Toseland & Rivas, 1995). <표 10-2>는 새내기 부모를 위한 "충분히 좋은 부모" 되기 집단모임의 홍보를 예로 제시한 것이다.

〈표 10-2〉 집단홍보 예시

> **새내기 부모를 위한 "충분히 좋은 부모" 되기 집단모임**
>
> 생후 6개월부터 2세 자녀를 둔 부모를 위한 "충분히 좋은 부모" 되기 집단모임에 여러분을 초대합니다. 본 집단모임은 유아양육, 가사분담, 자녀훈육, 자녀양육과 관련된 지원 등 자녀를 둔 부모의 관심사에 관해 토의하는 것을 목적으로 합니다.
>
> ■ 후원기관
> ○○○건강가정지원센터
>
> ■ 집단지도자
> 박○○ 사회복지사
>
> ■ 참가자격
> 생후 6개월부터 2세 자녀를 둔 모든 부모
>
> ■ 일시
> 매주 화요일 저녁 7시 30분~9시 30분까지(2개월간)
>
> ■ 탁아
> 본 집단모임에 참여하실 부모님들을 위해 탁아서비스를 제공하고 있으니, 자녀를 저희 센터에 데리고 오시기 바랍니다. 그리하여 자녀 걱정없이 집단모임에 참여하시기 바랍니다.

모집과 관련하여 고려해야 할 사항은 모든 잠재적 성원이 집단의 구성원이 되기에 적합한 것은 아니라는 것이다. 사회복지사는 어떤 클라이언트가 집단을 통하여 도움을 받을 수 있는지를 확인해야 한다. 클라이언트와의 면접, 클라이언트에 대한 관찰, 가족이나 클라이언트를 아는 사람과의 면접 등을 통하여 그들의 관심사, 욕구, 문제 등에 대해서 구체적인 정보를 수집하고 이를 집단의 목표와 연결시켜야 한다. 잠재적 성원이 될 수 있는지를 사정하는 데 주요한 사항은 잠재적 성원이 사회복지사가 집단이 직면한 과제나 관심사라고 생각하고 있는 것을 공유하고 있는지를 결정하는 것이다. 집단과업에 대한 지각이 같으면 집단결속력이 생기고, 집단기능에 대한 성원의 만족도가 증가하며, 사회복지사가 집단의 목적을 달성하는 데 장애요인이나 저항을 극복하는 데 많은 시간을 할애하지 않아도 된다.

또한 선별에서 고려되어야 할 것은 잠재적 성원의 사회정서적 능력이다. 클라이언트의 현실검증능력, 의사소통능력, 인식능력, 타인과의 감정공유능력 등은 클라이언트가 집단으로부터 도움을 얻을 수 있는 정도에 영향을 미친다. Corey(1999)는 집단에 적합하지 않은 사람으로서 극도의 위기상태에 있는 사람, 자살 가능성이 있는 사람, 아주 의심이 많은 사람, 타인을 지배하려는 욕구를 가진 사람, 적대적이고 공격적인 사람, 매우 자기중심적인 사람, 자아가 약한 사람 등을 들고 있다. 모든 집단으로부터 어떤 종류의 사람이 제외되어야 한다고 범주화하기는 어려우며 결정은 집단의 특성에 따라 이루어져야 할 것이다.

(4) 집단참여에 대한 비자발성의 극복

잠재적 성원의 일부는 집단의 필요성을 느끼지 않을 수도 있다. 의무적으로 집단에 참여해야 하는 비자발적인 상황에서 그런 경우가 많다(예 보호감호소, 교정시설, 정신병원에서 알코올중독 환자, 인격장애 환자, 약물남용 환자 등). 집단참여에 대한 상당한 저항이 있을 수 있으므로 사회복지사는 이를 극복할 수 있는 준비가 되어 있어야 한다. 비자발적인 잠재적 성원에게 집단의 가치를 확신시키는 효과적인 방법 중의 하나는 그들의 이야기를 기꺼이 들어주고, 그들의 고통에 진솔한 관심을 보여주며, 그들의 생각과 감정을 이해해 주는 것이다. 이때 사회복지사의 목표와 자세는 정서적인 유대관계를 수립하고 협조관계를 시작하는 것이다. 이것은 이들이 가지고 있는 분노, 좌절, 적개심, 두려움, 기대 등을 듣는다는 것을 의미한다. 또한 그 개인에게 무엇이 중요한지를 인식하고, 그의 고통에 관하여 진실된 관심을 보이며, 개인이 존중받을 가치가 있는 사람이라는 것을 전달해야 한다.

4) 집단구성

집단을 구성할 때 고려해야 할 몇 가지 사항들이 있다. 집단에 누가 참여할 것이며, 누구를 배제할 것인가? 특정 집단에서는 모든 지원자들이 적합한 것은 아니며, 지원자의 욕구가 어떤 집단 또는 어떤 활동방법에 의하여 가장 잘 충족될 수 있는지를 미리 결정하는 것이 중요하다.

(1) 동질성과 이질성

① 동질적 집단

집단성원의 동질성이란 성원들의 집단참여 동기, 목적, 문제 등과 함께 인구사회학적 특성들이 유사해야 함을 의미한다. 집단성원 개개인의 집단에 참여하는 동기 또는 목적이 집단의 목적과 동일할 때, 집단성원들은 집단과정에서 많은 것을 얻을 수 있다. 또한 집단성원들의 연령, 교육수준, 문제유형 등이 유사할 경우 집단성원들 간의 상호작용이 더욱 활발해질 수 있다. 한편 집단성원들의 특성이 지나치게 동질적이면 오히려 부정적인 결과를 가져올 수도 있다. 예를 들어, 아동학대 가해부모를 대상으로 한 집단 프로그램의 성원들이 모두 아동학대 가해자일 경우, 이들은 아동의 처벌에 대한 정당성을 주장할 가능성이 높으며, 이는 가해자들의 잘못된 인식을 강화시켜 주게 될 것이다. 아동학대 가해자 프로그램이지만 집단성원들 가운데 아동학대 피해자인 사람들을 사전준비과정을 통해 선별·참여시키면 피해자의 입장을 들어볼 수 있게 되어 보다 객관적인 관점을 제공할 수 있을 것이다.

② 이질적 집단

집단성원의 이질성이란 성원들의 주요 특성에 차이가 있음을 의미한다. 집단성원들의 대처능력, 인생경험 등은 이질적인 경우가 대부분이다. 이와 같은 이질성은 집단의 자산이 될 수 있다. 예를 들면, 집단성원들은 다른 성원들이 문제를 해결하기 위해 사용하는 대처기술 또는 전략 등을 배울 수 있기 때문에 집단은 각기 다른 능력과 경험을 지닌 성원들이 상호 간에 배울 수 있는 기회를 제공한다.

한편 집단성원들의 특성이 지나치게 이질적이면 집단 전체 및 개별 성원에게 역효과를 가져올 수 있다. 예를 들어, 성원들이 모두 남성인 데 비해 유일하게 여성이라든지, 정신분열증을 앓고 있는 환자들을 주요 대상으로 한 집단 프로그램에 우울증을 가진 환자, 불안을 가진 환자, 섭식장애를 가진 환자가 포함되어 있다면 집단운영에서 초점과 목적이 흐려질 수 있다.

(2) 폐쇄형 집단과 개방형 집단

① 폐쇄형 집단

폐쇄형 집단이란 개방형 집단과는 달리 집단이 진행되는 동안 새로운 성원을 받아들이지 않는 집단이다.

폐쇄형 집단이 적합한 경우

- 교육집단 : 동일한 집단성원들로 시작하고 종결함으로써 집단성원들의 성과를 강화할 필요가 있는 교육집단
- 10대 미혼모집단 : 미리 정해진 내용의 양육기술을 교육하고 훈련시키는 것을 목적으로 하는 집단
- 심리치료집단 : 성원들의 정신역동적 분석과 이해를 통해 현재의 상황을 이해할 목적으로 구성된 집단

② 개방형 집단

개방형 집단이란 집단이 진행되는 동안 새로운 집단성원이 참여할 수 있는 집단을 말한다.

개방형 집단이 적합한 경우

- 거주시설, 병원 등에서 운영되는 치료집단 : 집단성원이 치료를 마치고 퇴원을 하여 집단에 여석이 생길 경우 새로운 성원이 집단에 합류함
- AA모임(자조집단) : 알코올중독으로부터 회복 중인 클라이언트들은 지역사회 내에 있는 공개 AA모임에 자유롭게 참여할 수 있음

• 위기상황 : 위기상황에 처해 있는 사람들은 새로운 집단이 형성될 때까지 기다릴 필요 없이 언제든지 개방형 집단에 참여할 수 있기 때문에 개방형 집단은 치료의 대안이 될 수 있음

집단의 유형을 결정하기 위해서는 각 집단유형의 장단점을 검토해야 한다. 〈표 10-3〉은 두 집단의 장점과 단점을 제시하고 있다. 개방형 집단과 폐쇄형 집단 중 어떤 집단유형을 선택하는지는 앞으로 운영하게 될 집단의 목적, 실천적 상황 등과 관련이 있다. 개방형 집단일 경우 새로운 집단성원이 참여함으로써 집단과 성원들에게 자극을 줄 수 있는 반면 집단의 안정성을 해치거나 응집력을 약화시킬 수 있다.

〈표 10-3〉 폐쇄형 집단과 개방형 집단의 비교

집단 유형	장 점	단 점
폐쇄형 집단	• 집단성원의 역할과 집단규범이 안정적임 • 집단응집력이 강함	• 다수의 성원이 탈퇴할 경우 나머지 집단성원에게 미치는 영향이 큼 • 새로운 정보나 내용이 없을 수 있으므로 지루해함
개방형 집단	• 새로운 집단성원의 참여가 집단과 성운들에게 자극이 됨 • 집단 가입과 탈퇴 조건이 유연함	• 집단성원의 잦은 교체는 집단응집력을 약화시킬 수 있음 • 새로운 집단성원이 집단 소속감을 갖는 데 문제가 있음

(3) 집단의 구조

① 집단의 크기

집단을 효과적으로 운영하기 위해서는 집단의 규모도 고려해야 한다. 집단의 규모는 집단성원의 연령, 집단의 유형, 집단의 목적, 공동치료자의 참여 등을 고려하여 결정해야 한다. 우선 집단성원의 연령 면에서 본다면 아동과 청소년의 경우, 성인보다 관심을 많이 기울여야 하기 때문에 성인을 위한 집단보다 그 규모가 작은 것이 좋다. 일반적으로 성인집단의 경우 8명 정도로 구성하는 것이 좋으며, 아동 및 청소년 집단의 경우에는 이보다 적은 수의 성원

으로 구성하는 것이 좋다. 또한 집단성원이 매 회기마다 참석하는 것이 어렵기 때문에 소수의 결석인원이 있음을 감안하여 집단성원의 수에 다소 여유를 두는 것이 좋다. 따라서 8명의 성원이 참석하는 집단의 규모는 10명 정도가 적당하며, 이를 통해 결석과 집단에서의 탈락이 주는 부정적 효과를 최소화할 수 있다.

집단의 규모는 집단의 목적에 따라서 달라질 수 있는데, 청소년 성교육집단과 같은 교육집단은 특정 문제를 해결하기 위해 구성된 치료집단(예 약물남용, 청소년 집단, 사회성 기술 향상을 위한 정신지체장애인 집단)보다 집단의 규모가 커질 수 있다. 집단의 규모와 관련해서 정해진 규칙이 있는 것은 아니지만, 집단성원이 너무 많을 경우 집단을 통제하기 어려운 점이 있고, 집단 규모가 작을 경우 집단성원들 간의 풍부한 상호작용을 기대하기 어렵고 집단의 장점을 상실하기 때문에 집단성원의 연령, 집단의 목적 등을 고려하여 적정 규모의 집단을 유지하도록 해야 할 것이다.

② 집단모임의 빈도와 시간

모임의 빈도와 시간을 결정할 때 고려해야 할 사항 중의 하나가 집단성원의 연령이다. 아동이나 청소년의 경우 성인에 비해서 참을성이 적고 산만하기 때문에 가능하면 모임의 시간은 짧게 하면서 모임을 자주 갖는 것이 좋다.

성인의 경우 일주일에 1회 모임을 갖는다면 아동이나 청소년 집단의 경우 심도 있는 개입을 위해서 1주일에 2회 정도로 모임을 계획할 수 있다. 개방형 집단에서는 집단성원의 교체가 잦기 때문에 집단성원들의 참여의 지속성을 유지하기 위하여 자주 모임을 가질 필요가 있다. 또한 위기집단에서는 긴급한 개입을 요하게 되므로 하루에도 여러 차례 모임을 가질 수 있다.

모임의 시간(length)은 성인의 경우 1시간 30분 또는 2시간 정도가 좋다. 아동이나 청소년 집단은 성인 집단보다 짧게(60~90분) 운영하도록 한다. 학교 내에서 집단을 운영할 경우에는 학생들의 수업일정을 고려해야 하며, 모임시간을 수업시간에 맞추도록 해야 할 것이다. 한편 집단이 모이는 시간(time)에 대한 배려도 필요하다. 예를 들어, 직장인을 위한 집단모임은 점심이나 저녁

시간을 이용하는 것이 좋지만, 주부들을 위한 모임은 자녀나 남편이 학교나 직장에 등교 및 출근한 후와 이들이 집에 돌아오기 이전이 좋을 것이다.

이는 집단성원들이 일상생활에서 맡은 책임이나 업무에 지장을 주지 않도록 배려하는 것이며, 필요할 경우 부가적인 서비스(예 유아를 돌볼 수 있는 놀이시설, 간식, 지체장애인을 위한 차량지원 등)도 고려해야 한다. 반면 학생들을 위한 집단의 모임은 학교의 수업시간 중 일부 혹은 방과 후 시간을 활용하도록 하는데, 학교에서의 집단모임은 학생들이 대부분 학교에 출석하기 때문에 집단의 출석률이 매우 높은 장점을 가지고 있다. 또한 집단모임의 빈도와 시간을 고려할 때 집단을 운영할 사회복지사와 자원봉사자 그리고 보조진행자의 근무시간, 기관의 폐관시간 등을 함께 고려해야 하지만, 집단성원의 서비스 접근성이 우선적으로 고려되어야 한다.

③ 집단의 지속기간

집단의 지속기간은 집단을 시작할 때 집단성원에게 미리 알려주는 것이 좋다. 그 이유는 집단이 언제 종결되는지를 아는 것 자체가 집단성원에게 자극이 될 수 있기 때문이다. 이는 교수가 학생들에게 과제 제출일을 미리 공지하게 되면, 학생들이 과제를 위한 계획을 세워 일정에 맞추어 과제를 수행하는 것과 유사한 것이다. 집단 규모와 모임의 빈도 및 시간을 결정할 때와 마찬가지로 집단의 기간도 집단의 목적과 유형 등에 따라 차이가 있기 마련이다. 그러나 집단의 기간이 지나치게 짧으면 집단성원들이 생산적이고 의미 있는 변화를 이루기에 부족할 수 있기 때문에 사회복지사는 집단의 기간을 결정할 때에도 신중해야 한다.

④ 집단모임의 장소

집단모임을 위한 장소는 기관의 물리적 환경에 따라 결정되나, 집단성원의 비밀이 보장될 수 있는 장소를 선택해야 한다. 만약 집단 내에서 성원들 간의 대화가 외부에 들리게 된다면, 집단성원들은 불안해하거나 집단참여가 떨어지며 결과적으로 이들에게서 보다 진솔한 대화를 기대하기 어렵다. 또한 집단성원들의 신분이 밖으로 노출되지 않는 장소를 선택해야 한다. 예를 들어, 약물사용으로 인해 수강명령을 받은 클라이언트의 경우 자신의 신분을 숨기는 성향이 강하기 때문에 사회복지사는 모임의 장소를 선택하는 데 특별히 신중해야 한다. 종종 집단을 대강당에서 하거나 정리가 잘 되어 있지 않은 장소에서 하게 되는 경우가 있는데, 이와 같은 장소는 집단성원들의 집중력을 흩뜨릴 수 있기 때문에 집단을 위한 적합한 장소가 아니다. 즉, 집단성원들에게 편안함과 안락함을 제공할 수 있는 장소가 집단의 운영에 긍정적인 영향을 줄 수 있다.

모임을 위한 장소를 결정하는 것과 더불어 좌석배치도 사전에 계획해야 한다. 일반적으로 집단성원과 사회복지사 모두 서로를 볼 수 있는 원형이 좋다. 이럴 경우 사회복지사는 각 집단성원과 눈맞춤을 할 수 있고 그들의 비언어적 행동을 관찰할 수 있는 장점이 있다. 이런 장점은 집단성원들도 마찬가지로 서로에게 집중할 수 있는 효과를 가져올 수 있다.

만약 집단모임의 장소에서 활동을 할 예정이라면 하고자 하는 활동에 필요한 공간적인 여유를 고려할 필요가 있다. 예를 들어, 대화 위주의 지지모임은 원형으로 앉아 이야기할 수 있도록 하되 성원들 간에 적당한 거리를 둘 수 있도록 해야 하지만, 활동 위주의 집단(예 공예나 만들기 혹은 보드게임 등)을 진행할 경우에는 직사각형 혹은 원형 테이블에서 활동물을 여유 있게 활용할 수 있는 충분한 공간이 제공되어야 한다. 경우에 따라서는 집단성원들에게 간식과 간단한 음료를 제공할 수도 있는데, 이때 간식과 음료수를 활동하는 공간과 분리하도록 하여 집단활동에 방해가 되지 않도록 해야 한다.

(4) 공동진행자에 대한 고려

사회복지사는 집단을 운영할 때 집단의 목적, 크기, 성원의 특성에 따라 공동진행자를 참여시킬 것인지를 결정해야 한다. 공동진행자는 집단을 운영할 사회복지사와 동등한 위치에서 집단운영에 참여하게 되는 것으로 보조진행자나 자원봉사자로 집단에 참여하는 사람들의 역할과는 구별된다. 공동진행자가 함께 집단운영에 참여하게 되면, 사회복지사가 집단과정에서 미처 파악하지 못한 부분을 공동진행자가 파악해 줄 수 있을 뿐만 아니라 공동진행자의 관점과 사회복지사의 관점이 공유되어 협력관계가 형성되면 집단운영에 많은 혜택을 제공할 수 있다. 예를 들면, 성교육 집단 프로그램에서 사회복지사와 공동진행자가 남녀 사회복지사로 구성되어 있으면 성에 대한 남, 녀의 관점 차이와 이에 대한 극복과정을 집단과정에서 표출함으로써 집단성원들에게 다양한 관점과 이에 대한 이해를 제공하는 이점이 있다. 반면 사회복지사와 공동진행자 간에 갈등 혹은 경쟁관계가 발생하면 집단운영에 차질을 가져올 수 있다. 공동진행자를 선정하는 데 있어 지도감독자－실습생이 함께 진행하는 것은 이미 기관 내의 위계질서가 형성되어 있는 관계로 바람직하지 않을 수 있다. 즉, 실습생은 지도감독자의 집단운영에 소극적으로 참여할 가능성이 있기 때문이다. 따라서 이럴 경우 지도감독자는 실습생이 집단에 적극적으로 참여할 수 있도록 회기가 끝나면, 집단의 긍정적인 점과 목적을 방해한 요인들에 대해 함께 검토하고 적용된 기술에 대해서도 인식을 공유하도록 하여야 한다.

2. 초기단계

1) 초기단계에 필요한 사회복지실천기술

(1) 초기단계의 특징

우리가 처음 대학에 입학했을 당시의 기억을 되살리면 초기단계의 특징을 이해하는 데 많은 도움이 되리라 생각된다. 모두 새로운 얼굴들이고 그들의 이름도 몰라 같은 학과 친구들 간의 관계가 매우 서먹서먹하였을 것이며, 강의실을 찾지 못하고 헤매던 기억, 강의내용과 방식도 이전 교육방식과는 다르기 때문에 새로운 교수법에 적응해야 하는 어려움도 경험했을 것이다. 새로운 환경에 대한 적응을 도모하기 위해 각 대학에서는 신입생을 상대로 오리엔테이션을 실시하여 앞으로의 대학생활에 필요한 정보를 제공하기도 한다. 클라이언트와 함께 할 집단의 경우도 마찬가지로 초기단계의 클라이언트는 앞으로 경험하게 될 집단에 대한 오리엔테이션을 필요로 한다.

① 집단성원의 특성

집단성원과 집단 전체가 초기단계에서 나타내는 특성과 사회복지사의 과제를 정리하면 <표 10-4>와 같다.

〈표 10-4〉 집단 초기단계에서의 집단성원과 집단의 특성 및 사회복지사의 역할

집단성원의 특성	• 낯선 사람에 대한 불안, 불신 • 사회복지사와 대화 시도 • 탐색 및 거리감 유지 또한 친해지려는 노력을 보임 • 성공할 수 있을 것인지에 대한 불안감 • 집단에서 도움을 받아 성공할 수 있을지에 대한 두려움
집단의 특성	• 집단, 사회복지사, 집단성원에 대한 오리엔테이션 • 집단의 규범, 가치, 대화 양식 등을 설정 • 집단의 목적을 공유 • 집단성원 간 공통점 모색 → 응집력에 영향을 준다.
사회복지사의 역할	• 비밀보장에 대해 설명 • 집단성원이 사회복지사에게 의존하므로 사회복지사의 적극적인 개입이 요구됨 • 집단성원의 불안감을 감소시킴 • 집단의 목적을 모두가 공유하게 함 • 집단성원 간의 공통점을 찾아 연결시킴 • 집단의 규범이 설정되도록 도움

초기단계에서 집단성원들은 낯선 사람과 새로운 환경, 즉 집단에 대한 불안과 불신감, 두려움과 저항감을 갖는다. 예를 들어, '내가 집단 내에서 하는 말을 다른 성원들이 이해할 수 있을까?', '혹시 내가 이상한 사람으로 비춰지지 않을까?'와 같은 불안감을 가질 수 있다. 또한 자신을 일반적인 이미지 이상의 수준으로 타인에게 알려야 한다는 두려움으로 인해 집단성원은 불안감을 보이기도 한다. 따라서 새로운 사람과 접촉하기보다는 안면이 있는 사회복지사와 대화를 시도하려고 하여 사회복지사에게 주로 질문을 많이 한다. 집단성원들은 이 과정에서 다른 성원들을 탐색해 보기도 한다. 이때의 대화는 피상적인 내용이 많은데, 날씨, 교통, 모임장소 등에서 기관 이용경험 여부, 이전의

집단참여 경험 여부 등에 대해 질문을 한다. 반면 집단참여의 이유나 문제상황에 대해서 질문을 받게 되면 피상적으로 대답을 하는 경우가 많아 다른 성원과 거리 유지를 시도한다. 또한 집단에서 도움을 받을 수 있을지, 이 집단에서 자신의 문제나 어려움 혹은 관심사에 대한 궁금증을 해결할 수 있을 것인지 의구심을 갖기도 한다.

불안과 더불어 초기단계에 흔히 접할 수 있는 집단성원의 특성은 저항이다. 특히 비자발적 집단성원일 경우, 저항의 강도가 더욱 심할 수 있다. 국내에도 보호관찰제도가 도입되면서 보호관찰 대상자들에게 수강명령 또는 사회봉사명령을 부과할 수 있게 되었다. 수강명령과 사회봉사명령 집행을 위한 협력기관 중 사회복지 분야가 차지하는 비율이 가장 높아(노근성, 2004) 앞으로 사회복지사들이 보호관찰 대상자들을 접하는 경우도 점차 증가할 것이다. 그런데 보호관찰 대상자들은 비자발적인 클라이언트들이기 때문에 이들이 사회복지사와 집단에 대해 어느 정도 수준의 저항을 갖는다는 것을 어렵지 않게 추측할 수 있다. 앞서 언급한 것처럼 저항감도 다른 성원 및 사회복지사가 성원에게 가질 수 있는 심판적인 태도나 언행과 관련이 있으므로 사회복지사는 이를 언급할 필요가 있다. 예를 들면, 사회복지사는 성원들에게 '혹시 여러분 가운데 자신들이 한 얘기를 다른 사람들이 어떻게 생각할까 궁금해 하시나요?' 혹은 '여러분 가운데 이렇게 강제적으로 집단에 참여하시는 것에 대해 불쾌한 감정이 있을 수 있는데 이에 대해서 잠시 논의해 보는 것은 어떨까요?'라고 질문할 수 있다. 집단성원이 보일 수 있는 갈등이나 저항감의 구체적인 행동은 다음과 같이 나타날 수 있다.

초기단계에서 집단성원의 저항은 갈등으로 표현되기도 한다. 집단은 생활방식, 사고방식, 문화 등이 각기 다른 성원들로 구성되어 있기 때문에 집단성원들 사이에서 갈등이 일어날 수 있으며, 이러한 갈등은 다른 단계보다 초기단계에서 뚜렷하게 나타난다. 하지만 초기단계의 갈등은 불신감과 관련이 있지만 중간단계의 갈등은 문제해결과정에서 집단성원 간의 이해 및 의견차, 하위집단 간의 역동적인 상호작용 등으로 발생한다.

갈등을 반영하는 집단성원의 행동의 예

- 집단과 거리를 두고 앉는다.
- 말을 지나치게 많이 한다.
- 질문 또는 지나치게 많은 조언을 하면서 집단과정을 방해한다.
- 상대방을 비꼬거나 관심을 끄는 행동으로 집단을 지배하려고 한다.

② 집단의 특성

집단 전체로서는 개별성원, 사회복지사, 집단에 대한 오리엔테이션이 필요하다. 개별성원에 대한 소개, 사회복지사의 이름과 직책, 역할에 대한 소개, 집단의 목적과 구조(모임 횟수, 기간, 장소 등)에 대한 안내가 이루어져야 한다. 초기단계에서 사회복지사는 집단의 규범과 가치, 규칙(특히 비밀보장)에 대해 설명·논의할 필요가 있으며, 사회복지사에게 집중되는 질문들에 대해 적절하게 답해야 한다. 이때 사회복지사는 모든 질문에 대해 자신이 답하기보다는 다른 성원들이 답을 해볼 수 있도록 하여 대화가 일방형(one-way communication)보다는 다방형(multi-directional communication)이 될 수 있도록 한다. 예를 들어, 한 성원이 '우리가 얼마나 자주 여기에 와야 하나요?'라는 질문을 하였을 때, 사회복지사는 '혹시 여러분들 가운데서 이 질문에 답해 주시겠어요?'라고 함으로써 다른 성원들의 참여를 촉진할 필요가 있다. 이러한 방법은 집단성원들에게 앞으로 집단의 대화방식이 성원들 간에 진행되어야 함을 암시해 주는 기술이 된다.

③ 사회복지사의 역할

집단성원들 간의 공통점을 찾아 연결시켜 주는 일, 불안감을 감소시키는 일은 사회복지사에게 특히 중요한 역할이다. 예를 들어, 성원들이 자신이 집단에 오게 된 이유나 상황이 우울증과 관련이 있는 것 같다는 진술을 할 때, 사회복지사는 'A씨는 남편과의 갈등으로 우울해하시는 반면 B씨는 시댁식구들과의 갈등으로 우울해하시는군요. 하지만 두 분 사이에는 가까운 식구들과의 갈등으로 인해 겪는 우울이라는 공통점이 있군요'라고 함으로써 두 성원 간의 공통점을 연결시켜 줄 필요가 있다. 이 단계에서의 불안감은 비밀보장 혹은 다른 성원들의 심판적인 태도와 밀접한 관련이 있다. 즉, '다른 성원들이 나의 문제에 대해 알게 되면 나를 어떻게 생각할까?', '내 문제를 얘기하면, 다른 성원들이 친구나 식구들에게 얘기하지는 않을까?' 하는 걱정이 앞선다. 따라서 사회복지사는 이러한 불안감을 감소시키기 위한 노력으로 비밀보장의 원칙을 설명하고, 성원들이 비심판적인 태도, 비난적인 태도나 언행보다는 지지적인 언행을 보일 필요가 있음을 강조해야 한다.

④ 신뢰감

초기단계의 가장 뚜렷한 특징으로는 집단성원들 간의 신뢰감 그리고 집단성원들과 사회복지사 간의 신뢰감과 불신감을 들 수 있다. 앞에서 언급하였듯이 초기단계에서의 첫 모임은 성원들에게는 낯선 장소에서 낯선 사람들과의 모임이기 때문에 상호 간에 신뢰감이 매우 낮다. 그러나 집단 내에 신뢰감이 형성되지 않는다면 집단성원들 간의 상호작용은 피상적일 뿐만 아니라 집단성원 개개인의 자신에 대한 탐색도 이루어지기 어려울 것이다. 나아가 초기단계에서 신뢰감 형성이 어렵게 되면 집단의 응집력에 부정적인 영향을 미치게 된다. 이는 개인대상의 사회복지실천에서 클라이언트와 사회복지사 간에 신뢰관계가 형성되지 않으면 문제해결이 어려운 것과 마찬가지라고 할 수 있다.

⑤ 소속감

집단에 대한 소속감과 집단성원으로서의 자아정체성도 초기단계에서 고려해야 할 특징 중의 하나라고 볼 수 있다. 클라이언트 한 명을 상대로 하는 개별사회사업과는 달리 집단을 대상으로 하는 사회복지실천에서는 집단성원 각자가 집단에 대한 소속감을 갖고 참여할 때 집단성원 개개인과 집단 전체에 긍정적인 영향을 주게 된다. 예를 들면, 집단성원은 '내가 이 집단에 남을 것인가 아니면 탈퇴할 것인가?', '내가 이 집단에 적합하고 소속될 수 있을까?'와 같은 질문을 스스로에게 할 수 있을 것이다. 또한 집단에 참여하는 것이 가치가 있는지에 대해서도 의문을 갖는 성원들도 있을 것이다.

2) 초기단계에서 필요한 집단 개입기술

(1) 오리엔테이션

집단성원들이 처음 집단에 모이게 되면 낯설고 어색한 분위기를 경험하는 것은 지극히 당연하다. 따라서 사회복지사는 집단성원들을 상대로 오리엔테이션을 실시하며 앞으로 진행될 집단에 대한 정보를 제공해 주어야 한다. 일반적으로 첫 번째 모임에서 집단에 대한 오리엔테이션을 하게 된다. 오리엔테이션에 포함될 내용은 사회복지사에 대한 소개, 집단성원들의 소개, 집단의 목적에 대한 소개, 집단성원으로서의 역할에 대한 소개, 규칙에 대한 소개로 구성된다.

① 사회복지사의 소개

사회복지사가 집단성원들과 처음 대면했을 때 자신에 대한 소개, 예를 들면, 자신의 이름, 직위, 앞으로 운영될 집단 프로그램과 관련된 경력 등을 소개한다. 사회복지사는 자신이 소지하고 있는 자격증을 집단모임의 장소에 위치시켜 집단성원들이 담당 사회복지사의 자격증을 볼 수 있도록 하는 방법도 간접적으로 자신을 소개하는 방법 중의 하나다. 사회복지사 자신에 대한 소개를 마친 후 가벼운 주제(예 날씨, 교통 등)를 가지고 첫 모임을 시작하는 것도 좋은데, 이와 같은 방식은 집단성원들의 긴장감을 완화시킬 수 있기 때문이다. 그러나 지나치게 오랫동안 가벼운 주제에 집중하는 것은 금물이다.

② 집단성원의 소개

사회복지사는 집단성원 각자 자신에 대한 소개를 집단 전체에게 할 수 있도록 원조해야 한다. 집단성원에게 각자 자신의 이름을 물어보고 다른 집단성원들이 각자의 이름을 정확히 알 수 있도록 하며, 가능하다면 집단성원 각자가 집단에 참여하게 된 이유, 집단에 대한 기대 등을 표현할 수 있으면 더욱 좋다. 여기서 사회복지사가 집단성원을 효과적으로 흥미 있게 소개하는 것은 집단의 매력을 높이는 데 매우 중요한 과업이다. 이때 활용할 수 있는 활동기법의 예는 다음과 같다.

집단성원의 소개를 권유하는 방법

- 집단성원 개개인을 집단에 소개하는 가장 일반적인 방식
  사회복지사가 한 사람씩 돌아가며 자신을 소개하도록 권유하는 방식이다. 이러한 소개방식을 사용할 경우 제일 먼저 사회복지사가 자신을 집단에 소개한 후 집단성원들의 소개가 이어지게 된다. 그 이유는 초기단계 동안 사회복지사의 말과 행동은 집단성원들에게 자신들이 어떻게 행동하고 어느 정도까지 자신을 소개하는지에 대한 실마리를 제공하기 때문이다.
- 짝지어 소개하기
  둘씩 짝지어 서로에 대해 어느 정도 알게 된 후에 집단에 서로를 소개하는 방법이다. 다른 형태로는 두 팀씩 묶어 각자의 짝을 소개하도록 하는 방법으로 이 경우 자기 스스로를 집단에 소개하는 방식보다 효과적일 수 있다. 왜냐하면 집단성원들이 집단 전체를 상대하는 경우보다 일대일 관계 속에서 자신을 소개하고 노출하는 것이 더 용이하기 때문이다. 이때 시간을 효율적으로 사용하기 위해 지도자가 화제를 제한하는 방법도 있다(예 "각자에 대해 짝에게 말해 주되 가족, 일, 학교 같은 것 대신에 자신의 성격, 취미, 집단에 참여한 목적과 같은 개인적인 것에 대해서만 말해주세요"). 각자 기자가 되어 서로를 2분씩 인터뷰하고 인터뷰가 끝난 후 집단성원들은 자신의 파트너를 집단에 소개시키도록 한다. 사회복지사는 특히 상대방에 대한 신뢰감과 집단에 대한 소속감이 낮은 첫 모임과 초기단계 동안 집단성원들이 자신에 관해서 편안하게 얘기할 수 있도록 최대한 원조해야 한다.
- 1분 자서전
  네 명씩 짝을 지어 한 사람씩 1분간 자신에 대해 집단 성원에게 이야기해 준다. 이 방법 또한 화제를 제한하여 자신의 가치관, 삶의 목표, 참여동기에 관해 말하기 등으로 제시하여 소개하도록 할 수 있다.
- 더 깊게 알려주기
  우선 네 명씩 소집단을 만든다. 각 집단원은 5분간의 시간을 할당받는데, 첫 3분간은 '자신이 왜 이 시점에서 이곳에 오게 되었는지'를 다른 집단원에게 말해주고, 1분간은 '자신이 가장 행복했던 순간'에 대해 기술하고, 마지막 1분은 다른 사람들의 '질문에 답'한다. 먼저 지도자가 시작해 보임으로써 자기공개의 모델이 될 수 있다.

앞서 소개한 방법 가운데 한 사람씩 돌아가면서 자신을 소개하도록 하는 방법보다는 두 번째 세 번째, 네 번째 방법이 보다 선호할 수 있는 방법이 된다. 그리고 앞으로 진행될 집단의 여러 가지 논의과정에서도 돌아가면서 자신

의 의견을 말하도록 하는 방법은 가급적 피해야 할 것이다.

예를 들어, 여러분이 어떤 모임에 참석하여 자신의 소개를 부탁받았을 때의 감정을 떠올려보자. 대체로 앞 사람이 이미 한 얘기를 반복하거나 앞 사람이 한 방식대로 소개하게 된다. 심한 경우 앞 사람이 이름만 간단하게 얘기하면 모든 사람이 이름만 얘기하게 되어 집단성원의 소개가 매우 간략하게 된다. 그리고 사회복지사는 모든 성원들의 특성을 미처 파악하기도 전에 다음 주제를 떠올려 이에 몰입해야 하는 부담감을 갖는다. 이는 한편으로 사회복지사가 집단성원들의 저항감이나 불안에 편승하는 것이기도 하다. 사회복지사가 성원들에게 이름뿐만 아니라 집단에 참여하게 된 동기, 목적, 기대감 등을 이야기하라고 주문해도 성원들 모두가 이를 그대로 따라 하기는 어렵다. 그러므로 집단을 운영할 사회복지사는 첫 모임에서 성원들의 긴장감과 불안, 불신을 감소시킬 수 있는 다양한 방법과 활동을 강구할 필요가 있으며, 집단성원의 자기소개 방법은 집단의 운영방식과 논의과정에 많은 영향을 줄 수 있다.

③ 집단목적 소개

집단성원들이 동일한 문제 혹은 관심사를 가지고 있다 할지라도 사회복지사는 집단의 목적에 대해 명확하고 간결하게 설명을 해야 한다. 사회복지사가 집단의 목적에 대해 설명을 하지 않는다면, 집단성원들은 앞으로 전개될 집단과정에 대한 이해가 부족하기 때문에 불안해할 수도 있다. 역으로 집단성원들이 집단의 목적을 분명히 알게 되면 집단이 자신에게 필요한지 아닌지를 결정할 수 있으며 심리적 불안감도 줄어들 것이다. 집단의 목적을 소개하는 것과 더불어 사회복지사는 집단에서의 자신의 역할에 대해 설명해야 한다. 집단의 성격에 따라 사회복지사의 역할은 다양해질 수 있는데, 성교육 집단과 같은 교육집단일 경우 사회복지사는 교육자와 촉진자로서의 역할 등을 집단성원에게 설명해 줄 수 있다. 사회복지사의 역할에 대한 소개는 비자발적인 클라이언트(involuntary clients)로 구성된 집단일 경우 더욱 필요하다. 가정폭력, 약물사용 등의 문제로 법적 명령에 의해서 혹은 가족에 의해서 의뢰된 경우 강제적으로 집단에 참여해야만 한다는 사실에 대한 분노나 사회복지사에 대한 불신이 있을 수 있기 때문에 비자발적 클라이언트로 구성된 집단일 경우에는 집단의 목적과 사회복지사의 역할 그리고 사회복지사와 의뢰기관의 실무자(㉦ 학교 교사, 보호관찰관)와의 차이점 등에 대한 보다 상세한 소개가 필요하다.

예시 **음주운전자 수강명령 집단 프로그램 목적 소개**

사회복지사 : 저는 법원으로부터 앞으로 8주 동안 이 교육집단을 운영해 달라는 요청을 받았습니다. 제가 아는 바로는 여러분은 음주운전으로 구속되었기 때문에 수감 가능성을 줄이기 위해 이 모임에 참여한 것으로 알고 있습니다. 여러분 모두는 지금 다른 곳에 있었으면 하고 바랄 것입니다. 또 여러분 중에는 여기에 있게 된 것에 대해 화가 나 있는 분들도 계실 것입니다. 만일 제가 여러분의 입장이라면 분노와 당황함을 느꼈을 것입니다. 그러나 이러한 감정에도 불구하고 제가 바라는 것은 앞으로 있을 집단 모임을 통해 음주와 운전에 대한 지식을 습득하여 이를 활용하셨으면 하는 것입니다.

출처 : 김인숙 · 김용석(2002), p. 175.

④ 집단성원 역할 소개

집단성원들은 각자 집단에 참여하게 된 동기를 알고 있다고 하더라도 자신들의 문제를 해결하기 위해 집단 내에서 무엇을 해야 하는지 모르는 경우가 많다. 특히 이전에 집단 경험이 전혀 없는 성원들일 경우 자신의 역할에 대한 의문은 커질 수 있다. 집단성원이 자신의 역할에 대해 불분명하면 집단으로부터 탈락할 가능성이 크다. 집단성원의 역할을 소개할 때 집단의 규칙을 함께 설명할 수도 있는데, 이는 사회복지사가 집단성원에게 갖는 기대를 표현하는 것이기도 하다. 예를 들어, '여러분의 역할은 집단에 적극적으로 참여하는 것, 결석하지 않는 것, 남을 비난하지 않는 것 등이 있을 수 있습니다'라고 설명할 수 있다.

예시 집단성원의 역할 소개

사회복지사 : 우리 모두는 한두 번 문제를 가질 수 있습니다. 그것은 인간으로 살아가는 과정의 일부분이기도 합니다. 유사한 상황에 처한 사람들과 문제들을 얘기하는 것은 문제를 해결하는 데 도움이 많이 되는 것으로 알려져 있습니다. 이 집단은 여러분의 문제와 관심사뿐만 아니라 여러분의 희망과 꿈도 다른 사람과 공유할 수 있는 기회를 제공할 것입니다. 물론 여러분은 간직하고 싶은 모든 것을 얘기할 필요는 없으나, 집단성원들 간에 자유롭게 표현하고 상대방의 말을 경청하며 비밀보장의 원칙을 준수하길 기대합니다. 비밀보장 원칙이란 집단 내에서 토의된 내용을 집단 외부로 누설하지 않는다는 의미입니다. 집단 내에서 논의된 어떤 내용도 집단 밖에서 논의되어서는 안 됩니다

출처 : 김인숙 · 김용석(2002), p. 178.

⑤ 집단규칙

초기단계에 적용할 수 있는 사회복지실천기술 중의 하나가 집단규칙들을 세우고 이를 집단성원들에게 설명해 주는 것이다. 모든 집단에 공통적으로 적용되는 규칙을 살펴보면 다음과 같다.

첫째, 비밀보장이다. 즉, 집단 내에서 집단성원들 간에 논의된 내용을 집단 밖에서 논의하는 것을 금지하는 규칙을 집단성원에게 알리는 것은 매우 중요하다. 집단 내에서 논의된 내용들이 비밀보장될 때 집단성원들이 자유롭게 자신의 문제, 생각, 감정 등을 표현할 수 있기 때문이다. 만약 비밀보장이 되지 않을 경우 집단성원들은 상호 간에 불신이 생기고 집단의 참여도도 떨어질 것이다. 비밀보장의 원칙은 사회복지사에게도 적용되는데 예외는 있다. 예를 들면, 아동학대, 가정폭력, 약물남용 등의 문제로 인해 수강명령을 받은 집단일 경우 사회복지사는 필요한 정보를 외부에 보고해야 할 의무를 가지고 있다는 점을 집단성원들에게 사전에 주지시킬 필요가 있다. 또한 클라이언트의 문제가 클라이언트의 자신 또는 주변 인물에게 위협적일 경우 사회복지사는 비밀보장의 원칙을 준수하기보다는 클라이언트 또는 주변 인물의 안전을 위해 필

요한 조치를 취해야만 한다. 따라서 사회복지사는 집단성원들과 관련된 정보 중에서 비밀보장을 지킬 수 있는 정보와 외부에 보고해야만 하는 정보를 알려주는 것이 집단성원과 사회복지사 간의 관계형성에 도움이 될 수 있다.

둘째, 사회복지사는 집단성원들과 집단성원들의 행동과 관련된 규칙을 논의하고 결정해야 한다. 집단성원들의 출석과 지각에 관련된 사항, 모임 중에 흡연이나 음식물을 먹는 행위에 관한 사항, 친구나 주변 인물을 모임에 데리고 오는 것에 대한 사항, 집단 밖에서 집단성원들과 어울리는 것에 대한 사항 등과 관련된 규칙을 집단성원들과 함께 결정해야 한다.

사회복지사가 집단을 효과적으로 운영하는 데 필요한 모든 집단규칙을 집단성원들과 논의하고 결정하는 것은 어렵다. 하지만 초기단계에 집단규칙과 관련된 내용을 집단성원들과 함께 논의함으로써 그들에게 익숙하지 않은 집단이 어떻게 효과적으로 운영되는지에 대한 지도를 받을 수 있게 될 것이다.

예시 성공적인 집단을 운영하는 데 필요한 규칙들

- 다른 성원이 얘기하는 동안 방해하지 않고 경청하기
- 집단토의를 독점하지 않기
- 다른 성원들의 생각과 감정을 존중하기
- 진지하고 솔직하게 다른 성원들의 생각과 감정에 관해서 이야기하기
- 서로 신뢰하고 협력하기

(2) 신뢰감 조성

앞서 우리는 초기단계에서 집단성원들이 보이는 불신감을 다루었다. 여기서는 신뢰감을 조성하면서 불안과 저항을 줄이는 기술에 대해 살펴보고자 한다.

신뢰감 조성은 초기단계에서 핵심적인 사회복지사의 역할이다. 초기단계에서 집단성원들은 집단이라는 환경에 익숙하지 않으므로 사회복지사의 태도와 행동을 모방하기 때문에 사회복지사의 태도가 매우 중요하다. 즉, 사회복지사가 집단성원들에게 보이는 태도를 통해 집단성원들을 가르칠 수 있다는 것이

다. 만약 사회복지사가 집단성원이 하는 말을 비심판적으로 경청하고 집단성원 개인의 경험을 존중하는 자세를 보인다면, 집단성원들은 적극적 경청(active listening)의 가치를 인정하게 될 것이다. 만약 사회복지사가 집단성원의 문제나 배경과 관계없이 그들을 있는 그대로 수용하고 사회복지사 개인의 가치관을 집단성원들에게 적용하지 않는 자세를 보이면, 마찬가지로 집단성원들은 자신의 가치관과는 다른 집단성원들의 가치관을 수용하게 될 것이다. 결국 사회복지사가 집단 내에서 보이는 태도나 행동은 집단성원들이 서로를 신뢰하며 건설적이고 생산적인 방법으로 상호작용하는 방식을 가르칠 수 있는 가장 강력한 힘이 될 수 있다. 신뢰감 조성을 위해 필요한 사회복지사의 기본적인 태도와 기술은 주의집중 행동과 적극적 경청으로서 이는 개인대상 실천기술을 집단에 동일하게 활용하는 것이다.

(3) 집단성원의 불안 및 저항을 다루는 기술

앞에서도 언급하였듯이 초기단계에서 집단성원들이 불안해하고 저항하는 것은 극히 자연스러운 현상이다. 집단을 운영하는 사회복지사는 집단성원들의 불안과 저항을 다룰 수 있는 기술이 있어야 한다. 다음은 이러한 기술을 정리한 것이다.

집단성원의 불안과 저항을 다룰 수 있는 실천기술

- 집단성원들의 불안은 특히 초기단계에 자연스럽게 나타나는 현상임을 인식하고 이를 집단성원에게 설명하여 준다.
- 집단성원들 간의 갈등 또는 집단성원과 사회복지사 간의 갈등이 잘 다루어지지 않는다면 상호 간의 신뢰감이 저하될 뿐만 아니라 앞으로 전개될 집단과정에 부정적인 영향을 줄 것이다. 따라서 갈등은 반드시 인식되어야 하고 건설적인 방식으로 다루어져야 한다. 비록 집단 내의 신뢰감이 완전히 형성되기 전인 초기단계일지라도 집단 내에 존재하는 갈등이 성공적으로 해결된다면 집단성원들 사이의 신뢰감과 집단성원과 사회복지사 간의 신뢰감 형성에 긍정적인 영향을 줄 것이다.
- 집단성원이 보이는 저항은 사회복지사의 태도와도 관계가 있다. 예를 들어, 사회복지사가 집단을 위한 준비를 소홀히 하였다거나 혹은 클라이언트를 대하는 사회복지사의 태도가 공격적이고 심판적이라면 대부분의 클라이언트는 사회복지사를

신뢰하지 못할 뿐만 아니라 저항할 수도 있다. 따라서 사회복지사가 세션을 철저하게 준비하고 집단 내에서의 자신의 행동에 관해 주의하는 것이 집단성원의 저항을 줄이는 좋은 방법 중의 하나다.

(4) 목표설정

집단대상의 사회복지실천에서 사회복지사는 집단성원들을 위해 두 가지 목표를 설정할 수 있다. 집단목표와 개별목표가 그것이다. 집단목표는 집단에 참여한 모든 집단성원들의 공통목표이며 이는 집단의 목적에 따라 달라질 수 있다.

대부분의 집단에 적용할 수 있는 집단목표의 예

- 자아존중감 향상
- 자기주장성 향상
- 문제해결능력 향상
- 자신과 타인을 신뢰하는 것
- 독립적이면서 동시에 상호의존적으로 되는 것
- 가치관 명확히 하기
- 타인에게 유용한 피드백 제공하기

구체적인 집단목표의 예

- 노인집단 : 인생 경험에 대한 회고, 상실감 다루기 등
- 장애인 집단 : 장애에 대한 감정 표현, 지지체계 설정 등
- 약물남용 집단 : 효과적인 대처기술 학습 등

사회복지사는 집단목표와 더불어 집단성원 각자 개별목표를 설정하도록 원조하는 것도 필요하다. 초기단계에서 집단성원들은 집단으로부터 얻고자 하는 것 또는 집단경험을 통해서 변화를 이루고자 하는 것에 대해 모호한 생각을 가지는 경우가 대부분이다. 따라서 사회복지사는 집단성원들을 원조하여 집단성원들의 개별목표와 개별목표 달성을 위한 단계들이 구체화될 수 있도록 해야 한다. 구체적인 개별목표와 목표달성을 위한 단계들이 설정된다면 집단성원들의 집단참여도 한층 향상될 수 있으며, 집단성원이 집단에 대해 갖는 매력도 증가할 것이다.

사회복지사와 클라이언트가 목표를 설정할 때 참고할 만한 효과적인 목표설정 기준을 소개하면 다음과 같다(Egan, 1982, 엄명용 외, 2005 : 284 재인용).

집단성원의 개별목표가 설정되면 이를 문서화하고 종결단계에서 개별적으로 그리고 집단과 함께 목표의 성취 정도를 평가해 보는 것도 바람직하다. 개별목표계획서의 양식의 일례를 제시하면 다음과 같다.

효과적인 목표설정 기준

- 목표는 과정보다는 성취로 기술되어야 한다.
- 목표는 명확하고 구체적으로 기술되어야 한다.
- 목표는 측정 가능한 표현으로 기술되어야 한다.
- 목표는 현실적이어야 한다.
- 목표의 달성은 문제상황의 호전과 관련 있어야 한다.
- 목표는 클라이언트의 가치관과 문화에 어울려야 한다.
- 목표는 목표달성을 위한 기간을 명시해야 한다.

개별목표계획서

나(집단성원의 이름) ○○○ (는/은)

(집단 프로그램명) 자아존중감 향상 프로그램에 참여함에 있어 다음과 같은 목표를 (성취예정일) 2○○○년 ○월 ○일까지 성취하고자 한다.

목표 1 : 나의 성격의 긍정적인 면과 부정적인 면을 파악한다.

하위목표 :
1. 1. 나의 성격의 긍정적인 면을 세 가지 이상 파악해 낸다.
1. 2. 나의 성격의 부정적인 면을 세 가지 이상 파악해 낸다.
1. 3. 긍정적인 면을 강화시키고 부정적인 면을 수정할 방법을 각각 두 가지 이상 파악해 낸다.

목표 2 : ______________________________

하위목표 :
2. 1. ______________________________
2. 2. ______________________________
2. 3. ______________________________

참가자 : (이름) (서명)

집단지도자 : (이름) (서명)

년 월 일

(기관명)

(5) 집단운영

사회복지사가 계획한 틀에 맞추어 사회복지사가 전적으로 집단을 운영할 경우, 집단성원들의 자율성과 책임성이 줄어들게 되고 집단성원들은 사회복지사에게 의존하는 경향이(예를 들면, 사회복지사가 질문할 때만 얘기하는 현상) 생길 수 있어 집단성원의 성장을 방해할 가능성이 높다. 역으로 초기단계에서 집단운영을 집단성원들에게 의존할 경우 집단성원들은 집단 내에서 자신들이 어떻게 행동해야 하는지에 대해 익숙하지 않으므로 불안해하기 때문에 집단의 방향이 흐려질 가능성이 있다. 따라서 집단성원들의 자율성이 어느 정도 보장되고 집단이 올바른 방향으로 나아갈 수 있는 집단운영이 바람직하다.

효과적인 집단운영 방식을 위한 제안(Dies, 1983)
- 초기단계에서는 직접적인 지시와 교육이 집단발달을 촉진시킨다.
- 자기노출, 피드백 제공의 중요성을 인식시킨다.
- 집단성원의 바람직한 행동에 대해서 긍정적인 강화물을 제공한다.
- 사회복지사가 집단성원의 역할모델이 된다.
- 집단 내에서의 행동이 집단성원 각자의 생활에서 보이는 문제를 반영한다는 것을 인식시키고 집단 내에서 특정 행동을 변화시키려는 노력을 하는 것이 중요하다는 것을 이해시킨다.

① 시간 제한적이고 구조화된 집단운영

우리나라 사회복지실천현장에서 운영되고 있는 대부분의 집단 프로그램들은 사회복지사의 적극적인 개입이 요구되는 구조화된 집단운영방식을 택하고 있으며 기간도 짧다.

사회복지사는 클라이언트에게 도움이 되는 정보와 기술들에 관해서 많은 지식을 갖고 있기 때문에 종합사회복지관을 포함한 사회복지실천현장에서 자기주장훈련 프로그램, 사회기술훈련 프로그램, '화' 조절능력 강화 부모교육 프로그램, 자긍심 강화훈련 프로그램 등과 같은 프로그램을 운영하고 있으며, 실제로 다수의 클라이언트들이 이러한 프로그램을 통해서 많은 새로운 기술을 배우고 있다. 집단 프로그램의 효과성을 분석한 연구들도 구조화된 집단운영이 보다 효과적인 결과를 나타낸다고 보고하고 있다(Toseland & Rivas, 2001). 구조화된 집단 프로그램의 특성은 다음과 같다.

시간 제한적이고 구조화된 집단 프로그램의 일반적 특성

- 6회기에서 16회기로 구성
- 다루는 내용
  - 교육자료의 제공
  - 연습, 역할극 등
  - 교육자료 또는 집단성원이 집단 밖에서 경험한 문제들에 대한 토의
  - 과제수행
  - 모임에 대한 평가

② 집단회기를 시작하고 마무리하는 기술

집단을 운영하는 사회복지사는 회기를 시작하고 마치는 방법에 대한 기술을 갖추는 것도 필요하다. 사회복지사가 회기를 제대로 시작하지 못한다면 집단성원들이 회기 내에서 이루어지는 후속활동에 적극적으로 참여하지 못하는 결과를 초래할 수도 있다. 마찬가지로 사회복지사는 각 회기를 종결하는 방법에 대해서도 주의를 기울일 필요가 있다. 회기에서 다루었던 내용을 정리하거나 평가하는 기회 없이 시간에 쫓겨 갑작스럽게 회기를 종결하게 되면 집단회기의 중요성이 반감될 수도 있다. 따라서 집단을 운영하는 사회복지사는 집단회기를 효과적으로 시작하고 종결하는 방식을 미리 준비하고 이를 실천해야 할 것이다.

집단회기를 시작하는 방식

- 집단성원들에게 이번 회기 동안 다루기 원하는 것을 간략하게 질문한다. 특정 집단성원에 집중하기보다는 개별성원 모두에게 각자가 원하는 바를 얘기할 수 있는 기회를 제공하도록 한다.

- 집단성원에게 지난 회기와 관련된 생각과 느낌을 질문한다. 또는 만약 집단성원들 간에 혹은 집단성원과 사회복지사 간에 해결되지 않은 이슈가 있을 경우 이를 표현하도록 함으로써 집단이 보다 생산적으로 운영되도록 한다.
- 집단회기가 주별로 진행될 경우 집단성원에게 일주일 동안 경험했던 바에 대해 집단에 보고하도록 요청한다. 과제수행과 관련해서 성공하였거나 실패한 경험 등에 관한 질문이 포함될 수 있다.
- 지난 회기에 관한 사회복지사의 관찰, 생각 등을 표현하면서 회기를 시작할 수 있다.

집단회기를 마무리 짓는 방식

- 회기에서 다루었던 내용을 요약하는 것은 회기를 마무리하는 효과적인 방법이다.
- 참여도가 높은 집단성원을 인정해 주고 긍정적인 피드백을 제공한다.
- 과제수행 또는 집단에서 배운 것을 집단 밖의 문제상황에 어떻게 적용할지에 대한 계획을 이야기하도록 집단성원에게 요청한다.
- 집단성원에게 다음 회기에서 다루기 원하는 주제나 문제가 있는지를 질문한다.
- 회기에 대한 사회복지사의 생각 등을 표현하면서 세션을 마무리 짓는다.

3. 중기(개입)단계

1) 중기단계에 필요한 사회복지실천기술

(1) 개입단계의 특징

개입단계 혹은 중간단계에 필요한 사회복지실천기술을 다루기에 앞서 개입단계에서 나타나는 일반적인 특징을 살펴보는 것이 필요하다. 낮은 신뢰감과 소속감, 불안 및 저항으로 특정 지어지는 초기단계가 성공적으로 다루어졌다면 집단은 보다 생산적인 단계로 이동하게 된다. 초기단계와 비교해 볼 때 개입단계에 접어들면 집단성원들은 집단에 대한 소속감이 증가하고 다른 집단성원과 사회복지사에 대한 신뢰감도 증가하게 된다.

집단성원들 간에 신뢰감이 있다는 것은 자신의 생각과 감정을 집단 내에서 자유롭게 표현할 수 있다는 의미이며, 이는 집단의 응집력을 강화시킨다. 비록 집단 내에서 활발하지 않은 성원이라고 하더라도 자신이 언제든지 집단에 참여할 수 있다는 것을 알게 되면, 이 집단성원의 존재 자체가 집단의 생산적 활동을 저해하는 요인이 되지 않는다.

신뢰감의 증가 및 소속감의 강화와 더불어 개입단계에서 나타나는 특징 중의 하나는 집단성원들의 대인관계기술이 향상된다는 점이다.

예를 들면, 집단성원들은 다음과 같은 대인관계기술을 갖추게 된다.

- 서로를 경청할 수 있는 능력이 증진된다.
- 집단성원들 간의 의사소통도 보다 공개적이며 집단성원들은 집단 내에서 경험한 바를 보다 정확하게 표현하게 된다.
- 집단성원들 간의 상호작용이 보다 자유롭고 직접적이다.
- 집단성원들은 자신을 다른 집단성원들에게 알리게 되며 자신들의 개인적 관심사를 집단에게 털어놓는다.
- 집단성원들 간의 갈등이 인식되며 이를 효과적으로 다룰 수 있게 된다.
- 집단성원들 간에 피드백을 주고받을 수 있으며 사회복지사 또는 다른 집단 성원들의 직면을 비방어적인 태도로 받아들일 수 있는 능력이 생긴다.

집단성원들의 향상된 대인관계기술은 그들의 자율성을 증진시키고 사회복지사에 대한 의존도를 상대적으로 줄이도록 한다. 다시 말해서 개입단계는 집단성원들의 변화를 이끌어 내기 위한 사회복지사의 구체적인 개입이 이루어지는 단계라고 할 수 있다.

개입단계에서 나타날 수 있는 집단성원과 집단의 특성 그리고 사회복지사의 역할에 대해 정리하면 <표 10-5>와 같다.

〈표 10-5〉 집단 개입(중간)단계에서의 집단성원과 집단의 특성 및 사회복지사의 역할

집단성원의 특성	• 집단에 대한 탐색이 점차 감소 • 집단성원 간 짝을 이루고 하위집단 발생 • 하위집단 간 알력이 발생 • 자신의 지위 및 역할을 모색 • 집단성원의 독특성 인정, 집단에 대한 공헌 모색 • 집단의 중요성을 내면화 • 사회복지사에게 덜 의존하게 되고 자신의 의사표현 시작
집단의 특성	• 집단의 문화, 행동, 규범, 갈등이 발생하고 이를 해결 • 집단성원의 지위, 위계질서, 역할, 리더가 형성 • 집단성원 및 리더를 실험하고 신뢰할 수 있게 됨 • 집단성원 간의 공통점, 차이점을 인정하고 존중함, 집단의 응집력 발달
사회복지사의 역할	• 집단의 현 위치를 파악(진행상황, 갈등, 협조체계 등) • 각 성원에 대한 평가(태도, 관계, 행동, 동기, 목표 등) • 집단의 목적, 목표를 재확인하고 성원 모두의 참여 유도 • 집단성원 간의 공통점 및 차이점 파악 • 집단리더에 대한 실험을 인정 • 집단성원이 다양한 경험을 할 수 있도록 도움 • 직면 • 집단의 갈등해소

<표 10-5>에서 알 수 있듯이 집단성원들은 집단 및 개별 성원에 대한 탐색이 감소하면서 자신이 정서적으로 유대감을 형성할 수 있는 성원(들)과 하위집단을 형성하게 된다. 하위집단 간에 경쟁관계가 발생하면 이들 집단 간에 알력이 발생하지만 이를 잘 해결하면 집단과정을 촉진할 수 있는 계기가 만들어진다. 집단성원들이 개입단계에 성공적으로 진입하게 되면 다른 성원들과 자신의 차이점을 인정하고 수용할 수 있으며, 자신이 집단에 기여할 수 있는 바를 모색하게 된다. 나아가 집단의 중요성을 내면화하게 되어 집단참여가 증가하게 되며, 이는 집단응집력과 타 성원과의 유대감과도 깊은 관련이 있다. 집단에 대한 만족도도 표현이 된다.

사회복지사는 개입단계에서 집단 내의 갈등이나 하위집단을 파악하고 각 성원에 대한 개별적인 사정과 평가를 지속적으로 해나갈 필요가 있다. 또한 집단의 목적과 개별성원의 목적이 어느 정도 성취되는지를 점검할 필요가 있다. 집단성원들은 사회복지사를 다양한 방법으로 실험하기도 한다. 예를 들

어, 집단성원은 사회복지사에게 '선생님은 고등학교 시절에 이성친구가 있었나요? 이성친구에 대해서 얘기해 줄 수 있나요?'와 같은 질문을 하기도 한다. 사회복지사가 집단성원의 변화를 촉진하거나 집단의 응집력을 향상시키는 기술, 직면하기 기술 등은 다음 절에서 보다 구체적으로 설명하였다.

(2) 개입단계에서 필요한 실천기술

집단의 개입단계에 필요한 사회복지실천기술은 집단을 운영하는 사회복지사의 이론적 선호, 집단의 유형 등에 따라 다양하기 때문에 이 장에서 모든 것을 다루는 것은 불가능한 일이다. 여기서는 집단과정 중 개입단계에 공통적으로 필요한 실천기술을 '집단응집력 향상 기술', '집단과정을 촉진하기 위한 기술'과 '변화를 이끌어 내기 위한 실천기술'로 구분하여 각각에 대한 내용과 적용방법을 중심으로 설명한다.

① 집단응집력 향상기술

집단응집력이란 집단성원들이 서로에게 끌리는 정도를 말한다. 응집력이 있는 집단은 집단성원 서로 간의 소속감과 관련성을 공유하고 협력한다. 집단응집력을 결정하는 요인은 다음과 같다(엄명용, 2005).

첫째, 집단성원들이 집단의 참여를 소중하게 느끼고 그들이 사랑받는다고 느끼게 될 때 집단성원들은 집단에 대한 매력을 갖는다.

둘째, 집단응집력은 집단에 참여함으로써 제공되는 자극제(인센티브)와 관련이 있다. 새로운 사람들과의 만남, 수준 높은 사람들과 교류, 집단의 참여를 통해서만 얻게 되는 자원과 이득이다.

셋째, 집단성원이 집단에 대해서 높은 기대를 갖게 될 때 집단응집력은 증가한다.

넷째, 이전에 참여했던 집단과 비교를 했을 때 현재 참여하고 있는 집단에 더 만족할 경우 집단성원은 집단에 매력을 갖는다.

집단응집력을 향상시키기 위해서는 집단토의와 프로그램 활동들을 적극적으로 활용하여 집단성원들 간의 상호작용을 촉진시키도록 한다. 또한 집단성원들이 집단과정에 적극적으로 참여하고 그들이 목표를 달성하고 변화를 이루어 낼 수 있는 유능한 존재라는 것을 인식할 수 있도록 돕는다. 집단성원 개개인이 스스로를 가치 있고 능력 있는 존재라고 믿게 되면, 집단성원은 집단에 보다 적극적으로 참여하게 된다. 그리고 집단성원들이 기대하는 바를 명확히 하고 집단성원의 기대와 집단의 목적을 일치시키도록 하며, 집단성원들이 자신의 욕구를 집단 내에서 충족할 방법들을 파악할 수 있도록 돕는다. 집단성원들이 사회복지사뿐 아니라 집단성원도 집단의 내용과 방향에 책임이 있다는 것을 인식하도록 할 때, 집단응집력은 향상된다.

② 집단과정을 촉진하기 위한 실천기술

개입단계 동안 집단이 건설적이고 생산적인 변화를 이루기 위해서 집단지도자의 자기노출, 직면, 피드백을 적절하게 사용하는 것이 도움이 된다(Corey, 1995).

가. 자기노출기술

자기노출(self-disclosure)이란 언어적 표현 또는 비언어적 행동을 통해서 사회복지사가 자기 자신에 대한 정보를 의도적이고 의식적으로 누설하는 것을 의미한다. 사회복지사가 자신의 경험, 감정, 생각 등을 집단성원에게 솔직하게 노출하는 것은 집단성원의 자기노출에도 영향을 미칠 뿐만 아니라 사회복지사와 클라이언트 간의 신뢰관계 향상에도 기여한다.

자기노출은 두 가지 유형으로 구분된다. 첫 번째 유형의 자기노출은 사회복지사가 집단에서 현재 일어나고 있는 것에 관해 자신의 생각과 감정을 집단성원에게 공개하는 유형이다. 예를 들어, 집단성원 중의 한 명이 사회복지사에게 사회복지사의 태도와 관련된 질문을 했을 경우, 그 질문에 대해서 사회복지사가 가지는 생각과 감정을 적절하고 솔직하게 노출하는 것을 말한다.

자기노출의 두 번째 유형은 사회복지사가 자신의 과거경험 등을 집단성원에게 제시하는 유형이다. 사회복지사 자신의 과거경험이 집단성원과 집단과정에 도움이 된다면 이를 표현하는 것도 좋다. 물론 사회복지사는 집단성원의 생각과 감정에 초점을 두지만, 사회복지사 자신에 대한 부분을 거의 또는 전혀 노출하지 않게 되면, 사회복지사와 집단성원 간의 관계가 사무적으로 될 가능성도 없지 않다. 그렇다고 사회복지사가 관련된 주제에 관해 자신의 문제가 미해결된 경우 지도자 자신의 노출을 너무 많이 하게 되면 지도력에 손상이 올 수 있다. 그러므로 자기노출을 적절히 할 수 있도록 방법을 알려주고, 노출의 수위에 대한 지도자의 통제와 개입기술이 필요하다. 이때의 자기노출의 표현방식으로는 개인대상의 실천기술에서 학습한 '나－전달법(I－Message)'을 활용하는 것이 바람직하다.

나. 직면기술

직면하기란 클라이언트가 보이는 불일치를 알아차리고 주의집중기술을 활용하여 이에 대한 피드백을 클라이언트에게 제공하는 기술을 의미한다(Ivey, 1994). 자기노출과 마찬가지로 건설적인 직면기술도 집단의 개입단계에서 필요한 핵심적인 기술이다. 집단성원의 말과 행동 간에 불일치를 보이는 경우 또는 집단성원이 전달하는 메시지의 내용들 사이에 불일치를 보이는 경우 사회복지사는 집단성원을 직면한다. 이러한 불일치를 보이는 집단성원을 직면하는 것은 집단성원이 자신의 행동과 태도를 검토해 볼 수 있는 기회를 제공하기 때문에 집단성원의 성장을 위해 도움이 될 수 있으며, 집단 전체를 보다 생산적으로 만드는 방법이 될 수 있다.

집단성원을 직면하기 위해 사용할 수 있는 형식과 예시는 다음과 같다.

> **형식** : 한편으로 당신은 '~라고' 말하지만(느끼지만, 생각하지만 혹은 행동하지만) 그 반면에 또 다른 한편으로 당신은 '~라고' 말합니다(느낍니다, 생각합니다, 혹은 행동합니다)

예 1 : "○○○씨는 배우자를 매우 사랑한다고 말하지만, 지난 주 동안 배우자와 친밀감을 증진시키기 위한 과제는 전혀 하지 않는 행동을 합니다."

예 2 : 다음의 예시는 집단의 목표와 행동 사이의 불일치를 보이는 집단성원을 사회복지사가 직면하고 있다.

상 황 : 다섯 번째 회기에서 집단성원들은 사회생활에서 겪는 인간관계에서 겪는 각자의 어려움에 대해 열심히 토의하던 중 한 여성 성원이 휴가기간 동안 다녀온 휴양지에 대해 이야기하면서 주제에서 벗어나기 시작했다. 그러자 다른 집단성원들도 덩달아 휴양지에 대한 일화를 이야기했다.

사회복지사의 직면반응(목표와 행동 사이의 불일치-주제에서 벗어남) : 자, 지금 집단모임에서 여러분이 무엇을 하고 있는지 조금 의아스럽군요. 여러분은 지금 집단에서 각자 무엇을 하고 있다고 생각하십니까?

집단성원에 대한 건설적인 직면은 집단성원의 성장을 위해 필요한 실천기술임은 분명하나 종종 오해를 불러일으키거나 역효과를 낳을 수 있다. 따라서 직면하기 기술을 사용할 때에는 특히 주의를 기울여야 한다. 사회복지사는 직면하기 기술을 사용할 경우 타인을 존중하는 자세를 가져야 하며, 직면의 목적은 집단성원들이 인식하지 못했던 부분을 볼 수 있도록 한다는 점을 기억해야 한다. 또한 집단성원을 직면할 때, 집단성원의 행동을 구체적으로 지적하고 그 행동이 집단과 다른 집단성원들에 미치는 영향을 자세하게 설명하는 것이 필요하다.

다. 피드백 활용 기술

피드백(feedback)이란 집단성원들에게 그들의 역할수행이나 또는 서로를 어떻게 바라보는지에 대해서 명확한 정보를 제공하는 것이다(Ivey, 1994). 집단성원들 간에 자발적으로 피드백을 주고받는 것은 집단 내에서 학습이 이루어지는 가장 중요한 방법 중의 하나다. 상대방에게 솔직하게 그리고 상대방이 느낄 수 있게 피드백을 제공한다면 집단성원들은 자신들의 행동이 다른 성원들에게 끼친 영향을 이해할 수 있게 되며, 더 나아가 긍정적인 변화를 이루는 계기가 될 수도 있다. 피드백은 구체적이어야 하며, 장점에 초점을 두는 것이 좋다. 또한 클라이언트에게 지나치게 많은 피드백을 동시에 제공하는 것은 효과적이지 못하다. 가장 의미 있는 피드백은 피드백을 제공하는 사람과 제공받는 사람 간의 관계를 직접적으로 다루는 피드백이다. 피드백을 구하는 적절한 예는 다음과 같다.

예 : "지금까지 우리가 얘기한 것에 대해 어떻게 생각하십니까?"
"질문이나 추가로 언급할 말은 없습니까?"
"우리가 행동원칙에 대해 얘기했는데 어떤 생각이 드십니까?"

③ 변화를 이끌어 내기 위한 실천기술

집단성원들의 변화를 이끌어 내기 위해서 사회복지사가 사용할 수 있는 개입기술은 크게 '집단성원의 내적 변화에 초점을 두는 개입기술', '집단성원의 대인관계 변화에 초점을 두는 개입기술', '집단성원의 환경 변화에 초점을 두는 개입기술' 세 가지로 설명한다.

가. 집단성원의 내적 변화에 초점을 두는 개입기술

내적 변화에 초점을 두는 기술은 집단성원의 인지적 측면에 초점을 두는 기술을 말한다. Ellis와 Beck은 대표적인 인지이론가들인데 이들에 따르면, 대부분의 사회적·행동적 역기능은 자신, 타인, 삶의 상황에 관한 잘못된 신념(사고, 해석)으로 인해 초래된 결과라는 것이다.

사회복지사는 집단성원이 역기능적이고 불합리한 사고유형 또는 신념체계를 보다 기능적이고 합리적인 신념체계로 대체할 수 있도록 원조하는 데 숙련된 기술을 갖추어야 한다. 이러한 기술과 기법을 인지재구성(cognitive re-structuring)으로 부르기도 한다. 인지재구성은 Mahoney 등(1974)이 최초로 사용한 용어로 집단성원들의 사고유형에서 잘못된 논리를 밝혀내고 집단성원들이 비합리적인 사고과정을 논리적이고 합리적인 사고유형으로 대체할 수 있도록 원조하기 위해 사용되는 기법들을 의미한다. 인지재구성 기법은 낮은 자아존중감, 비합리적인 공포와 불안, 자기주장력 부족 등의 문제들을 다루는 데 특히 유용하다.

<표 10-6>은 집단성원이 사고유형의 변화를 이룰 수 있도록 원조하기 위한 단계들이다.

〈표 10-6〉 인지재구성을 위한 단계

- 1단계 – 선행사건에 대한 신념, 사고 또는 해석이 그 사건에 대한 정서적 반응을 결정한다는 것을 집단성원이 수용하도록 원조한다.
- 2단계 – 집단성원이 문제의 원인이 되는 역기능적 신념 또는 사고유형을 밝히도록 원조한다.
- 3단계 – 집단성원이 역기능적인 인지를 야기하는 상황을 밝히도록 원조한다.
- 4단계 – 집단성원이 역기능적인 인지를 기능적인 인지로 대체할 수 있도록 원조한다.
- 5단계 – 집단성원이 성공적인 대처노력을 한 자신에게 보상을 하도록 원조한다.

역기능적인 사고유형의 결과에 대한 예

- 상황 : 수업시간에 선생님께 이해가 안 되는 부분을 질문하려는 상황
- 사고 : 위의 상황에 대해서 '다른 애들은 다 아는 것인데 나만 몰라서 질문하는 것일까?', '진도에 방해가 된다고 다른 학생이 생각하지 않을까?'라고 생각하였다면
- 감정 : 열등감과 창피함을 느끼게 될 것이다.
- 행동 : 질문하지 않고 그냥 넘어가 버린다.

동일한 상황에 대한 순기능적인 사고유형의 예

- 상황 : 수업시간에 선생님께 이해가 안 되는 부분을 질문하려는 상황
- 사고 : '모르면 선생님께 질문하는 것은 당연해. 아무리 쉬운 것이라도 모르면 선생님께 질문해서 이해하는 것이 내게 도움이 될 거야', '내가 용기 없는 다른 동료를 위해서 질문하여 설명을 들을 수 있으면 모두에게 좋지 않나?'라고 생각
- 감정 : 자신감을 갖게 되고, 용기를 인정받고 모르는 것을 알게 되기 때문에 기분이 좋아질 것이다.

나. 집단성원의 대인관계 변화에 초점을 두는 개입기술

개별 클라이언트를 대상으로 하는 사회복지실천과는 달리 집단은 집단성원에게 타 집단성원의 행동을 직접 관찰할 수 있고, 또한 역할연습을 통해 특

정 행동을 터득할 수 있는 기회를 제공하기 때문에 집단대상의 사회복지실천은 특히 대인관계상의 문제를 다루는 데 매우 적절한 개입방법이다.

도움을 필요로 할 때 도움을 요청하거나, 부정적인 또래압력을 거절하거나, 주변 사람들과 원만한 관계를 유지하기 위해서는 적절한 대인관계기술을 가지고 있어야 한다. 이러한 기술이 부족한 개인은 고독, 우울, 가족 내 갈등, 정신건강문제 등의 문제를 가질 가능성이 높기 때문에 집단성원의 대인관계기술 향상에 초점을 두는 집단 프로그램의 운영은 다양한 형태의 문제를 예방하고 치료하는 데 매우 중요하다.

〈표 10-7〉 사회기술훈련을 위한 단계

- 1단계 : 사회기술훈련의 필요성과 표적(target)사회기술에 관해 설명한다.
  집단성원이 사회기술을 학습하는 데 흥미를 갖고 훈련과정에 적극적으로 참여하도록 하는 것이 매우 중요하다. 이를 위해서 적절한 사례를 사용하면서 훈련의 목적과 표적사회기술 학습의 중요성을 설명해도 좋다. 예를 들어, 사회기술의 부족으로 인해 원치 않은 결과를 초래했던 집단성원들의 경험들을 공유하도록 하며, 새로운 기술을 학습함으로써 동일한 상황에 직면했을 때 얻게 되는 혜택 등에 대해 논의한다.
- 2단계 : 표적사회기술의 구성요소들을 밝힌다.
  사회기술은 많은 요소로 구성된다는 것을 설명한다. 구성요소들을 칠판에 적고 특정 기술을 성공적으로 수행하기 위해 각 요소가 갖는 중요성을 설명한다.
- 3단계 : 사회기술을 시연한다.
  사회복지사가 사회기술을 시범적으로 보여 주거나 또는 집단성원 중 사회기술을 시범적으로 보여 줄 자원자가 있는지를 집단에 묻는다. 시연을 관찰한 후 토론시간을 갖는다.
- 4단계 : 역할극을 통해 표적사회기술의 각 요소를 연습한다.
  사회기술을 배우는 가장 효과적인 방법은 그 기술을 사용하는 것이 편안해질 때까지 연습하는 것임을 설명해 준다. 집단성원은 돌아가면서 각 요소들을 연습하고 서로 피드백을 주고받으면서 표적기술을 더욱 발전시키도록 한다.
- 5단계 : 평가를 실시한다.
  각 집단성원의 역할극에 대한 평가를 실시한다.
- 6단계 : 역할극에 기술요소를 결합한다.
  모든 집단성원이 다양한 구성요소들을 역할극을 통해 연습하고 각 구성요소에 대해 어느 정도 숙달된 후 표적사회기술을 교대로 연습하도록 한다. 집단성원 서로 간에 피드백을 주고받도록 하며 숙달될 때까지 연습한다.

• 7단계 : 표적사회기술을 실제 상황에 적용한다.
사회기술훈련의 마지막 단계는 표적기술을 실제 사회상황에 적용해 보는 것이다. 가까운 미래에 일어날 가능성이 높은 상황을 끌어내고 이 상황에 그동안 연습한 사회기술을 적용하도록 집단성원을 준비시킨다. 표적사회기술의 구성요소를 다시 한번 검토하고 표적사회기술을 연습하는 것은 집단성원을 더욱 철저히 준비시키는 것이다. 발생할지도 모르는 어려움을 예상하고 이를 극복할 수 있는 방법을 연습함으로써 기술에 대한 자기효능감을 극대화시킬 수 있다. 사회기술을 적용한 결과와 경험에 관해 나눌 수 있는 후속 모임을 갖도록 한다.

사회기술훈련(social skills training)은 대인관계기술의 향상을 목적으로 하는 대표적인 프로그램이라고 할 수 있으며, 사회복지실천현장에서 널리 활용되고 있다. 사회기술훈련에서 다루는 기술은 프로그램 대상자의 문제와 세팅에 따라 다양하나 일반적으로 양육기술, 자기주장기술, 말하기와 경청하기 등과 같은 의사소통기술, 친구 만들기 기술들이 사회기술훈련에서 다루어진다. 사회기술훈련은 의사소통기술이 부족하거나 만족스러운 대인관계를 형성하는 데 어려움을 가지고 있는 클라이언트들에게 특히 유용하며 조현병이나 정신지체 클라이언트의 사회기술 향상을 위해서도 널리 사용되고 있다. 다음은 집단을 대상으로 사회기술훈련을 실행할 경우 필요한 단계를 다음과 같이 소개하였다(허남순 외, 2004).

실제 예를 통한 진행 예시

여기서 소개되는 사례는 Botvin(1996)이 청소년을 대상으로 개발한 생활기술훈련(living skills training) 중 사회기술을 다루는 회기의 일부다.

1. 회기목표 : 원만하고 적절한 대인관계를 할 수 있게 하기 위하여 학생들에게 기본적인 사회기술을 가르치는 것이다.
2. 주요 하위목표
   • 많은 사람들이 다른 사람들과의 관계에서 수줍어하고 불편한 느낌을 가지고 있다는 점을 인식시킨다.
   • 수줍음을 극복할 수 있는 방법에 관해 토의한다.
   • 대인접촉을 연습한다.

- 칭찬을 주고받는 방법을 연습한다.
- 대화를 시도하고 유지하며 마치는 방법을 연습한다.

3. 주요 활동 – 주제 : 수줍음 극복하기

- 수줍음에 관해 토의를 시작한다. 학생들에게 자기 스스로를 수줍어하는 성격의 소유자라고 생각하는지 또는 주변으로부터 그런 얘기를 들어 본 적이 있는지에 대한 질문을 함으로써 토의를 시작할 수 있다.
- 학생들에게 다음과 같은 질문을 한다.
  - 타인과의 관계에서 불편함을 느낀 적이 있는가?
  - 사람들은 왜 타인과의 관계에서 불편함을 느끼고 수줍어하는가?
  - 이와 관련해서 여러분이 할 수 있는 것은 무엇인가?
- 많은 배우와 유명인들도 수줍어하고 자연스럽게 행동하는 것에 대해 불편함을 느끼지만, 맡은 역할을 연습함으로써 수줍음을 극복하고 자신의 행동에 편안함을 느낀다는 것을 학생들에게 설명해 준다. 사회기술을 배우고 처음에는 상당히 쉬운 상황에서 이 기술을 연습함으로써 사회적 자신감을 개발할 수 있다. 다양한 상황에 대처하기 위한 대본을 만들고 이를 연습해야만 한다(예 거울 앞에서 연습하기)는 점을 설명해 준다.
- 수줍음을 극복하기 위한 전략을 소개한다.
  - 연기하는 것을 배운다. 마치 여러분이 특정 역할을 연기하는 연기자인 것처럼 어려운 상황을 처리함으로써 새로운 사회기술을 배울 수 있고 자신감을 키울 수 있다. 자신을 특정 역할을 연기하는 연기자로 생각하는 것은 새로운 사회기술을 배우고 자신감을 키우는 첫 단계다.
  - 쉬운 상황부터 시작해서 점차 어려운 상황으로 이동한다.
  - 대본을 만든다. 여러분이 극복하려는 각각의 상황에서 여러분이 하고 싶은 말은 무엇인지, 그것을 어떻게 말하려고 하는지, 그리고 무엇을 하려고 하는지에 대한 대본을 만들어 본다.
  - 연습한다. 집에서 연습해 본다. 거울 속에 비친 자신의 모습을 관찰하고 자신의 목소리를 경청한다. 가능하다면 다른 사람과 함께 연습해 본다.
  - 꾸준히 노력한다.

다. 집단성원의 환경 변화에 초점을 두는 개입기술

개인의 변화와 더불어 그 개인을 둘러싸고 있는 환경의 변화가 이루어질 때 변화의 효과가 극대화되기 때문에 사회복지사는 개인의 변화뿐만 아니라 환경의 변화에도 초점을 두어야 한다. 알코올 및 약물 사용의 문제를 지닌 집단성원의 예를 생각해 보자. 집단성원들이 집단 프로그램을 통해서 약물을 사용하고 싶은 욕구와 재발과 관련된 주변의 유혹에 효과적으로 대처할 수 있는 기술을 배우고 익혔다 할지라도 환경의 변화가 이루어지지 않는다면 다시 약물을 사용하게 될 가능성이 매우 높다. 특히 우리나라의 사회문화적인 환경은 '술을 권하는 사회'이고 술에 대한 압력이 큰 사회적 환경상황에서 단주에 대한 실천의지가 늘 위협받을 수밖에 없는 상황이다. 따라서 이들을 이해하고 격려하며 지지해 줄 수 있는 지지망을 확보·확충하는 데 초점을 두는 개입이 필요하며 이럴 경우 사회복지 프로그램의 효과성이 더욱 커질 수 있을 것이다. 약물남용 클라이언트뿐만 아니라 가정폭력, 청소년비행 등 사회복지실천 현장에서 흔히 접하는 다양한 문제상황에서 환경의 변화를 이끌어 내는 것은 사회복지사의 핵심 과제다.

실제 예를 통한 진행 예시

Monti 등(1989)의 알코올중독 치료 프로그램 중 알코올중독자의 사회지지망 확충에 초점을 두는 회기로서, 실천기술지침을 다음과 같이 제공하고 있다.

1. 여러분에게 도움이 될 수 있는 사람들을 생각해 보시오.
   - 이미 여러분의 삶에서 중요하고 항상 지지적인 사람
   - 현재 중립적인 입장이지만 여러분에게 지지적일 수 있는 사람(예 여러분이 아직 도움을 요청하려고 접근한 적이 없는 사람, 여러분이 문제가 있다는 것을 알지 못하는 친척, AA회원 등)
   - 현재 여러분을 방해하고 있으나 여러분이 어느 정도의 노력을 기울인다면 여러분의 지지자가 될 수 있는 사람(예 배우자, 친구 등)
2. 여러분이 어떤 유형의 지지를 원하는지를 생각해 보시오.
   - 문제해결과 관련된 원조
   - 정서적 지지
   - 필요할 때 도움을 받는 것
   - 정보 또는 자원
   - 위기상황 때 도움을 받는 것
3. 여러분이 원하는 도움을 어떻게 얻을 수 있는지 생각해 보시오.
   - 여러분이 원하는 것을 요청한다 : 여러분이 구체적이고 직접적으로 요청할수록 여러분이 원하는 것을 얻을 수 있다.

- 새로운 지지자를 추가한다.
- 여러분이 다른 사람들을 원조한다 : 항상 A가 B를 원조하는 일방향 관계보다는 서로 원조하는 쌍방향 관계가 보다 신뢰적이고 만족스러운 관계다.
- 적극적 경청자가 되어야 한다 : 여러분이 다른 사람에게 도움을 줄 때 또는 그들로부터 도움을 받을 때 가장 기본적인 것은 상대방과의 의사소통이다. 여러분은 상대방이 하는 말에 집중하고 정확하게 경청하도록 해야 한다.
- 피드백을 제공한다 : 가족, 친구들이 제공한 도움이 여러분에게 어느 정도 유용했는지 그리고 도움을 제공한 것에 대해 감사표시를 한다.

4. 종결단계

1) 종결단계에 필요한 사회복지실천기술

(1) 종결의 이해

종결은 완결로서, 또 다른 시작을 위한 전환점으로서 의미가 크다. 그동안의 집단경험을 정리함으로써 집단에 대한 헌신과 열정과 성취한 것, 서로에게 도움이 되고 감사했던 것 등을 충분히 나누고 격려하고 표현하는 시간이 되는 것이 중요하다. 인생의 여러 장면에서 만나고 헤어지는 것은 자연스러운 이치이며, 만남을 충실히 한 만큼 그 만남에 대하여 의미를 부여하고, 이를 기반으로 새로운 만남을 할 수 있는 역량과 기반이 된다는 점에서 종결단계는 특히 중요하다. 분리를 잘 할 수 있어야 새로운 만남도 기대와 신뢰를 가지고 다시 시작할 수 있기 때문이다.

종결단계는 지도자와 성원 모두에게 가장 강한 정서적 경험의 시기이며, 그동안의 집단경험을 완결하는 아주 중요한 시기이다. 지도자와 집단성원들은 집단을 끝내는 것에 대한 강한 아쉬움을 경험한다. 집단성원들에 따라 그동안 이룬 성과를 부인 혹은 묵살하거나 종결날짜를 망각하는 식의 반응을 할 수 있다. 지도자는 집단에서 성취한 것을 집단성원들이 유지하도록 도와야 한다. 또한 아쉽더라도 집단 및 지도자와 이별할 수 있도록, 그리고 집단 없이 살아갈 자신의 미래를 위한 계획을 세울 수 있도록 도와야 한다. 이때 일부 집단성원들은 종종 과거의 상실경험에서 느꼈던 것을 재경험하기도 한다. 집단에서의 종결경험을 잘 다룸으로써 앞으로 인생에서 당면할 수많은 상실과 이별경험에서 보다 적응적으로 대처할 수 있는 역량을 갖도록 도와야 한다.

종결단계는 이전 단계에 비해 보다 구조적으로 진행한다. 지도자가 제기한 질문에 대해서 집단성원들이 돌아가면서 이야기하는 식으로 진행되는 경우가 많으며, 주로 집단 없이 앞으로 생활해나가는 것에 대하여 어떤 느낌이 드는지 나눌 수 있도록 질문함으로써 이를 다룰 수 있다.

한편 집단성원이 집단을 더 연장하자고 주장할 수도 있는데 지도자는 시간제한을 반드시 지켜야 한다. 지도자는 목표달성에 있어서 미진한 점이 있더라도 시간제한을 변경하지 말아야 한다. 추후 집단의 기회가 있고, 시간이 경과한 후, 필요하면 다시 집단구성을 하는 것이 훨씬 유익하다는 점을 말해주면서 집단성원들을 설득해야 할 것이다. 지도자에게 다시 연락할 수 있고 다시 만날 기회는 얼마든지 있다고 설명하는 것도 유용하다.

(2) 종결이 갖는 의미

상실에 대처하는 경험은 인생의 중요한 부분이며 어떤 의미에서는 비극을 창조해 내기도 한다. 상실을 경험해 보지 않고서는 인생의 충분한 의미를 알 수 없을 뿐 아니라 충만한 인생을 살았다고 할 수가 없다. 그러므로 사회복지사는 이러한 종결의 의미를 깊이 이해할 수 있어야 하며, 집단종결을 통하여 성원들이 종결이 갖는 가치를 인정하고 개인과 집단의 경험에 의미를 부여하며, 전환을 위한 준비를 할 수 있는 능력을 증진하는 계기가 되도록 도와야 한다.

한편 종결단계에서는 집단성원들이 집단에서 경험한 것을 집단 밖에서 실행해 봄으로써 배운 것들을 통합하는 단계이다. 사실 이러한 통합노력을 지도자가 개입단계에서 격려하고 과제와 점검을 통하여 지원하며, 종결단계에서는 이를 재확인하고 재보증하는 통합의 완결적 의미가 더 크다.

2) 종결단계에 필요한 사회복지사의 과업과 실천기술

효과적인 종결을 위한 지도자의 주요 과업은 종결감정 다루기, 집단의 영향력 검토하기, 피드백 교환, 미완성 과제의 완수, 배운 것의 수행과 통합, 응집력의 감소, 사후관리 및 평가, 의례행위 등이다.

(1) 종결단계에 필요한 사회복지사의 과업

① 종결감정 다루기

종결단계에서 지도자는 집단성원들에게 집단의 모임이 얼마 남지 않았음을 상기시킴으로써 집단성원들 각자가 다가오는 종결에 대비하고 집단의 성공적 종결을 준비할 수 있게 하는 것이 중요하다.

② 집단의 영향력 검토하기

지도자는 집단성원 모두가 집단경험을 통해 배운 것에 대해 구체적으로 검토할 수 있게 도와야 한다. 집단성원이 막연히 '많이 배웠다', '도움이 많이 되었다'라고 말하는 경우 지도자는 어떻게 어떤 점에서 배우고 도움이 되었는지를 질문함으로써 집단구성원이 자신이 배운 것을 구체적으로 알고 이를 실제로 활용할 수 있게 도울 수 있다.

③ 피드백 교환

집단성원들은 집단모임 때마다 자신들이 감정과 생각 등을 주고받아 왔지만 종결단계에서 집단성원들이 자신들에 대해 어떻게 인식하고 어떤 갈등이 명확해졌고 무엇이 전환점이었으며, 집단에서 배운 것을 토대로 무엇을 할 계획인지 등을 이야기하게 하는 것은 집단활동의 의미를 되새기는 데 도움이 된다.

④ 미완성 과제의 완수

종결단계에서는 집단성원들 사이의 상호작용에서 완결되지 않은 과업이나 집단의 목적과 관련하여 해결되지 않은 과제에 대해 이야기하는 시간이 필요하다. 비록 이러한 미해결 과제들은 집단종결 이전에 해결하기는 어렵다고 하더라도 집단 내에서 미해결된 부분을 인정하고 남겨두는 것도 하나의 중요한 마무리 과정으로서 의미를 가진다.

⑤ 배운 것의 수행과 통합

집단 내에서 배운 것을 집단 밖으로 확장하고 일반화하는 방법은 여러 가지가 있다. 다른 집단에 새로 참가할 수도 있고, 개인적으로 관련된 여러 자원체계들과의 관계 속에서 배운 것을 수행해 보고, 필요하면 개인상담을 계속하는 방법 등을 통해 성장을 위한 지속적인 노력을 하도록 집단성원들을 격려한다.

⑥ 응집력의 감소

종결단계에서는 응집력을 감소시키고 다른 만남을 준비하도록 전환을 돕는 의도적인 응집력 감소 지원기술이 필요하다. 성원들이 적당한 시기에 그룹에 덜 이끌리도록, 다른 사람과 접촉하는 빈도를 증가시키는 반면에 모임의 간격을 길게 갖고 좀 더 짧은 시간 동안 모이게 함으로써 상호작용의 빈도를 감소시킬 수 있다.

⑦ 사후관리와 평가

집단을 종결할 때는 집단종결 후의 경험에 대해 이야기를 할 수 있는 사후관리 모임을 위한 일시를 결정하는 것이 필요하다. 사후관리를 위한 집단모임은 지도자에게 집단의 성과를 평가할 수 있는 기회를 제공하고, 집단성원들에게는 집단이 집단성원들 모두에게 미친 영향력을 현실적으로 점검할 수 있는 기회를 제공하기도 한다.

집단활동의 평가는 매우 다양한 방법으로 이루어질 수 있다. 집단활동을 시작하기 전과 집단활동 종결 후에 검사도구를 이용하여 결과를 비교할 수도 있고 집단성원들과 직접 인터뷰를 해서 평가하는 방법도 있다.

⑧ 의례행위(ritual activity)

자격증서나 수료증을 주는 것, 종결파티와 같은 종결의식을 통하여 성취에 대한 긍정적인 면을 강조하고 격려한다. 이는 집단성원으로 하여금 이별이나 부족함보다는 성취에 대한 긍정적인 의미를 부여하고 자신을 존중하도록 하는데 의미가 있는 절차이기도 하다. 아동집단의 경우 이것의 의미가 더욱 크며, 가족이나 친구들을 초청하여 행사를 나누는 것도 좋다.

(2) 종결단계에 활용할 수 있는 실천기술

집단의 종결은 집단경험을 통한 성과를 잘 유지하도록 이를 강화하는 것이 중요하므로 이때 활용할 수 있는 활동기법을 소개하면 다음과 같다.

활동명 : 최상급 표현

1. 목적 : 긍정적으로 집단을 종결하기
2. 준비물 : 모든 집단원의 이름이 적힌 종이와 필기구
3. 방법
   - 집단을 종결하고자 하는 마지막 회기에 집단성원들에게 자신을 포함한 모든 집단성원의 이름이 적힌 목록을 나누어 준다.
   - 각 집단성원에게 집단경험을 하고 난 후 그 사람이 성취할 수 있을 것으로 보이는 긍정적인 행동을 '가장 ~할 것 같다'라는 최상급의 표현을 사용하여 적어준다. 예컨대 '준수는 미루는 버릇을 가장 먼저 없앨 것 같다', '영미는 가장 먼저 학교를 졸업할 것 같다'라고 쓰도록 한다.
   - 모든 집단성원이 다 쓴 후에 이름이 적혀 있는 내담자에게 돌려준다.
   - 내용을 읽어보고 느낀 점과 생각한 바를 함께 이야기하고, 이에 대해 피드백한다.
   - 이와 같이 긍정적으로 확신을 주는 말과 집단으로부터 피드백을 받음으로써 종결을 맞는 것은 모든 집단성원에게 매우 긍정적인 효과를 가져올 수 있다.

PART 05

가족대상 사회복지실천기술의 이해

CHAPTER 11

가족의 이해와 단계별 가족대상 사회복지실천기술의 적용

가족을 대상으로 하는 사회복지실천은 개인, 집단 체계수준에서 활동하는 것과는 다소 다르다. 즉, 개인의 문제를 그 개인의 문제로서만이 아니라 가족 성원 간의 상호작용과 관계맥락을 고려한다. 이는 모든 가족구성원의 정서적, 발달적 욕구를 충족하면서 동시에 가족이 보다 잘 기능하도록 돕는 것이다. 따라서 사회복지사는 가족과의 계획된 변화과정에 직접적으로 관련된 확고한 기초기술을 갖출 필요가 있다. 이러한 가족대상 사회복지실천기술은 개인대상이나 집단대상의 실천과 마찬가지로 일련의 실천과정을 통하여 가족이 잘 기능하도록 도와주기 위한 특별한 실천기술을 포함한다. 본 장에서는 '환경 속의 인간' 이라는 관점을 초지일관 유지하는 사회복지사가 개인의 가장 작지만 중요한 환경인 가족에 대한 개입당위성과 개념을 살펴보고 가족대상 실천기술을 개입을 위한 준비 단계, 초기단계, 사정단계, 개입단계, 종결과 평가단계로 구분하여 설명하고자 한다.

1. 가족대상 사회복지실천의 개요

1) 가족대상 사회복지실천의 당위성과 개념

가족은 우리 사회의 기본 단위이며, 현대 산업사회의 급격한 변동에도 불구하고 여전히 그 중요성을 담보하고 있다. 그러나 이러한 가족에 대한 인식은 개인의 가치관과 가족의 의미에 대한 변화, 가족규모의 축소, 가족기능의 다른 각종 사회제도로의 이양, 대체에 의해서 급속히 변화하고 있는 것이 사실이다.

이러한 상황에 대응하여 사회복지실천이라는 큰 틀에서 전개되는 가족에 대한 사회복지의 기능은 가족구성원 개개인에게 초점이 맞추어지는 것이 아니라 Kamerman과 Kahn(1978)이 지적한 대로 '한 단위(unit)로서의 가족 전체'에 주목하면서 가족의 보호, 복지 급여의 보장, 강점 강화를 도모하는 데 목적이 있다고 하겠다. 이런 점에서 볼 때, 가족에 대한 사회복지실천은 가족생활을 보호, 보장, 강화하고, 가족구성원 개개인의 사회적 기능 수행을 높이기 위하여 시행되는 제반 서비스 활동을 의미한다고 하겠다.

개인이 가족구성원으로서의 의무를 실행하는지 못하는지의 여부는 사회와 개인 모두에게 중요한 문제이자 과제가 된다. 이러한 점이 가족복지실천이 사회문제를 해결하는 사회복지의 한 분야로서 성립하지 않으면 안 될 근거가 된다고 하겠다. 즉, 자본주의적 생산방식의 성립, 거기에 수반되는 여성 노동인구의 증가와 그 가족을 원조하는 사회보장제도로 대표되는 근대 가족체제로의 준비는 가족을 구성하는 개인, 즉 아동, 여성, 배우자와 그 가족을 '전체로서의 가족'이라는 맥락 속에서 사회적으로 원조해나가는 것이 가족에 대한 사회복지의 중요한 목적이 된다고 하겠다.

이러한 가족복지실천의 당위성과 목적을 바탕으로 가족대상 사회복지실천기술의 개념은 사회, 문화적 양상에 따라 다양하게 의미를 가질 수 있음을 전제하면서 정의를 내려보고자 한다.

가족대상 사회복지실천기술이란 ① 목적 면에서 국민의 생활권의 기본 이념에 입각하여 가족의 행복을 유지시키고자 하는 것이며, ② 주체 면에서 가족을 포함한 사회구성원 전체가 되고, ③ 대상 면에서 가족구성원 개개인을 포함한 '한 단위로서의 가족 전체'가 되며, ④ 수단 면에서 제도적, 정책적, 직접적 · 간접적 서비스 등 조직적인 제반 활동이 되고, ⑤ 범위 면에서 사회복지의 중요한 한 분야이며 이러한 다섯 가지 요소를 포함하여 적용하는 구체적 가족상담 기술 및 옹호기술, 협상기술, 네트워크, 환경체계와 일하는 지침, 기법을 말한다.

2) 가족의 형태와 다양성

1994년 UN이 정한 가족의 해 이후 우리 사회에서 가족의 다양성 담론이 확산되어 왔다. 그동안 비정상(결손 또는 문제) 가족으로 범주화되었던 가족들을 일탈로 보거나 차별하지 않고 '다양성의 이름으로' 수용하고자 하는 노력이 있어 왔다. 그러나 이러한 노력은 진정한 다양성(variety)의 수용이기보다는 정상가족을 기준으로 한 변이(variant) 현상으로 보는 관점이었다(Scanzoni, 2001). 다양한 가족은 형태에 따라 다음과 같이 구분된다.

- 핵가족 : 한 쌍의 부부와 미혼의 자녀로 구성된 기본적인 사회 단위
- 확대가족 : 여러 세대에 걸쳐 양부모의 원가족을 포함하는 확대된 가족 형태
- 수정확대가족 : 핵가족과 확대가족이 현대화된 가족 형태로, 결혼한 자녀가 부모와 같은 장소에서 살지 않고, 부모님 주위에서 한 가정을 이루어 생활하는 것
- 노인가족 : 산업화에 따른 사회 구조와 가치관의 변화에 따라 노인만으로 구성된 가족
- 한부모가족 : 부모 중 한 명과 그 자녀로 구성된 가족, 이혼과 배우자의 사망으로 인해 점차 증가
- 계부모가족 : 재혼으로 서로 다른 가족원이 함께 살게 된 1차 집단
- 혼합가족 : 인척이나 혹은 인척이 아닌 사람들이 함께 동거하면서 전통적인 가족 역할을 수행하는 형태의 가족
- 위탁가족 : 일정 기간 동안 다른 사람의 자녀를 양육하는 가족 형태
- 동거가족(비혼동거) : 노르웨이, 스칸디나비아 등의 북유럽에서 동거는 생애 과정에서 단기간이든 장기간이든 경험되는 관계 형태로 보편화되어 있으며, 이는 결혼을 중심으로 한 가족관계 변화의 가장 두드러진 특징으로 꼽히는데(Syltevik, 2010), 우리나라, 중국, 일본 등의 동아시아에서는 결혼을 대체하는 대체동거는 소수이고, 결혼의 전조로 보는 예비동거, 비혼의 뜻을 같이하는 편의동거 등의 형태로 이루어진 소수 가족형태임(전체 가구

의 2%), 초혼보다는 재혼에서 증가하고 있는 부부형태임(김원정·김순남, 2018 재인용).

건강가정기본법 제21조 제4항에서는 한부모가정, 노인 단독가정, 장애인가정, 미혼모가정, 공동생활가정, 자활공동체로 가족을 나누고 있으며, 변화순, 조은희(2003 : 5)는 이혼, 재혼, 사실혼, 미혼모, 인공수정, 동성애, 국제결혼을 다양한 가족으로 포함했다. 그러나 '다양성'의 수사가 가족 범위의 규정(민법 개정안)이나 건강함과 건강하지 못한 가족이라는 이분법과 결합하면 이미 다양성은 담보되기 어렵다. 남성다움과 여성다움이라는 성별 이분법, 이성애와 동성애라는 성적 지향(sexual orientation)의 이분법, 진보와 보수라는 이념적 지향의 이분법 등 이분법의 논리에서는 두 가지 외에는 존재할 수 없다.

다양한 가족(가구)의 형태를 수용하기 위해서는 법적 근거도 하나의 단일한 집단으로서 가족의 범위를 규정하기보다는 가족 성원 간의 관계적 결합을 중심으로 가족(가구)의 경계를 설정하는 것이 바람직하다. 이것은 가족의 혈연성과 안정성을 중시하는 전통적인 가족 개념과는 다른 것으로, 가족 변화에 대응할 수 있는 개방적이고 융통성 있는 방안이 될 수 있다(김정진, 2019).

최근 혈연관계로 이루어지지 않은 대안가족이 등장하기도 하였다. 하지만 '가족'의 본질적인 의미는 변하지 않으며, 오히려 가족애를 지키기 위한 방편으로 대안가족의 모델이 나타나고 있는 추세이다. 대안가족은 왜 생기는 것일까? 전문가들은 우리 사회의 다양화와 핵가족이 갖는 가족 성원의 소외에서 그 원인을 찾는다. 여성들의 권리의식 신장에 따라 남성 중심의 가족 형태에 대한 변화를 모색하는 것도 한몫을 하고 있다. 대안가족은 아직 대부분 실험단계를 벗어나지 못하고 있는 것도 사실이며 실패 사례도 많다. 학계 일부에서는 이러한 대안가족을 넓은 의미의 신가족(new family)으로 분류하기도 한다(Donga.com, 2009. 9. 26.).

3) 가족문제에 대한 이해

가족이란 물리적·심리적 공간을 공유하는 개인들의 집합체 이상이다. 각 가족은 고유한 특성을 지니고 있으며, 나름대로의 규칙, 역할, 힘, 구조, 의사소통의 유형을 발전시켜온 하나의 사회적 체계이다(김유숙, 2002 : 16). 가족은 한 조각이 흔들리면 줄에 매달린 다른 모든 모형들이 자신의 의지와는 관계없이 모두 흔들리는 속성을 가진 모빌에 비유할 수 있을 것이다. 즉, 가족이란 가족성원 모두의 정서적 애착과 관계에의 헌신으로 서로 묶여있다는 것을 표현하는 것이다. 가족은 이와 같은 특유의 상호작용을 통하여 그들의 갈등해결의 유형도 함께 형성해왔던 것이다. 이러한 맥락에서 가족문제라 하는 것은 어떤 한 가족구성원의 문제라고 하더라도 그 영향이 가족구성원 전체에까지 미쳐 가족 전체가 고통을 받고 있는 문제라고 할 수 있다.

그러므로 가족대상 실천에서는 문제를 드러내거나 호소하는 클라이언트가 가족을 대표해서 가족이 안고 있는 문제의 증상을 앓고 있는 것이기 때문에 가족 전체를 대상으로 개입이 이루어져야 한다는 기본 전제를 가진다. 즉, 문제는 개인에 속한 것이 아니라 가족 전체의 문제로 보아야 한다는 것이다. 사회복지사는 가족과의 실천에서 누구를 활동에 참여시키고, 누구에게 초점을 두어 도움을 주어야 하는지를 고려해야 한다. 체계적 관점이나 생태적 관점에서는 가족을 하나의 체계로 이해하고, 한 성원의 변화는 다른 성원에게도 변화를 가져올 수 있다는 시각에서 접근하고 있다. 날로 급변하는 경제, 사회구조의 변화 속에 사회복지사들이 가족단위로 개입해야 할 가족문제에는 어떤 것들이 있는지를 개략적으로 살펴보고자 한다.

다음의 예는 가족이라는 체계 속에서 문제를 가진 클라이언트가 다른 성원에게 영향을 미치고 있음을 보여주며, 사회복지사는 가족문제를 다양한 수준에서 생각하고 접근을 시도해야 함을 시사한다.

예시 1

34세 남자 클라이언트의 알코올 문제는 자신의 인간관계와 건강, 직장 일에 영향을 줄 뿐만 아니라 집으로 돌아와 심한 술 주사(주로 가족을 때리고, 소리 지르며 던지고 부수고 하는 술 취한 행동)와 더불어 난장판을 벌일 때는 부인에게도 영향을 미치고 또한 세 자녀에게도 심각한 영향을 미친다. 그리하여 부인은 남편이 잠든 사이 아이들과 야밤에 친정이나 친구 집으로 피신해 버린다.

예시 2

한쪽 부모의 무분별한 소비와 사업의 어려움으로 부모가 늘 싸우고 무시하며 지내는 가정의 중3 아들은 잦은 가출, 흡연, 도벽, 패싸움 등의 문제로 학교에서 대안학교로 보내질 상황에 놓여 있다. 부부문제는 자녀에게 영향을 미치고 있다. 부부는 잠시 동맹을 맺고 아들 문제를 해결하기까지 일시적 휴전을 하게 된다. 다행히 아들은 대안학교에 보내지지 않았고 사회봉사명령 정도로 마무리되자 부부는 다시 아들의 문제가 서로의 책임이라고 싸우기 시작한다.

가족을 대상으로 개입하는 사회복지사는 가족 개인의 문제는 물론 광범위하고 다양한 문제를 훨씬 더 많이 직시해야 한다. 이러한 많은 문제들은 특히 외부체계를 포함한다. 예를 들면, 클라이언트(가장)가 직장을 잃었을 때, 사회복지사 역할의 일부는 이 클라이언트에게 다른 일자리를 찾도록 돕는 것이다. 동시에 사회복지사가 다루는 또 다른 문제의 예시 2에서 언급한 중3 남자 학생의 경우이다. 그는 다양한 방법으로 도움이 필요할 것이다. 그는 학교체계에 적응하고 현실에 대처하는 데 어려움을 가질 수도 있고, 더구나 이 학생의 부모들이 갖는 충격과 어려움, 해결방법 등에도 관심을 가져야 할 것이다.

이와 같이 사회복지사는 개인이나 가족들의 문제해결을 돕는 데 있어 보다 폭넓은 관점을 가져야만 하고 이와 관련된 실천기술이 필요하다. 가족갈등은 어느 집단에서나 일어나며, 가족은 기능을 잘 하든, 하지 않든 간에 모두 갈등을 경험하기 마련이다. 그러나 건강하고 잘 기능하는 가족은 갈등을 건설적으로 처리할 것이다. 가족성원들은 갈등을 자유롭게 표현할 수 있고, 나타난 갈등에 대해 서로 논의하면서 갈등을 해결할 방법을 찾는다. 실제로 많은 경우 갈등은 긍정적이고 바람직하게 해결할 수 있다.

가족의 갈등과 문제는 다양한 범위에서 일어날 수 있다. 첫째, 주로 배우자 간의 관계문제이다. 둘째, 부모와 자녀 간의 관계적 어려움이다. 셋째, 각 가족성원의 개인적인 문제이다. 마지막으로 외부환경에서 가족에게 주어지는 스트레스이다(전재일 · 이성희 · 김연희, 2010).

가족문제는 이러한 네 가지 범위 중의 한 가지 문제로만 나타나는 것은 아니다. 오히려 가족들은 '하나 이상의' 복합적인 문제를 경험하고 있고, 이러한 문제들은 서로 연결되어 있다.

예시 3

부인이자 어머니이며, 매우 자유분방하고 가족의 주 부양자인 한 여성이 있다. 그녀가 지난 11년간 나름 인정을 받으며 일해오던 보험회사는 갑자기 그녀 대신에 다른 유능한 여성을 스카웃하기로 결정하였다. 그녀는 많은 노력을 기울였음에도 불구하고 그와 비슷한 직책과 보수를 주는 다른 직장을 구할 수 없었다. 이 상황은 환경적 요인으로 인해 나타난 가족위기문제로 볼 수 있다. 그러나 또한 이 여성의 개인적인 문제이기도 하다. 결국 이 여성은 직장을 잃게 되었고 또 다른 직장을 구하지 못함으로써 경제적 어려움은 물론 심리적으로 위축되어 자존감에 상처를 입게 되었다. 그래서 그녀는 집에서 사소한 것에도 짜증과 화를 잘 내고, 소리를 지르며, 늘 폭발 일보 직전에 있는 것 같아 다른 가족성원들이 긴장 상태에 놓여 있고 함께 생활하는데 어려움을 초래하고 있었다. 환경적인 스트레스는 그녀에게 배우자와 자녀들 모두와의 어려움을 야기하고 있고 결국 전체 가족이 어려움을 겪게 된다.

여기서는 가족문제를 배우자 간의 어려움, 부모-자녀 관계, 개인의 문제, 외부환경의 문제 네 가지로 구분하여 살펴보고자 하며 그 내용은 다음과 같다.

(1) 배우자 문제

부부는 자녀양육과 관련된 의견불일치, 가정폭력, 성적 문제, 경제적인 것과 관련한 갈등과 여가시간 활용방법, 배우자의 부정 등 갈등 관련 이슈들을 많이 가지고 있다(Kirst－Ashman & Hull, Jr., 1999 : 362). 배우자 문제 중에서는 성격의 이해와 의사소통 문제와 갈등해결 방법이 가장 주된 관심사이다. 부부와 전체 가족을 중재하는 목적 중의 하나는 성격에 대한 상호 이해를 촉진하여 갈등해결의 동기를 부여하는 것이며 동시에 개인이 의사소통하는 의도와 영향의 일치성을 향상시키는 것이다. 사회복지사는 부부가 성격에 대한 상호 이해를 바탕으로 말하는 사람이 진정으로 의도하는 것을 더욱 명확하게 나타내는 용어들을 사용하는 방법과 구체적인 표현방법을 제시, 코칭해줌으로써 더욱 효과적으로 의사소통을 하도록, 동시에 중립적 입장에서 교육과 설명을 통한 상호이해를 도와줄 수 있다.

(2) 부모-자녀 관계 문제

가족문제 중에서 두 번째로 중요한 형태는 부모와 자녀 간의 관계의 어려움이다. 부모들은 자녀들을 양육, 훈육하는 데 힘겨워하는 경우가 많다. 특히 청소년을 둔 부모인 경우 대부분 의사소통의 문제를 가지고 있다. 아동・청소년의 행동을 아주 잘 관리할 수 있고, 부모－자녀 간의 의사소통을 향상시킬 수 있는 방법에 대해서는 많은 관점들이 있다. 이러한 문제를 해결하기 위한 주요 접근으로 부모효율성 훈련(PET), 현대의 적극적 부모역할훈련(APT), 대상관계이론을 적용한 대상관계부모훈련(ORPT), 교류분석이론을 적용한 교류분석부모훈련(TAPT) 등이 있다.

(3) 가족성원의 개인문제

가족은 종종 한 가족성원이 문제가 있는 것을 확인하고 도움을 구하기 위해 찾아오게 되는 경우가 많다. 가족치료의 기본 원칙은 전체 가족이 문제를 인정하도록 하는 것이다(Gordenberg & Gordenberg, 1998). 즉, 한 가족성원이 전체 가족체계 안에서 잘 기능하지 못하는 희생양이 되는 경우가 종종 있다. 그

때 사회복지사는 가족의 문제를 개인적이기보다는 가족 전체의 체계문제로 받아들이도록 한다. 이때는 주로 다양한 가족관계의 재구조화를 활동목표로 설정해야 한다.

예시 4

상담을 받기 위해 5명의 가족이 왔다. 가족은 48세의 아버지, 45세의 어머니, 그리고 세 명의 자녀들(19세 철호, 16세 창호, 12세 영애)이다. 그들은 중소도시에 살고 있으며, 아버지는 시정책에 관여할 정도로 성공한 사업가로 냉철하고 단호한 사람이었다. 어머니는 집에서 살림만 하는 전업주부이다. 큰 아들 철호는 명문 사립대학 장학생으로 아버지의 기대를 받고 있다. 막내딸 영애는 애교가 많아 부모의 귀여움을 독차지하고 있다. 지난 몇 년간 문제는 창호에게서 나타났다. 그는 집에서 돈을 훔쳐 어설픈 어른 흉내를 내고 돌아다니며, 오토바이를 타고 굉음을 내며 동네를 소란하게 하며 돌아다니고, 다른 집의 우편함을 뒤지기도 하며 흡연을 아무 곳에서나 하는 행동을 보였다. 이러한 행동으로 인해 이웃 사람들이 못마땅하게 생각하였고, 반상회에서 공식적으로 문제 제기를 하여 가족들이 도저히 이 문제를 해결하지 않을 수 없어 가족치료를 하는 사회복지사를 찾아오게 되었다.

(4) 외부 환경요인의 문제

가족에게서 흔히 볼 수 있는 네 번째 문제는 외부 환경요인과 관련된 문제이다. 이러한 문제에는 저임금, 실업, 형편없는 주거실태와 교통 등이 포함된다(Jhonson & Wahl, 1995). 이외에도 건강문제, 열악한 학교환경 그리고 좋지 않은 지역사회 환경 등이 있다. 많은 경우 외부 환경 요인에 의해 가족기능이 약화된 가족들은 필요한 서비스를 이용할 줄 모르거나 아예 없을 수도 있을 것이다. 이렇듯 가족이 주변 환경 체계들과의 상호작용을 통해 필요한 자원과 지지를 확보하지 못하는 경우, 사회복지사는 가족의 외부 환경을 변화하기 위한 환경적 개입을 계획해야 한다.

환경적 개입에서는 존재하지 않는 자원들과 지지를 개발하고, 존재하지만 작용하지 않는 자원들과 지지를 활성화하며, 경비하게 작용하는 자원들과 지지를 강화하는 데 초점을 맞추어야 한다. 이러한 문제들을 다루는 사회복지사는 다양한 중재기술을 가지고 있어야 한다. 즉, 그들이 이용할 수 있는 서비스가 무엇인지 알고 이러한 서비스를 가족에게 연결할 수 있는 방법을 알아야만 한다. 동시에 사회복지사는 가족을 옹호, 대변해야 할 필요가 있고 이는 기존 서비스를 강화, 서비스 전달의 향상, 새로운 혹은 변화된 형태의 서비스를 개발하고 다양한 지역자원을 잘 파악하여 가족과 연결하는 연계기능과도 밀접하게 관련된다.

4) 가족 구조와 기능의 이해

가족을 대상으로 사회복지실천을 하는 데 있어 가장 중요한 관점은 가족성원 개개인의 문제를 다루는 것이 아니라 가족을 하나의 총체로 보고 개입하는 것이다. 이러한 관점에 가장 큰 영향을 준 이론은 일반체계이론이다. 체계론적 관점은 문제의 본질보다는 그 문제의 맥락과 관계 및 의미에 더 초점을 맞춘다. 한 개인의 형성은 인간과 환경과의 상호작용 가운데 이루어지며, 인간과 환경 사이의 경계는 개방된 것으로 본다. 가족에 대한 체계론적 관점은 가족 내의 상호작용적 체계의 유형과 관계형태에 관심을 둔다. 한 가족성원의 행동은 다른 가족성원의 행동과 관련하여 나타나는 것으로 본다.

이러한 맥락에서 Minuchin은 최상으로 기능을 하는 가정에서는 가족 간의 경계가 분명하고, '우리'라는 집단에 소속된 의식을 가지고 있으면서도 자의식을 잃지 않는다고 보았다. 즉, 가족성원들은 개성을 띠고 있으면서도 가정에 대한 소속감을 잃지 않으며, 하위체계의 경계가 분명하여 올바른 가족기능이 이루어진다는 것이다. 반면 가족 간의 경계가 모호한 '밀착된 가정'에서는 하위체계 간의 경계가 미분화되고 약하고 쉽게 뒤바뀐다는 것이다. 따라서 가족의 구조를 이해하기 위해서는 가족의 하위체계(subsystem), 경계(boundaries), 가족규칙(family rules), 가족신화(family myth), 가족의 권력구조(power structure) 등을 살펴보는 것이 필요하다. 이들 각각을 좀 더 구체적으로 살펴보기로 한다.

(1) 가족의 하위체계(family subsystem)

가족은 상위체계로서 그 조직의 구성에 따라 다양한 체계를 갖는다. 2세대의 부모와 자녀들로 구성된 핵가족의 경우 다음과 같은 4개의 하위체계가 존재한다. 각각의 하위체계가 건강하게 기능하고 있는 정도는 다음과 같은 특성을 가지고 있는지의 여부를 파악하면 알 수 있다(권진숙 외, 2006 : 132).

① **부부하위체계** : 부부간 상호협동 및 존중, 독립적이면서 의존적인 상호의존성, 부부 사이의 경계의 특성
② **부모하위체계** : 자녀의 양육에 있어 자녀의 성장·발달에 따른 역할전이의 유연성
③ **부모자녀 하위체계** : 자녀에 대한 엄격함과 허용성의 정도, 부모-자녀 간의 관계양식
④ **형제자매 하위체계** : 어른들로부터 자신을 보호할 필요가 있을 때 쉽게 연합을 형성

(2) 가족경계(family boundaries)

경계란 체계 간의 차이를 보호하는 기능을 말한다. Minuchin은 가족구성원의 관계를 규정하는 세 가지 개념으로 경계(boundaries), 제휴(alignment), 권력(power)을 제시하면서 이 개념들이 가족의 특성을 구성한다고 보았다. 일반적으로 경계는 가족구성원 간의 경계, 가족 내 하위체계 간의 경계 그리고 가족 외부와의 경계로 나누어 볼 수 있다.

첫째, 가족구성원 간의 경계는 그 성격이 소원한 관계, 밀착된 관계 등으로 나누어진다. 예를 들어, 지나치게 소원한 경계의 가족체계 내에서 적절한 애정을 느낄 수 없을 정도로 거리를 두고 있는 경우를 의미하는 것으로, 이러한 경우 가족원은 가족체계 외부와의 접촉을 통해 애정을 충족하고자 하는 노력을 하게 된다. 이 경우 발생되는 전형적인 문제는 청소년의 일탈 문제 혹은 비행, 일중독, 배우자의 외도 등이다. 밀착된 관계는 서로가 지나치게 정서적으로 결합되어 있어 각자의 독립성이 침해되는 경우를 의미한다. 이 경우 발

생되는 전형적인 문제는 지나친 의존이나 과잉보호, 과잉간섭으로 인하여 무기력, 우울, 고립, 편집 등이다.

둘째, 하위체계 간 경계는 그 성격이 명확한 관계, 융합 및 갈등으로 혼돈된 관계, 그리고 경직된 관계로 나누어진다. 또한 부부체계와 자녀체계의 세대 간 경계를 넘어서서 세대 간 연합하거나, 자녀를 통하여 부부문제를 드러내는 하위체계 간 경계의 문제가 나타난다. 이를 그림으로 표현하는 방법은 |그림 11-1|과 같다.

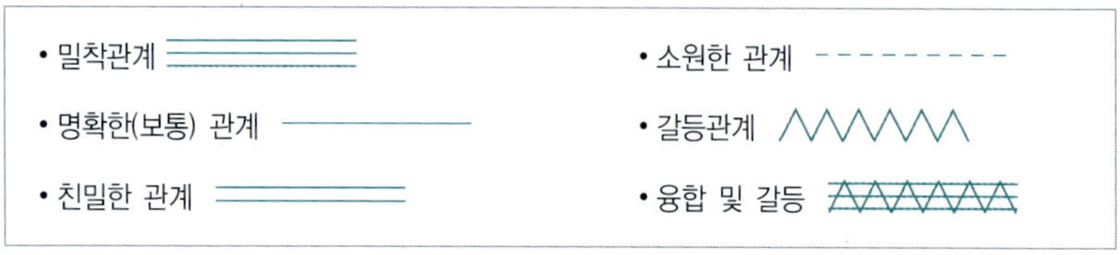

|그림 11-1| 관계 기호

셋째, 가족 외부와의 경계로 개방형 가족과 폐쇄형 가족으로 나누어진다. 이 같은 경계문제는 가족 내·외에서 복합적으로 존재하며, 거의 모든 가족과 구성원 간에 일시적 혹은 지속적으로 생겨나서 Minuchin은 이들 경계를 구체적으로 살펴봄으로써 가족의 규칙을 알 수 있게 된다고 하였다.

(3) 가족규칙(family rules)

가족규칙은 가족구성원들이 서로의 행동규칙을 규정하고 제한하는 관계상의 합의를 말하며, 그 가족의 언어 및 시간과 공간의 사용패턴은 물론 가족 내 의사소통의 흐름과 본질, 가족구성원에 따른 지위와 권력의 부여, 가족의례 등을 규정짓는다. 가족규칙은 가족구성원의 경험이나 그 가족의 전통, 문화, 적응노력 등 여러 가지 많은 형성요인에 의해 형성되기 때문에 가족마다 다르다. 가족의 경계개념은 상황에 따라 어떤 구성원이 어떻게 그 상황에 참여하는지를 규정하는 규칙에 의해 만들어진다. 가족규칙은 가족의 상호 피드백을 통해 재조정될 수 있다. 예를 들면 귀가시간, 주일 예배 참석, 제사 지내는 것, 부부의 가사 분담과 육아 역할 등이다.

(4) 가족의 권력구조(power structure)

가족 내에서의 권력이란 다른 가족구성원의 행동을 변화시킬 수 있는 능력을 말한다. 가족 내에서는 다른 가족구성원의 욕구(경제적, 사회적, 애정, 사랑, 인정 등)를 실현시켜 줄 수 있는 자원을 많이 가진 가족구성원일수록 권력을 많이 가진다. 그러므로 가족원 중 누구에게 권력이 집중되어 있는지, 누가 가장 영향력을 행사하는 사람인지, 가족원 사이에 권력이 어떤 양상으로 분포되어 있는지를 사정하는 것이 중요하다(권진숙 외, 2006 : 133). 여기서 중요한 것은 각 가족성원이 인식하는 힘의 균형이 적절하고 공평한지 아닌지의 문제이다. 가족들이 힘의 균형을 불쾌하게 여기는 상황은 계획적인 변화개입을 할 시기가 될 수 있다.

예를 들어, 절망적으로 억압을 받고 있다고 느끼고 자신의 견해를 솔직하게 표현하는 데 미숙한 한 청소년이 있다고 생각해 보자. 혹은 항상 무기력하고 배우자에게 억압을 받는 한 배우자를 생각해 보자. 그리고 결혼을 했든 안 했든 자식에 대해 통제력을 가지지 못한다고 생각하는 어떤 사람을 생각해 보자. 이러한 가족들은 전문적인 도움을 필요로 한다.

(5) 가족의 의사소통

가족의 의사소통은 가족구성원 간 언어적·비언어적 정보의 교환에 관한 내용으로 구성된다. 이때 적절하고, 왜곡되지 않은 의사소통을 하기 위해서는 모든 구성원이 의사소통의 원칙에 대해 인지하여야 할 뿐 아니라 적절한 수준의 기술도 필요하게 된다. 사람들은 가정에서 구성원 간 의사소통하는 방법을 자연스럽게 익히지만, 이 같은 의사소통 방식의 기능 여부에 대해서는 의사소통으로 인한 문제가 발생하거나, 교육을 받을 기회를 갖기까지는 이에 대해 심각하게 생각하지 않는다. 먼저 의사소통의 능력을 향상시키기 위해서 의사소통의 원칙(Neidig, 1984 : 172-176 재인용)을 살펴보면 다음과 같다.

첫째, 보낸 메시지와 받은 메시지가 항상 일치하는 것은 아니다.

모든 메시지는 개인의 성장배경이나 가치관 등으로 구성된 여과과정을 거치게 된다(Gottman, Notarius, Gonso & Markman, 1976). 이는 말하는 사람과 듣는 사람의 개인적 생각과 감정의 기능 때문에 자신의 의도와 달리 표현되거나 전달될 수 있다는 것이다. 다시 말해, 상대방이 말하는 자신의 의도와는 다르게 전달받고, 해석한다는 것은 매우 자연스러운 현상일 수 있다는 것이다. 기본적으로 의사소통의 책임은 어느 한쪽이 아닌 양편의 몫이라는 것이다.

둘째, 의사소통을 하지 않는 것은 불가능하다 .

인간의 모든 행동은 의사소통의 내용을 포함하고 있기 때문에 의사소통을 하지 않는 관계는 없다. 예를 들어, 상대방에 대한 화난 감정의 구체적 내용은 숨길 수 있지만 화를 감출 수는 없다는 것이다. 따라서 부정적인 내용이 담겨있는 관계에서 오해를 불러일으키지 않기 위해서는 가능한 그 내용을 표현하는 것이 최선의 방법이다. 회피하거나 비언어적으로 표현할 경우 문제를 악화시키는 경우가 대부분이다.

셋째, 모든 메시지는 내용과 감정이 담겨져 있다.

어떤 메시지가 내용(실제 전달되는 표면적인 정보나 내용)과 감정(억양, 제스처 등 비언어적 신호로 표현되는 부분)이 일치하지 않은 경우 상대방은 혼란을 경험한다. 이중구속적(double binded) 메시지가 하나의 극단적인 예로 볼 수 있는데, 이같은 의사소통 관계에 지속적으로 노출된 자녀의 경우 정신분열병을 일으킬 수도 있다고 가족치료자들은 말한다. 예를 들어, 자녀가 다른 아이를 때렸을 경우 "그러면 안 된다"고 말하면서 동시에 다른 언어적 · 비언어적 메시지, 즉 "그놈 참!" 하면서 머리를 쓰다듬어 주는 부모를 우리는 종종 목격하게 된다. 이 경우 아이들은 다른 아이들을 계속 때려도 된다는 것인지, 아닌지를 혼동하게 되는 것이다.

넷째, 비언어적인 신호가 언어적인 것보다 훨씬 더 신뢰성이 높다.

메시지의 내용과 감정 부분의 내용이 일치하지 않을 경우 듣는 사람은 감정부분에 더 큰 비중을 둔다(Stuat, 1980b). 예를 들어, 말로 하는 서비스(lip-service)라는 말처럼 실제 행동이 따르지 않은 내용의 표현은 상대방이 갖는 신뢰수준을 떨어뜨리는 역할을 하게 되므로, 그와 같은 의사소통은 하지 않는 것이 오히려 신뢰관계를 지속시키는 데 도움이 된다는 것이다.

2. 준비단계

1) 첫 가족상담 전 확인사항

(1) 가족단위 개입 필요성 여부 판단

가족상담의 요청은 대개 가족 중 한 사람이 기관에 전화를 하거나 기관을 방문함으로써 이루어진다. 혹은 다른 기관이나 사회복지사 또는 주변 사람들의 권유 및 의뢰로 이루어지기도 한다. 사회복지사는 전화나 방문 또는 의뢰에 의해 사회복지사에게까지 온 문제가 과연 가족상담의 대상인지를 판단하는 것이 중요하다. 문제가 가족 모두에게 영향을 미치고 있고 가족구성원이 그 문제의 발생과 유지에 영향을 주고 있다고 판단되는 경우에 가족단위의 개입이 고려될 수 있다. 그렇지 않을 경우에는 개별적인 개입이나 집단개입이 고려될 수 있을 것이다.

(2) 개입 가능성 여부 판단

도움을 요청한 문제로 인해 가족구성원 모두가 영향을 받고 있다고 판단되면, 사회복지사는 다음으로 자신과 자신이 속한 기관이 그 문제를 진단하고 개입할 수 있는 지식과 경험을 갖고 있는지를 판단한다. 약물중독, 알코올중독 등과 같이 생리적인 문제와 심리적인 문제가 결합된 문제, 신체질병이 개입된 문제, 공포증과 같이 극히 개인적인 문제, 가정폭력문제[1] 등은 그것이 가족구성원 전체에게 영향을 주고 가족구성원에 의해 영향을 받는 문제이긴

---

1) 가족개입은 체계적 관점의 영향으로 인해 어떤 문제의 상호작용적 메커니즘을 강조한다. 가정폭력을 이러한 관점에서 접근하다 보면, 피해자가 맞을 만한 행위를 해서 맞게 되었다는 논리로 전개될 수도 있다. 범죄나 폭력은 어떤 이유로도 정당화될 수 없다는 측면에서 폭력문제는 이러한 논리로 다루어지기 힘들다는 것이다.

하지만, 사회복지사가 단독으로 가족상담을 통해서 해결하기 어려운 복합적인 문제일 수 있다. 따라서 기관의 선임사회복지사나 슈퍼바이저와 의논하여 다루기 벅찬 가족문제는 적절한 곳으로 의뢰를 하는 것이 현명하다. 같은 기관 내에서도 자신이 다룰 수 없는 문제라면 다른 전문가에게 의뢰하는 것이 좋다.

2) 전체 가족을 만나는 것의 중요성 차원에서 가족성원 전체의 참여 필요성 인식

가족은 하나의 체계이며, 한 체계의 모든 각 부분은 나름대로 중요하다. 왜냐하면 체계의 한 부분에 영향을 미친다는 것은 전체 체계에 영향을 주는 것이기 때문이다. 따라서 각 가족성원은 가족체계의 중요한 부분이므로 개입과정에 포함되어야 한다. 결국 가족구성원 모두가 포함되어야 하며, 전체 가족을 함께 만난다는 것은 최소한 세 가지 이점들을 가지고 있다.

첫째, 전체 가족을 만나는 것은 가족 전체의 상호작용을 관찰할 수 있고, 가족의 역동성을 이해하기 위한 좋은 기회가 된다(Worden, 1994; Janzen & Harris, 1997). 만일 가족대상 실천에서 한 가족성원이 참여하지 않는다면, 그 가족성원의 상호작용 방식과 역동의 일부를 볼 수 있는 기회가 결여된다.

예시

어떤 편모와 12살 된 딸이 항상 함께 16살의 아들/ 오빠에 대해 불평을 하였다. 그들은 그가 "좋은 애가 아니다"라고 말한다. 그는 늘 싸우고, 거짓말하고, 도벽이 있는 그와 함께 살아가는 것이 지옥이라고 말한다. 사회복지사는 이 소년과 함께 어머니와 딸의 상호작용을 관찰하지 않고서는 정말로 그 가족 안에서 무엇이 일어나는지 알기 어렵다. 사회복지사는 소년의 시각에서 가족의 문제를 볼 수도 없고 소년의 행동을 볼 수도 없다. 이 가족에서 어머니는 분명히 딸을 좋아하고 대체적으로 아들을 비난하는 경향이 있다. 아들의 행동은 그 상황에서 자신의 분노를 표현하는 방식이며 어떤 관심을 요구하는 것일 수 있다.

둘째, 전체 가족을 만나는 이점은 사회복지사의 능력이 공정하고 객관적이 되도록 해준다. 즉, 사회복지사는 모든 가족성원들의 시각에서 문제를 더 잘 이해하고 사정할 수 있게 된다. 따라서 사회복지사는 일부의 어떤 한 사람이나 또 다른 사람의 편으로 기울어져서는 안 된다. 가족수준에서 실천하는 사회복지사는 가족의 어떤 한 성원을 나머지 가족을 위한 대변인이라고 가정하지 않도록 주의해야만 한다(Bandler, Grinder, & Satir, 1976 : 15, 전재일 · 이성희.김연희, 2010 : 210 재인용).

셋째, 전체 가족을 만나는 이점은 사회복지사가 가족의 의사소통 양상을 알아볼 기회가 된다는 점이다. 가족 내의 의사소통 양상들은 사회복지사에 의한 관찰과 반응의 첫 번째 중요한 초점이 된다(Shweman, 1977 : 438). 사회복지사는 바로 앞에서 관찰할 수 있는 것을 사정하는 것이 간접적으로 그것에 관해 듣는 것에 비해 훨씬 수월하다. 가족성원들이 의사소통하는 것을 어떻게 생각하는지와 실제로 어떻게 의사소통을 하는지의 차이점은 종종 가족문제의 주요한 부분이 되기도 한다.

하지만 전체 가족이 문제해결 회기 동안 계속 참석해야 한다는 것을 조건으로 규정한다는 것은 여러 문제들을 발생하게 한다. 때때로 참여하기를 거절하는 가족성원들이 있으며, 어떤 때는 모든 사람들이 거기에 있어야 할 필요에 관한 의문이 제기될 수 있다. 예를 들어, 만일 부부가 성적인 어려움을 갖고 있다면 그들의 8살에서 15살에 이르는 세 명의 자녀를 상담회기 동안 참석시키는 것이 적절한가? 어떤 때는 모든 가족들이 함께 만나는 일정을 정하기가 불가능할 수도 있다. 또한 부모님이 정반대의 시간대로 교대근무를 할 수도 있고, 때론 가족성원들이 서로 멀리 떨어져 살기 때문에 사회복지사가 일하기를 원치 않는 주말만이 가능할 수도 있다. 또한 모든 가족성원들이 항상 참석하기 위해 시간과 정력을 쏟는 것이 문제를 해결하는 데 정말로 필요한 것인가?

문제와 상황에 따라서는 한 명 혹은 두 명의 가족성원들을 만나는 것이 더 유용할 수도 있다. 반면에 효과적인 변화를 위해서는 전체 가족과 활동하는 것이 필수적일 수도 있다. 많은 경우 클라이언트들은 가족 전원의 상담참여에 부담감을 가지며 거부하거나 소극적인 태도를 보이게 된다. 이때 사회복지사는 가능한 한 첫 가족상담 회기나 이후라도 초기에 한번쯤 전체 가족성원이 참여하여야 문제해결에 도움이 된다는 장점 등을 자세하게 설명하고 설득하는 노력을 기울여야 한다. 이것은 모든 가족성원들의 시각을 이해하고 가족역동성을 파악하는 데 유용할 수 있기 때문이다. 동시에 이러한 전체 가족구성원과의 만남의 목적은 사회복지사가 한두 명의 가족성원들이 말하는 것이 모든 가족성원들이 어떻게 느끼고 있는지를 정확히 대표한다고 가정하지 않는다는 것을 확인하는 것이다.

3. 초기단계

1) 가족 맞이하기 준비

일단 가족이 정해진 가족상담실로 들어오면 각자 편안하게 자리를 잡고 앉도록 권유한다. 가족들이 상담실에 들어오는 순간부터 자리에 앉을 때까지 가족구성원 모두에게 관심을 갖고 최대한의 배려를 한다. 즉, 사회복지사가 가족구성원 모두를 개별적으로 존중한다는 것이 가족구성원 각자에게 충분히 전달될 수 있도록 해야 한다. 그래야 모든 가족구성원이 상담과정에 적극적으로 참여하게 되어 소외감을 느끼지 않는다. 가족이 자리에 앉으면, 먼저 사회복지사가 자신과 자신의 가족상담 관련 기능에 대해 간략한 소개를 한다. 아울러 전 가족을 대상으로 가족상담의 진행절차, 횟수, 사회복지사가 하게 될 역할, 사회복지사가 가족에 대해 갖고 있는 기대[2] 등을 간략하게 설명한다. 상담을 받기 위해 기관에 처음으로 나온 가족은 낯설고 서먹서먹하며 약간의 긴장 및 불안을 경험할 수 있다. 따라서 앞으로 전개될 일에 대한 개략적인

2) 자유로운 의견표현, 숙제 해오기, 자기주장은 얼마든지 자유롭게 할 수 있되 과격한 행동은 자제되어야 한다는 것 등

상황 설명은 가족의 막연한 불안감 해소에 도움이 될 수 있다.

사회복지사 자신의 소개가 끝나면, 가족구성원들 각자를 간략히 소개하도록 한다. 가족구성원 각자의 말문을 열게 한다는 의미에서 한 사람이 다른 가족구성원 모두를 소개하는 것보다 될 수 있는 한 가족 각자가 자신을 소개하도록 한다. 이 과정에서 사회복지사는 향후 상담이 지속되는 동안 가족구성원 각자를 어떤 호칭을 사용하여 부를 것인가를 잘 생각하면서 각자의 소개를 주의 깊게 듣는다. 보통 아버지의 경우 '아버님', 어머니의 경우 '어머님' 등의 호칭이 일반적으로 사용될 수 있을 것이다. 어린 자녀들의 경우 이름을 부를 수 있으나, 존칭을 사용할 것인지의 여부는 상황에 맞게 잘 판단해야 할 것이다. 성인 자녀의 경우, '(첫째) 아드님께서는', '(둘째) 따님께서는', '사위께서는' 등 관계적 호칭을 사용하는 것이 무난할 것이다.

2) 기타 행정적인 측면에 대한 언급 사항

상담료, 상담료 납부방식, 상담횟수, 1회 상담시간의 길이, 상담약속의 방법, 약속의 준수 및 취소에 대한 원칙들을 언급한다. 이러한 사항들에 대한 언급은 초기 접촉의 적절한 시점에서, 늦어도 가족단위와의 첫 상담 전에 이루어지도록 노력해야 한다. 가족들은 가족상담의 일반적 형태, 시간, 상담료 등에 대해 막연한 불안과 궁금증을 갖고 있기 때문이다. 이러한 사항들에 대한 분명한 언급 없이 가족상담이 본격적으로 시작될 경우 개입과정이 방해받을 수 있다.

3) 질문내용의 준비

가족과 본격적인 대화를 시작하기 전의 준비가 어느 정도 되었으면, 이제 가족과 마주 대하고 앉아 무슨 이야기를 먼저 시작해야 할 것인가를 생각해봐야 한다. 앞서 가족과의 첫 접촉에서 가족구성원 한 사람으로부터 들은 이야기를 기초로 가족이 경험하는 문제에 대한 잠정적 가설을 세운 바 있다. 이제부터 대화는 이 가설을 중심으로 이어져 나가야 할 것이다. 가족과의 첫 접족에서 얻은 정보의 내용은 가족구성원 한 사람의 시각에 의한 문제 양상인 반면, 가족 전체와의 첫 상담에서는 전반적인 문제상황의 재정리와 그 문제에 대한 가족구성원 각자의 인식, 그 문제가 가족구성원 각자에게 미치는 영향 등을 포괄적으로 파악해야 한다.

가족상담과정의 질문방법에 대해서는 나중에 자세히 언급하기로 하고 여기서는 첫 번째 회기에서 필요한 간단한 질문요령만을 제시하고자 한다.

첫째, 문제에 대한 각 가족구성원의 이야기를 듣기 위해 다음과 같은 질문으로 시작한다.

예시

사회복지사 : "어떤 부분에 대해 도움을 받길 원하십니까?"
"도움을 받았으면 하는 부분에 대해서 말씀해 주시겠습니까?"
"무엇이 가족을 가장 어렵게 만들고 있습니까?"
"그 일들은 ○○ 자신에게 어떤 영향을 미치고 있습니까?"
"어떤 점이 해결되었으면 하고 바라시나요?"
"이곳을 다녀가신 후 어떤 점(무엇)이 달라졌으면 좋겠습니까?"

위와 같이 질문을 하면 가족은 상담을 받으러 온 목적과 치료에 대한 기대에 대해 이야기를 시작할 것이다. 여기서 주의할 점은 가족의 어려움에 대해 모든 사람의 견해를 골고루 듣도록 노력해야 한다는 것이다. 이를 위해 사회복지사는 초점이 되는 문제에 대해 자신의 관점을 밝힐 기회를 모든 가족구성원에게 동등하게 제공해야 한다. 사회복지사가 가족 중 어떤 한 사람 또는 특정 하위체계와 한편이 된다는 인상을 주게 되면 나머지 가족원 각자의 관점이 위축되게 된다. 이렇게 될 때 가족문제의 역동성과 상호작용성을 정확하게 판단하기가 어려워진다. 모든 가족구성원이 한꺼번에 나서서 이야기를 하는 경우도 경계해야 한다. 이럴 경우엔 "한꺼번에 말씀을 하시면 제가 들을 수도, 이해할 수도 없습니다. 차례차례 이야기해 주시겠습니까?"라고 하여 한 사람씩 차근차근 이야기를 진행하도록 해야 한다. 또한 여러 가지 문제를 한꺼번에 진술할 경우 가장 중요한 것 하나만 골라서 설명하도록 요구하는 것이 좋다. 문제와 관련한 대화의 초점에 있어서 가족이 지목한 문제를 갖고 있는 사람(IP : Identified Patients)의 문제에만 초점을 두지 말고 그 문제가 전체 가족에 미치는 영향을 지속적으로 탐색한다. IP의 문제가 제거되면 가족에게 어떤 일이 일어날 것인지를 질문해 봄으로써 IP의 문제가 가족이 갖고 있는 진정한 다른 문제를 감추기 위해 등장한 문제인지를 판단할 수가 있다.

둘째, 많은 가족들은 자신의 어려움에 대해 이야기를 하라고 하면, 그 어려움과 관련된 과거의 사건까지 끝없이 거슬러 올라가 문제의 발생과 전개과정 그리고 그 인과관계까지를 자세하게 설명하려는 경향을 갖고 있다. 일반적인 사회복지실천은 문제의 사정과 개입에 있어 '지금 여기'에 초점을 두고 있다. 따라서 가족과의 실천에서도 가족이 과거의 사건이나 상황으로 회귀하는 경향을 최대한 통제하는 것이 좋다. 대신에 현재의 문제가 지금 이 순간 어떻게 진행되고 있으며, 이것이 가족구성원에게 지금 어떤 영향을 미치고 있는지를 알아내려고 노력하는 것이 중요하다. 이것은 사회복지사와 가족 간에 가능한 한 적은 수의 만남을 통해 문제해결을 시도하려는 최근의 가족치료 흐름과 일치하는 것이다.

예시

(가족이 과거 이야기를 하면서, 현재의 문제와 연결시키려 할 때)

사회복지사 : "예, 그렇군요. 그럴 수도 있겠군요. 좋습니다. 그러나 먼저 지금 어떤 일이 일어나고 있으며, 이것이 가족구성원들을 어떻게 힘들게 하고 있는지 말씀해 주시겠습니까?"

셋째, 지금까지 가족들이 문제를 어떻게 다루어 왔는지를 가족 전체의 시각에서 다시 파악한다. 이것을 '시도된 해결책(attempted solution)'이라고 부르기도 한다(Fisch, Weakland, & Segal, 1985). 지금까지 가족이 자신들의 문제해결을 위해 노력해온 과정을 살펴봄으로써 가족이 갖고 있는 가족문제의 원인에 대한 관점, 가족이 동원한 자원, 가족이 치른 희생의 내용, 문제해결 노력과정에서 나타난 가족의 장단점, 지금까지의 문제해결 시도가 실패한 이유 등을 파악할 수 있다. 또한 파악된 내용을 바탕으로 지금까지 가족이 시도해온 것과는 다른 내용의 해결방법을 모색해 보는 계기도 마련할 수 있다.

4) 문제에 대한 대처상황의 파악

문제해결을 위해 가족 안에서 지금까지 어떤 노력을 기울여 왔는지를 개략적으로 파악한다. 다른 곳에서의 상담이나 치료경험, 지금 가족상담을 받고자 하는 이유 등에 대해서도 질문한다.

첫 상담에서는 문제와 관련된 기본적인 정보와 적절한 사항들에 대화가 집중될 수 있도록 해야 한다. 이 단계에서는 적극적 경청의 기술이 요구되며, 성급한 충고나 문제해결 방안이 제시되지 않도록 주의한다. 문제에 대한 보다 폭넓은 시각과 가족들 간 상호작용 양상을 파악하기 위해서는 가족구성원 여러 명과의 상담이 요구되며, 제언이나 개입은 그 후에 신중하게 이루어져야 한다.

5) 초기단계에서 상담회기(session) 진행과 관련된 준비기술

(1) 초기의 긴장과 어색함의 완화를 위한 관계 형성 기술로서 가족에 합류

가족에의 합류(joining)는 사회복지사가 개입대상 가족의 세계 속으로 안심하고 자리잡고 들어가는 것이며, 가족의 입장에서는 사회복지사를 자신의 세계(삶, 생각, 느낌) 속에 받아들이는 것이다. 다시 말해, 사회복지사와 가족구성원들이 서로 편안한 상태에서 얘기할 수 있는 바탕을 마련하는 것을 합류라고 한다. 이를 위해 사회복지사는 가족이 치료실에 들어오는 순간부터 편안함을 느낄 수 있도록 노력해야 한다. 이를 위해서는 본격적으로 가족의 문제에 대해 대화를 나누기 전에 날씨나 교통, 주차문제 등 가벼운 사교적인 대화를 통해 서먹서먹한 느낌을 줄이도록 노력한다. 또한 가족이 주로 사용하는 말씨나 말투를 흉내 냄으로써 긴장감을 해소하고 친밀감을 이끌어 낼 수도 있을 것이다. 가족구성원이 이야기를 할 때 적극적으로 경청하고, 적절한 시선을 유지하며, 가족이 말하는 것에 대해 진지한 흥미를 가지고 있음을 적극적으로 표현하면서 가족을 있는 그대로 받아들이려는 노력도 합류에 도움을 주는 일이다. 반면 가족의 종교, 사회·경제적 지위, 정치적 성향, 옷차림, 외모, 말씨 등에 대해 편견이나 부정적인 시각을 표출한다면 합류에 도달하기 힘들어진다. 실천가가 가족과의 합류에 실패할 경우 상담의 조기종결로 연결될 수 있다. 합류는 앞으로 전개될 가족 사정 및 개입 등의 작업을 위한 기반으로서 매우 중요한 역할을 한다.

(2) 가족의 저항(양가감정)의 이해와 다루기

가족은 자신들의 문제로 사회복지사를 찾아오긴 했어도 가족체계의 변화를 위한 노력에는 불편함을 느끼고 그러한 노력을 요구하는 사회복지사의 제안에 위협을 느끼기도 한다. 가족이 변화의 필요성을 느끼는 동시에 미래상황에 대한 불확실성을 갖고 있기 때문이다. 구조적 가족치료에서는 변화에 대한 가족의 저항을 구성원들의 발달과제상 요구가 변화함에도 가족구조가 이에 부응하지 못하는 현상이라고 본다. 어떤 모델에서든지 저항은 예견될 수 있고 그것은 변화의 시작이기도 하다. 따라서 저항에 부딪힐 때 이것을 치료의 실패로 보기보다는 치료의 한 양상으로 간주하며 가족을 이해하는 것이 좋다. 가족이 변화에 대한 저항이나 두려움을 느낄 때 사회복지사는 변화를 위해서는 양가감정이 있을 수 있다는 것을 가족에게 알려주면서 다음과 같은 정서적 지원을 제공한다.

예시

사회복지사 : "변화란 쉽지 않은 것이죠. 때로는 두렵고, 불편한 것입니다."
"상담받는 것이 자존심 상하는 일이라고 인식되기도 하죠."
"아마도 옛날방식이 그리 나쁘지 않았던 모양이죠."
"새로운 것을 시도하는 데 방해가 되는 무엇인가가 있는 것 같군요."

(3) 사회복지사에 대한 신뢰문제 다루기

개인이나 집단 대상의 실천보다 전문직으로 사회복지사의 위상에 의문제기가 많은 실천대상이 가족이다. 따라서 사회복지사의 개입을 통해 가족의 문제가 해결될 수 있다는 희망과 기대를 갖기 위해서는 가족이 사회복지사의 능력과 자질을 신뢰할 수 있어야 한다. 가족이 사회복지사의 능력에 대해 의심을 할 경우 사회복지사의 개입노력 자체를 불편하게 생각할 수 있고, 이것이 적절히 해소되지 않으면 상담이 조기종결될 수 있기 때문이다. 사회복지사의 가족개입능력에 대해 가족이 의문을 갖고 있다고 파악될 경우 사회복지사는 다음과 같이 대처할 수 있다. 첫째, 가족이 그런 생각을 가질 수 있다는 것을 인정하면서 방어적인 태도로 자신을 합리화하지 말고 있는 그대로 자신을 당당하게 내보이도록 노력한다. 둘째, 자신의 임상실천 경험과 가족문제와 관련된 실습경험을 설명한다. 셋째, 기관의 상황에 따라서 자신이 혼자서 문제를 파악하고 개입하는 것이 아니라 경험 많은 슈퍼바이저나 팀원과 상의하여 가족에게 최대한의 도움을 제공하고자 노력한다고 설명한다. 넷째, 가족이 담당 사회복지사를 신뢰하지 못하는 이유를 정확히 파악한 후 사회복지사 자신이 가족이 요구하는 기대를 충족시킬 자신이 없는 경우엔 다른 기관이나 전문인에게 의뢰한다. 자신을 신뢰하지 못하는 듯한 인상을 받았을 때 사회복지사는 다음과 같이 말할 수 있다.

예시

사회복지사 : "그 점(젊고, 미혼이며, 아이를 키워본 적이 없는 점)을 걱정하시는 것에 대해 충분히 이해가 갑니다. 제가 아직 미혼이고 아이를 키워본 적도 없지만, 저는 가족문제의 유형과 성격에 대한 공부를 많이 했고, 그 문제들을 해결하기 위해서는 어떻게 해야 하는지에 대한 연구와 실습을 거쳤습니다."

사회복지사 : "지금까지 기관에서 일하면서 제가 가족상담을 줄곧 담당해 왔고 ○○○ 가족이 갖고 있는 것과 비슷한 유형의 문제에 개입한 경험을 가지고 있습니다."

"제가 가족상담에 대해 공부를 했고 실습을 했습니다만 경험이 부족한 것은 사실입니다. 하지만 저의 팀원이 뒤에서 저를 도와주고 있고 경험 많은 지도감독자가 저의 일을 확인하고 감독하십니다."

6) 초기단계에서 신뢰 관계 형성과 문제 파악을 위한 효율적인 가족상담회기 운영 기술

(1) 사회복지사의 가족상담회기 운영 기술

사회복지사가 가족상담의 회기 전반을 무리 없이 이끌고 가기 위해 필요한 것으로서 Fisch 등(1995)이 제시한 여러 가지 기술 중 네 가지를 소개하면 다음과 같다.

첫째, 사회복지사 자신의 주장, 논리, 입장, 충고 등을 밝히기 전에 가족이 가지고 있는 가치, 믿음체계, 문제에 대한 관점, 문제해결 의지 등을 충분히 파악해야 한다. 이것은 상담 초기뿐만 아니라 개입과정 내내 명심해야 할 일이다. 사회복지사가 가족에게 어떤 지시나 충고를 했을 경우에도 그것이 가족 내에서 어떻게 받아들여졌으며, 가족구성원에게 어떻게 영향을 주고 있는지를 잘 살핀 후 다음 단계로 차근차근 이동하는 것이 좋다.

둘째, 가족이 경험하고 있는 문제에 대한 해결방안을 빨리 제시해야겠다는 마음의 압박을 스스로에게 주지 않도록 한다. 문제에 대한 해결책을 당장 내놓지 못함에 대해 걱정하거나 두려워할 필요가 없다. 불확실한 답을 섣불리 내놓고 나서 사례를 망치는 것보다는 신중한 판단과 결정을 통해 사례를 성공으로 이끄는 것이 더 중요한 것이다. 충분한 자료를 입수하여 판단에 확신이 섰을 때 결정이나 답을 내도록 해야 한다.

예시

사회복지사 : "글쎄요. 그것에 대해 잠시 생각 좀 해봐야 하겠습니다."
"그 문제에 대한 답을 지금으로서는 제시할 수가 없어 유감이군요."
"오늘은 갈피를 잡을 수가 없군요. 다음 회기에 구체적으로 알아가보도록 하면 어떨까요?

셋째, 조건을 적절히 사용한다. 가족에게 어떤 행동을 제안할 때 그렇게 하면 반드시 좋은 결과가 나온다는 식으로 얘기하는 것이 아니라 세심한 조건과 함께 제시하는 것이다. 이렇게 함으로써 어떤 결과가 나타나거나 나타나지 않은 것에 대한 모든 책임이 사회복지사에게만 있다는 인식을 피할 수 있다.

예시

사회복지사 : 이렇게 한번 해보시지요. 하지만 이것이 통할지는 잘 모르겠습니다. 이 방법의 성패는 선생님께서 제 제안을 얼마나 잘 소화해서 잘 적용하느냐에 달려있다고 봅니다.

클라이언트 : 선생님, 제 말을 믿으시죠?

사회복지사 : 글쎄요, 아직 부인의 아들을 만나지 못해서 뭐라 할 수 없습니다만, 현재까지 부인의 말을 통해 제가 들은 대로라면 부인의 말에 동의합니다.

넷째, 사회복지사는 가족보다 한 단계 낮은 자세를 취할 때 가족으로부터 풍부하고 자세한 정보를 얻을 수 있다. 즉, 가족의 삶의 양상, 가치, 자원, 문제해결 노력, 문제로 인한 고통의 깊이 등에 대해 사회복지사는 가족보다 잘 모르니 가르쳐 주면 잘 배우겠다는 자세(not-knowing posture, learning attitude, one-down position)를 말로 표출하는 것이다. 경우에 따라서 사회복지사의 권위적이고 강력한 리더십을 원하는 가족들도 있을 수 있다. 이때는 그에 맞게 자세를 바꿀 수 있을 것이다. 하지만 강하고 권위적인 자세를 취하다가 낮은 자세를 취하기는 매우 어렵다.

예시

(지금까지 가족문제 대처를 위해 동원한 자원들에 대해 언급하는 가족구성원에게)

사회복지사 : "아 그 말씀을 해주시니 정말 고맙습니다. 또 빠진 내용이 있으면 알려 주시겠습니까? 선생님의 가족이 가지고 있는 자원이 보통 가족들이 가지고 있는 것과는 많이 달라서 제가 일일이 질문을 드릴 수 없군요."

사회복지사 : "이런 장점을 많이 갖고 있는 가족과 함께 일하게 되어서 다행이고 영광입니다. ○○ 님 가족이 가지고 있는 또 다른 장점에 대해서도 말씀해 주시면 제가 대안을 생각해 내는 데 아주 큰 도움이 될 것입니다."

(2) 문제의 명료화를 위한 구체적인 진술 요구하기

상담을 진행하다 보면 때때로 가족이 자신의 상황을 애매모호하게 설명하는 경우가 있다. 클라이언트의 말이 모호할 경우, 사회복지사는 그것을 그냥 넘기지 말고 문제가 분명해질 때까지 공손하고 침착하고 단호한 태도로 질문을 계속해야 한다. 질문을 할 때는 가족에게 상황을 보다 구체적으로 묘사해 줄 것을 요청하고 경우에 따라서는 구체적 단서를 함께 제시하라고 해야 한다.

예시 1

사회복지사 : "죄송하지만, 그 부분에 대해 조금만 더 자세히 얘기해 주실 수 있겠습니까? 제가 잘 이해하지 못했습니다."

사회복지사 : "그렇게 생각하시게 된 구체적인 사건이나 계기가 있었습니까? 그에 대해 구체적으로 어떤 상황이었는지 알 수 있을까요?

예시 2

클라이언트 : 요즘 그이가 기분이 좀 그래요. 우리 사이가 좀 나아졌으면 좋겠어요.

사회복지사 : 보다 분명하고 구체적으로 말해 주시겠어요? 어떻게 되어야 나아지는 것이죠?

클라이언트 : 그이가 보다 유쾌해졌으면 좋겠고요. 우리 사이도 다정해졌으면 해요.

사회복지사 : 어떤 행동들이 나타나야 댁의 남편이 유쾌해졌다고 판단할 수 있을까요?
클라이언트 : 퇴근해서 들어와서 나에게 잘 있었느냐고 말하고, 무슨 일 없었느냐고 말을 걸고, 표정이 밝아지고 그러면 되죠.
사회복지사 : 표정이 밝아진다는 것은 무엇을 의미하죠?
클라이언트 : 나를 바라보고 조금이라도 웃는 표정을 지으면 표정이 밝은 것이죠.
사회복지사 : 전보다는 조금 더 이해할 수 있을 것 같군요. 그런데 두 분이 다정해지면 어떤 일들이 나타나게 되죠?

가족의 진술이 인과적 흐름 없이 꼬리에 꼬리를 물고 이리저리 이어질 경우 사회복지사는 단 하나의 사건이나 상황에 초점이 맞춰질 수 있도록 방향을 제시해 주어야 한다. 이를 위해 가장 효과적인 방법은 가족구성원이 문제의 우선순위를 정하도록 하는 것이다. 가족이 많은 문제들을 갖고 있다고 하더라도 문제 하나하나를 조작적으로[3] 정의해 나가면서 천천히 듣게 되면, 가족 중 누가, 무슨 행동을, 어떻게 했는지를 알게 되며 그것들을 간결하게 요약할 수 있게 된다.

예시

사회복지사 : "○○ 님의 마음속에 많은 문제들이 한꺼번에 떠오르는 것 같군요. 하지만 어떡하죠? 많은 문제들을 한꺼번에 말씀하시면 제가 다 따라잡을 수가 없습니다. 제 능력에 한계가 있어서 말이죠. 지금 현재 가장 중요한 문제라고 생각되는 것을 먼저 말씀해 주시겠습니까? 가장 먼저 변화되어야 할 것이라고 생각되는 것 말입니다."
"조금 전에는 □□가 중요하다고 말씀하셨는데 지금은 '△△'에 대해 말씀하고 계시는군요. 좋습니다. 만일 '△△'가 더 중요한 문제라면 그것에 대해 초점을 맞춰서 이야기해 보기로 하죠."

3) 상황에 대한 조작적 정의란 측정 가능한 형태로 상황을 묘사하는 것을 말한다.

(3) 가족관계에 집중하며 가족상황에 대한 재구성(reframing)

첫 상담의 마지막 단계에서는 가족이 지금까지 나름대로 문제해결을 위해 노력해온 것에 대한 칭찬과 함께 노력의 내용에 대한 긍정적 재구성을 제공한다.

예시

(딸의 도벽문제에 대처하기 위해 지금까지 딸을 꾸짖고 벌주고 때로는 감금까지 해온 부부에게)

사회복지사 : (부부에게) "딸을 사랑하시는 마음이 얼마나 크셨으면 딸을 '안전지대'에 두고자 하셨겠어요?"
(딸에게) "부모님이 과격한 사랑을 표현하시는데도 그것을 잘 참았구나. 요즘 아이들은 그렇게 견뎌 내기가 참 힘든데 말이야."

같은 맥락에서 첫 상담을 끝내고 돌아가려는 가족에게는 앞으로 문제해결에 대한 기대와 희망을 갖고 사회복지사와 함께 자기 가정의 문제해결을 위한 노력을 지속해야겠다는 마음을 갖도록 하는 것이 필요하다. 이를 위해 사회복지사는 개입대상 가족이 갖고 있는 긍정적인 부분을 찾아내 이를 인정해 주거나, 어려운 가운데서도 가족단위의 상담을 받기 위해 상담현장에까지 나온 가족에 대해 칭찬을 해줄 수 있다.

예시

사회복지사 : "어려운 가운데서도 가족들 모두가 마음을 열고 자신의 심정을 얘기해 주시는 모습이 아주 좋았습니다."

사회복지사 : "아버님께서는 직장 때문에 이곳에 올 형편도 아니었고, 또 오기도 매우 싫어 하셨음에도 불구하고 이곳까지 나오신 것을 보니, 가족을 사랑하는 마음이 대단하신 것 같습니다."

가족문제가 어느 한 사람 때문에 발생하고 있다고 생각하는 가족에게는 문제의 원인에 대한 관점을 재구성해 줄 필요가 있다. 즉, 가족 중 어떤 한 사람이 잘못된 행동을 하거나 나빠서 가족에 문제가 생긴 것이 아니라 가족이 전체적으로 성장하는 과정 중 가족 상호 간 역할조정이 잘 정의되지 않아서 가족기능에 순간적으로 문제가 발생한 것이라고 설명한다. 이로써 가족 중 어떤 한 사람의 문제만 해결되면 가족이 평안해질 것이라는 가족의 관점에 변화를 유도하여 고착된 현재의 상태에서 앞으로 나갈 수 있게 한다.

4. 사정단계

1) 가족사정의 이해와 내용

실천의 핵심은 사정이라고 한다. 가족과의 실천에 있어 사정이라 함은 사회복지사 앞에 앉아 있는 가족의 상황을 있는 그대로 이해하는 것이다. 사회복지사가 가족의 상황을 잘 이해할수록 가족이 문제나 위기로부터 잘 벗어날 수 있도록 적절한 도움을 제공할 수 있을 것이다. 가족사정이란 가족에 대한 이해에만 그치는 것이 아니라 그 이해를 바탕으로 개입전략을 수립하고 점검하는 활동도 포함한다.

가족사정의 목적은 가족이 현재 겪고 있는 어려움은 어떤 것이며, 그 어려움을 지속시키고 있는 가족의 상호작용 양상은 무엇인지, 그리고 가족은 자신들의 상호작용 유형 중에서 어떤 점을 변화시키기를 원하는지를 알아내는 것이라 할 수 있다. 그리고 가족개입의 궁극적 목적은 가족을 어려움에 처하게 만든 가족의 상호작용 양상[4]을 가족 스스로 이해하게 한 후 가족이 원하는 변화를 위해 필요한 새로운 행동양식을 가족과 함께 찾아내는 것이라 할 수

4) 부부간의 갈등이 악화되어 거의 매일 싸우고 냉전상태에서 이혼위기로 치닫고 있는 부모를 본 아들이 부모에 대한 반항, 학교 선생님과의 갈등, 불량 친구들과의 교제 등으로 부모와 갈등관계 양상을 노출하는 경우가 여기에 해당한다고 볼 수 있다. 부모-자녀 간 갈등관계 양상은 그 자체로서 의미를 가질 수도 있으나, 이 양상은 부모의 관심이 이혼이라는 자신들의 문제에서 자녀의 문제로 옮겨 가면서 부부가 합력하게 하고, 그로 인해 가족이 유지되는 기능을 발휘할 수 있다.

있다. 정리하면, 가족사정의 기능 중 하나는 가족체계가 어떻게 기능하고 있는지를 발견하는 것이고, 다른 하나는 가족체계의 상호작용 유형에 개입하기 위한 방법을 찾아내는 것이다. 따라서 사정과 개입 과정은 별개의 분리된 것이 아니라 상호작용적이며 순환적이다. 사정방법들은 정보수집전략이 될 뿐만 아니라 개입방법도 되는 것이다(Tomm, 1987).

이러한 사항들을 염두에 두면서 가족체계를 사정함에 있어 이론적 성향에 관계없이 일반적으로 고려해야 할 사항들을 우선 살펴보고자 한다. 가족의 어려움을 유지시키는 현상은 크게 ① 현재 가족 내부 구성원 간 행동양상, ② 가족의 역사적 맥락, ③ 가족과 주변 환경과의 상호작용 양상 등의 세 가지 차원에서 파악될 수 있을 것이다.

(1) 가족성원 간 행동양상

① 표출문제의 탐색

문제의 성격을 잘 이해할 때에야 비로소 그 문제를 해결하기 위한 정확한 개입방법을 찾아낼 수가 있다. 그러나 하나의 문제해결에만 몰두하여 가족이 문제상황이나 어려움에 대한 설명과 감정을 충분히 분출할 기회를 제공하지 못하면 사회복지사가 가족의 입장을 존중하지 않는다는 인상을 줄 수 있다. 이렇게 되면 사회복지사가 가족과 합류하는 일 그리고 가족과 사회복지사 간의 신뢰관계 형성이 어려워질 수 있다. 따라서 가족의 표출문제를 탐색할 때는 해결책을 향해 너무 빨리 달려가지 않도록 주의해야 한다. 표출문제의 탐색에 있어 점검해야 할 사항들을 정리하면 다음과 같다.

가. 문제상황의 탐색

- 문제상황은 무엇인가?
- 문제는 얼마 동안 지속되어 왔는가?
- 문제로 인해 가장 큰 영향을 받고 있는 사람은 누구인가?
  - 가족의 문제를 누가 알고 있나?

- 문제에 어떤 사람들(예 학교 선생님, 보호관찰소 담당관, 사회복지관의 사회복지사, 학교사회복지사, 목사 등)이 개입되어 있는가? (이것을 통해 가족의 자원과 사회적 지지망을 알아낼 수도 있다)

• 문제가 일어나는 상황(시간, 장소, 조건)이 별도로 존재하는가? 아니면 문제가 지속적으로 발생하는가?

나. 문제의 원인에 대한 가족구성원의 시각탐색

• 가족구성원은 표출된 문제를 가족구성원 중 어느 한 사람(IP)의 문제로 보는가?(예 제 아들이 학교에서 아이들과 심한 싸움을 자주 합니다) 아니면 관계상의 문제로 보는가?(예 우리 부부는 대화할 줄 잘 몰라요)

• 가족구성원들이 가족의 문제를 어느 한 사람(IP)만의 문제라고 주장할 경우, 나머지 가족구성원들 사이에 또는 IP와 나머지 가족구성원들 사이에 다른 문제가 존재하지 않는가? (진정으로 IP만의 문제라면 가족치료대상이 아닐 수 있다. 가족체계 내의 문제라는 것이 확인될 때 가족구성원들도 가족개입의 필요성과 정당성을 알게 될 것이다)

• 가족은 문제의 원인이 무엇이라고 생각하는가? (많은 경우 가족 중 한 사람은 상대방이 문제해결을 위해 어떻게 행동해야 하는지에 대해 정확한 견해를 가질 수 있다. 하지만 자기 자신이 무엇을 해야 하는지에 대해서는 잘 모르는 경우가 많다. 이 경우 다른 가족들은 본인에게 문제해결을 위해 무슨 행동을 원하는지 물어볼 수 있다. 이런 질문을 통해 얻어진 정보들은 문제에 대한 잠정적 가설을 세우는 데 도움이 될 수 있다)

② 시도된 해결책의 확인

대부분의 가족들은 자신들이 경험하고 있는 문제나 어려움을 해결 또는 해소하기 위해 나름대로의 노력을 기울인다. 시도된 해결책이란 가족이 자신들의 문제를 해결하기 위해 기울여온 노력의 내용이다. 이 내용은 가족구성원들끼리 기울여온 가족 내부의 노력일 수도 있고 가족이 외부의 자원을 활용하여 시도해온 노력일 수도 있다. 가족 나름대로의 문제해결 시도를 해왔음에도 불구하고 문제가 해결되지 않을 때 가족상담의 현장에 나온다고 볼 수 있다. 시도된 해결책을 파악함으로써 사회복지사는 가족에게 실패한 시도를 다시 더 해보라고 권유하는 실수를 줄일 수 있다. 실패한 시도를 다시 더 해보라고 사회복지사가 가족에게 권유할 경우 사회복지사의 신뢰가 떨어질 수 있다. 사회복지사의 역할은 시도된 것과 정반대되는 해결책을 구축해 주는 것이다(Fisch, Weakland, & Segal, 1985). 이를 위해 다음과 같은 질문을 할 수 있다.

- 가족은 문제해결을 위해 어떤 노력을 해왔는가?
  - 가족구성원들끼리의 자체 노력은 무엇이었나?
  - 가족체계 밖의 전문기관의 도움을 통한 문제해결 노력은 무엇이었나?
  - 지금까지의 노력 중에서 도움이 되었던 것과 도움이 되지 않았던 것은 무엇인가? (이것을 확인함으로써 도움이 되지 않았던 시도는 피하고 도움이 되었던 시도는 살릴 수 있는 전략을 구사할 수 있다)
- 고려되었지만 행동에 옮겨지지 않은 시도는 있었는가? 있다면 무엇인가?
  - 가족은 문제해결을 위해 어떤 시도를 고려했었는가?
  - 다른 사람들이 문제해결을 위해 가족에게 권유한 시도는 무엇이었는가?
  - 가족 나름대로의 시도를 고려하고서도, 또는 다른 사람의 시도 권유를 받고도 그것들을 실행에 옮기지 않은 이유는 무엇인가? (이것들을 탐색함으로써 가족이 문제상황 변화를 위해 행동을 취함에 있어 방해가 되는 요소가 무엇인지를 탐색할 수 있다. 또한 현재 문제상황이 변화될 때 우려되는 일이 가족체계 내에 존재하는지를 알아낼 수 있다)

③ 폭력 및 알코올 남용에 대한 탐색

가. 가정폭력

우리나라 가정에서 부부폭력이 발생하고 있는 비율이 31.4%라고 보고된 바 있다(여성가족부, 2013). 부부폭력뿐만 아니라 아동 및 노인학대도 심각한 사회문제로 거론되고 있다. 가족의 문제로 사회복지사를 찾은 가족에 대해서 사회복지사는 가족구성원 간 폭력이 발생되고 있는지를 살펴볼 필요가 있다. 개입대상 가족에서 가정폭력이 발생한다는 징후가 발견될 경우 사회복지사는 가족상담 중 또는 상담 이후에 발생할지도 모를 가정 내 폭력에 대해 세심한 주의를 기울여야 한다. 사회복지사는 가정폭력 피해자나 잠재적인 피해자에게 가정 내 폭력이 발생할 경우 여성긴급전화 1366을 통해 도움을 요청하는 방법을 알려 주고, 즉시 폭력현장으로부터 대피할 수 있는 방안을 마련할 수 있도록 도움을 제공해야 할 것이다. 뿐만 아니라 사회복지사 자신도 폭력에 노출될 가능성이 있다는 것을 알고 그에 대한 대책을 미리 마련해 놓아야 할 것이다.

아동상담소나 가정폭력피해상담소 및 보호시설 등에 근무하면서 가족단위의 개입을 행하는 사회복지사는 피해자와의 상담을 통해 가정폭력범죄를 알게 된 경우 이를 즉시 신고해야 할 의무가 있으므로 이를 이행해야 한다(가정폭력범죄의 처벌 등에 관한 특례법 제4조 제3항). 이 외에도 어떤 경로를 거치든 누구든지 가정폭력범죄를 알게 된 때에는 이를 수사기관에 신고할 수 있다(동법 제4조 제1항)는 점을 고려하여 사회복지사는 가족상담자의 위치에서보다는 가정폭력 피해자의 보호자 입장에서 사회복지사로서 취해야 할 행동을 취해야 할 것이다. 특히 가족상담 및 치료에서는 가족문제의 원인을 가족구성원 간 상호작용의 결과로 파악하려는 경향이 있어 가정폭력 피해자를 가정폭력범죄의 원인제공자로 보는 실수를 할 수도 있음을 알고 이러한 점을 철저히 경계해야 할 것이다.

나. 알코올 남용

다른 마약류와는 달리 알코올은 우리 사회에서 널리 허용되고 있는 경향이 있다. 하지만 알코올이 남용될 경우 어떤 다른 마약류보다도 위험한 약물로 돌변할 수 있다. 술을 많이 마시면 자신에 대한 제어기능이 약화되어 공격적·충동적이 되기 쉽고 둔화된 판단력으로 인해 여러 가지 폭력이나 범죄에 관련될 위험도 높다. 특히 알코올은 가정폭력이나 가정 내 갈등의 원인이 되는 경우가 많다.[5] 따라서 가족상담에 앞서 사회복지사는 가족이 표출하고 있

5) 경찰청이 2014년 발표한 통계자료에 의하면, 가정폭력 원인 1위가 배우자의 음주문제로 나타났다. 알코올 의존자의 90% 이상이 배우자에게 폭력을 행사한 것으로 나타났다(국민일보, 2002).

는 문제의 배경에 알코올 문제가 개입되어 있는지의 여부를 살펴볼 필요가 있다. 가족문제의 배경에 알코올 문제가 숨겨져 있을 수도 있고, 알코올 문제에 의해 가족의 다른 심각한 문제가 가려져 있을 수도 있다.

알코올중독 여부의 판별이나 중독문제의 치료를 위해서는 전문가에게 의뢰를 하거나 사회복지사가 유용한 정보를 제공할 수 있다. 가장 간편한 방법 중의 하나로 Ewing(1984)이 개발한 CAGE(Cutting down : 술을 줄임, Annoying : 성가심, Guilt : 죄의식, Eye-opener : 눈뜨기-감기) 질문이 유용하게 사용될 수 있다. 이것은 위의 괄호 안에 있는 네 가지 내용으로 구성되어 있다. 즉, 술을 줄여야 한다고 생각한 적이 있습니까? 술 문제로 다른 사람들이 당신을 나무라면서 자극한 적이 있습니까? 당신의 음주문제에 대해 미안함 또는 죄의식을 느낀 적이 있습니까? 눈뜨자마자 술을 찾은 적이 있습니까? 이 질문들 중 2개 이상에 대해 '예'라고 응답할 경우 문제성 있는 음주자로 분류될 수 있을 것이다. 많은 실천현장에서 이 질문을 통해 문제성 음주자를 정확히 가려냈다고 보고되고 있다(Patterson et al., 1998, 엄명용 외, 2005 : 363 재인용). 가족구성원 중 누군가가 알코올 문제를 가지고 있다고 판명된 경우, 알코올 의존자의 치료가 우선되어야 하고, 일정 기간 자조모임 등을 통한 치료적 생활경험을 통해 신체·심리적 회복이 어느 정도 된 후에 가족관계상의 갈등을 다루는 것이 좋다(Renaud & Browen, 1984).

④ 가족성원의 상호작용에 대한 의미체계 탐색

가족구성원들은 가족상담과정에서 또는 가정 내에서 가족구성원끼리 상호작용하는 가운데, 마주치는 여러 가지 사건과 상황에 대해 나름대로 의미를 부여한다(Patterson et al., 1998). 여기서 상호작용은 언어적·비언어적 의사소통, 직접적인 행동적 요소들을 포함한다.

가족구성원들이 그들의 일상적 경험을 어떻게 인식하며, 어떤 믿음체계를 가지고 있는지, 과거에 발생한 사건에 대해 어떤 기억을 가지고 있으며 그와 관련하여 어떤 감정을 의식적 또는 무의식적으로 가지고 있는지를 살펴봄으로써 가족구성원들의 의미체계를 파악할 수 있다. 가족구성원들이 가족 내·

외부에서 경험하는 현상으로부터 어떤 의미를 도출하는지를 알지 못하면 가족구성원들 간 상호작용 양상에 변화를 창출해 내기가 어렵다. 하나의 상황을 예로 들어 보자.

예시

직장생활 가운데 극도의 스트레스에 시달리고 있는 아내가 자신의 상황에 대한 어려움을 남편에게 호소한다. 이때마다 남편은 아내에게 직장에서 당하는 어려움에 대한 해결방법을 충고한다. 아내와 남편 사이에 이러한 상호작용이 되풀이되는 가운데 아내는 남편에 대한 기대를 접었으며 앞으로는 어떤 어려움이 있어도 남편과는 이야기를 나누지 않으려고 한다고 밝혔다. 남편은 자신의 진지한 충고를 외면하며 이렇게 행동하는 아내를 도저히 이해할 수 없다고 한다.

위의 예에서 아내의 의미체계를 파악해 본 결과 아내는 남편이 충고할 때마다 자신을 어리석은 사람으로 취급한다고 느꼈다고 한다. 아내가 남편으로부터 기대한 것은 상황해결을 위한 충고가 아니라 자신이 처한 어려움에 대한 남편의 따뜻한 이해였다. 한편 남편은 아내가 처한 힘든 상황에 대한 공감 및 인정보다는 냉정한 이성에 바탕을 둔 합리적 충고를 해왔던 것이다. 아내는 남편의 반응이라는 사건에 대해 자기 나름대로의 의미를 부여하는 내적 체계를 갖고 있었던 것이다.

가족의 의미체계를 파악하기 위한 방법 중 하나는 가족구성원 간 상호작용 과정에서 나타난 어떤 현상이나 사건에 대해 한 개인이 어떤 의미를 부여하는지 직접 질문을 하는 것이다. 이 방법은 가족원의 자기 고백이나 구술에 의존하는 방법이다. 이 경우 자기의 믿음 및 감정상태를 솔직하게 표현하는 가족원으로부터는 정확한 정보를 쉽게 얻는 장점이 있는 반면, 솔직하지 못한 가족원으로부터는 잘못된 정보를 얻는 단점이 있다. 가족의 의미체계를 파악하기 위한 다른 한 방법은 가족구성원의 행동을 관찰하는 것이다. 어떤 행동이 발생하는 맥락 속에서 가족구성원의 행동 및 반응행동을 보고 그 가족구성원이 맥락 속에서 일어난 사건에 대해 어떤 의미를 부여하는지를 추론해 보는 것이다. 예를 들어, 아내가 남편에 대한 자신의 의견을 말할 때 남편이 입을 다물고 좋지 않은 얼굴을 하면서 다른 곳을 보고 있었다면, 사회복지사는 남편이 자신에 대한 아내의 의견으로 인해 감정이 상했음을 알 수 있다. 즉, 남편은 아내의 의견을 건설적인 의견으로보다는 부정적인 비난 또는 잔소리로 여기고 있음을 알 수 있다. 행동관찰 방법의 단점은 동일한 행동을 보고도 사회복지사에 따라서는 얼마든지 다른 의미를 추론해 낼 가능성이 있다는 것이다.

(2) 가족의 역사적 맥락에 대한 이해

사회복지실천은 사정과 개입에 있어 기본적으로 '여기 그리고 지금(here and now)'을 강조한다. 하지만 가족이 표출하는 문제상황에 따라서는 몇 세대에 걸쳐 발생한 가족의 관계양상, 구조양상, 기능양상 등을 전체적으로 파악해 볼 필요가 있다. 특히 우리나라에서는 부모가족과 자녀가족 간 경계의 불명확성으로 인해 많은 가족문제가 원가족 관계와 연결되어 있다. 몇 세대에 걸친 원가족 연구를 통해 오늘의 가족이 소유하고 있는 역사적 맥락을 살펴봄으로써 가족은 자신의 가족 내에 흐르고 있는 여러 가지 현상들을 체계적인 관점에서 이해할 수 있고, 사회복지사 자신도 가족의 역사를 파악함으로써 자신이 개입할 가족문제를 전체적이고 포괄적인 시각에서 이해할 수 있다. 가족이 갖고 있는 현재의 문제에 영향을 미치는 가족 내력을 파악해 볼 수 있는 편리한 방법 중 하나가 가계도의 작성을 통한 가족평가다.

① 가계도의 이해와 의미

가계도는 Murray Bowen(1978)의 다세대 가족체계이론에 기초하여 가족개입을 행하는 사회복지사들이 주로 사용하기 시작하였다. 현재는 많은 가족치료사들이 자신들의 치료현장에서 상황에 따라 가계도를 적절히 활용하고 있다. 가계도 패턴 분석의 개념적 틀은 Bowen(1978)이 제시한 개념들에 바탕을 두고 있다. Bowen(1978)은 가족성원들이 세대, 출생순서, 성별 등의 특성에 따라 구분될 수 있다고 하였다. Bowen에 의하면, 한 개인이 전체 가족구조

내에서 어떤 특성을 가지고 어떤 위치에 놓이는지에 따라 현 가족 내에서 그 개인의 기능상태 및 관계양상 그리고 그 개인이 향후 형성하게 될 가족의 양상 등이 다르게 나타날 수 있다. 즉, 출생순서나 성별 등의 요소가 형제자매 간의 관계에 영향을 미칠 수 있다는 것이다. 예를 들면, 장남·장녀가 가족이나 사회에서 전반적으로 나타내는 특성은 막내나 중간 형제들이 나타내는 전반적 특성과 다를 수 있다는 것이다. 사회복지사는 가계도 작성 및 분석을 통해 한 개인이 그가 속한 전체 가족구조에서 차지하고 있는 위치와 특성을 조사함으로써 가족의 일반적 특성을 미리 짐작해 볼 수 있다. 하지만 이것은 어디까지나 잠정적인 생각일 뿐 확정적인 사실을 말하는 것은 아니다.

Bowen(1978)은 가계도를 통해 가족양상 다세대 전이(multi-generational transmission family patterns)를 파악할 수 있다고 하였다. 가족체계에서 나타나는 특성들은 몇 세대를 두고 스스로 되풀이되는 경향이 있어, 어떤 한 세대에 발생한 사건이나 관계양상은 다음 세대에서도 발생할 수 있다는 것이다. 실제 나타나는 양상의 형태는 때로 다르더라도 양상 속에 숨겨진 동일한 속성은 여러 세대에 걸쳐 이어질 수 있다. 이런 현상이 발생하는 이유는 다음 세대가 전 세대의 관계 양상을 은연중에 모방할 수 있기 때문이다. 보통 3세대 정도의 가족에 관한 정보가 도식화되어 있는 가계도를 통해 우리는 한 세대에서 다음 세대로 이어지며 반복되는 가족기능, 가족관계, 가족구조 등의 양상을 찾아볼 수 있다.

② 가계도의 작성

가계도는 크게 보아 가족구성원의 특성 및 위치를 표시하는 요소와 가족관계의 성격을 표시하는 요소로 구성되어 있다. 가계도는 이들 두 요소의 적절한 결합을 통해 가족에 관한 방대한 양의 자료를 도식화된 형태로 담고 있어 복잡한 가족구조, 가족형태, 가족관계 등을 한눈에 볼 수 있게 한다. 가계도를 통해 표현할 수 있는 주요 요소들을 정리하면 |그림 11-2|와 같다.

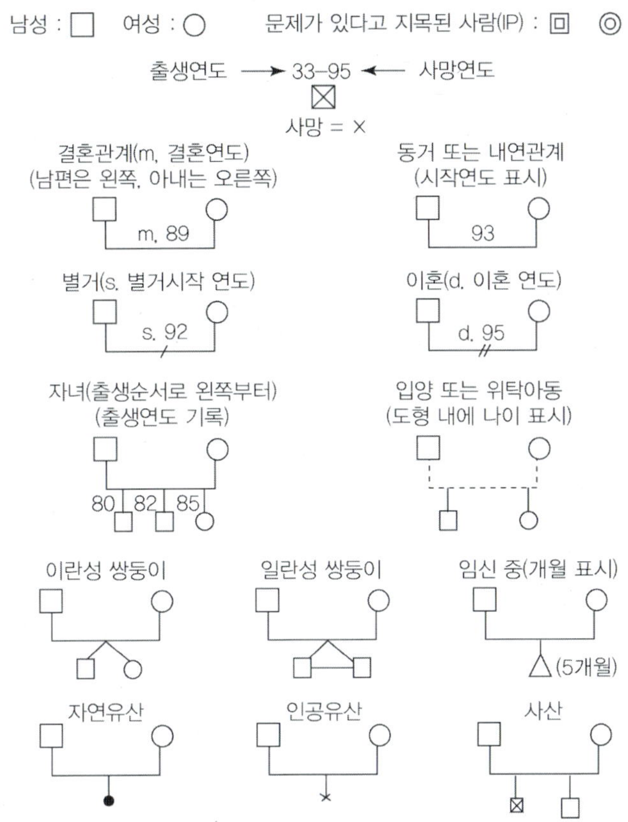

[그림 11-2] 가족관계 기호

출처 : McGoldrick, M., & Gerson, R.(1985). Genograms in Family Assessment. New York : Norton & Company, p. 155.

③ 가계도 사용 시 유의점

가계도의 작성은 첫 상담이나 두 번째 상담을 통해 작성되는 것이 보통이다. 상담받기 위해 나온 가족에게 무조건 가계도를 함께 그릴 것을 강요할 것이 아니라 상담 초기에 가족이 상담받기 위해 상담장소에 나오게 된 이유와 가계도가 추구하는 내용이 서로 일치되는지를 가장 먼저 살펴야 한다. 무엇보다도 과거의 가족사건이 현재의 가족문제에 영향을 미치고 있다는 심증이 갈 때만 가계도를 선별적으로 사용하는 것이 좋다. 대개 다세대 간 갈등, 원가족과의 갈등, 고부간의 갈등, 해결되지 않은 과거의 가족갈등을 갖고 있는 가족에게 가계도가 이용될 수 있을 것이다.

이때에도 가족의 역사적 배경이 현재의 가족문제에 주는 영향을 깊이 있게 살펴보는 것이 필요한 이유와 가계도가 그려지는 방법 등에 대해 클라이언트에게 충분히 설명하고 나서 양해를 구한 뒤 가계도 그리기 작업에 들어가는 것이 좋다. 가족이 현재 당면한 문제에 대해 설명하기를 원하고 그 문제를 신속히 해결하는 데에 더 많은 관심과 열의를 나타낼 때, 사회복지사가 현재의 가족문제와 가족상황에 대해서는 흥미를 보이지 않은 채, 아무런 설명 없이 원가족에 대한 정보를 캐기 시작한다면 어떤 상황이 벌어질까? 가족은 사회복지사의 질문에 대해 마지못해 답을 하면서도 응답내용이 자신이 당면한 문제의 성격이나 해결과는 별 상관이 없다고 생각할 수 있다. 또한 클라이언트는 원하지 않는 원가족의 비밀에 대해 묻고 있는 사회복지사가 자신의 사적 공간을 침해한다는 생각을 할 수도 있을 것이다.

현재의 어려움에 대한 즉각적인 답을 찾는 가족에게도 가계도의 실시가 꼭 필요하다고 판단될 경우가 있다. 이럴 때 사회복지사는 클라이언트에게 가족이 어떻게 구성되어 있으며, 개략적인 가족관계는 어떤가를 파악하기 위해 가계도를 실시하는 것이라고 설명을 한 후 가급적 간략하고 신속하게 가계도를 그리는 것이 좋다. 한 가지 유념해야 할 것은, 가족 역사는 현재의 상황을 이해하는 데 도움을 줄 뿐 현재 상황의 변화에는 큰 도움을 주지 못할 수 있다는 사실이다. 또한 가계도를 그려갈 때는 가능한 한 가족원 모두가 참여한 가운데 사회복지사와 함께 작업을 하는 것이 좋다. 큰 종이에 함께 이야기를 나누며 가계도를 그리는 것도 하나의 방법이다.

(3) 가족 주변 환경과의 상호작용 파악

가족의 기능과 행동양상을 파악함에 있어 가족 내부의 하위체계 간 경계의 속성과 아울러 중요한 의미를 갖는 것이 전체 가족체계 경계의 속성이다. 일반적으로 폐쇄된 경계를 갖고 있는 가족체계는 가족 주변 환경과 교류가 적어 외부자원 및 정보의 접근에 배타적이다. 이러한 가족은 결과적으로 자신들만의 가족패턴을 유지하면서 그것을 더욱 경직시킬 가능성이 있다. 문제는 그

가족패턴이 역기능적일 경우다. 유연성이 떨어져 있기 때문에 이들 가족은 위기에 직면했을 경우에도 역기능적 대처방식을 바꾸지 않은 채 그 방식을 고수할 가능성이 있다.

반면 개방된 경계를 갖고 있는 가족체계는 가족 주변의 다양한 환경 및 자원과 활발한 교류를 한다. 이러한 가족이 내부 또는 외부적 위기에 직면했을 때, 사회복지사는 그 위기를 해결하기 위해 가족 내부의 자원뿐만 아니라 가족 외부의 자원을 찾아내 연결해 줄 수 있다. 개방가족의 상호작용 양상을 변화시키기 위해 사용될 수 있는 전략도 가족 외부의 자원을 이용해 다양하게 구사될 수 있다. 따라서 가족문제에 개입하는 사회복지사는 가족이 외부환경과 어떤 교류를 하면서 생활하고 있는 가운데 현재의 문제에 직면하게 되었는가를 파악할 필요가 있다.

① 가족문제의 생태적 사정

가족체계의 생태적 사정(ecological assessment)이란 가족이 존재하는 사회공간 속에서 가족체계가 어떤 위치와 상황에 있는가를 파악하는 것을 말한다. 사회복지 시각에서 행해지는 가족개입과 여타의 상담 분야에서 행해지는 가족치료 사이의 차이점 중 하나는 사회복지 영역에서는 가족 자체 내부의 문제 양상의 파악과 변화에만 집착하는 것이 아니라 가족의 문제를 가족체계, 주변 사회체계와의 관계 속에서 파악한다는 점이다. 이에 따라 가족문제의 해결을 위한 사회복지적 개입에서도 가족 내부 구성원의 변화뿐만 아니라 가족이 사회 속에서 갖고 있는 자원들을 발굴하고 연결해 주는 역할이 강조된다.

가족과 환경과의 관계분석의 목적은 가족체계와 가족 주변 환경 간의 접촉에서 발생하는 다양하고 복잡한 정보를 수집하고 정리하는 것이다. 이러한 복잡한 정보를 수집하는 데 있어서는 시각효과를 나타내는 도표를 사용하는 것이 좋다. 하나의 도표는 우선 전체적인 그림을 제시하는 데 유용하다. 다양하고 복잡한 정보가 하나의 도표에 옮겨질 수 있다면 그 가운데 존재하는 주요 교류양상(pattern)이나 주제들이 출현하는 것을 관찰할 수 있게 된다. 관찰된 교류양상이나 주제를 중심으로 가족문제의 사정 및 개입과 관련한 가설들이 도출될 수 있다. 이러한 가설은 나머지 회기를 어떻게 계획하고 시행해나갈 것인가에 대한 안내도의 역할을 할 수 있다. 사회환경과 가족체계의 교류를 나타내는 시각적 도표는 가족의 문제를 볼 때 지엽적 세부 사항에 사로 잡혀 전체 가족사정 및 개입의 방향감각을 잃지 않게 해주는 장점도 갖고 있다. 가족체계 경계의 성격과 주변 환경과의 교류내용을 파악하는 데 도움을 줄 수 있는 시각적 도표가 생태도(eco-map)다.

② 생태도

가. 특성

생태도는 Ann Hartman(1978)에 의해 개발된 것으로서 개인 및 가족의 사회적 맥락과 개인 및 가족을 둘러싼 사회체계들과의 상호작용 상태를 하나의 그림으로 나타낼 수 있도록 고안된 도구다. 원래는 공공아동복지요원들로 하여금 아동을 둔 가족이 주변 환경으로부터 필요로 하는 것을 조사하는 데 도움을 주기 위해 고안되었으나 현재는 다양한 용도로 사용되고 있다. 생태도의 일반적 특성과 유용성을 살펴보면 다음과 같다.

- 종이와 필기도구만 있으면 쉽게 작성될 수 있다.
- 개인 또는 가족의 삶의 공간에 존재하는 생태체계들을 다양한 방법으로 그릴 수 있다.
- 주요 주변 환경 체계들, 가족과 그들과의 관계, 주변체계들 간의 관계 등을 표시할 수 있다.
- 가족을 둘러싼 자원 또는 에너지의 유입, 유출을 표시할 수 있다.
- 가족기능에 영향을 미치는 개인적·사회적·심리적·영적 영향요인을 그려내기 위해 사회복지사와 클라이언트의 공동노력을 필요로 한다.
- 가족의 장점을 위축시키는 외부요소들을 찾아내 표시할 수 있다.
- 가족의 적응과 대처능력을 향상시킬 수 있는 외부요인들을 확인해 낸다.
- 조정되어야 할 갈등요소, 연결·동원·추구되어야 할 자원들을 확인해 낼 수 있다.

- 가족의 건강한 성장, 발전 및 적응에 기여하는 상호교류와 가족생활을 해치며 가족기능을 약화시키는 상호교류에 대한 이해를 도모한다.
- 생태・체계적인 공간 내에서 가족구성원을 향한 에너지의 출입경향을 확인함으로써 가족구성원의 현 상태에 대한 객관적 이해와 수용을 유도할 수 있다(예 모든 에너지 흐름의 방향이 가족구성원으로부터 가족 밖의 다른 체계로 향하고 있음을 사회복지사와 클라이언트가 함께 생태도상에서 발견할 경우, 현재 클라이언트의 에너지가 소진될 수밖에 없는 이유를 객관적으로 이해하고 받아들일 수 있음).
- 생태도 그리기를 마친 후 확인된 가족교류의 문제점을 사회복지사와 클라이언트가 공동으로 인식한 후, 개선 또는 향상시킬 점과 이를 위해 필요한 자원 및 행동 목록을 확인해낼 수 있다. 또한 이들 목록 중에서 우선순위를 설정한 후 사회복지사와 클라이언트가 공동노력을 하기 위해 계약서를 작성할 수 있다.

나. 생태도의 작성

- 백지의 중앙에 가족체계를 상정하는 큰 원을 그린다.
- 큰 원 안에 현 가족의 구성원들이 표시된 간략한 가계도를 그린다.
- 큰 원 주변에 가족구성원 또는 가족체계에 영향을 미치는 주변 환경 체계들을 그린다(가족구성원들이 일상생활을 해나가는 동안 주로 접촉하는 사람들이나 기관들은 누구인가?).
- 가족체계와 주변 환경 체계들과의 교류상황 그리고 외부환경 체계들 간의 교류상황을 파악한다(외부체계들이 평소 또는 가족의 위기 시 가족구성원에게 도움을 주는 자원들인가, 아니면 가족구성원들에게 갈등이나 시련 또는 스트레스를 주는 요인들인가? 상호작용과정에서 에너지 흐름의 방향은 어떤가?).
- 그 상호교류의 성격을 선으로 표시한다. 각 교류성격을 나타내는 선들 중 하나를 골라 가족체계와 주변체계 또는 주변 환경 체계들 사이를 선으로 연결한다[에너지 흐름을 나타내는 화살표는 공급하는 쪽에서 받는 쪽으로 표시한다. 화살표 대신에 주변체계가 자신이나 가족의 에너지를 빼앗

아 가는지, 아니면 보충해 주는지를 더하기(+)나 빼기(−)의 기호로 선 옆에 표시할 수도 있다].

- 외부체계가 가족 전체와 연결되어 있으면 외부체계와 큰 원을 선으로 연결하고, 외부체계가 가족 내의 특정 개인과만 연결되어 있으면 그 개인과 외부체계를 선으로 연결한다(외부체계가 한 개인과만 연결되어 있다 하더라도 전체 가족에 영향을 줄 수 있음).
- 간략한 설명을 선 옆에 적는다.
- 사회복지사와 클라이언트가 협력하여 수행해야 할 가장 중요한 일은 가족과 외부체계와의 상호작용 요소들 중 가장 크고, 신속하며, 효과적인 가족 변화를 가져올 요소를 찾아내는 것이다.

생태도의 기본적인 모형은 |그림 11−3|에 제시되어 있다. |그림 11−3|에서 주변의 원들은 가족을 둘러싸고 있는 여러 가지의 환경체계를 의미한다. 여기에는 따로 사는 할아버지, 할머니, 외할아버지, 외할머니, 아버지 직장, 어머니 직장, 아버지가 주로 여가를 보내는 장소나 시설, 어머니의 취미생활 장소, 아버지 또는 어머니의 친구 분들, 주변의 교회나 사찰, 병원, 경찰서, 동사무소, 사회복지관, 자원봉사센터, 사회복지사 자신의 직장 또는 동생이나 형이 다니는 학교, 친구들, 주로 가는 각종 오락시설 등이 포함될 수 있다. 주변 환경 체계는 물리적으로 가까운 거리에 위치한 환경은 물론 멀리 떨어져 있으나 일상생활의 경계 내에 있어 일상생활을 하면서 접촉하고 관심을 갖는 모든 체계들을 포함한다.

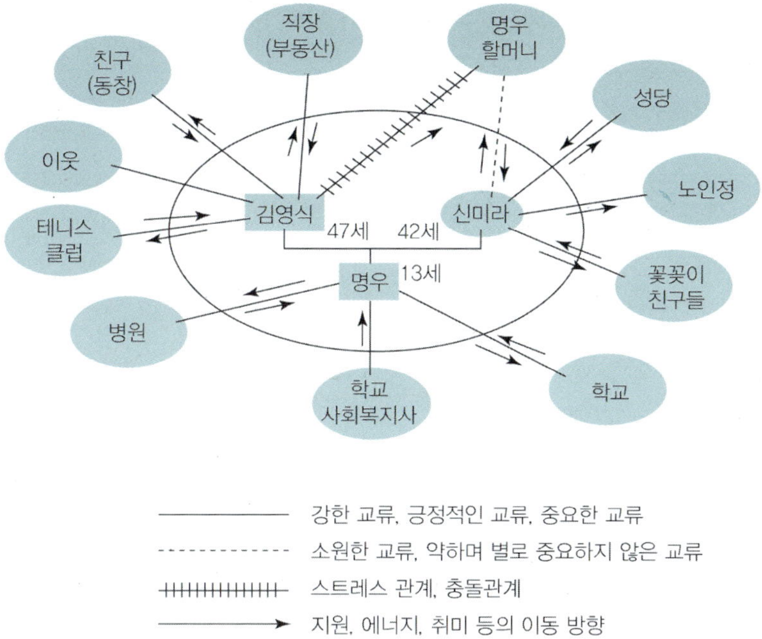

[그림 11-3] 생태도의 예

③ 사회관계망 표

사회관계망 표는 사회관계망 지도와 함께 J. K. Whitaker와 E. M. Tracy에 의해 개발된 것으로 가족의 사회적 지지자원을 사정하는 도구다. 사회적 지지란 '사회적으로 친밀한 사람이나 친밀한 존재로 생각되는 사람들이 제공하는 언어적 · 비언어적 정보나 충고, 가시적인 도움이나 행동, 수혜자에게 정서적으로나 행동적으로 바람직한 효과를 제공하는 것'(Gottlieb, 1983, Sheafor, Horeisi, & Horeisi, 1988 재인용)으로 사회관계망은 이러한 사회적 지지를 제공하는 관계의 망을 의미한다.

사회관계망 표는 가족의 사회관계망 속에 있는 사람들이 가족 및 가족성원과 어떤 관계를 형성하고 있는지, 그들이 주고받는 물질적 · 정서적 · 정보적 지원은 어느 정도인지, 도움의 방향은 어떠한지, 친밀도와 접촉빈도는 어느 정도인지에 대한 세부적이고 종합적인 정보를 제공한다. 그리하여 가족이 현재 지지받고 있는 구체적인 영역과 정도에 대한 통찰을 제공할 뿐 아니라 가족이 향후 개선하고 개발할 필요가 있는 사회적 지지의 영역은 무엇인지 발견하고 대안을 모색할 수 있도록 돕는다.

〈표 11-1〉 사회관계망

영역	생활영역/ 관계	물질적 지지	정서적 지지	정보/ 조언	비판	원조방향	친밀도	접촉빈도	알고지낸 기간
	❶ 현재가족 ❷ 다른 확대 가족 ❸ 학교 ❹ 직장 ❺ 기타 조직 ❻ 친구 ❼ 이웃 ❽ 전문가 ❾ 기타	1. 거의없다 2. 가끔씩 3. 거의 항상	좌동	좌동	좌동	1. 양방향 2. 그들에게만 3. 그들이 당신에게만	1. 거의친하지않다 2. 가까운 정도 3. 매우 가까움	1. 거의 만나지 않음 2. 1년에 몇 번 3. 한 달에 몇 번 4. 주마다 몇 번 5. 매일	1. 1년 미만 2. 1~5년 3. 5년 이상
❶									
❷									
❸									
❹									
❺									
❻									
❼									
❽									
❾									

〈예시〉 대학교 2학년 여학생의 사회관계망

영역	생활영역/ 관계	물질적 지지	정서적 지지	정보/ 조언	비판	원조방향	친밀도	접촉빈도	알고지낸 기간
	❶ 현재가족 ❷ 다른 확대 가족 ❸ 학교 ❹ 직장 ❺ 기타 조직 ❻ 친구 ❼ 이웃 ❽ 전문가 ❾ 기타	1. 거의 없다 2. 가끔씩 3. 거의 항상	1. 거의 없다 2. 가끔씩 3. 자주 4. 거의 항상	1. 거의 없다 2. 가끔씩 3. 자주 4. 거의 항상	1. 거의 없다 2. 가끔씩 3. 자주 4. 거의 항상	1. 양방향 2. 그들에게만 3. 그들이 당신에게만	1. 거의 친하지 않다 2. 가까운 정도 3. 매우 가까움	1. 거의 만나지 않음 2. 1년에 몇 번 3. 한 달에 몇 번 4. 주마다 몇 번 5. 매일	1. 1년 미만 2. 1~5년 3. 5년 이상
❶	아버지	2	2	1	2	2	2	5	3
	어머니	3	3	3	1	3	3	5	3
	남동생	1	1	1	2	2	2	5	3
❷	없음								
❸	동아리 선배	1	2	2	1	2	2	3	3
	학과 친구	1	3	3	1	1	3	5	3
	지도교수 1	1	2	2	1	2	2	2	3
❹	없음								
❺	동아리	1	3	3	1	1	2	3	3
	교회 청년회	1	3	3	2	1	3	4	3
❻	친구 1 OOO	1	3	2	1	1	3	3	3
	친구 2 OOO	1	2	1	1	1	2	2	3
	친구 3 OOO	1	3	2	1	1	3	3	3
❼	없음								
❽	정신과 의사	1	3	3	1	3	1	3	2
	사회복지사	1	3	3	1	3	2	3	2
❾	없음								

5. 개입단계

가족대상 사회복지실천으로서 개입기술은 3절과 4절에서 소개한 내용을 기반으로 가족사회복지개입이 실제적으로 어떻게 이루어지는지에 초점을 맞추어 기술하였다. 그 구체적 내용을 살펴보면, 먼저 가족사회복지실천의 원칙을 제시하고, 개입단계 과정을 3단계, 즉 초기, 중기, 말기 과정으로 나누어 소개하려 한다.

1) 가족복지실천의 원칙

① 가족을 돕는 가장 좋은 장소는 그 가족의 집이다.
② 가족이 스스로의 문제를 해결하도록 가족의 역량을 강화시킨다.
③ 가족개입은 개별화되어야 한다. 특정 가족의 사회, 심리, 문화, 교육, 경제, 신체적 특성에 대한 사정에 토대를 두어야 한다.
④ 가족의 즉각적인 욕구에 우선적으로 반응하고 장기적인 목표를 추구하여야 한다.
⑤ 가족은 하나의 사회체계이다. 그러므로 한 가족원에 대한 개입노력은 전체 가족에게 영향을 줄 수 있다.
⑥ 사회복지사와 가족 간에는 협력적인 원조관계가 이루어져야 한다.
⑦ 가족을 위한 사회복지실천의 목표는 인종, 믿음, 국가와 상관없이 모든 집단을 위한 사회정의를 증진하는 것이다.

위에서 제시한 가족을 위한 사회복지실천 원칙을 기반으로 개입의 3단계를 구체적으로 살펴보면 다음과 같다.

2) 가족대상 사회복지 개입의 과정

(1) 가족개입 초기과정 : 관여와 사정

입문하는 사회복지사들에게 클라이언트를 개인적으로 만나는 일은 무척 설레는 일이기도 하고 두려운 일이기도 하다. 하물며 가족을 만난다는 것은 그 두려움을 몇 배나 증가시키는 일이다. 그러나 대부분 클라이언트 개인의 문제는 직접적인 환경이 되는 가족을 제외하고 생각하기 어렵다는 것을 우리는 잘 알고 있다. 특히 아동문제의 경우는 가족개입이 필수적인 것이기 때문에 아동에 관심을 두고 사회복지서비스를 하려고 계획하는 사회복지사의 경우 가족개입에 대한 지식과 훈련은 필수적이다. 그러나 클라이언트의 가족과 만나거나 예기치 못한 상황이 발생했을 때 어떤 이야기를 혹은 어떤 기법을 써야 하는지에 대한 내용을 모두 포함하는 구체적인 매뉴얼 작성은 가능하지 않다. 따라서 여기에서는 각 단계에서 이루어져야 할 기본적인 가이드라인과 제공되어야 할 서비스에 대한 내용을 살펴본다.

① 동의서와 계약서

가족에게 원조를 제공하는 경우 외부에서 가족의 특별한 문제에 개입하는 것을 가족구성원들이 동의해야 한다. 예를 들어, 수업시간에 발생하는 아동의 과잉행동문제를 해결하기 위해 학교사회복지사는 아동과의 직접적인 만남에 대해 학교뿐 아니라 부모로부터의 동의도 획득해야 한다는 것이다. 이 같은 문제가 적절히 해결되지 않으면 법적인 문제까지 발생시킬 수 있으며, 이를 방지하기 위한 최선의 방법은 첫 번째 면접에서 가족으로부터 동의서 혹은 계약서 등을 받는 것이다. 사회복지실천을 위한 만남은 단순한 우정관계를 맺거나 구제 차원에서 은혜를 베푸는 식의 만남이 아니라, 공식적인 관계형성을 통해 양편 모두가 책임 있는 자세로 문제해결을 위해 노력할 것이라는 점을 전제로 만난다는 것을 명심해야 한다.

신입 사회복지사의 경우 가족에게 동의서 혹은 계약서를 제시하는 일 자체를 부담스러워 한다. 조금 더 용기가 있는 경우라도 가족이 동의서에 서명을 거부할 경우 어떻게 대처할 것인지에 대한 걱정으로 동의서를 받는 일을 꺼려하는 경우가 많다. 그러나 실제에 있어서 이러한 절차는 많은 경우 클라이언트나 가족들로 하여금 오히려 사회복지사나 기관에 신뢰감을 갖게 해주는 행동이 될 수도 있음을 알아야 한다. 만약 클라이언트나 가족이 동의서에 서명을 거절하는 경우 당황하지 말고 그 이유를 질문하여 가족의 거부가 현실적으로 타당한 이유가 있을 경우, 그 문제를 해결한 후에 다시 서명을 부탁할 수도 있다. 타당하지 않은 이유나 사회복지사가 납득하기 힘든 이유로 거부하는 경우 사회복지사는 잠시 동안의 휴식을 요청하고, 즉시 슈퍼바이저와 그 문제를 논의 후 서비스를 계속할지를 정한다.

Collin, Jordan과 Coleman(1999)은 초기단계에서 계약과 사정을 완수하기 위해서는 다음의 네 가지 단계를 성공적으로 밟아야 한다고 주장한다.

가. 가족구성원과 신뢰를 바탕으로 관계형성을 해야 한다

자신을 가족에게 소개하는 일에 일정한 규칙은 없으나 중요한 것은 사회복지사는 자신의 지식과 경험을 구체적이면서 자신 있게 전달하는 것이다. 예를 들어, 자신의 교육과 경험 등을 먼저 소개함으로써 가족들이 사회복지사를 신뢰할 수 있도록 돕는다. 그러나 인턴과정 중이거나 신입 사회복지사의 경우 자신이 충분한 지식과 경험을 갖추고 있지 못했더라도 자신의 슈퍼바이저 그리고 기관의 활동 및 자원과 사례들을 소개하여 자신의 기관 환경 속의 구성원들과 기관 수준에서의 능력과 자원 등을 알려주어 클라이언트에게 안도감을 줄 수도 있다.

일반적으로 초기의 관계형성에 가장 중요한 내용은 사회복지사가 얼마나 많은 지식과 능력을 소유하고 있는지보다는 클라이언트의 욕구나 가족의 문제에 대해 사회복지사가 진정한 관심을 가지고 이해하려고 애쓰는지를 보여주는 것이다. 사회복지사가 자신의 지식과 경험을 숨기려고 하면 할수록 그 가족과의 관계가 불편해지고, 가족 역시 비슷한 느낌을 갖게 마련이므로 자신을 있는 그대로 소개하는 것이 초기 가족과의 관계형성에 도움이 된다. 오랜 실천경험을 가진 사회복지사라면 클라이언트와 가족들은 사회복지사가 그들의 모든 문제를 해결해 줄 것을 요청하지도, 기대하지도 않는다는 것을 알게 된다.

나. 문제 정의 시 가족성원 모두의 인식을 고려해야 한다

문제의 정의는 당면한 욕구나 과제를 구체화하는 작업으로 전 개입과정에서 가장 중요한 작업일 수 있다. 이 때문에 Nicholas와 Schwarts(1998)는 사회복지사는 가족 개개인이 문제를 어떻게 인식하고 있는지를 이해하여야 하고, 그러기 위해서는 가족원 모두와 면접해 보아야 한다고 말한다. 그리하여 가족구성원 개개인이 다른 가족의 간섭이나 방해 없이 그 문제에 대해 자유롭게 자신의 문제를 표현할 수 있도록 해야 한다는 것이다. 이때 사회복지사에게 중요한 것은 가족의 현실을 존중하고 이해하고 있음을 행동으로 보이는 것이다. 그리고 가능한 문제를 가족 전체의 문제로 볼 수 있도록 가족과 함께 일하는 것이다.

예를 들어, 가출 청소년의 가족과 일할 경우 처음 면접에서 부모와는 달리 자신에게는 문제가 없다는 반응을 보이는 청소년이나, 모든 것이 자녀의 문제이므로 아이만을 고쳐 달라는 식의 반응들을 쉽게 접하게 된다. 이때 가족 모두의 협력을 이끌어 낼 수 있는 한 가지 방법은 무리하게 동의를 이끌어 내려하기보다는 가장 강한 욕구를 가진 가족원의 요구나 문제에 먼저 초점을 맞추어 나가며, 이에 대한 다른 가족원들의 협조를 구하고 다른 가족원의 도움이 필요할 경우 가족이 함께 일할 것에 대한 동의를 구하는 것이다. 어떤 변화이든 궁극적으로 필요한 것은 가족의 변화이고 그 변화는 가족구성원 모두에게 영향을 끼칠 것이기 때문이다.

다. 목표를 설정하고 개입과정을 명확히 해야 한다

사회복지사와 가족원은 문제를 해결하는 것과 관련해서 공통의 목표를 세워야 한다. 이를 위해 가족과 사회복지사가 협력하는 것이 필수적이고 목표는 문제해결을 위해 가족 모두가 참여하여 행동할 수 있는 것이어야 한다. 일단 목표가 구체화되면 그 목표달성을 위한 과정, 역할, 책임을 져야 할 가족원 등이 분명해져야 한다.

라. 구체적인 내용을 포함한 계약서를 작성한다

계약서는 만남의 모든 절차와 비밀보장 등을 기본적으로 포함하는 동의서의 내용을 포함한 한 개의 문서로 작성할 수도 있고, 동의서와는 구별하여 보다 구체적인 내용을 서술하여 계약서를 따로 작성할 수도 있다. 이때 계약서에는 예를 들어, 얼마나 자주 만날 것인지, 면접 시 참석할 사람은 누구이며, 상담의 기간은 어느 정도이며, 개입의 범위는 어느 정도가 되는지 등에 대한 구체적인 논의 및 합의에 대한 내용이 포함되어야 한다. 계약을 문서로 할 경우 명확해야 하며 앞으로 해야 할 과정을 공식화함으로써 상담에 대한 진지함을 갖게 한다. 계약내용에는 시간, 상담장소, 상담비 등의 실질적인 문제뿐 아니라 변화가 필요한 각 구성원의 행동을 서술하는 것도 포함된다.

② 사정

가족사정에 대해서는 4절에서 자세히 언급되었다. 가족사정이란 가족을 하나의 단위로 보고 가족 내부 및 가족 외부 요인 그리고 이들 양자 간의 상호작용을 파악하기 위하여 자료를 수집·분석하여 그 가족에 대한 개입을 계획하는 일련의 과정이다. 가족사정은 가족을 관찰하고 사정하는 전문가 입장에서 주로 이루어지는 객관적 상황에 대한 내용이다. 그러나 전문적인 사정뿐 아니라 그 객관적 상황에 대한 클라이언트와 클라이언트 가족 입장에서 그들이 상황을 어떻게 인지하고 받아들이고, 느끼고 있는지에 대한 주관적 측면의 사정이 함께 이루어져야 한다. 이때 사회복지사는 경청을 통해 클라이언트나 가족이 제시하는 욕구나 문제를 인정하면서 가능한 모든 사람이 동의할 수 있는 합의한 욕구나 문제로 전환하는 노력을 해야 한다.

합의한 욕구는 클라이언트가 제시한 욕구, 가족의 욕구, 의뢰자의 욕구와 사회복지사가 평가한 욕구의 공통분모와 같은 내용이라고 볼 수 있다. 다시 말해 클라이언트, 가족과 사회복지사가 동시에 변화를 위해 노력할 것을 합의할 수 있는 내용이다. 매우 구체적이면서 뚜렷한 내용을 도출해내는 이 작업은 사회복지사의 전문적 지식과 많은 임상적 훈련을 필요로 한다. 클라이언트와 가족이 제시한 욕구가 개입내용의 전부라면 사회복지사는 그들의 요청을 해석하는 판단과 지식이 필요하지 않을 것이다. 물론 클라이언트와 가족이 제시하는 욕구 자체가 관찰 가능하고, 분명한 문제일 수도 있지만 제시된 욕구에 대해 논의하다 보면 관심을 가져야 할 의미 있는 뿌리를 발견하게 된다. 따라서 합의된 욕구는 사회복지사가 자신의 가치, 지식과 훈련 등을 활용하여 클라이언트와 함께 일할 수 있도록 만든 공동의 노력(elaboration) 혹은 타협점(negotiation)으로 보아야 한다(Meyer, 1993 : 43–64, 김정진 외, 2006 : 286 재인용).

지금까지 일반적으로 제시된 욕구나 문제로 인식되었던 내용은 사회복지사의 평가인 경우가 많으므로 이를 합의된 욕구로 변화시켜야 할 필요가 있는 것이다. 쉬운 일은 아니겠지만 이 같은 내용들이 위에서 언급한 계약서 작성 시 기술되면 변화노력이 요구되는 내용이 보다 명료해질 수 있을 것이다. 또 한 가지 중요한 사정의 내용은 클라이언트와 가족의 문제해결을 위한 강점과 약점을 동시에 사정하는 작업이다. 다음 <표 11–1>은 클라이언트와 가족 사정단계에서 활용할 수 있는 간단한 예이다.

〈표 11-1〉 클라이언트나 클라이언트 가족의 강점 및 약점의 예시

구분	클라이언트	클라이언트의 가족
강점	• 클라이언트는 욕구사정에 있어서 스스로 해결 가능한 것은 사회복지사에게 알리지 않는다. • 거동함에 있어서 다소 불편한 몸인데도 스스로 신체기능 회복을 위해 노력한다. • 연로하지만 기억력과 이해력이 매우 뛰어나다. • 많은 시간을 요하긴 하나 혼자서 공과금 납부와 약국, 병원 등을 다닐 수 있다. • 인간관계와 지역사회 적응을 위해 스스로 노력한다.	• 딸이 클라이언트에게 전화를 자주 한다.
약점	• 질병으로 거동이 불편하여 일의 처리속도가 느린 편이다. • 수술을 하지 않고는 무릎 회복이 어렵다. • 최근 이사를 하여 가까운 이웃에 아는 사람이 없다.	• 딸이 클라이언트와 너무 멀리 떨어져 지낸다. • 가족이나 친척들로부터의 경제적·정서적 지원이 거의 없다. • 딸을 제외하고는 친족들과 가깝지 못하다.

(2) 가족개입 중간과정 : 변화와 다양한 기법의 활용

가족개입에서 중간과정의 내용은 크게 두 가지로 대별된다. 그것은 변화의 가시화와 변화를 위한 주된 작업이 이루어지면서 사용되는 다양한 기법들의 활용이다.

① 변화

가족상담의 경우 중간단계에서는 변화된 가족 내 상호작용과 변화되지 않은 지속적이고, 불만스러운 대인관계 유형 등이 계속 논의된다. 또한 이 단계에서는 오래된 역기능적 규칙(밥 먹을 때 말하지 마라), 연합(아버지와 딸, 어머니와 아들), 신화(개인은 가족을 위해 봉사・희생해야 한다), 그리고 역할모델(장남, 막내 등) 등이 도전받게 되고 그것들에 대한 대안도 제시된다. 일반적으로 이들 대안이 가족의 생각, 감정, 상호작용의 새로운 형태로 자리잡기 위해서는 시간이 걸리며 반복적 실천이 요구된다. 동시에 변화를 위한 저항도 생겨난다. 이 같은 저항은 중간단계에서 발생하는 자연스러운 현상이라는 것을 알려주어 자신들이 문제해결의 중간단계까지 도달했다는 사실을 축하할 수 있도록 지원하면 자연스럽게 해결되기도 한다.

② 다양한 기법의 활용

개입의 중간과정에서는 관계의 안정성을 바탕으로 다양한 기법들이 활용될 수 있다. 주로 활용되는 가족개입을 위한 기법들을 소개하면 다음과 같다.

가. 원가족 포함하기

Framo(1975)는 '원가족 포함하기(including the family of origin)'가 가족상담에서 부부문제를 이해하고 해결하는 데 매우 효과적인 기술 중 하나라고 했다. 일반적으로 부부는 자신의 원가족 문제를 재현하는 경향을 갖는다. 원가족과의 면접은 배우자와 자녀를 포함시키지 않고, 한쪽 배우자가 자신의 원가족을 직접 만나거나 대체로 상담실에서 빈 의자 기법이나 어버이 면접과 같은 기법을 통해 간접적으로 만나는 방법으로 자신과 원가족 간 해결되지 않은 과제, 즉 오해, 미움, 원망, 분노, 사과, 용서, 고백 등을 표출하고 주고받는 것을 통해 지금－여기에서 비롯되는 문제를 이해하고 해결하게 하는 기법이다.

나. 탈삼각화

Bowen의 세대 간 접근기법으로서, 가족 내 두 사람 간 갈등해결 방법으로 제3자를 끌어들이는 것에서 벗어나게 하는 것을 말한다. Bowen에 따르면, 가족성원의 분화가 이루어지지 않은 가족일수록 두 성원 간 불안 수준이 높아지면 다른 성원을 끌어들여 삼각관계를 형성하려 한다. 탈삼각화(detriangulation)란 두 성원의 감정영역에서 제3의 성원을 분리시키는 과정이다(김혜영 · 석말숙 · 최정숙 · 김성경, 2010 : 262). 예를 들어, 부부갈등 시 부부 중 한 명이 자녀가 자신의 편을 들어 자신의 정당성을 확보하려는 태도를 취할 때, 자녀를 우회하지 않고 부부가 직접 문제를 해결할 수 있게 함으로써 자녀가 부모의 갈등에서 벗어나게 하는 것을 말한다.

다. 경계 만들기

경계 만들기(boundary making)는 구조적 기법으로, 가족 내 성원이 지나치게 밀착되거나 분리되어 있는 경우 적절한 경계를 만드는 것을 말한다. 지나치게 밀착된 관계를 맺고 있는 가족은 어느 정도 거리를 두어 개인의 독립성과 자율성이 확보될 수 있도록 하고, 지나치게 분리되어 있는 가족은 상호작용이 더욱 활발해질 수 있도록 지원한다. 세대 간 경계를 명확히 하고 부모하위체계와 자녀하위체계가 분리될 수 있도록 상담상황에서 부모끼리, 자녀끼리 자리 재배치하기, 취약한 하위체계와 번갈아 가며 일시적 동맹맺기 등의 방법을 사용할 수 있다.

라. 균형 깨트리기

구조적 접근의 기법으로, 가족 내 역기능적 균형을 깨트리는 것(unbalancing)을 말한다. 가족체계 내에서 지위나 권력구조를 변화시키기 위한 활동으로, 하위체계 간의 관계를 재배치하거나 낮은 지위에 있는 성원에게 힘을 부여함으로써 가족을 재구조화할 수 있도록 돕는다.

마. 가족규칙 다루기

가족규칙(family rules)이 명확하지 않다면 그것을 공개적으로 다룰 필요가 있고, 규칙이 시기적으로 적절하지 않거나 공정하지 않다면 가족이 규칙 유지 여부를 결정하도록 도와야 한다. 가족이 자신들의 규칙을 평가하도록 돕는 질문은 다음과 같다. '현재의 가족규칙을 따를 수 있는가?', '가족규칙은 현재의 상황에 맞는 것이며 이후의 상황에도 근접하는가?', '규칙에서 남성과 여성의 역할은 무엇인가?', '어떤 규칙이 정보를 공유하는 데 장애가 되는가?'

바. 실연

실연(enactment)이란 가족의 상호작용 행동을 상담상황에서 그대로 재현하게 하는 것이다. 예를 들어, 자녀가 문제를 일으킬 때 부모가 어떻게 하는지 상담 상황에서 행동으로 해보도록 하는 것이다. 이는 '~에 대하여' 이야기하도록 하는 것보다 더 실제적인 정보를 얻을 수 있는 방법이다.

사. 가족조각

가족조각(family sculpture)은 가족성원으로 하여금 가족관계를 표현하는 조각을 만들어 보게 하여 가족관계에 대한 성원의 인식을 파악하는 기법이다. 한 가족성원에게 다른 성원을 배치하게 하여 표현된 가족성원의 위치, 몸짓, 자세를 통해 가족관계에 대한 가족성원의 인식을 알아보고, 참여한 성원이 각자의 느낌을 이야기하거나 질문하도록 하여 가족관계에 대한 성원의 생각이나 느낌을 서로 이해하도록 한다. 가족관계, 의사소통 유형, 가족규칙 등 가족의 역동성을 시각적으로 사정하고 새로운 대처방법을 찾아보는 데 활용할 수 있으며, 또한 가족이 바라는 가족관계를 조각으로 표현해 보게 함으로써 가족관계 변화의 목표를 설정하는 데도 활용할 수 있다(김혜영 외, 2010 : 263-264).

아. 역할연습

역할연습(role playing)은 새로운 행동양식을 익히고 실행해 보기 위해 주로 활용하며, 가족상황을 역할극으로 표현해 보게 하여 역할재현을 통해 가족상황을 이해하는 방법으로도 활용된다. 또한 가족성원 간에 서로의 역할을 바꾸는 '역할전환(role reversal)'을 통해 다른 가족성원의 위치에서 상황을 경험해 봄으로써 다른 성원의 상황과 감정에 대한 이해를 높이는 데도 활용할 수 있다.

자. 가족과제

가족과제(task of family)는 상담시간에 시작된 변화노력을 계속 연장할 수 있게 하고, 일상생활 속에서 변화의 노력을 확장시켜 나갈 수 있게 하는 기법이다. 가족의 행동변화에 초점을 두고 상담 사이에 수행할 수 있는 다양한 과제를 제시하는 것은 상담 이외의 일상적 상황에서도 새로운 행동패턴을 반복해서 활용하고 연습할 수 있게 한다. 가족의 재구조화 과정에 도움이 되는 특정 행동영역을 찾아 과제를 내주는데 언제, 어디서, 누구와, 어떻게 상호작용하는지를 구체적으로 분명하게 제시한다. 가족과제의 예로 아버지와 아들 간 경직된 경계를 보여줄 때, 두 사람이 같이 할 수 있는 과제로 할아버지댁 방문이나 함께 목욕 다녀오기, 그리고 특정 가족구성원에게 하루에 한 가지 감사목록 작성하기, 칭찬하기, 취미활동 같이 하기 등을 내줄 수 있다.

차. 재구성

재구성(reframing)은 가족이나 가족성원의 행동이나 경험을 다른 관점으로 그리고 더 긍정적인 시각으로 볼 수 있도록 돕는 기법을 말하는 것으로서 재명명(relabeling), 재정의(redefining)와 유사한 개념으로 사용된다(Sheafor & Horeisi, 2008). 가족이 관계갈등을 경험하고 있거나 현재의 문제에 대해 지나치게 부정적으로 생각하고 있는 경우 특정 사건, 행동, 경험에 부여하는 의미를 다른 방법으로 인식하게 함으로써 다르게 느끼고 다르게 행동할 수 있게 하는 접근이다. 예를 들어, 자녀 사생활에 대한 간섭문제로 부모-자녀 갈등이 심화된 경우, 부모의 간섭을 자녀에 대한 애정과 관심, 걱정으로 생각하게 하거나 자녀의 간섭 거부에 대해 발달과정에 따라 자율성을 확립해 나가는 과정으로 재구성함으로써 서로 부정적으로 대립하고 있는 상황을 완화시킬 수 있다.

카. 순환적 질문하기

전략적 접근에서 개발한 순환적 질문하기(circular questioning)는 가족성원이 문제에 대해 제한적이고 단선적인 시각에서 벗어나 문제의 순환성을 깨닫도록 돕기 위한 질문을 연속적으로 하는 기법이다(김혜영 외, 2010 : 264). 순환적 질문의 예로는 '○○가 우울해서 누가 가장 힘들지?', '아버지가 ○○를 야단치면 그 다음에 어떤 일이 일어나지?' 등이 있다.

타. 역설적 지시

역설적 지시(paradoxical directions)는 전략적 기법으로, 문제를 유지시키는 연쇄를 변화시키기 위해 역설적인 행동, 즉 문제행동을 유지하거나 혹은 강화하는 행동을 오히려 수행하도록 지시하는 기법이다. 가족이 역설적 지시를 따르게 되면 문제를 통제한다는 것을 인정하는 것이며, 따르지 않으면 문제를 포기하게 되는, 치료적 이중구속 상황이 만들어지는 것이다(김혜영 외, 2010 : 264). 역설적 지시에는 증상 처방(예 부부가 계속 싸우는 것이 문제가 되는 경우 매일 시간을 정해놓고 계속 싸우도록 하는 것), 시련기법(예 불면증이 있는 클라이언트에게 밤새워 책을 읽으라고 하는 것, 손을 지나치게 강박적으로 씻는 클라이언트에게 시간을 정해주고 시간에 맞춰 손을 씻으라고 하는 것) 등이 있다.

파. 문제의 외재화

문제의 외재화(externalization)는 이야기 접근에서 주로 사용하는 기법으로, 사람과 문제를 동일하게 간주하는 문제의 내재화를 벗어나 가족문제를 사람과 분리시켜 별개의 존재로 보게 하는 기법이다. 지배적 이야기를 해체하여 문제와 사람을 분리함으로써 대안적 이야기로 바꾸는 '외재화 대화' 방법을 적용한다. 예를 들어, '우리 아들이 난폭해서 걱정이에요'와 같은 진술(문제의 내재화)을 '난폭이라는 놈이 아들을 휘어잡고 있어서 걱정이네요' 같은 진술(문제의 외재화)로 전환하게 하는 것이다. 또 알코올중독 문제를 가지고 있는 가족에게 '알코올'을 가족원이 함께 물리쳐야 하는 '적'으로 보게 하는 것도 그 예가 된다.

하. 의사소통 및 문제해결 기술

가족을 한 단위로 보는 체계적 개입에서 가족의 의사소통 및 문제해결 기술을 향상시키는 것은 가족체계 내 원활한 상호작용을 가능하게 하며, 가족 스스로 문제를 해결할 수 있는 역량을 기르고, 특히 모든 성원이 수용할 수 있는 해결책 협의과정을 배울 수 있게 한다는 점에서 유익하다. 의사소통 향상을 위해 자신의 생각과 감정과 바람을 인식하고 자신의 것으로 표현할 수 있는 '말하기'와 상대방의 생각과 감정과 바람을 들을 수 있는 관심 기울이기, 공감하기, 요약하기, 질문하기와 같은 '듣기기술'을 배우도록 지원할 수 있다(최정숙·강학중·김태진·이의수, 2006). 문제해결의 단계는 문제정의, 바람 확인 및 목표 설정, 다양한 해결안 탐색, 해결안 평가 및 선택, 실행계획 및 실행, 실행에 대한 평가과정으로 구성된다. 사회복지사는 가족이 스스로 문제를 파악하고 해결책을 구축할 수 있도록 도와야 한다.

거. 전화, 편지, 방문과 가족의례의 활용

부모와 자녀, 조부모와 손자녀 간의 세대차이에서 발생하는 거리감을 완화시키기 위해 세대를 이어주는 기법이다. 가족의례나 기념일은 가족됨과 가족으로서 정서를 느끼게 해주고 가족성원 간의 관계를 다시 이어주는 중요한 기능을 한다. 의례적이고 의무적인 관례화된 패턴을 깨고 '가족식사 모임'과 같은 새롭고 편안한 의례를 마련하여 진로문제, 주거 등과 관련된 문제를 놓고 의견을 교환한다. 전화걸기와 편지교환 등의 방법도 활용할 수 있다.

너. 환경자원의 개발 연결 및 서비스 조정

가족의 문제 및 욕구가 부족한 자원의 보충과 관련된 것이라면, 사회복지사는 클라이언트가 있는 환경 내 자원과 지지를 개발하고 연결해야 한다. 이때 존재하지 않는 자원과 지지는 발굴하고, 존재하지만 작용하지 않는 자원과 지지는 활성화하며, 경미하게 작용하는 자원과 지지는 강화한다. 또한 가족 욕구의 복합성 때문에 여러 서비스를 받는 과정에서 필요한데 누락된 서비스가 있다면 서비스를 받을 수 있도록 연결 및 의뢰하고, 동일한 서비스를 여러 기관에 걸쳐 중복적으로 받고 있다면 서비스망에 대한 사정을 통해 효율적으로 서비스 전달이 이루어질 수 있도록 서비스를 조정해야 할 것이다.

더. 가족옹호

가족옹호는 가족이 정당한 권리가 있음에도 불구하고 권리보장이 이루어지지 않거나 서비스 확대가 필요한 경우 가족의 권리를 대변하고 서비스를 확충하도록 노력하는 것을 말한다(최선희 · 최정숙 · 박화옥, 2008). 옹호과정에서 사회복지사는 가족과 지역사회의 자원을 중재하거나 지역사회 자원과 협의 혹은 대결해야 하기 때문에 사회복지사 자신뿐 아니라 사회복지기관이 난처한 입장에 처하게 될 수도 있다. 그러나 가족옹호는 가족의 사회환경을 향상시키고 사회정의를 증진하기 위한 필수적인 사회복지실천과정이다(김혜란 외, 2006). 가족을 옹호하기 위해서는 면접뿐 아니라 클라이언트를 위해 갈등관계에 있는 사람으로부터 원하는 것을 얻어 낼 수 있는 주장, 협상, 소송에 이르는 기술을 활용할 수 있어야 한다(조흥식 외, 2010).

러. 가족관계망 개입

가족관계망 개입이란 가족, 친구, 이웃, 동료의 관계망 내 에너지와 자원을 활용해 가족이 겪고 있는 곤경을 완화시키는 데 필수적인 지지와 만족, 통제를 제공하고 지역사회 전문가들과 관계망 개입을 위한 팀 접근을 시도하는 것이다(Hanman & Laird, 1984; Secck & Atteneave, 1973, 성정현 외, 2004 재인용).

사회복지사가 개입의 중간과정이 끝나가고 있다는 것을 가족에게 알리는 신호는 면접의 횟수를 줄이는 것으로 가족들은 이러한 변화를 향상의 지표로 인식하게 된다(Thomas, 1992 : 432－433).

6. 종결과 평가 단계

1) 종결

치료를 받는 가족에게 종결은 특별한 의미를 갖기 때문에 사회복지사의 세심한 치료적 배려가 필요하다. 상담이 한정된 기간 동안 만나는 것으로 한 계약관계일 경우 사회복지사와 가족은 개입을 시작하는 시점부터 종결을 준비하는 셈이다. 일반적으로는 종결은 종결 시기를 알리는 다양한 지표를 기반으로 판단하게 되는데, 개입을 종결을 판단하게 하는 지표라고 볼 수 있는 경우는 다음과 같다.

첫째, 치료 초기에 설정한 목표가 달성되었을 경우

둘째, 최초에 설정한 특정 목표는 충분히 달성되지 않았지만, 치료가 더 이상 필요하지 않다고 판단될 정도로 가족기능에 변화가 있는 경우

셋째, 더 이상 외부로부터의 자원이 필요하지 않다고 판단되는 경우

넷째, 치료자가 공정한 시도를 해왔음에도 불구하고 치료의 효과가 없다는 것을 알았을 경우

다섯째, 가족이 치료에 대한 동기를 상실했거나 결여되었을 경우

또한 종결은 단계별로 이루어져야 하며 이를 구체적으로 살펴보면 다음과 같다.

첫째, 도입단계에서는 치료자가 왜 종결의 문제를 꺼냈는지를 설명한다.

둘째, 요약단계로 면접 중에 일어난 것을 정리함으로써 치료에 관계된 모든 사람들의 성취변화와 가족현상을 되돌아 볼 기회를 준다.

셋째, 장기적 목표 나누기 단계로, 가족이 목표에 도달했는지를 어떻게 아는지에 대해 서로 이야기해야 한다. 가족이 앞으로 직면할지 모르는 어려움을 예상해 본다.

넷째, 추후 상담의 단계에서는 치료효과의 지속성을 확인한다.

마지막 면접에서는 가족이 계속하여 자신을 포함하여 이용할 수 있는 자원을 남기는 것이 도움이 된다. 이를 일반적으로 '문 열어두기(opening doors)'로

표현하는데, 예를 들면 마지막 면접 중 '정기적으로 또는 중요한 결정을 내릴 때는 가족회의를 통해 서로 의논하기'를 계획하는 등 가족이 스스로 과제를 실행해 보도록 하는 것이 바람직하다. 때로 치료자는 종결을 결정하면서 수 주일 또는 수 개월이 지난 후 전화나 면접을 통하여 변화가 유지되고 있는지를 확인하고 싶은 마음이 생긴다. 그러나 이것은 가족에게 사회복지사가 아직 도움을 줄 수 있다는 여지를 남기게 하는 한편, 가족에게 자신들에게 아직 여러 가지 문제가 남아 있을 수 있다는 메시지로도 작용할 위험이 있어 주의해야 한다.

2) 평가

가족개입을 위한 평가는 매우 어려운 일이다. 학술적 평가의 경우는 더욱 그러한데 개별 사회복지개입을 위한 객관적 평가의 어려움을 경험하고 있는 사회복지사라면 이에 쉽게 동의할 것이다. 그러나 전문직의 개입을 입증할 수 있는 객관적 평가는 지속적으로 요구될 것이므로 이를 극복하기 위한 노력 또한 중요하다. 여기에서는 비교적 단순하지만 평가의 기준으로 활용할 수 있는 Brock과 Barnard(1988 : 23-25)가 제시한 세 가지 지표를 소개한다. 이들 평가의 기반이 되는 개념들은 기능적인 가족에서 나타나는 의사소통, 역할 그리고 하위체계를 평가하는 지표들이다. 그러나 가장 확실한 평가는 주관적일 수 있지만 클라이언트와 가족의 자기평가와 증상이나, 제시한 문제의 변화가 객관적 지표와 함께 포함되어야 한다.

(1) 최적의 의사소통기능을 평가하는 기준

첫째, 가족구성원들은 서로 많은 정보의 양을 구하고 나눈다.

둘째, 비언어적 · 언어적 메시지가 일치하고 메시지의 의도도 분명하고 개방적이다.

셋째, 침묵을 지키는 일은 거의 없으며 가족들은 다양한 주제에 대해서 이야기를 나눈다.

넷째, 갈등은 논의를 통해서 해결된다.

다섯째, 대부분의 의사소통은 긍정적인 억양(tone)으로 이루어진다.

여섯째, 모든 가족이 갈등에 대해 상대에게 책임을 전가하는 방식이 아니라 효율적인 문제해결식 문장을 사용하는 능력을 가지고 있다.

(2) 최적의 가족역할 지표

첫째, 부모, 자녀 그리고 배우자의 역할 간 분명한 차이가 존재한다.

둘째, 그럼에도 불구하고 상황에 따라서는 역할을 나누어 맡거나, 역할을 바꾸거나, 역할을 변화시킬 수도 있다.

셋째, 새로운 역할이 시도되거나 예전의 역할이 수정되기도 한다.

넷째, 가족구성원들은 역할이 상호 보완될 수 있도록 맡는다.

다섯째, 역할은 상황과 구성원들에 따라 적절히 엇갈려 겹치지 않는다.

여섯째, 부모는 아동양육 역할을 나누어 맡는다.

(3) 최적의 가족하위체계 지표

첫째, 부모, 배우자, 형제 하위체계 간 경계가 분명하다.

둘째, 각 하위체계는 그들의 기능을 적절히 수행한다.

셋째, 하위체계 간 그리고 체계 내 개인 간 강한 정서적 유대감이 있다.

넷째, 부모하위체계는 가족을 대표하고 가장 큰 힘을 가진다.

다섯째, 하위체계 내의 개인은 분배된 활동(shared activities)에 참여한다.

여섯째, 하위체계 간 연합(coalitions)이 발생하지만 단기적이다.

CHAPTER 12

다양한 형태의 가족 대상 사회복지실천기술

사회복지실천에서 가족은 중요한 자원이자 지원해야 할 대상체계로서 가족문제의 해결과 가족기능의 보완 및 증진은 매우 중요한 이슈가 된다. 최근 들어 다양한 사회복지 정책 중에서 가족 서비스의 확충에 대한 요구가 한층 더 거세지고 있다. 이는 가족의 다양성이 강화되면서 1인 가구, 동거가족, 혼합가족, 한부모 가족, 재혼 가족, 다문화 가족 등 '전형적이지 않은' 가족들을 위한 보편주의적이고 포괄적인 서비스의 필요성이 커지고 있기 때문이다.

본 장에서는 다양한 형태의 가족 특성과 이들 가족의 주요 어려움 혹은 문제점을 이해하고, 개입방법, 즉 가족상담 기술 및 옹호기술, 협상기술, 사례관리, 네트워크 회의 등 다체계 가족과 일하기, 가족을 둘러싼 환경체계와 일하기에 대해 알아본다.

1. 다양한 가족의 형태와 사회복지사의 문화적 수용 감수성

1) 다양한 가족의 형태

1994년 UN이 정한 가족의 해 이후 우리 사회에서 가족의 다양성 담론이 확산되어 왔다. 그동안 비정상(결손 또는 문제) 가족으로 범주화되었던 가족들을 일탈로 보거나 차별하지 않고 '다양성'의 이름으로 수용하고자 하는 노력이 있어 왔다. 그러나 이러한 노력은 진정한 '다양성(variety)'의 수용이기보다는 정상가족을 기준으로 한 '변이(variant)' 현상으로 보는 관점이었다(Scanzoni,

2001). 다양한 가족은 형태에 따라 다음과 같이 구분된다(김정진, 2019).

〈표 12-1〉 다양한 가족의 형태

핵가족	한 쌍의 부부와 미혼의 자녀로 구성된 기본적인 사회 단위
확대가족	여러 세대에 걸쳐 양부모의 원가족을 포함하는 확대된 가족 형태
수정확대가족	핵가족과 확대가족이 현대화된 가족 형태로, 결혼한 자녀가 부모와 같은 장소에서 살지 않고, 부모님 주위에서 한 가정을 이루어 생활하는 것
노인가족	산업화에 따른 사회 구조와 가치관의 변화에 따라 노인만으로 구성된 가족
한부모가족	부모 중 한 명과 그 자녀로 구성된 가족, 이혼과 배우자의 사망으로 인해 점차 증가
계부모가족	재혼으로 서로 다른 가족원이 함께 살게 된 1차 집단
혼합가족	인척이나 혹은 인척이 아닌 사람들이 함께 동거하면서 전통적인 가족 역할을 수행하는 형태의 가족
위탁가족	일정 기간 동안 다른 사람의 자녀를 양육하는 가족 형태
동거가족 (비혼동거)	노르웨이, 스칸디나비아 등의 북유럽에서 동거는 생애 과정에서 단기간이든 장기간이든 경험되는 관계 형태로 보편화되어 있으며, 이는 결혼을 중심으로 한 가족관계 변화의 가장 두드러진 특징으로 꼽히는데(Syltevik, 2010), 우리나라, 중국, 일본 등의 동아시아에서는 결혼을 대체하는 대체동거는 소수이고, 결혼의 전조로 보는 예비동거, 비혼의 뜻을 같이하는 편의동거 등의 형태로 이루어진 소수 가족형태임(전체 가구의 2%), 초혼보다는 재혼에서 증가하고 있는 부부형태임(김원정・김순남, 2018 재인용).

건강가정기본법 제21조 제4항에서는 한부모가정, 노인 단독가정, 장애인가정, 미혼모가정, 공동생활가정, 자활공동체로 가족을 나누고 있으며, 변화순, 조은희(2003 : 5)는 이혼, 재혼, 사실혼, 미혼모, 인공수정, 동성애, 국제결혼을 다양한 가족으로 포함했다. 그러나 '다양성'의 수사가 가족 범위의 규정(민법 개정안)이나 건강함과 건강하지 못한 가족이라는 이분법과 결합하면 이미 다양성은 담보되기 어렵다. 남성다움과 여성다움이라는 성별 이분법, 이성애와 동성애라는 성적 지향(sexual orientation)의 이분법, 진보와 보수라는 이념적 지향의 이분법 등 이분법의 논리에서는 두 가지 외에는 존재할 수 없다.

다양한 가족(가구)의 형태를 수용하기 위해서는 법적 근거도 하나의 단일한 집단으로서 가족의 범위를 규정하기보다는 가족성원 간의 관계적 결합을 중심으로 가족(가구)의 경계를 설정하는 것이 바람직하다. 이것은 가족의 혈연성과 안정성을 중시하는 전통적인 가족 개념과는 다른 것으로, 가족 변화에 대응할 수 있는 개방적이고 융통성 있는 방안이 될 수 있다.

최근 혈연관계로 이루어지지 않은 대안가족이 등장하기도 하였다. 하지만 '가족'의 본질적인 의미는 변하지 않으며, 오히려 가족애를 지키기 위한 방편으로 대안가족의 모델이 나타나고 있는 추세이다. 대안가족은 왜 생기는 것일까? 전문가들은 우리 사회의 다양화와 핵가족이 갖는 가족 성원의 소외에서 그 원인을 찾는다. 여성들의 권리의식 신장에 따라 남성 중심의 가족 형태에 대한 변화를 모색하는 것도 한몫을 하고 있다. 대안가족은 아직 대부분 실험단계를 벗어나지 못하고 있는 것도 사실이며 실패 사례도 많다. 학계 일부에서는 이러한 대안가족을 넓은 의미의 신가족(new family)으로 분류하기도 한다(Donga.com, 2009. 9. 26).

2019년 「가족다양성에 대한 국민 여론조사」에 따르면, '가족'으로 인식하는데 있어서 '법적인 혼인, 혈연으로 연결되어야 가족'이라는 의견에 대해서 67.3%가, '생계와 주거 공유 관계의 개념'은 67.5%, '정서적 친밀성 관계의 개념'은 38.2%가 가족으로 인식하며 동의하였고, 기존 혼인 및 혈연에 기반해 정의되는 가족 범위를 사실혼과 비혼 동거까지 확장하는 것에 대한 찬성은 60.1%로 나타났다. '외국인과 결혼하는 것'(92.5%), '이혼이나 재혼하는 것(87.4%), '성인이 결혼하지 않고 혼자 사는 것'(80.9%)에 대한 수용도 80% 이상으로 매우 높다.

위와 같은 통계청 및 여성가족부의 지표들은 이미 우리 사회가 전형적인 4인 가족 형태에서 벗어나 다양한 형태로 변화하고 있으며, 다양한 가족에 대한 국민들의 사회적 수용도도 높아졌음을 보여주고 있다. 이는 가족구성의 방식에 있어 구성원 개인의 가족가치관이 변화하였고, 이에 따라 선택의 폭이 확장된 결과라 할 것이며, 이러한 다양한 가족 유형이 공존하고 있다는 것은 법과 정책에 있어서도 특정 유형의 가족 유형만을 인정하고 정책 대상으로 삼을 수 없다는 것을 의미한다.

이러한 변화에 맞추어 정부는 「저출산 고령사회 기본계획」, 「건강가정기본계획」 등을 통하여 다양한 가족유형을 포용하기 위한 정책을 추진하고 있다. 이러한 상황을 감안할 때 전통적으로 가족이라는 환경을 매우 중시해 온 사회복지실천도 이에 대한 개입 방안과 실천기술을 갖추어야 할 것이다.

2) 사회복지사의 다양한 가족 유형에 대한 문화적 수용 감수성

모든 가족은 각자 나름대로의 독특한 가족문화를 가지고 있다. 앞서 <표 12-1>에서 보듯 다양한 가족형태는 각자 고유한 형태와 가치, 문화를 가지고 유지되고 있다. 아직 이러한 다양한 가족형태가 갖는 독특한 가치, 문화적 특성에 대해서 연구가 아직 많이 부족한 상태라 명확히 정의하기가 쉽지 않다. 그럼에도 불구하고 이들 가족을 만나는 사회복지사의 다양한 가족 유형에 대한 문화적 수용 감수성은 실무자가 가족형태와 문화적 차이에 대해 민감하게 인지하고 반응하며, 다양한 가족과 타문화에 대해 존중하고 수용하는 태도를 가질 수 있도록 돕는 매우 중요한 요건이다.

다양한 가족 유형에 대한 문화적 수용 감수성은 Peterson(2004)에 의하면, "다양한 형태의 가족구성원들과 교류할 때에 적절한 가치와 태도를 보일 수 있는 기술(언어, 혹은 대인관계 기술)과 역량(애매함에 대한 인내심, 유연성), 그리고 이를 행동으로 실천할 수 있는 능력"으로 정의할 수 있다. Earley와 Ang(2003)은 "다양한 가족 유형에 대한 감수성은 새로운 문화적 환경에 효과적으로 적응할 수 있는 개인적 능력"이라고 정의하였다. 이러한 다양한 가족 유형에 대한 감수성을 개인이 타고난 성격적 차원의 특성으로서 설명하는 시각도 있었으나(Earley & Ang, 2003), 최근의 연구들은 다양한 가족 유형에 대한 감수성의 개념을 다양한 가족 유형에 대한 정서적인 측면뿐 아니라 인지, 동기, 행동적 측면들이 통합된 개념으로 설명하고 있다(박순희 외, 2011; Bennett, 2004; Peterson, 2004; Livermore, 2009). 그리고 다양한 가족 유형에 대한 감수성을 교육과 훈련 과정을 통해 습득하고 개발할 수 있는 능력이라고 제시하는 연구들이 다수 발표되고 있다(Thomas & Inkson, 2004; Thomas, Stahl, Ravlin, Poelmans, Pekerti,

Maznevski, Lazarova, Elron, Ekelund, Cerdin, Brislin, Aycan, & Au, 2008; Khorakiwala, 2009).

근래 우리사회에서 다양한 가족 유형에 대한 인구의 증가와 이들에 대한 인권침해인식과 다양한 가족 유형에 대한 감수성의 성장은 사회복지사들이 가져야 할 실천기술이 소외된 가족 혹은 소수자 가족의 문제해결을 전통적인 치료패러다임에 입각한 병리모델적 접근에서 강점관점 패러다임의 임파워먼트 접근의 세부 기술로 전환되었다. 즉, 문제, 부적응, 스트레스, 상처, 학습된 무기력 보다는 대처, 기회, 자원과 자기 치유의 능력에 초점을 두는 것에서 더 나아가 옹호, 대변, 권리 자각이 더 효과적이라는 인식의 전환이 이루어진 것이다(Fraser, Richman & Glinsky, 1999; Wash & Crosser, 2000).

2. 다양한 형태의 가족을 위한 사회서비스와 실천기술

1) 다양한 형태의 가족을 위한 사회서비스

Hasenfeld(1983)는 사회서비스(social service)를 개인의 평안한 삶을 보호하고 유지, 증진하기 위해 개인의 속성들(personal attributes)을 규정하고 변화시키는 일련의 과정 및 활동이라고 정의하였다. 그리고 사회보장기본법 제3조에 서는 사회 서비스를 국가·지방자치단체 및 민간 부문의 도움이 필요한 모든 국민에게 복지, 보건 의료, 교육, 고용, 주거, 문화, 환경 등의 분야에서 인간다운 생활을 보장하고 상담, 재활, 돌봄, 정보의 제공, 관련 시설의 이용, 역량 개발, 사회 참여 지원 등을 통해 국민의 삶의 질이 향상되도록 지원하는 제도라고 정의하고 있다. 이러한 정의를 광의로 이해해 보면 사회 서비스에는 사회복지의 핵심 영역인 빈곤층을 대상으로 하는 돌봄 서비스부터 일반 개인에게 제공되는 고용 서비스에 이르기까지 폭넓은 범위의 대인 서비스들(human services)이 모두 포함될 수 있다(길현종, 2014). 이러한 정의를 준용하여 가족 서비스를 이해한다면 가족 서비스는 가족의 질적인 삶을 보호, 증진하기 위해 가족이 직면하는 모든 문제와 상황을 직접적 또는 간접적으로 변화시키기 위한 일련의 과정 및 활동이라 할 수 있을 것이다. 그리고 가족 서비스를 이처럼 광의로 규정하게 되면 가족 서비스의 범위에는 빈곤 가족을 대상으로 하는 소득 지원 서비스부터 가족 구성원들을 위한 돌봄 서비스와 가족 상담 및 가족 치료 등과 같은 개인적 접근에 이르기까지 다양한 사회 서비스가 모두 포함될 수 있을 것이다(김진숙, 2017).

위기 가족과 취약 가족에 대한 지원 서비스는 한부모 가족, 조손 가족, 다문화 가족 및 위기 가족 등 가족 기능이 약화된 가족이 가진 복합적인 문제를 해결하기 위해 지속적인 사례 관리를 통해 가족 기능을 회복하고 정서·경제적 자립 역량을 강화하기 위한 서비스이다. 지원 대상 기준은 중위소득 72% 이하의 저소득 한부모 가족, 조손 가족 및 다문화·북한 이탈 가족 등 가정폭력, 이혼, 자살 사망, 사고, 경제·사회적 위기 사건을 직면한 위기 가족이며 건강가정지원센터와 가정 폭력상담소 등을 통해 서비스가 제공된다.

〈표 12-2〉 위기 가족 지원 서비스의 지원 내용

공통
• 심리·경제적 자립, 역량 강화를 위한 지속적인 사례관리 • 정보 제공 및 지역사회 자원 활용·연계 • 부모 교육, 가족 관계, 자녀 양육 교육 등 프로그램 및 자조모임
한부모·조손가족 등
• 자녀 학습·정서 지원(배움지도사 파견) • 생활 도움 서비스(키움보듬이 파견)
위기가족
• 심리·정서 치료 지원 등의 긴급 위기 지원(지지리더 파견) • 긴급 가족 돌봄 지원(지지리더 혹은 키움보듬이 파견) • 전문 상담사 및 심리치료 전문기관 연계를 통한 전문 심리상담 지원

출처 : 여성가족부 홈페이지(http://www.mogef.go.kr/sp/fam/sp_fam_f004.do)에서 2017. 9. 7. 인출.

다문화가족을 위한 지원 서비스로는 우선 다문화가족지원법에 따라 건강가정지원센터와 다문화가족지원센터를 통해 제공되는 한국어 교육, 통·번역, 멘토링, 사례관리 등의 정착 지원 서비스가 있다. 더불어 결혼이민자 자립

지원 패키지 프로그램을 통해 다문화가족에게는 미래 설계, 일·가정·사회 역량 강화 컨설팅, 취업 연계 등의 서비스가 맞춤형으로 지원된다. 다문화가족의 자녀에게는 이중언어 가족 환경 조성을 위한 가족 코칭과 온·오프라인 교육 및 성장 지원 서비스가 제공된다. 이 밖에도 국제결혼 피해 상담 및 구조 서비스는 국제결혼 중개 업체를 통해 국제결혼을 추진 중인 대한민국 국민 또는 결혼 이주여성이 국제결혼 중개 업체의 불법적인 영업 행위로 피해를 보았을 경우 각종 상담, 피해 구조 및 법률 지원 서비스를 제공하는 것이다. 그리고 다문화가족을 위해 다누리 콜센터(1577-1366)가 운영되고 있는데, 이는 다문화가족과 이주여성에게 한국생활 정보를 제공하고 부부 상담, 폭력 피해 등 긴급한 구조가 필요할 때 지원하는 원스톱 서비스이다(여성가족부, 2017). 사회복지사는 다문화가족을 위한 이러한 사회복지 급여와 서비스 내용을 숙지하여 이들 가족에게 안내, 설명, 지지, 옹호, 대변, 연결 등의 실천기술로 도움을 줄 수 있어야 한다.

한부모가족을 위한 지원 서비스로는 우선 한부모가족지원법에 따라 국가와 지방자치단체를 통해 한부모가족이 건강하고 문화적인 생활을 영위할 수 있도록 최저생계비, 소득수준 및 재산정도 등에 따라 복지급여, 복지자금의 대여, 직업능력개발훈련, 국민주택의 분양·임대 시 일정 비율의 우선 분양 및 한부모가족지원시설의 입소 등이 있다. 한부모가족을 위한 구체적 지원 서비스로 한부모가족의 생활안정과 자립을 촉진하기 위해 '사업에 필요한 자금', '아동교육비', '의료비', '주택자금' 그 밖에 대통령령으로 정하는 한부모가족의 복지를 위하여 필요한 자금 중 어느 하나의 자금을 대여받을 수 있다. 그리고 한부모가족의 모 또는 부와 아동의 직업능력을 개발하기 위하여 능력 및 적성 등을 고려한 직업능력개발훈련을 제공받을 수 있으며, 이들의 고용을 촉진하기 위해 적합한 직업을 알선하고 각종 사업장에 우선 고용될 수 있다. 이 밖에 국가나 지방자치단체는 한부모가족에게 '아동의 양육 및 교육 서비스', '장애인, 노인, 만성질환자 등의 부양 서비스', '취사, 청소, 세탁 등 가사 서비스', '교육·상담 등 가족 관계 증진 서비스', '인지청구 및 자녀양육비 청구 등을 위한 법률상담, 소송대리 등 법률구조서비스' 그 밖에 대통령령으로 정하는 한부모가족에 대한 가족지원서비스 등을 받을 수 있으므로 사회복지사는 이러한 사회복지 급여와 서비스 내용을 숙지하여 이들 가족에게 안내, 설명, 지지, 옹호, 대변, 연결 등의 실천기술로 도움을 줄 수 있어야 한다.

2) 다양한 형태의 가족을 위한 사회복지실천기술

다양한 형태의 가족에 대한 개입방법은 크게 두 가지로 나눌 수 있다. 첫째는 환경적 개입이며, 둘째는 가족의 내부적 기능에 대한 개입이다.

(1) 환경적 개입

가족이 주변 환경 체계들과의 상호작용을 통해 필요한 자원과 지지를 확보하지 못하는 경우, 사회복지사는 가족의 사회 환경을 변화하기 위한 환경적 개입을 계획한다. 환경적 개입에서는 존재하지 않는 자원들과 지지를 개발하고, 연결하며 존재하지만 작용하지 않는 자원들과 지지를 활성화하며, 경미하게 작용하는 자원들과 지지를 강화하는 데 초점을 맞춘다. 이러한 맥락에서 가족옹호 기술은 공공/ 민간 기관이 가족을 위한 기존의 서비스를 강화하거나(복지급여 자격 조건 검토, 정보 제공, 대변 혹은 연결), 다양한 형태의 가족이 위기 상황일 경우 효과적인 대응을 위해서는 유관기관과의 체계적인 네트워크가 형성되고 이들을 조력하는 방안인 네트워크 회의를 통해 서비스 전달을 향상시키거나 새로운 혹은 변화된 형태의 서비스를 개발하도록 하는 것이다.

(2) 가족의 내부적 기능에 대한 개입

가족 내 가족 성원 간의 상호작용을 변화시키기 위한 기법들은, 특히 가족 상담 및 치료에서 발달되었다고 볼 수 있다. 이러한 개입들은 가족의 세대 간 관계 혹은 가족 구성원들 간 관계적 역동 문제에 개입하기 위한 다양한 기술과 기법들이 해당된다. 다양한 형태의 가족을 대상으로 하는 사회복지실천기술로는 교육과 상담이 이러한 개입에 큰 비중을 차지할 수 있다. 앞서 언급한 환경적 개입, 즉 각 가족에 적합한 사회서비스 정보를 제공하는 것과 가족구성원 간 비롯되는 관계의 문제에 대한 상담 지원 체계가 병행할 때 매우 도움이 되기 때문이다.

가족을 대상으로 하는 교육과 상담은 주로 돌봄 문제와 가족 갈등 및 위기 해결에 초점을 두고 있다. 우선 부모교육은 주로 양육기 부모와 취약 가족을 대상으로 하여 가족 주기별 특성을 고려하여 진행되는 서비스(가족 갈등 예방 및 해소 방법, 부모의 역할, 자녀 이해와 양육 방법 등 부모교육 지원)로 건강가정지원센터와 육아종합지원센터 및 전국 학부모지원센터에서 수행된다. 부모교육 서비스의 세부 내용을 보면 예비 부모부터 학령기 아동을 위한 생애주기별 부모교육, 가족 해체와 가족 관계 단절의 우려가 있는 취약 가족을 대상으로 하는 교육 및 상담 서비스인 가족행복드림서비스, 군부대와 중소기업 등 부모교육에 대한 접근성이 낮은 교육 희망 기관을 찾아가는 서비스가 시행되고 있다(여성가족부 홈페이지, 2017). 이 가운데 가족행복드림서비스는 아래의 그림과 같이 여성가족부와 보건복지부 그리고 고용노동부 간의 거버넌스 구조로 서비스가 제공되는 것이 특징이다.

3. 다양한 형태의 가족 중 한부모가족에 대한 개입과정과 사례 적용

다양한 형태의 가족 중 기초생활 위기상황의 한부모세대를 위한 사회복지사의 개입과정을 해결중심모델을 적용한 사례를 통해 이해를 돕고자 한다.

1) 사례[1] 개입 배경

본 사례의 개입 배경은 여성새일센터에서 잠재적 클라이언트 가정을 대상으로 보낸 사업 안내서신을 통해 자발적으로 센터 내방을 하게 되었고, 초기

1) 박성원(2005). 해결중심모델을 적용한 기초생활 위기상황의 여성가장세대를 위한 사례개입, 사회복지관 사례연구, 17, 1-18에서 발췌한 내용을 수정, 보완하였다.

상담에서 클라이언트는 현재 상황에 대한 위기의식이 높은 상태였으며, 정서적인 우울 증상을 호소하였다. 우선 기본 생활적 위기를 모면할 수 있는 긴급지원이 필요할 것으로 판단되며, 지속적인 사례관리로 클라이언트 역량강화를 도모하여 가족기능이 강화되도록 진행하여야 할 것으로 사료되어 개입하게 되었다.

2) 클라이언트 개요

<table>
<tr><th>성명</th><td>박가영(가명)</td><th>성별</th><td>여</td><th>생년월일</th><td>1965년 9월</td></tr>
<tr><th>세대유형</th><td>모자세대</td><th>정부보호</th><td>일반수급</td><th>주정보원</th><td>클라이언트 본인</td></tr>
<tr><th rowspan="4">가족사항</th><th>관계</th><th>성명</th><th>나이</th><th>직업</th><th>기타</th></tr>
<tr><td>자</td><td>김예림(가명)</td><td>19</td><td>고3(휴학), PC방
아르바이트</td><td>소아당뇨,
신경정신과 치료</td></tr>
<tr><td>자</td><td>김희숙(가명)</td><td>15</td><td>중2</td><td></td></tr>
<tr><td>자</td><td>박슬기(가명)</td><td>2</td><td></td><td></td></tr>
<tr><th>해결되기
원하는
점</th><td colspan="5">- 기초생활에 대한 어려움
집세 4개월 미납과 단전, 단수위기, 양육비 등 기초생활비 부족
- 첫째 딸 의료적 치료
소아당뇨 환자로 인슐린 조절에 따른 치료비용
- 이혼 후 경제적 빈곤 및 지지체계 부족으로 인한 심리적 불안
- 자녀들의 재능(꿈) 실현
빈곤 상황이지만 자녀들의 재능을 개발시키고자 함</td></tr>
<tr><th>사례상황</th><td colspan="5">알코올중독 전남편과 2004년 1월에 이혼을 한 후 클라이언트는 여성 가장으로 가정의 생계를 이어가고 있음. 전남편은 음주 후 아내와 아이들을 폭행하였고, 경제적으로 무능력하여 생활상의 어려움이 있는 상태에서 이혼하게 되어 빈곤의 어려움이 지금까지 지속되고 있음. 클라이언트는 이전 화장품 가게 경험을 살려 노점에서 의류를 파는 일을 하고 있으나 수입이 일정하지 않아 안정적인 소득원을 확보하기 어려운 상태에 있음. 클라이언트는 안정적인 일자리를 구하고자 하나 2세 자녀가 있어 집중적인 클라이언트의 보육이 요청되고 있어, 근로활동에 많은 제약이 따름. 따라서 클라이언트는 비정기적이면서도 시간에 구속되지 않는 직업을 구하다 보니 노점상을 하게 되었음. 클라이언트는 1억 2천만 원의 부채를 가지고 있으며, 안정적이지 못한 수입으로 인하여 지속적으로 지출되어야 하는 공과금 및 집세 등이 밀려 있어서 생활상의어려움에 봉착한 상태에 있음. 클라이언트는 풍족했던 시절의 큰 부피살림들이 집안에 어지럽게 배치가 되어 있으며, 반지하로 통풍과 햇볕이 잘 들지 않는 곳에서 생활함. 단칸방에 클라이언트의 노모까지 포함하여 5명의 식구가 지내기는 매우 협소한 공간임. 최근 단전으로 인한 생활상의 위기로 체험하여, 클라이언트는 기초생활에 대한 불안감을 가지고 있음.</td></tr>
</table>

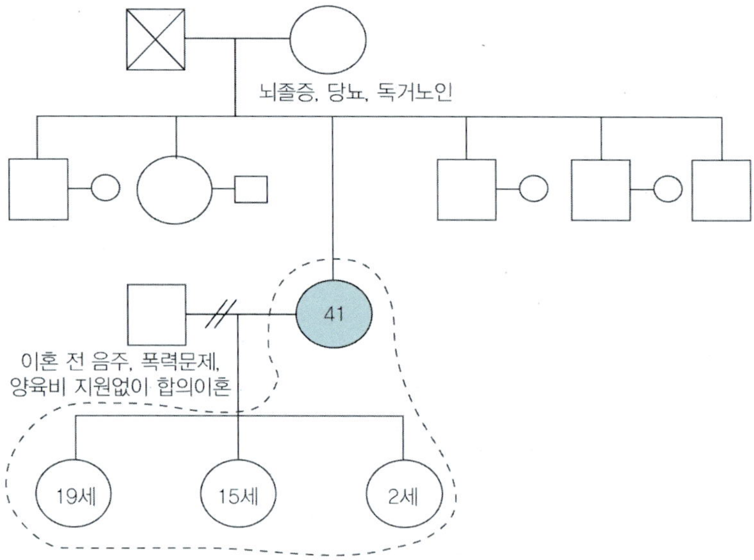

|그림 12-1| 가계도(family diagram)

3) 사정

(1) 욕구사정(해결되기 바라는 점)

기초생활 유지를 위한 지원	클라이언트는 상담 과정에서 그동안 밀린 공과금 영수증과 독촉장을 제시하고, 단수와 단전에 대한 위기감을 표현하며 공과금 지원을 희망함.
첫째 딸의 의료지원	소아당뇨 환자로 매일 혈당 조절을 위한 조치가 필요하고, 경제적 사유로 고교 휴학 후 아르바이트하면서 피로감을 자주 느끼며, 근로 중에 혈당 조절을 위해 인슐린 주사를 맞아야 하는 실정임. 기본 소아당뇨 치료비용이 매월 10만 원 이상 소비되는 실정이라 의료비 지원과 혈당 조절이 용이한 보조 기구 시술을 희망함.
두 자녀의 교육 지원	첫째 딸은 웨딩 디자이너가 되고 싶어 하며 건국대 웨딩디자인과 입학을 목표로 정하고 있음. 하지만 최근 경제적 이유로 다니던 학교를 휴학하고 PC방에서 아르바이트를 함. 클라이언트는 첫째 딸이 복학을 하여 학업을 계속하기를 원함. 둘째 딸은 초등학교 시절부터 방송연예 연기학원을 다니면서 방송연예인의 꿈을 가지고 있음. 현재 둘째 딸의 기초학력이 부족하여 클라이언트는 기초학력을 지도받을 수 있는 학원을 보내기를 희망함.

막내딸의 육아 지원	2세 된 막내 딸이 최근 젖을 떼어서 분유 및 이유식으로 식조절을 하여야 하나 현재의 여건으로 해결할 수 없어서, 밥을 물에 말아서 주고 있는 상황으로 경제적 지원이 되면 아이에게 적절한 이유식을 먹이고 싶다고 함. 내년 동구 지역을 소재로 한 어린이집에 막내딸 입학이 확정되었으나, 현재부터 내년 2월까지 아이를 보육해 줄 수 있는 기관이 있다면 아이를 맡기고 좀 더 안정된 일을 하기를 원함.
안정적인 직업	클라이언트 막내 딸의 육아문제가 해결됨과 동시에 지금보다 안정적인 수입이 보장되는 곳으로 취업을 하고자 하며, 신용불량에 구애받지 않고 일할 수 있는 영업 쪽으로 하고자 함.

(2) 클라이언트의 우선 욕구 사정

기초 생활 안정	클라이언트는 단수, 단전의 위기 및 월세 미납으로 인한 기초 생활을 유지하는 데 어려움을 가지고 있으며, 이로 인하여 심리적 위축과 신경성으로 의심되는 불면과 위통, 두통 등의 증상을 호소함. 단수, 단전을 막고 미납 월세를 해결할 수 있도록 지원하며, 기초생활 안정을 도모하여야 할 것으로 판단됨.
첫째 딸 의료지원	가족 사정에서 첫째 딸 사정 참고
정기적인 수익을 보장하는 안정된 직장	불규칙적인 수입으로 인하여 가계소비를 계획적으로 할 수 없어, 미래에 대한 불확실로 인한 심리적 불안감이 높을 것으로 보여, 자립의 기초를 마련할 수 있는 안정적인 소득원이 확보될 수 있도록 할 것으로 판단됨.
정서적 안정 및 역량 강화	이혼 후 계속되는 빈곤으로 인하여 클라이언트는 심리 정서적으로 취약한 상태에 있음. 클라이언트는 이혼을 통하여 남편의 폭언 및 폭행에 대한 불안감을 해소할 수 있었으나, 경제적 빈곤으로 인한 심리적 위축감은 지금까지 해결되지 않은 채 진행되고 있으며 신경성 증상들을 호소하고 있음. 기초생활 안정에 대한 욕구가 클라이언트의 능력으로 해결되지 않아, 문제에 대한 자신감이 떨어졌을 것이라 판단되어 기초생활안정과 동시 문제해결능력을 위한 역량 강화를 높일 수 있도록 하여야 할 것으로 사료됨.

(3) 가족에 대한 사정

① 김예림(가명) – 첫째 딸

소아당뇨 치료 중에 있으며, 이로 인한 치료비에 대한 부담과 사회활동의 제약이 있다. 신경정신과적 문제로 인하여 소아당뇨 치료와 신경정신과 치료가 함께 병행되고 있다. 매주 치료를 위해 의원을 방문하여야 하며, 치료비 외의 교통비 등 관련 비용 지출이 있다. 합병증 예방과 혈당조절에 효과적인 인슐린 펌프 시술이 필요하다.

인슐린 펌프가 성공적으로 시술되면, 신체적 기능이 향상되어 일상적인 활동을 하는 데 도움이 될 것이며, 근로활동을 통해 가정이 경제적으로 안정되며 다시 학업을 위한 준비를 하고자 한다.

강점

- 맏딸로서 책임감 있게 행동함
  생활상 어려움에 직면하게 되는 상황에서 자신이 다녔던 학교를 휴학하고 아르바이트를 하며, 자신의 치료비와 가계 지출에 보탬이 되고자 함. 클라이언트와 함께 집안일을 자주 의논하며, 자신의 의견을 이야기함
- 목표의식이 있음
  웨딩디자이너가 꿈이며, 향후 건국대 디자인과에 진학하여 자신의 꿈을 이루고자 함. 미래에 대해 분명한 목표를 가지고 열심히 생활하려는 의지가 강함

② 김희숙(가명) – 둘째 딸

초등학교 시절부터 연기학원에 다니며, 방송연예에 관심을 많이 가지고 있다. 최근 연기학원 오디션에서 가능성이 있다고 하며, 연기학원을 등록할 것을 제안하였다고 한다. 가정 형편상 등록이 어렵게 되자, 한동안 우울한 모습을 보였다.

강점

- 또래관계에서 주도적 역할
  또래 중에서 가정환경적 배경이 좋지 않음에도 불구하고, 또래에서 주도적 역할을 함. 또래관계가 원만하며, 대체로 주도적 역할을 하며 주위 친구들에게 인기가 많음
- 교회 자원을 활용
  집안이 공부할 수 있는 여건이 마련되어 있지 않아, 교회의 공부방을 이용하기도 하며 교회의 자원을 잘 활용하고 있음. 신앙생활을 적극적으로 하여 목회자로부터 장학금을 지급받는 등 교회로부터 직접적 도움도 있었음
- 방송 연예 재능
  클라이언트가 둘째 딸을 어릴 때부터 연기학원을 보내어 연기공부를 하도록 지원하여, 자신의 꿈인 방송연예를 하고자 함. 어려운 가정형편에 구애받지 않고 자신의 꿈을 소중히 여기며, 기회가 되면 방송연예 분야로 가고자 함

③ 박슬기(가명) – 막내 딸

최근 모유에서 이유식 전환단계로 들어섰다. 모유 수유 기간을 오래 가짐으로 인하여 클라이언트와 떨어지는 것을 더욱 힘들어 하는 것으로 보인다. 클라이언트와 잠시라도 떨어져 있으면 클라이언트를 찾으며 울음을 멈추지 않는 분리불안을 보인다. 의료보호 혜택을 받을 수 있는 예방 접종 기간을 놓침으로 인하여, 자비로 접종을 받아야 하는 실정이며, 클라이언트가 슬기의 예방 접종 등을 직접 해야 함에 따라 근로활동을 하는 데 어려움이 따른다.

(4) 환경 및 자원사정(eco-map)

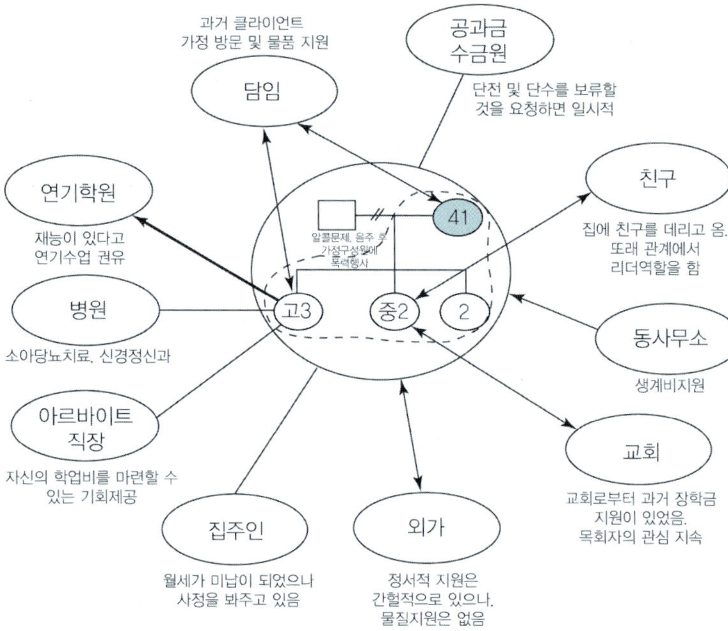

(5) 장애물사정 및 강점사정

장애물 사정	취약한 자원 체계	클라이언트는 친인척의 경제적 지원을 받고 있지 못한 상태에 있음. 과거 교회로부터 장학금 지원 등이 있었지만 최근 들어 교회의 지원이 단절된 상태. 자원체계가 부족하지만 상황에 따라 클라이언트는 필요한 자원을 활용하여 위기를 모면하는 능력이 있음(단수, 단전의 상황에서 클라이언트는 수금원들에게 자신의 사정을 알려 단전과 단수를 보류하도록 하였음).
	경제적 지원의 시기적 문제	클라이언트는 미납된 집세, 전기세, 수도세 등 시기적으로 즉시 지원이 이루어져서 기초 생활 안정이 유지될 수 있도록 하는 것이 필요한데, 민간기관지원금 신청을 할 경우에 결정 후 지급에 걸리는 시간이 많이 필요함에 따라 사례관리자의 보다 적극적인 자원연계 활동이 필요함.
	자녀 교육에서의 경제적 어려움	현재는 자녀의 재능을 실현시켜 줄 수 있는 여건이 충분하지 못한 상황이나, 클라이언트는 꼭 자녀 재능을 실현시키고자 하는 의지가 강함. 어려운 여건 속에서도 자녀의 재능을 개발시켜 주고자 하는 클라이언트의 의지는 지금까지 잘 버텨온 원동력이 되고 있으며, 현재의 위기상황이 해결되고 안정된 직장을 구하면 자립 가능성이 높음.

	2세 딸의 육아와 신용불량으로 인한 정기적 근로활동의 어려움	좀처럼 클라이언트와 떨어져 있는 것을 힘들어 하는 딸로 인하여 클라이언트의 근로 활동에 많은 제약이 따르고 있음. 딸이 주간 근로 시간 동안 클라이언트와 떨어져 지낼 수 있다면, 보육 시설에 보내면서 근로 활동을 할 수 있을 것으로 사료됨. 클라이언트는 아이와 떨어지는 연습을 조금씩 하기 시작하였으며, 아이를 주간동안 보육해 줄 수 있는 기관의 연계가 이루어지면, 언제든지 근로활동을 시작할 수 있음. 클라이언트는 정규직을 택하지 않는 이유가 신용불량으로 등록이 되어 있기 때문에 안정적인 수입이 보장되는 직장에 채용되지 않을 것으로 여기고 있음. 신용불량의 문제로 입사를 제한하지 않는 취업처가 구해지게 되면 근로 활동에 대한 클라이언트의 사고가 유연성을 가지게 될 것으로 보임.
클라이언트 강점	높은 자활 의지	클라이언트는 현재의 위기 상황을 잘 버텨온 다양한 방법을 상담시에 사회복지사에게 표현을 많이 함. 실제로 클라이언트가 할 수 있는 일의 종류를 상관하지 않고 무슨 일이라도 하고자 함. 센터에서 연계 중인 기간의 주유원 직종이 있어 클라이언트에게 안내를 하니 '할 수만 있다면 하고 싶다.'라고 함. 클라이언트는 막내 딸 보육 문제가 해결된다면, 어떤 일이라도 하고자 하는 의지가 높음.
	긍정적 사고	단전과 단수의 압력이 있는 실정에서도 클라이언트는 자녀들에게 밝은 어조로 밤늦게까지 고생이 많다. 엄마가 열심히 할게'라고 이야기하며, 생활적 위기 상황에서 긍정적인 요인들을 발견하려고 함. 클라이언트의 긍정적 사고는 자립을 위한 지원에 큰 효과를 줄 것으로 사료됨.
	과거 성공 경험을 바탕으로 한 자신감	1억 2천만 원의 부채를 가지고 있으나 부채에 대하여 '이미 내가 해결할 수 없는 수준으로 고민을 하지 않는 편'이라고 함. 클라이언트는 부채에 대한 부담감에 매달리지 않음으로써, 생활상의 단전, 단수, 미납된 집세 등의 문제해결에 더욱 집중 할 수 있는 자세를 보임.
	과거 성공 경험을 바탕으로 한 자신감	클라이언트는 자영업을 일정 기간 동안 잘 운영한 경험을 가지고 있으며, 클라이언트 스스로 자영업 기간에 이루어낸 것들을 생각하며 앞으로 일들을 잘 할 수 있을 것이라고 사고함. 자영업을 통해 쌓아온 클라이언트의 영업 경험은 영업 직종에 대한 자신감에 있어, 현재 구인 시장은 영업 쪽 직종이 많아 클라이언트의 취업 선택의 폭이 넓어질 것으로 사료됨.
	자녀들과 정서적 친밀감을 높이는 의사소통 능력	클라이언트는 자녀들이 귀가한 이후에 자주 대화를 나누는 편이며, 상황에 대한 우울감을 자녀들에게 전달하는 것보다 밝은 표정으로 자녀들과 이야기를 진행함. 자녀들과 함께 마트에 가서 아이쇼핑을 즐기기도 하며, 자녀들과 친밀함을 높일 수 있는 기회를 만들기도 함.

(6) 사례관리자와 클라이언트의 합의된 목표

제시된 문제	목표	개입방법	평가
기초생활 안정	단전, 단수 해결 및 주거안정	경제적 지원 자원을 연계	『아름다운 희망 나누기』 200만 원 지원 신청 中
		단전 해결	빛한줄기희망 기금 신청 中
			한국전력공사에 단전 연기 협조 의뢰
	주부식 문제해결	도시락 배달자원 연계	부산종합사회복지관 도시락배달사업 연계로 3인분/일 제공 中
의료지원	소아당뇨 치료 지원	인슐린 펌프 시술 및 치료비	ECS 텔레콤 특별 후원금 신청 예정(매월 10일 접수) 또는 한국 통신 캠페인 신청 예정
취업지원	정기적인 수익 위한 안정된 직장	신용불량을 허용하는 취업장 연계	대양산업 시간제 근로 가능 여부 문의 사후 통보 예정
	자녀양육 지원	한국복지재단 결연사업 연계	결연사업 지원 진행 中
		단기적 보육시설 연계	동구지역 2세 미만 유아 주간보호시설 3개소 자원 파악
정서적 안정 및 역량 강화	가족역량 강화	지속적 상담	주 1회 상담 진행

4) 개입 목표 및 계획 방법

합의된 목표	클라이언트의 역할	사회복지사의 역할
기초생활 안정	기초생활 안정을 위한 클라이언트의 노력 확대 및 강화(도움이 되는 자원기관에 요구하는 노력)	단전 및 단수 보류, 기초생활안정금 지원
의료지원	상태악화 예방을 위해 현재 치료 유지	소아당뇨 의료지원 자원 연계
안정된 직장	안정된 직장을 얻고자 하는 클라이언트의 의지 및 구직활동 강화	취업 지원, 보육기관 자원연계
정서적 안정 및 역량 강화	잘해왔던 점, 성공경험 활용 및 증가	정기적인 상담(주 1회)

5) 서비스(개입) 과정 요약

<table>
<tr><th>상담일자</th><td>2005년 10월 24일</td><th>상담회기</th><td>1</td></tr>
<tr><th>상담목표</th><td>초기 욕구 상담 및 예외탐색</td><th>상담장소</th><td>상담실</td></tr>
<tr><th>상담내용</th><td colspan="3">• 예외탐색 및 확대
최근 들어 둘째 딸이 자신의 꿈인 연예인을 실현시키는 데 도움이 되는 연기학원에 등록하지 못하는 상황이 되니 클라이언트에게 짜증내거나, 귀가가 늦어지는 등의 문제로 인하여 마찰이 있다고 함. 하지만 둘째 딸이 어려운 상황에서도 밝은 모습을 잃지 않고 생활하고 있다고 사회복지사에게 이야기함.
사회복지사 : 어떻게 둘째 딸이 그렇게 밝은 모습을 가질 수 있는지 궁금하네요.
클라이언트 : 평상시 아이와 이야기를 많이 하고, 많이 토닥여 주고 아이가 친구들을 집으로 데리고 오면 아이 친구들과 재미있게 이야기를 하거든요. 아마 엄마가 이렇게 밝은 모습으로 아이들을 대해주니까 그렇겠죠.
• 메시지
– 여러 가지 상황적 어려움에도 불구하고 어머니가 자녀들의 꿈을 실현시켜 주고자 하는 의지 대단
– 아이들에 대한 의지가 지금까지 버텨오게 한 원동력
– 어려운 환경에서도 우울감을 표현하지 않고 밝은 표정으로 자녀를 대하는 것이 대단</td></tr>
<tr><th>사회복지사 평가
(내담자
의 변화)</th><td colspan="3">– 심리적 안정감 향상
– 강점접근으로 인한 수혜자가 느낄 수 있는 낙인감 방지 및 문제 해결에 대한 주인의식 향상
– 사회복지사와 내담자 간 초기 라포 형성</td></tr>
<tr><th>차기 서비스
계획</th><td colspan="3">– 클라이언트의 극심한 위기 상황에 대한 경제적 지원 자원연결
– 사례지속을 위한 내담자와 관계 맺기를 위한 전화 상담 유지(주 1회)</td></tr>
</table>

<table>
<tr><td>상담일자</td><td>2005년 11월 12일</td><td>상담회기</td><td>2</td></tr>
<tr><td>상담목표</td><td>욕구 재사정 및 문제에서 해결로 확대</td><td>상담장소</td><td>상담실</td></tr>
<tr><td>상담내용</td><td colspan="3">• 내담자에게 도움이 되었던 점 탐색
클라이언트는 전 남편과 결혼 생활 당시 봉제공장을 운영하였다고 함.
사회복지사 : 어떻게 그 때는 자영업을 하게 되었나요?
클라이언트 : 당시에는 봉제업이 잘 될 때였거든요. 일감이 많아서 그렇게 어렵지는 않았는데, 시간이 갈수록 일감이 줄어들고 직물산업이 사양세로 들어서니, 일감은 줄고 해서 많이 힘들었습니다. 남편은 볼링 치는 것을 좋아서 일은 안하고 볼링치고 술 먹고, 그렇게 다녔죠. 술 먹고 들어와서, 나한테 죽인다고 칼 들고 설치고 그랬어요.
사회복지사 : 남편이 그렇게 일도 안하고 어머니를 힘들게 했는데 어떻게 버텨낼 수 있었나요?
클라이언트 : 그때 교회에 다녔는데요. 교회에서 일도 많이 하고, 또 기도도 하고 했어요.
사회복지사 : 그럼 어머니 궁금하네요. 어떻게 교회 가는 것이 도움이 되었나요?
클라이언트 : 교회 가면 마음이 편안해져요. 교회 가서 기도하고 그러면 참 좋더라고요.
사회복지사 : 그렇게 편해지면 무엇이 좀 달라지나요?
클라이언트 : 아이들에게 조금 잘하죠. 내가 편하면 아이들한테 좀 여유가 생겨서 잘해요.
• 내담자 가능성척도
사회복지사 : 어머니가 최대로 느낄 수 있는 행복이 10점이고, 행복을 느낄 수 없는 것이 0점이라고 했을 때, 현재는 몇 점인가요?
클라이언트 : 0점인데요. 지금은 0점 같아요.
사회복지사 : 그럼 어떻게 하면 조금이라도 점수가 올라 갈 수 있을까요?
클라이언트 : 자신감이 있으면 좀 올라갈 수 있을 것 같아요.
사회복지사 : 자신감이 있으면 몇 점으로 갈 수 있을까요?
클라이언트 : 한 5점 정도까지 올라 갈 것 같습니다.
사회복지사 : 그럼 자신감이 어떻게 하면 지금보다 더 가질 수 있을까요?
클라이언트 : 지금의 문제가 조금 해결되면 자신감을 가질 수 있을 것 같네요.</td></tr>
<tr><td>사회복지사 평가
(내담자의 변화)</td><td colspan="3">- 클라이언트로 하여금 자신이 해온 것을 확인하도록 하여 역량 강화됨.
- 클라이언트가 문제 해결에 있어서 무엇이 변화되면 나아질 것인지에 대하여 인식함.</td></tr>
<tr><td>차기
서비스계획</td><td colspan="3">- 학업 지원을 위한 결연 사업 자원 개발
- 첫째 딸의 의료지원 자원 개발
- 막내 딸 육아 지원에 필요한 지원금 확보</td></tr>
</table>

<table>
<tr><td>상담일자</td><td>2005년 11월 18일</td><td>상담회기</td><td>3</td></tr>
<tr><td>상담목표</td><td>의료지원 사정 및 변화된 부분 확대</td><td>상담장소</td><td>상담실</td></tr>
<tr><td>상담내용</td><td colspan="3">• 내담자가 개발한 자원
클라이언트는 사회복지사와 상담 후, 안정된 수입을 위해 막내 딸을 보육해 줄 수 있는 지역 내 보육시설을 알아보았다고 함. 클라이언트는 지역 내 수정삼성어린이집에 내년도 입학 허가를 받았다고 함.
사회복지사 : 어떻게 그렇게 입학 허가를 얻을 수 있었나요?
클라이언트 : 저는 그런 곳에 우리 아이가 입학될 수 있을 것이라고 생각을 못했는데 제가 우리 사정을 이야기했더니 최소 연령으로 입학자격을 주더라고요.
• 내담자 잘하고 있는 점
클라이언트는 아이와 떨어지는 연습을 최근에 하고 있다고 함.
사회복지사 : 어머니 어떻게 아이와 떨어져 일하겠다는 생각을 하시게 되었나요?
클라이언트 : 저번에 선생님하고 상담해보고, 그런 생각이 들더라고요. 일을 할려고 하면 어쩔 수 없겠더라고요. 그래서 요즘에는 아이한테 “엄마 요 앞에 갔다 올게. 할머니하고 있어”라고 이야기하면서 조금씩 떨어지는 연습을 하고 있어요.</td></tr>
<tr><td>사회복지사 평가
(내담자의 변화)</td><td colspan="3">– 내담자가 문제 해결의 주체가 되어 문제 해결을 위한 노력을 함.</td></tr>
<tr><td>차기
서비스계획</td><td colspan="3">– 지역 내 2세 미만 보육 시설 자원 개발</td></tr>
</table>

<table>
<tr><td>상담일자</td><td>2005년 11월 24일</td><td>상담회기</td><td>4</td></tr>
<tr><td>상담목표</td><td>단전보류 긴급 지원 계획 및 클라이언트 근로 활동 계획 수립</td><td>상담장소</td><td>상담실</td></tr>
<tr><td>상담내용</td><td colspan="3">• 해결 중심으로 이끌기
클라이언트와 사회복지사가 가계수입과 지출에 대한 내용을 함께 파악하여 봄으로써 가계에 대한 사례관리자의 지원 부분을 확인하며, 클라이언트로 하여금 가계 예산을 세워 볼 수 있도록 진행함.
사회복지사 : 얼마가 최소한으로 있으면 현재의 가정을 이끌어 갈 수 있을까요?
클라이언트 : 한 80만 원 정도가 있으면 될 것 같네요.
사회복지사 : 그럼 80만 원이 최소한 금액이라 한다면, 그 내용은 무엇인지 궁금하네요?
클라이언트 : 아기 우유값, 보육료 등이 한 30만 원, 큰 딸 치료비 15만 원, 작은 딸 교육비가 15만 원, 그리고 수도세 4만 원, 전세 25만 원, 전기세 5만 원 정도…
사회복지사 : 그럼, 95만 원 정도가 되네요. 최소한 줄여서, 지출을 생각하면 그 정도가 될 수도 있군요. 그럼 어머니 이제는 수입을 좀 생각해야겠네요. 지금 생계비가 얼마죠?
클라이언트 : 한 45만 원 정도 되네요.
사회복지사 : 그럼 지금 어머니가 일을 못하시니까 나머지는 부분을 해결하는 데 참 많이 힘드시겠네요. 어떻게 하면 모자라는 부족액을 채우는 데 조금이라도 도움이 될까요?
클라이언트 : 제가 아이를 어디 맡기고, 일을 좀 하면 될 것 같은데요. 근데 지금은 아이 예방 접종해야 해서 제가 일을 할 수가 없네요.
사회복지사 : 아~ 어머니가 필요한 것은 아이 예방 접종하는 시간을 가질 수 있는 직장이 있으면 되겠네요.
클라이언트 : 예.
사회복지사 : 아이를 단기적으로 보아 줄 수 있는 시설이 있고, 시간제로 일할 수 있으면 가능할 것도 같은데, 어떻게 생각하세요.
클라이언트 : 그렇게 하면 되겠네요. 근데 아이를 맡길 곳이 있나요?
사회복지사 : 지역 내에 아이를 잠시 맡길 수 있는 곳을 알아보지요.</td></tr>
<tr><td>사회복지사 평가 (내담자의 변화)</td><td colspan="3">– 자립의 기초가 되는 구체적인 취업계획을 수립하게 되었음.
– 수입과 지출에 대한 통찰</td></tr>
<tr><td>차기 서비스계획</td><td colspan="3">– 단전 보류 조치
– 지역 내 2세 미만 아동 보육 시설 자원 개발
– 시간제 근무 가능 사업처 개발</td></tr>
</table>

일시	구분	주요내용
10. 24	내방 상담	초기 욕구 상담 및 예외탐색 : 클라이언트는 극심한 생활고에 대한 어려움을 호소하며 경제적 지원을 희망함.
11. 9	회의	클라이언트에게 아름다운재단 위기지원금 신청에 관한 클라이언트의 사례팀 내 논의
11. 9	내방 상담	욕구 재사정 및 문제에서 해결로 확대 클라이언트의 첫째 딸이 현재 소아당뇨 치료로 인하여 지속적인 치료비를(월 10만 원) 지출이 있음. 필요한 치료비를 100% 충당하지 못하고 있음. 두 자녀의 꿈을 실현하기 위한 지원 희망함. 2세 자녀 육아 문제에 대한 어려움 호소. 사회복지사 결연사업 및 의료비 지원 계획 수립
11. 14	자원 연계	부산복지관 결연후원 담당자 사례 논의(양아영 사회복지사) 클라이언트의 상황을 설명한 뒤, 결연 사업으로 상기 클라이언트의 자녀와 가능한지 여부 논의함. 담당 사회복지사는 kt 의료비지원 사업 공문을 안내하여 주며, 자세한 사례논의는 내일 사례회의 시에 재논의하기로 함.
	방문	클라이언트의 생활 실태 방문 확인 : 클라이언트의 생활실태를 방문 확인. 주거환경이 열악하였으며, 방문 상담시에 클라이언트는 첫째 딸의 소아 당뇨 치료에 대한 이야기를 함. 첫째 딸이 소아당뇨로 관련 치료적 개입 요청됨. 의료지원 자원 연계 추진 요청됨.
11. 15	사례 회의	동료 사례관리자로부터 kt 의료비 지원, ECS 텔레콤 의료비지원, 동사무소 사회복지전담공무원과 사례공유를 통한 지원 자원 확인 필요에 대한 슈퍼비전을 받음.
11. 17	내방 상담	의료지원 사정 및 변화된 부분 확대 : 클라이언트의 큰딸 소아당뇨 치료비 지원 자원기관 정보를 제공하고 난 뒤, 동의를 구함. 클라이언트는 생활적 어려움에 대한 이야기를 하다가 울음을 보임. 예외적인 탐색을 할 때 웃기도 함.
11. 17	자원 연계	도시락 배달 사업 담당자 사례 논의 : 주부식의 어려움을 호소하는 클라이언트의 사례에 도시락 배달을 긴급하게 제공할 수 있는 방법에 대하여 논의함. 논의 후 담당자 동구청 담당자와 통화하여 도시락 지급을 금일부터 가능하다고 함.
	자원	도시락 배달 금일부터 지급
	전화 상담	도시락 배달 서비스 제공 후 클라이언트의 만족도 확인 전화 : 클라이언트는 도시락 배달이 즉시 이루어지 것에 대하여 고맙다고 하며 2인분만 주어도 괜찮은데 생각보다 많이 와서 미안하다고 이야기함.

일시	구분	주요내용
11. 22	슈퍼비전	월 정기 슈퍼비전 : 경제적 문제에 고착되어 있는 클라이언트의 시각이 확장될 수 있도록 상담 진행
11. 24	내방상담	단전보류 긴급 지원 계획 및 클라이언트 근로 활동 계획 수립 클라이언트 역할 : 시간제 아르바이트를 할 수 있는 사업장 사회복지사 : 지역 내 2세 아동을 보육할 수 있는 어린이집
	자원연계	수금원에게 단전 보류 요청 : 금일 단전 예정이었던 것을 사회복지사가 사후 지원예정을 알리고 금일 단전을 지연토록 요청함.
	자원연계	한국 전력 수금과 수금 담당자 단전 보류 요청 관련 통화 : 수금 담당자(조순희)와 통화 : 담당자는 단전 유보를 위해 복지기관에서 전기세 지원 확정에 대한 문서를 수금과에 주면 단전 유보를 확정할 수 있다고 함.
	자원연계	아름다운재단 빛한줄기 지원사업 담당자 통화 : 클라이언트의 상황을 사회복지사로부터 전해 듣고, 담당자는 클라이언트의 경우 지원이 될 것으로 본다고 함.
11. 24	자원연계	한전 수금과 조순희 담당자와 단전 보류 관련 통화 사회복지사가 지원사업 지원 예정일을 서술하여 공문으로 보내면, 지원 예정일까지 단전을 보류할 수 있도록 조치한다고 함.
11. 25	자원연계	한전 수금과 담당자 통화 : 사회복지사가 한전수금과 담당자(주순희)에게 단전보류 요청 공문 발송 후 전화함. 담당자는 결제 후 보류를 진행할 수 있도록 진행하겠다고 함.
		아름다운재단 저소득가정 전기세 지원 사업 신청 공문 접수 확인 전화 : 접수 받았다고 하며, 11월 30일경 혹은 12월 2, 3일경에 지급될 예정이라고 함. 선정될 시에 한전에서 미납된 전기세 납부를 하여준다고 함.
11. 25	자원연계	복지전화 네트워크에 2세 미만 유아 주간보호 시설 자원 정보 문의 : 동구 지역 2세 미만 유아 주간 보호 시설 3개소 안내 받음.

6) 결론

상기 사례는 긴급 개입이 요청되는 사례로 실제 개입기간은 단기적이다. 기초생활에 대한 위기 인식으로 클라이언트는 극도의 불안을 사회복지사에게 표현했으며, 초기상담에서 문제에 대한 사고가 고착되어 있어 해결중심적 사고로 확대하는 데 어려움이 있었으나 상담회기가 진행됨에 따라 클라이언트는 문제해결의 주인이 되는 역할을 인식하기 시작하였다. 본 사례에서 기초생활에 대한 문제가 해결된 이후, 기초생활 안정에 대한 문제에 고착되어 있던 클라이언트의 사고가, 자기역량을 발휘할 수 있는 역할로 전환될 것으로 보인다. 우선 기초생활안정에 대한 욕구가 해결되고 난 후, 사회복지사와 함께 양육의 문제를 해결해 나가며, 자립의 기초를 제공해 주는 안정된 직업을 가질 수 있도록 진행하고자 한다. 안정된 직업을 가진 후 클라이언트는 그 동안 센터와 관계를 통해서 발견한 자기 역량을 발휘하여 클라이언트가 이루고자 하였던 2세 아동의 든든한 양육자로서, 첫째 딸과 둘째 딸이 각각의 재능을 실현시켜 줄 수 있는 지지 체계로서 보다 당당한 여성가장의 역할을 해낼 것이라고 보며, 종결이후 자립 정도를 파악하며 사후관리를 하고자 한다.

APPENDIX

부 록

상담사례를 통한 내용, 감정, 결합적 반영기술의 연습

APPENDIX **부 록**

상담사례를 통한 내용, 감정, 결합적 반영기술의 연습

〈내용의 반영의 연습 예〉

> **〈내용을 반영하기 위한 사회복지사 전형적인 도입문구〉**
> "○○는 ~~을 말하고 있구나"
> "내가 정확하게 이해를 하고 있다면, ○○가 한말은 ~~을 의미하는 것인가?"
> "○○는 ~~한 것 같구나"
> "○○는 ~~해서 ~~하다는 이야기구나"

다음의 사례를 보면서 실제 자신이 학생면담을 하는 사회복지사라고 감정이입하여 학생이 말하는 내용에 따라 적절한 반영기술로 응답한 것을 선택하여 보시오.

사례의 상황 : 한부모(모자)가정의 고2 남학생인 이 학생은 학교에서 그동안 열심히 학교생활을 하고 공부도 그런대로 잘 해온 학생이다. 따라서 최근 들어 성적이 심각히 떨어지기 전까지는 신뢰할 수 있는 유능한 학생으로 평가받고 있었다. 지각과 결석 문제, 성적의 저하, 우울 등의 문제로 학교사회복지사에게 상담이 의뢰되었다.

Ex 1

> 학생 : (약간 못마땅한 어투로) 제가 이번 달 몇 차례 지각, 결석한 것 말고는 오늘 제가 왜 상담을 받게 되었는지 잘 모르겠는데요.
>
> 학생이 말한 **내용을 가장 잘 반영**하는 응답을 고르시오.
>
> ① 사회복지사 : 왜 선생님에게 상담을 받으라고 한 지는 알텐데…
> ② 사회복지사 : 지각과 성적이 문제되고 있다고 생각하는구나.
> ③ 사회복지사 : 지각에 대한 이야기를 함께 해봐야 할 것 같구나.

Ex 2

학생 : 글쎄요, 그건 제가 걱정하는 문제 중 하나인데 최근 학교에서 학생들의 출석상황과 성적, 등교시간 엄수 문제를 걱정하고 관리하는 것을 알고 있어요.

학생이 말한 **내용을 가장 잘 반영**하는 응답을 고르시오.

① 사회복지사 : 현재 걱정하고 있는 몇 가지 문제가 있는가 보구나.
② 사회복지사 : 상담 담당자로서의 선생님의 임무를 알고 있는 것 같네.
③ 사회복지사 : 그렇다면 학교가 본인의 출석과 등교시간 엄수에 신경쓰는 것을 알고 있겠구나.

Ex 3

학생 : 집안 문제 때문에 이 모든 문제가 생긴 것 같아요.

학생이 말한 **내용을 가장 잘 반영**하는 응답을 고르시오.

① 사회복지사 : 가족 사이에 문제가 있구나.
② 사회복지사 : 본인 문제가 집안 문제에서 유래한다고 생각하는구나.
③ 사회복지사 : 학교에서의 본인 역할과 직분에 대해서는 관심이 없어 보이는구나.

Ex 4

학생 : 네. 여동생 때문이에요. 15살인데 우리 엄마가 동생 때문에 골치를 앓고 있어요. 밤에 집에 들어오질 않아요.

학생이 말한 **내용을 가장 잘 반영**하는 응답을 고르시오.

① 사회복지사 : 비행을 저지른 적이 있니?
② 사회복지사 : 여동생과 문제가 많았던 모양이구나.
③ 사회복지사 : 여동생이 밤에 집에 안 들어온다는 게 주된 문제구나.

Ex 5

학생 : 그 문제하고 그 때문에 생긴 엄마의 건강문제입니다. 제 어머니는 이미 한 번 심장발작을 일으켰어요.

학생이 말한 **내용을 가장 잘 반영**하는 응답을 고르시오.

① 사회복지사 : 그러니까 어머니 건강도 신경 써야 되는구나.
② 사회복지사 : 정말 엄마 걱정을 많이 하는구나.
③ 사회복지사 : 어머니에게 여동생이 정말 문제가 되겠구나.

Ex 6

학생 : 학교에서 문제가 있다는 것은 알지만 어떻게 해야 되죠?

학생이 말한 **내용을 가장 잘 반영**하는 응답을 고르시오.

① 사회복지사 : 집안에 문제가 있다는 것은 이해하지만 등교문제에 초점을 맞출 수 있을까?
② 사회복지사 : 자, 선생님이 문제를 이해했는지 한번 보자. 학교에서 본인이 문제가 있다는 것을 알고 있고 본인도 이해하고 있듯이 이 문제가 집안 문제와 관련이 있는 거지.
③ 사회복지사 : 학업을 잘 하면서 동시에 동생문제와 어머니 건강문제에 대처해나가기가 쉽지 않은 것 같아 보이는구나.

Ex 7

학생 : 네. 하지만 주된 문제는 제 여동생이죠. 제가 보기엔 여러 남자애들이랑 잠자리를 해온 것 같은데 정말 어찌해야 될지를 모르겠어요.

가장 적절한 반응을 고르시오(감정을 털어놓는 것을 학생이 힘들어하고 있다고 가정한다).

① 사회복지사 : 절박한 심정인 것 같구나.
② 사회복지사 : 엄청난 상황이네.
③ 사회복지사 : 그러니까 어떻게 해야 동생 마음을 돌릴 수 있을지가 가장 큰 고민거리구나.

Ex 8

학생 : 네. 저와 어머니가 안 해본 게 없어요. 집에만 있겠다면 해달라는 것은 다 해주겠다고 약속도 했고 집안에 가두어보려고도 했거든요. 그 외 더 할 수 있는 게 뭐가 있습니까?

학생이 말한 **내용을 가장 잘 반영**하는 응답을 고르시오.

① 사회복지사 : 이것저것 해보았지만 모두 소용이 없었구나.
② 사회복지사 : 글쎄, 혹시 목사님께서 도와주실 수 있지 않을까…
③ 사회복지사 : 뭔가 더 해봐야 한다고 생각하는구나. 다른 뭔가 할 수 있는 게 분명 있을 거야.

Ex 9

학생 : 한번은 너무 화가 나서 여동생을 방망이로 거의 때릴 뻔했어요. 그랬더니 제 어머니가 너무 놀랐고 저는 또 어머니 건강이 걱정되었습니다. 하여튼 화내고 폭력으로는 아무 문제도 풀 수 없다는 것을 깨달았지요.

여기까지 학생이 말한 내용을 가장 잘 요약한 응답을 고르시오.

① 사회복지사 : 그러니까 학교에서의 문제는 여동생으로 인한 문제에서 야기된 것이구나.
② 사회복지사 : 그러니까 어머니 건강문제와 여동생의 문란한 문제로 생긴 스트레스가 학교에서 학업에 악영향을 미치고 있고 그에 대한 해결책을 찾고 있는 중이구나.
③ 사회복지사 : 학교성적이 예전 같지 않다는 것을 알고 있구나. 여동생 문제가 학교에서의 문제를 만들고 있고 어머니한테도 상당한 압박을 주고 있다고 생각하는 것 같네.

Ex 10

학생 : 여동생 문제를 해결하려면 뭔가 도움을 찾아봐야 할 것 같아요. 그나저나 제 생각엔 학교생활과 학업 관련 문제가 선생님과 논의되어야 할 것 같은데요?

학생이 말한 **내용을 가장 잘 반영**하는 응답을 고르시오.

① 사회복지사 : 여동생이 정말 도움이 필요한지 모르겠구나.
② 사회복지사 : 그렇지. 학업문제가 논의초점이 되어야 하지.
③ 사회복지사 : 여동생 문제도 중요하지만 학업문제도 중요하지.

Ex 11

학생 : 여동생 문제를 알게 된 이후 저는 여동생이 집에 있을 때는 집에 있게 되고 한밤중에 언쟁도 점점 더 많이 벌이게 되었어요. 그러니 아침에 일찍 일어날 수가 없고 결국 지각을 하게 되죠. 게다가 어떨 때는 그냥 학교에 등교하고 싶은 기분이 안 들어요.

학생이 말한 **내용을 가장 잘 반영**하는 응답을 고르시오.

① 사회복지사 : 학업에 흥미를 잃어버린 것 같구나.
② 사회복지사 : 여동생 문제가 학업에 지장을 주고 있구나.
③ 사회복지사 : 어머니가 집안일에 더 책임을 지셔야 될 것 같구나.

Ex 12

학생 : 네. 학업에 집중하려 해도 어느새 여동생 문제에 생각이 가 있어요. 최근에 몇몇 과목 수업에 집중과 흥미를 잃게 되었어요. 그중 어떤 과목은 제가 충분히 신경을 쓸 수 없어 그렇게 됐구요. 또 다른 과목은… 그게 그러니까… 제 어머니가 전화한 적이 있는데 그냥 수업 중에 집에 갈 수밖에 없었거든요.

학생이 말한 **내용을 가장 잘 반영**하는 응답을 고르시오.

① 사회복지사 : 학교에 와 있을 때도 가정문제로 지장을 받는구나.
② 사회복지사 : 저런! 참 속상했겠구나.
③ 사회복지사 : 집안일로 많이 힘들겠구나.

Ex 13

학생 : 바로 며칠 전 중간고사에서 평소 잘하는 과목의 성적이 형편없이 떨어졌다는 이야기를 들었어요.

여기까지의 학생 말한 **내용을 가장 잘 반영한 응답**을 고르시오.

① 사회복지사 : 지각과 잦은 결석 그리고 학업에 집중하지 못해 성적에 악영향이 상당한 것 같구나.
② 사회복지사 : 지금으로선 가정문제가 일에 우선하는 것 같은데.
③ 사회복지사 : 가정문제가 학업에 심각한 영향을 주고 있다는 사실을 알고 있는 것 같구나.

Ex 14

학생 : 참, 그러고 보니 몇 분 안에 교감선생님과 면담 약속이 있어요.

상담을 가장 잘 종결짓는 응답을 고르시오.

① 사회복지사 : 그래, 가보는 게 좋겠구나. 면담 약속에 정말 신경을 쓰고 있는 것 같구나.
② 사회복지사 : 그래, 가보는 게 좋겠구나. 본인 문제에 대해서는 어떻게 해야 될 것 같니?
③ 사회복지사 : 그래, 가보는 게 좋겠구나. 자 한번 보자… 오늘 우리는 가족문제하고 그것이 학업에 미치는 영향과 해결책을 찾아봐야 된다는 이야기를 했어.

Ex 15

사회복지사 : 어제 상담 이후 어떤 중요한 문제가 생겼다면 그것부터 얘기해 봐야 할 것 같네.
학생 : 글쎄요. 뭐 별로… (힘없이) 어제하고 상황이 거의 똑같아요.

상담을 가장 잘 시작하며 방향을 제공하는 응답을 고르시오.

① 사회복지사 : 어제 몇 가지 가족문제와 그것이 학업에 미치는 영향을 얘기했지. 그리고 그 문제를 풀어야 할 필요성도 얘기했구.
② 사회복지사 : 어제 우리가 다루었던 주된 문제는 본인의 개인적 문제가 학업에 악영향을 미치기 시작했다는 사실이었지.
③ 사회복지사 : 어제 우리는 가족문제를 얘기했지. 여동생 문제가 심각하다고 했고 전문가 도움을 받게 해야 될지 궁금하다고 하였지.

〈내용의 반영의 연습 예〉 [정답]

Ex 1

② – 학생의 말의 의미를 바꾸지 않으면서 이야기의 핵심을 부연 설명했다.

Ex 2

① – 학생이 한 말의 가장 중요한 측면을 다룬 내용반영이다.

Ex 3

② – 학생이 말한 내용을 정확히 반영함으로써 학생 이야기를 들었고 이야기를 계속하기 원한다는 것을 알려주었다.

Ex 4

③ – 이 내용반영은 학생이 한 말을 부연 설명하고 학생 말처럼 현재 시제를 사용했다.

Ex 5

① – 학생이 한 말의 인지적 측면 – 어머니 건강 고려 – 에 초점을 둔 내용반영이다.

Ex 6

③ – 지금까지 학생이 한 말의 핵심을 정확히 반영한 요약이다.

Ex 7

③ – 이 내용반영이 이 학생에게 가장 적절한 답변이다.

Ex 8

① – 학생 이야기를 이해하려고 노력하고 있음을 보여주는 내용반영이다.

Ex 9

② – 간결하고 정확하게 잘 정리된 요약이다. 학생는 자신 문제를 정돈된 방식으로 다루어 볼 수 있게 될 것이다.

Ex 10

③ – 말한 내용을 간결하게 반영함으로써 학생에게 상담방향을 분명하게 알려주었다.

Ex 11

② – 내용반영을 통해 학생이 이야기를 제대로 이해했는지 명확히 하고 있다.

Ex 12

① – 내용반영을 과도히 하면 안 된다는 사실을 알고 있는 답변이다.

Ex 13

③ – 이 간결한 요약은 학생 말속에 담긴 중요 생각들을 검토하고 있고 더 깊은 탐색을 촉진시키며 문제해결책으로 이끌 것이다.

Ex 14

③ – 이 간결한 내영반영은 상담내용의 핵심을 요약하면서 다음 상담을 준비한다.

Ex 15

① – 이 간결하고 정확한 요약은 지난번 상담을 훑어보면서 학생이 다시 논의를 계속할 수 있게 만들어 준다.

〈감정의 반영의 연습 예〉

〈감정을 반영하기 위한 사회복지사 전형적인 도입문구〉

"○○은 ~~ 때문에 ~~ 느끼고 있구나"
"○○은 ~~하여 ~~할 것이라고 생각하는구나"
"○○은 ~~ 느끼지만, ~~하게 생각하시는구나"

"○○은 ~~하게 느끼시는구나".
"○○은 ~~(감정)한 상태이구나"
"○○은 ~~해서 ~~하게 느끼고 있구나"
"○○은 ~~해서, 정말 ~~(감정)하겠구나"

감정을 반영하려면 학생이 느끼는 것을 파악해야 한다. 여기 처음 몇 개 상담장면은 감정을 파악하는 능력을 기르게 해줄 것이다.

Ex 1

학생 : (선생님과의 관계를 설명하면서) 노력을 무척 하는데도 제대로 되는 것 같지가 않아요. 매번 선생님이 시키는 대로 하려고 하는데 잘 되지 않아요. 제 생각에 제대로 했다고 생각하면 선생님께서 또 좋아하시지 않아요. 그냥 어떻게 해야 될지를 모르겠어요.

학생의 감정을 가장 잘 나타내는 단어를 고르시오.
① 죄책감 ② 분노감 ③ 좌절감

Ex 2

학생 : 최근 버스 타고 집에 가는데 왠 남학생이 제 등에 '색꼴'이라는 종이를 붙이고 가서 얼마나 창피를 당한지 몰라요. 그 남학생 다시 한 번 만나면 얼굴에 뭔가 확 뿌려주고 싶어요. 그 자식한테 복수할 수 있다면 뭐든 하고 싶어요.

학생의 감정을 가장 잘 묘사하는 단어를 고르시오.
① 우울함 ② 복수심 ③ 짜증스러움

Ex 3

학생 : (친한 친구에 대해 이야기하는) 마음에 걸리고 정말 걱정이 돼요. 돕고 싶은데 도대체 연락이 안 되네요.

학생의 느낌을 가장 잘 나타내는 감정을 고르시오
① 포기감 ② 답답함 ③ 관심

Ex 4

학생 : (최근에 만난 남학생에 대해 이야기하는) 남자친구를 바라보면 그냥 한 가지 느낌만 들어요. 적당한 표현을 찾을 수 있을지 모르겠는데요. 그냥 타오르는 듯한 그런 좋은 느낌이네요. 마치 크리스마스 날 아침에 일어났을 때 기분 같아요.

학생의 느낌을 가장 잘 나타내는 감정을 고르시오.
① 환희 ② 놀람 ③ 감사

Ex 5

학생 : (최근 부모님이 이혼하고 어머니가 떠났다) 버려진 느낌이에요. 기댈 곳이 전혀 없어요. 정말 전혀요. 너무 소외감이 들어요. 내가 죽든 살든 아무도 상관하지 않겠죠.

학생의 느낌을 가장 잘 나타내는 감정을 고르시오
① 절망 ② 불안 ③ 두려움

〈감정의 반영의 연습 예〉 [정답]

Ex 1

③ – 학생은 잘 해보려고 노력하고 있으나 그런 노력이 실패했고 그래서 좌절감을 느낀다.

Ex 2

② – 처음엔 분노심을 보였지만 두번째 말에서 복수하고 싶어했다.

Ex 3

③ – "돕고 싶은데…" 는 관심을 나타낸다.

Ex 4

① – 부정적 감정만큼이나 긍정적 감정을 파악해 내는 것도 중요하다. 학생 이야기는 강한 긍정적 감정을 드러낸다.

Ex 5

① – 학생의 처음 이야기는 외로움을 나타낸다. 두 번째 이야기 – 자신이 죽든 살든 아무도 상관하지 않을 것이라는 – 절망감을 나타낸다.

감정을 반영해 주는 능력은 가장 중요한 상담기술 중 하나이다. 다음 상담 장면을 통해 적절하게 반영하는 법을 점검해 보고 학습해 보자.

Ex 1

학생 : (대학교 선택에 대한 자기결정에 있어서 어머니의 반응을 설명하는) 저를 비웃더군요. 그냥 거기 앉아 저를 비웃더라구요. 제 자신이 너무 바보처럼 느껴졌고 완전 묵사발이 된 것 같았어요.

학생의 **감정을 가장 잘 반영**하는 반응을 고르시오.

① 사회복지사 : 그만 하라고 왜 말 안 했지?
② 사회복지사 : 모욕감을 느꼈겠구나.
③ 사회복지사 : 화가 많이 났겠구나.

Ex 2

학생 : (학교에서 어려움을 이야기하는) 솔직히 노력은 하는데 성적이 오르지 않아요. 열심히 해보았자 소용이 없는 것 같아요. 여전히 뒤쳐져 있거든요.

학생의 **감정을 가장 잘 반영**하는 반응을 고르시오.

① 사회복지사 : 절망하고 있는 것 같구나.
② 사회복지사 : 열심히 공부해 봐도 성적이 오르지 않는다고 느끼는 것 같네.
③ 사회복지사 : 맥이 빠진 것 같구나.

Ex 3

학생 : (재활을 논의하는 한때 본드 중독자였던 학생) 제가 할 수 있는 게 뭐죠? 집도 가난하고 공부도 못하고 도와줄 사람도 전혀 없는데. 뭔가 해야 되긴 하는데 뭘 해야 될지 모르겠어요.

학생의 **감정을 가장 잘 반영**하는 반응을 고르시오.

① 사회복지사 : 지금 혼란스러운 것 같구나.
② 사회복지사 : 희망을 포기한 것 같구나.
③ 사회복지사 : 그 모든 게 두렵겠구나.

Ex 4

학생 : 절망감을 느낄 때가 있었는데 선생님 덕분에 이젠 더 이상 그렇게 안 느껴요.

학생의 **감정을 가장 잘 반영**하는 반응을 고르시오.

① 사회복지사 : 아직 할 일이 많지 않니?
② 사회복지사 : 그간 해낸 일이 많은데 그것에 대해 감사하게 생각하는구나.
③ 사회복지사 : 내가 많이 도와준 것으로 생각하지만 본인이 해낸 것이야.

Ex 5

학생 : (집안의 사고 발견을 설명하는) 불을 켜니 오빠가 바닥에 누워 있었어요. 온 집에 피였어요. 믿어지지 않더군요.

학생의 **감정을 가장 잘 반영**하는 반응을 고르시오.

① 사회복지사 : 도대체 어떻게 했나?
② 사회복지사 : 꼼짝할 수가 없었겠네.
③ 사회복지사 : 충격이었겠네.

Ex 6

학생 : (남자친구에 대해 이야기하는) 그 남자친구 한번 보셔야 돼요. 정말 달라요! 잘 생겼고! 그 남자친구랑 데이트하게 되었다니까요.

학생의 **감정을 가장 잘 반영**하는 반응을 고르시오.

① 사회복지사 : 정말 기대가 되겠네.
② 사회복지사 : 너무 희망 걸지 마. 단지 데이트일 뿐인데.
③ 사회복지사 : 그 남자랑 데이트하게 되었다 그거네.

Ex 7

학생 : (고개를 숙인 채 낮은 어조로) 친구와 스키 타러 가기로 했는데 (지방에 계신) 엄마가 오신대요.

학생의 **감정을 가장 잘 반영**하는 반응을 고르시오.

① 사회복지사 : 그것 역시 좋을 것 같은데.
② 사회복지사 : 그 일로 기분이 안 좋아 보이네.
③ 사회복지사 : 어머니가 오신다니 기대가 되겠네.

Ex 8

학생 : 시험에 붙었어요! 붙었다구요! 점수까지 높았다니까요!

학생의 **감정을 가장 잘 반영**하는 반응을 고르시오.

① 사회복지사 : 기분이 최고겠네.
② 사회복지사 : 붙어서 상당히 안심이 되겠네.
③ 사회복지사 : 점수까지 좋았다 그거네.

Ex 9

학생 : 마침내 선생님께 말씀드릴 수 있어 기뻐요. 선생님은 이해해 주시는 것 같아요. 제 모든 이야기를 다 이해해 주시는 것 같아요.

학생의 **감정을 가장 잘 반영**하는 반응을 고르시오.

① 사회복지사 : 그래서 기분이 좋은가 보구나.
② 사회복지사 : 누군가에게 한참 전에 털어놓았어야 할 이야기였구나.
③ 사회복지사 : 털어놓고 나니 후련할 거야.

Ex 10

학생 : (늙어가시는 아버지에 대한 이야기) 아버지 걱정이 많이 돼요. 일을 너무 많이 하세요. 어떻게 일을 줄이게 만들 수 있을지 모르겠어요.

학생의 **감정을 가장 잘 반영**하는 반응을 고르시오.

① 사회복지사 : 아버지가 일을 너무 많이 하다 어떻게 되실까봐 무척 걱정을 하고 있는 것 같네. 아버지를 돕고 싶은데 어떻게 해야 될지 모르겠고, 그 일로 답답하고 약간 화가 난 것도 같구나.
② 사회복지사 : 걱정이 되고 아버지를 위해 할 수 있는 일이 뭔지 알고 싶은가 보구나.
③ 사회복지사 : 걱정하고 있는 것 같네. 나라면 의사 선생님이나 목사님을 찾아가 상의해 볼 것 같은데.

Ex 11

학생 : (석 달 전 남자친구와 헤어진) 남자친구가 처음 헤어지자고 했을 때 너무 화가 났는데 이젠 남자친구 도움 없이도 혼자 잘 해나가고 있어요.

학생의 **감정을 가장 잘 반영**하는 반응을 고르시오.

① 사회복지사 : 훗날 헤어지길 잘했다고 생각할 거야.
② 사회복지사 : 남자친구가 처음 말했을 땐 정말 화가 났겠군.
③ 사회복지사 : 혼자 잘 해내고 있어 정말 자랑스럽지?

Ex 12

학생 : 우리 아버지가 심리상담사였죠. 전 아버지가 미워요. 모든 상담사들이 다 똑같겠죠.

학생의 **감정을 가장 잘 반영**하는 반응을 고르시오.

① 사회복지사 : 나를 포함하여 모든 상담사를 싫어한다는 느낌이 드네.
② 사회복지사 : 아버지를 무척이나 미워했나 보네.
③ 사회복지사 : 모든 상담사가 나쁘다고 생각하면 안 되지.

Ex 13

학생 : (전 아버지 이야기를 하는) 우리들 학비는 보내주었으면 좋겠어요. 좋은 아버지는 아니었지만 돈은 벌어왔거든요. 그 돈 안주면 우리 공부는 어떻게 해야 할지 걱정이 돼요.

학생의 **감정을 가장 잘 반영**하는 반응을 고르시오.

① 사회복지사 : 전 아버지한테 학비를 의존하고 있는 것 같네.
② 사회복지사 : 금전적인 도움을 좀 받았으면 하는데 전 아버지가 그렇게 할지 잘 몰라 불안하구나.
③ 사회복지사 : 금전적 도움 없이 남게 되어 불안한 것 같네.

Ex 14

학생 : 시험을 못 봤어요. 다음 주에 집에 가거든요. 부모님 뵙는 것은 기대가 되지만 성적에 대해 뭐라고 하실지 모르겠어요.

학생의 **감정을 가장 잘 반영**하는 반응을 고르시오.

① 사회복지사 : 집에 가게 되어 정말 너무 좋겠네.
② 사회복지사 : 부모님께서 성적에 대해 뭐라고 할지 상당히 걱정이 되나 보네.
③ 사회복지사 : 부모님을 다시 뵙는 것은 좋지만 성적에 대해 뭐라고 하실지 걱정이 되나 보네.

Ex 15

학생 : (여동생 이야기를 하면서 울고 있는 언니) 제 여동생이 먼 곳에 있는 대학으로 진학하게 되어 정말 기뻐요.

학생의 **감정을 가장 잘 반영**하는 반응을 고르시오.

① 사회복지사 : 무척 자랑스럽겠네.
② 사회복지사 : 여동생이 대학에 가게 되어 기쁘면서도 혼자 남게 되어 외롭겠구나.
③ 사회복지사 : 여동생이 대학에 가겠다고 해서 기분이 아주 안 좋은가 보구나.

Ex 16

학생 : (안절부절못하며 양손을 비틀고 있다) 오늘 선생님 볼 수 있어 기뻐요.

학생의 **감정을 가장 잘 반영**하는 반응을 고르시오.

① 사회복지사 : 여기 와서 좋으면서도 뭔가 약간 불안한 것 같네.
② 사회복지사 : 이렇게 볼 수 있어 기쁘네.
③ 사회복지사 : 오늘 상당히 불안해 보이는군.

Ex 17

학생 : (편안한 미소를 지으며) 그 남자친구는 나눈다라는 단어의 의미를 몰라요. 자기 것뿐 아니라 내 것도 자기 것이라고 생각하니까요.

학생의 **감정을 가장 잘 반영**하는 반응을 고르시오.

① 사회복지사 : 그러니까 그 생각을 받아들일 수 없다는 말이겠지.
② 사회복지사 : 이해가 잘 안 되는데. 웃고 있지만 아주 화가 난 것 같거든.
③ 사회복지사 : 웃고 있는 것 보니 그것 때문에 아주 힘들진 않은가 봐.

Ex 18

학생 : (몇 분 동안 안절부절못하고 있다)

가장 적절한 반응을 고르시오.

① 사회복지사 : (옆으로 돌아앉아 말할 준비가 될 때까지 메모를 한다)
② 사회복지사 : 말하기가 그렇게 어려울 순 없을 텐데. 말을 안 하면 도와줄 수가 없어.
③ 사회복지사 : 무슨 말을 하려는지는 몰라도 무척 긴장이 되나 보네.

〈감정반영 능력의 연습 예〉 [정답]

Ex 1

② – 학생이 말한 감정을 정확히 반영하였다. 학생 상황에 자신을 놓아 보면 보통 도움이 될 것이다. – 누군가에게 비웃음을 당하면 아마 모욕감이 들 것이다.

Ex 2

③ – 학생 말속의 감정을 파악하여 적절히 반영해 준 정확한 감정반영이다.

Ex 3

① – 학생 감정을 정확히 파악한 답변이다.

Ex 4

② – 감정이 사회복지사한테 향했을 때도 반영하는 것은 항상 적절하다. 이런 감정반영은 상담관계를 발전시키는 데 도움이 된다.

Ex 5

③ – 이 답변으로 자신이 어떻게 느꼈는지 생각해 볼 수 있게 되고 감정에 대한 이야기를 해도 된다는 것을 알게 된다.

Ex 6

① – 학생 말의 인지적 측면은 무시한 채 감정 – 기대감 – 을 반영한 답변이다.

Ex 7

② – 학생의 자세와 어조를 주목하면서 학생 감정을 정확히 파악하였다.

Ex 8

① – 학생의 말보다 느낌에 초점을 두고 있다.

Ex 9

③ – 사적인 이야기를 털어놓은 지금 학생이 어떻게 느끼는지 이해한다는 것을 보여주었다.

Ex 10

② – 명확하고 간결한 요약을 통해 학생는 자기 감정을 파악하고 대처할 수 있게 될 것이다.

Ex 11

③ – 학생의 현재 감정을 정확히 반영했다. 학생는 자기 감정을 살펴볼 수 있게 될 것이다.

Ex 12

① – 현 사회복지사까지 포함하여 모든 상담사를 미워한다는 것을 드러냈다. 이 답변으로 현 사회복지사에 대한 느낌을 살펴보도록 만들었다. 다른 이야기를 계속해가기 전 현 사회복지사에 대한 느낌을 학생이 이해하는 것이 중요하다.

Ex 13

② – 혼합된 감정을 파악해 주었기 때문에 학생은 자기 감정을 잘 생각해 보고 더 이야기하고 싶은 감정을 찾아낼 것이다.

Ex 14

③ – 학생이 보인 뒤섞인 감정을 포착하였다.

Ex 15

② – 겉으로 보이는 감정뿐 아니라 말속에 포함된 감정까지 반영하였다.

Ex 16

① – 현재 드러내고 있는 뒤섞인 감정을 반영하고 있다. 말로는 기쁘다고 하면서도 행동으로는 불안감을 보이고 있다.

Ex 17

② – 분개하는 상황이야기를 하면서 웃고 있다는 사실을 반영해 주었다. 언어적·비언어적 메시지의 반영을 통해 학생에게 느끼고 있는 것이 무엇인지 설명해 보라고 요청하고 있다.

Ex 18

③ – 행동으로 표출한 감정을 반영하였다. 이 반영으로 학생는 긴장을 풀고 이야기를 할 수 있을 것이다.

〈감정과 의미 반영의 연습 예〉

〈감정과 의미를 반영하기 위한 사회복지사 전형적인 도입문구〉

"○○은 ~~ 때문에 ~~ 느끼고 있구나"
"○○은 ~~하여 ~~할 것이라고 생각하는구나"
"○○은 ~~ 느끼지만, ~~하게 생각하시는구나"

촛대 불꽃 읽어 주기
촛대는 말의 내용과 의미
불꽃은 촛대와 관련된 감정

Ex 1

학생 : 저는 학기 말 고사를 형편없이 쳤는데, 이번 학기 동안 나름대로 열심히 노력을 했지만 결과는 이렇게 되어 버렸습니다. 정말 허탈하고 화가 납니다.

학생의 감정과 말의 의미를 가장 잘 반영하는 반응을 쓰시오.

사회복지사 : (감정과 의미 반영하기) 정수가 이번 학기 동안 열심히 노력해왔는데 결과가 좋지 않은 것 때문에 속이 많이 상하고 또 다시 잘 할 수 있을 것 같지 않다고 생각하는구나.

Ex 2

학생 : 저는 정신이 몽롱한 상태입니다. 잘 수도, 먹을 수도 없습니다. 어떤 일에 집중할 수도 없습니다. 제 머리가 완전히 뒤죽박죽된 것 같아요.

학생의 감정과 말의 의미를 가장 잘 반영하는 반응을 쓰시오.

사회복지사 : (감정과 의미 반영하기) 승환이가 불안하고 혼란스럽고, 지금 바른 생각을 할 수 없다고 생각하는구나.

참고문헌

길현종(2013). 사회서비스기관의 지역분포와 지역 내 사회서비스 수요와의 관련성 연구. 국제노동브리프. p. 49-55.

김기태 · 김수환 · 김영호 · 박지영(2012). 사회복지실천론. 공동체.

김기태(2014). 사회복지의 이해. 박영사

김동배 · 권중돈(2009). 인간행동과 사회복지실천. 학지사.

김성이 · 조학래 · 노충래 · 신효진(2010). 청소년복지학. 양서원

김용석 · 이석호 · 전종설(2012). 사회복지실천기술. 박영사

김인숙 · 김용석 공역(2002). 사회복지실천기술연습. 나남출판.

김재엽(2007). 한국의 가정폭력. 학지사.

김혜란 · 공계순 · 박현선(2013). 사회복지실천론. 나남출판.

김혜숙(2016). 정서행동문제아동 어머니의 양육스트레스 감소를 위한 심리적 안녕감 증진 프로그램 개발 및 효과. 인제대학교 대학원 박사학위 논문

대구대학교 사회복지연구소(1985). 사회복지사전. 경진사.

박명희(2013). 자기성장 집단상담이 초등학교 고학년 학습부진아의 자아존중감 및 학교생활적응에 미치는 효과. 성균관대학교 석사학위 논문.

서홍란 · 이경아(2000). 사회복지 현장실습 핸드북. 나눔의 집.

성현주(2016). 학교생활부적응아를 대상으로 한 사회기술훈련에 대한 일 연구. 한국심리치료학회지, 8(1), 81-98.

송성자(2001). 한국문화와 가족치료 : 해결중심 접근. 법문사.

_____(2002). 가족과 가족치료. 법문사.

신성자 · 고유나 · 김수정 · 박용권 · 성희자 · 이원준 · 전보경 · 정숙희 · 최은지(2021). 사회복지실천기술론. 양성원.

신영화(2003). 가정폭력에 노출된 성인아이 성향 자녀의 가족에 대한 개입. 한국가족치료 학회지, 11(1), pp.127-153.

왕영선 · 김정미(2012) 발달장애아동 비장애형제의 집단인지행동치료 프로그램 개발 및 효과. 아동가족치료연구, 11, 38-53.

양옥경 · 김정진 · 서미경 · 김미옥 · 김소희(2018). 사회복지실천론. 나남출판.

엄명용 · 노충래 · 김용석(2019). 사회복지실천기술론의 이해. 학지사.

여성가족부(2017). 2017년 여성가족부 업무계획. p. 29

여성가족부 홈페이지(http://www.mogef.go.kr/sp/fam/sp_fam_f013.do)에서 2017. 9. 3. 인출.

오혜경 · 백은령(2003). 장애인의 주관적 삶의 질에 영향을 미치는 요인연구. 직업재활연구, 13(2), pp. 157-181.

윤현숙 외(2002). 사회복지실천기술론. 동인.

이창숙(2002). 이혼을 원하는 부부의 가족상담 사례연구. 한국가족치료학회지, 10(1), pp. 145-170.

이화여자대학교 사회복지연구회 역(2001). 가족복지실천론. 나눔의 집.

임상사회복지실천연구회(2014). 사회복지 역사를 세운 실천현장의 인물들 : 원로들의 사회복지실천과 사람 이야기. 학지사.

장인협 · 우국희(2001). 케어케이스매니지먼트. 서울대학교출판부.

전재일 · 이성희(2005). 집단실천기술론. 사회복지개발연구원출판부.

______(2006). 사회복지실천기술론. 형설출판사.

정문자 · 송성자(2008). 해결중심단기치료. 학지사

조흥식 · 김연옥 · 황숙연 · 김융일(2009). 사회복지실천론. 나남출판.

조흥식 · 김인숙 · 김혜란 · 김혜련 · 신은주(2010). 가족복지학. 학지사.

조흥식 외(2000). 사회복지실천 분야론. 학지사.

조흥식 외(2000). 지역사회실천론. 아시아미디어리서치.

최혜영(2021). 원예치료를 활용한 교류분석 프로그램이 희귀성질환 아동 가족의 탄력성에 미치는 영향, 교류분석상담연구. 2021. 11(2), pp. 57-78.

한인영 · 장수미 · 최정숙 · 박형원 공역(2008). 위기개입. 나눔의 집

홍선미(2004). 사회복지실천의 지식기반과 학문적 특성에 관한 연구. 한국사회복지학회, 56(4), pp. 195-214.

Abramson, J. S., & Rosenthal, B. B.(1999). Interdisciplinary and inter-organizational collabration(pp.1629-1640). In *Encyclopedia of Social Work.* New York : NASW press.

Alter, C., & Evens, W.(1990). *Evaluating Your Practice : A Guide To Self-Assessment.* New York : Springer.

Ames, N.(1999). Social work recording : A new look at an old issues. *Journal of Social Work Education, 35*, pp. 227–237.

Austin, D. M.(1983). A history of social work education. The University of Texas.

Baker, R.(1991). *The Social Work Dictionary.* Silver Spring, MD : National Association of Social Workers.

Bartlett, H.(1961). *Analyzing Social Work Practice by Fields.* NY : National Association of Social Workers.

_________(1971). Social work fields of practice. In R. Morris(Ed.). *Encyclopedia of Social Work.* New York : NASW press.

Bateson, G., Jackon, D. D., Haley, J., & Weakland, J.(1956). Toward a theory of schizophrenia. *Behavioral Sciences, 1,* pp. 251–264.

Bear, B., & Federico, R.(1978). *Educating the Baccalaureate Social Worker. Cambridge.* MA : Ballinger.

Beck, A. T., Rush, A. J., Shaw, B. F., & Emery, G.(1979). *Cognitive Therapy of Depression.* New York : Guilford.

Benne, K., & Sheats, P.(1948). Functional roles of members. *Journal of Social Issues, 4.*

Berg, Insoo Kim(1993). *Family–Based Services.* New York : W. W. Norton.

Biestek, Felix P.(1957). *The Casework Relationship.* Chicago : Loyola University Press.

Bisman, C. D., & Hardcastle, D. A.(1999). *Integrating Research into Practice : A Model for Effective Social Work.* Belmont, CA : Brooks/ Cole.

Bloom, M., Fischer, J., & Orme, J. G.(1999). *Evaluating Practice : Guidelines for the Accountable Professional*(3rd ed.). Needham Height, MA : Allyn & Bacon.

Blythe, B., & Tripodi, T.(1984). *Measurement in Direct Social Work Practice. Newberry Park,* CA : Sage.

Blythe, B., J.(1995). Single system design. In R. L. Edwards et al.(Eds). *Encyclopedia of Social Work.* New York : NASW press.

Blythe, B., Tripodi, T., & Briar, S.(1994). *Direct Practice Research in Human Service Agencies.* New York : Columbia University Press.

Bowen, M.(1978). *Family Therapy in Clinical Practice.* New York : Jason Aronson.

Bowers, S.(1949). The nature and definition of social casework. *Journal of Social Casework, 30*(8).

Brieland, D.(1982). introduction. In M. MaHaffey & J. W. Hanks(Eds.). *Practical Politics.* Silver Spring, MD : NASW press.

Brindis, Claire, Barth, Richard P., & Loomis, A. B.(1987). *Continuous Counselling : Case Management with Teenage Parents. Social Casework, 68*(3). Family ServiceAmerica, 166.

Brown, L. N.(1991). *Groups for Growth and Change.* New York : Longman.

Campbell, J. A.(1990). Client acceptance of single system evaluation procedures. *Social Work Research & Abstracts, 24*, pp.21−22.

Campbell, J. A.(1990). Ability of practitioner to estimate client acceptance of single subject evaluation procedures. *Social Work, 35*, pp. 9−14.

Carrell, S.(1993). *Group Exercises for Adolescents : A Manual for therapists. Newbury Park,* CA : Sage.

Collins, J., & Collins, M.(1992). *Social Skills Training and the Professional Helper.* New York : John Wiley & Sons, Inc.

Corey, G.(1999). 집단심리상담의 이론과 실제. *Theory and Practice of Group Counseling.* 시그마프레스.

Corey, M. S., & Corey, G.(1992). *Group Process and Practice*(4th ed.). Pacific Grove, CA : Brooks/ Cole.

Cormier, W., & Cormier, L.(1985). *Interviewing strategies for helpers.* Monterey, CA : Brooks/ Cole.

Council on Social Work Education(1992a). *Curriculum Policy Statement for Baccalaureate Degree Programs in Social Work Education.* Alexandria, VA : CSWE.

__________________________(1992b). *Curriculum Policy Statement for Master's Degree Programs in Social Work Education.* Alexandria, VA : CSWE.

Cournoyer, B.(1996). *The Social Work Skills Workbook.* Pacific Grove, CA : Brooks/ Cole.

D'Zurilla, T. J.(1988). Problem−solving therapies. In Dobson, K. S.(Ed.). *Handbook of Cognitive−Behavioral Therapies.* New York : Guilford.

D'Zurilla, T. J., & Nezu, A. M.(2001). Problem–solving therapies. In Dobson, K. S.(Ed.). *Handbook of Cognitive–Behavioral Therapies*(2nd ed.). New York : Guilford.

DeRubeis, R. J., Tang, T. Z., & Beck, A. T.(2001). Cognitive therapy. In Dobson, K. S.(Ed.). *Handbook of Cognitive–Behavioral Therapies*(2nd ed.). New York : Guilford.

Dobson, K. S., & Block, L.(1988). Historical and philosophical bases of the cognitive–behavioral therapies. In Dobson, K. S.(Ed.). *Handbook of Cognitive–Behavioral Therapies.* New York : Guilford.

Dobson, K. S., & Dozois, D. J. A.(2001). Historical and philosophical bases of the cognitive–behavioral therapies. In Dobson, K. S.(Ed.). *Handbook of Cognitive–Behavioral Therapies*(2nd ed.). New York : Guilford.

Dryden, W., & Ellis, A.(2001). Rational emotive behavior therapy. In Dobson, K. S.(Ed.). *Handbook of Cognitive–Behavioral Therapies*(2nd ed.). New York : Guilford.

DuBois, B., & Miley, K.(1996). *Social Work in Empowering Profession.* Needham Heights, MA : Allyn & Bacon.

Ellis, A.(1962). *Reason and Emotion in Psychotherapy.* Secaucus, NJ : Citadel.

Epstein, L., & Brown, L. B.(2002). *Brief Treatment and a New Look at the Task–Centered Approach*(4th ed.). New York : Macmillan.

Ewing, J. A.(1984). Detecting alcoholism : The CAGE questionnaire. *Journal of American Medical Association, 252,* pp. 1905–1907.

Fellin, P.(2001). *The Community and the Social Worker*(3rd.ed.). Itasca, IL : F. E. Peacock Publishers, Inc.

Fook, J.(1993). *Radical Casework : A Theory of Practice.* Allen & Unwin.

Friedman, B. D.(1997). Systems theory. In Brandell, J. R.(Ed.). *Theory and Practice in Clinical Social Work.* New York : Free.

Garret, A.(1994). 사회사업면접의 이론과 사례. *Interviewing : Its Principles and Methods.* 김연옥·최해경 공역. 한울아카데미.

Garvin, C. D.(1998). 현대집단사회사업. *Contemporary Group Work.* 학문사.

Gelman, S. R., Pollack, D., & Weiner, A.(1999). Confidentiality of Social Work Records in the Computer age. *Social Work, 44,* pp. 243-253.

Johnson, P. J. & Rubin, Allen(1983). Case Management in Mental Health : A Socia Work Domain?. *Social Work, 28*(1). 50.

Golan, N.(1978). *Treatment in Crisis Situations.* New York : Free.

Gordenberg, I., & Gordenberg, H.(1998). *Family Therapy : An Overview*(5th ed.). Belmont, CA : Wadsworth/ Thomson Learning.

Greenwood, E.(1957). Attributes of a profession. *Social Work, 2,* pp. 45-55.

Hamiton, G.(1940). *Theory and Practice of Social Casework.* New York : Columbia University Press.

Hartman, A., & Laird, J.(1983). *Family-Centered Social Work Practice.* New York : Free.

Hasenfeld, Yeheskel(1983). *Human Service Organizations.* Englewood Cliffs, New Jersey. Prentice Hall.

Hepworth, D. H., Rooney, R. H., & Larsen, J. A.(1997). *Direct social work practice : Theory & skills*(5th ed.). Pacific Grove, CA : Brooks/ Cole.

Hepworth, D. H., Rooney, R. H., & Larsen, J. A.(2004). 사회복지실천이론과 기술. *Direct sOcial Work Practice Theory and Skills.* 허남순 외 공역. 나눔의 집.

Howard, K. I., Kopta, S., Krayse, M., & Orlinsky, D. E.(1986). The dose-effect relationship in psychotherapy. *American Psychologist, 41*(2), pp. 159-164.

Ivy, A. E.(1994). *International Interviewing & Counselings.* Brooks/ Cole.

Johnson, L.(1986). *Social Word Practice : A Generalist Approach.* Newton, MA : Allyn & Bacon.

Johnson, P. J., & Rubin, Allen(1983). Case Management in Mental Health : A Socia Work Domain?. *Social Work, 28*(1), p.50.

Johnson, L., Schwaryz, C., & Tate, D.(1997). *Social welfare : A response to human need.* Needham Heights, MA : Allyn & Bacon.

Jordan, C., & Franklin, C.(1995). *Clinical Assessment for Social Workers : Quantitative and Quallitative Methods.* Chicago : Lyceum.

Kadushin, A.(1990). *The Social Work Interview*(3rd ed.). New York, NY : Columbia University Press.

Kagle, J. D.(1997). 사회사업 기록 : 이론과 실제. *Social Word Records.* 홍순혜 · 한인영 공역. 학문사.

Kahn, A.(1979). *Social Policy and Social Services.* New York, NY : Random House.

Kamerman, S.(1995). Fields of practice. In C. Meyer & M. Mattaini(Eds.). *The Foundations of Social Word Practice.* Washington, DC : National Association of Social Workers.

Kane, R.(1982). Lessons for social work from the medical model : a viewpoint for practice. *Social Work, 27,* pp.315–321.

Kaplan, L., & Girard, J. L.(1994). *Strengthening high–risk families : A handbook for practitioners.* New York : Lexington Books.

Kirst–Ashman, K. K., & Hull, G. H.(1999). *Understanding Generalist Practice*(2nd ed.). Chiacago : Nelson–Hall Publishers.

Lantz, J. E.(1996). Cognitive theory and social casework. *Social Work, 23*(5), pp. 361–366.

Liberman, R. P., Derisi W. J., & Mueser, K. T.(1995). 정신과 환자를 위한 사회기술훈련. *Social Skills Training for Psychiatric Patients.* 김철권 · 변원탄 역. 신한.

Living Works Education(1999). *Suicide Intervention Handbook.* Calgary, Canada : Living Works Education.

Lowenberg, F., & Dorgoff, R.(1992). *Ethical Decisions for Social Work Practice.* Itasca, IL : F. E. Peacock.

Magen, R. H.(2000). 집단을 대상으로 한 사회복지실천. 사회복지실천이론의 토대. *The Foundations of Social Work Practice.* 나눔의 집.

Mancini, M.(1997). 효율적인 시간관리. *Time Management.* 고혜성 역. 21세기 북스.

Manser, E.(Ed.)(1973). *Family Advocacy : A Manual for Action.* New York : Family Service Association of America.

Mattaini, M. A.(1999). *Clinical Intervention with Families.* Washington, DC : NASW Press.

McGoldrick, M., & Gerson, R.(1992). 가족분석가계도. *Genograms in Family Assessment.* 이영분 · 김유숙 공역. 홍익재.

McGoldrick, M., & Gerson, R., & Shellenberger, S.(1999). *Genograms : Assessment and Intervention*(2nd ed.). New York : W. W. Norton.

Meyer, C. H.(1983). Introduction, C. H. Meyer(Ed.). In *Clinical Social Work in the Eco-Systems Perspective*. New York : Columbia University Press.

Middleman, R., & Wood, G.(1990). *Skills for Direct Practice in Social Work*. New York, NY : Columbia University Press.

Meily, K. O., Media, M., & DuBois, B.(2001). *Generalist Social Work Practice : An Empowering Approach.* Needham Heights, MA : Allyn & Bacon.

Monti, P. M., Abrams, D. B., Kadden, R. M., & Cooney, N. L.(1999). 단주를 위한 사회기술훈련. *Treating alcohol dependence : A coping skills training guide.* 한광수 역. 하나의 학사.

Moxley, D.(1989). *The Practice of Case Management.* Newbury Park, CA : Sage.

Morales, A., & Sheafor, B.(2001). *Social Work : A Profession of Many Faces.* Needham Heights, MA : Allyn & Bacon.

Mulroy, E. A., & Shay, S.(1998). Motivation and reward in nonprofit interorganizational collaboration in low income neighborhoods. Administration in *Social Work, 2*(4), pp. 1-17.

NASW · 이팔환 외 역(2000). 사회복지실천이론의 토대. 나눔의 집.

National Association of Social Workers(1981). *Standards for the Classification of Social Work Practice.* Silver Spring, MD : National Association of Social Workers.

Netting, F. E., Kettner, P. M., & McMurtry, S. L.(2004). *Social work macro practice* (3rd ed.). New York : Pearson Education, Inc.

Neuman, K. M., & Friedman, B. D.(1997). Process recording : fine-tuning an old instrument. *Journal of Social Work Education, 33,* pp. 237-243.

Nichols, M. P., & Schwartz, R. C.(2001). *Family Therapy : Concepts and Methods* (5th ed.). Boston : Allyn and Bacon.

Perlman, H.(1957). *Social cAsework : A Problem-Solving Process.* Chicago, IL : University of Chicago Press.

Perlman, H. H.(1970). The Problem Solving Model in Social Casework. in Robert, Robert W., & Nee, R. H.(ed). *The Theories of Social Casework.* Chicago : The University of Chicago Press. Ltd.

Quinn, J.(1993). *Successful Case Management in Long-Term Care.* New York : Springer Publishing Company. Inc.

Rapoport, L.(1970). Crisis intervention as a mode of brief treatment. In Roberts, R. W., & Nee, R. H.(Eds.). *Theories of Social Casework.* Chicago : University of Chicago Press.

Reid, K. E.(1997). *Social Work Practice with Groups : A Clinical Perspective*(2nd ed.). Pacific Grove, CA : Brooks/ Cole.

Richmond, M.(1944). *Social Diagnosis.* New York, NY : Free Press.

Roberts, A. R., & Corcoran, J.(2000). Crisis intervention practices in social work settings. In Allen-Meares, P., & C. Garvin(Eds.). *The Handbook of Social Work Direct Practice.* Thousand Oaks, CA : Sage.

Roberts, A. R.(2000). An overview of crisis theory and crisis intervention. In Rovers, A. R.(Ed.). *Crisis Intervention Handbook : Assessment, Treatment, and Research.* New York : Oxford University Press.

Rothman, J.(1991). A Model of Case Management : Toward Empirically Based Practice. *Social Work, 36*(6). Silver Spring, MD : NASW.

Rubin, H. J., & Rubin I. S.(1992). *Community Organizing at Development*(2nd ed.). New York : Macmillan.

Schopler, J. H., & Galmsky, M.(1995). Group practice overview. In E. l. Richard(Eds.). *Encyclopedia of Social Work.* NASW Press.

Schwartz, A., & Goldiamond, I.(1975). *Social Casework : A Behavioral Approach.* New York : Columbia University Press.

Sheafor, B. W., & horejsi, C. R.(2005). 사회복지실천기법과 지침. *Techniques and Guidelines for Social Work Practices.* 남기철 외 공역. 나남출판.

Sheafor, B., Horejsi, C., & Horejsi, H.(1997). *Techniques and Guidelines for Social Work Practice.* Needham Heights, MA : Allyn & Bacon.

Shulman, L.(1984). *The Skills of Helping Individuals and Groups*(2nd ed.). Itasca, Ill : F. E. Peacock.

Siporin, M.(1975). *Introduction to sOcial Work Practice.* New York : Macmillan.

Skidmore, R., Thackeray, M., Farley, O., Smith, L., & Boyle, S.(2000). *Introduction to Social Work.* Needham Heights, MA : Allyn & Bacon.

Smalley, R.(1967). *Theory for Social Work Practice.* New York, NY : Columbia University Press.

Thomas, E. J.(1970). Behavioral modification and case work. In Roberts, R. W. & Nee, R. H.(Eds.). *Theories of Social Casework.* Chicago : University of Chicago.

Thyer, B. A., & Myers, L.(1997). Behavioral and cognitive theories. In Brandell, J. R.(Ed.). *Theory and Practice in Clinical Social Work.* New York : Free.

Thyer, B. A., Isaac, A., & Larkin, R.(1997). Integrating research and practice. In M. Reisch & E. Gambrill(Eds.). *Social Work in the 21st century.* Thousand Oaks, CA : Pine Forge Press.

Tolson, E. R.(1985). Teaching and measuring task-centered skills : The skill assessment teaching model. In Fortune, A. E.(Ed.). *Task-Centered Practice with Families and Groups.* New York : Springer.

Toseland, R. W., & Rivas, R. F.(1995). *An Introduction to Group Work Practice*(2nd ed.). New York : Macmillan.

Trevithick, P.(2000). *Social Work Skills : A Practice Handbook.* Philadelphia, PA : Open University Press. 우국희 · 최경원 · 황숙연 역(2002). 사회복지실천기술 : 실천을 위한 핵심기술. 사회복지실천연구소.

Tripodi, T.(1994). *A Primer on Single Subject Design for Clinical Social Workers.* Annapolis Junction, MD : NASW Press.

Turner, F. J.(1996). *Social Work Treatment : Interlocking Theoretical Approaches* (3rd ed.). NY : Free Press.

Vourlekis, B., & Greene, R.(1992). *Social Work Case Management.* New York : Aldine DeGruyter. Inc.

Walsh, Anthony(1987). *Understanding Assessing & Counseling the Criminal Justice Client.* Brooks/ Cole.

Walsh, F., & Crosser, C.(2000). Advances in family therapy : Theory and practice. In Allen-Meares, P., & Garvin, C.(Eds.). *The Handbook of Social Work Direct Practice.* Thousand Oaks, CA : Sage.

Waltz, T., & Groze, V.(1991). The mission of social work revisited : An agenda for the 1990's. *Social Work, 36*(6), pp. 500-504.

Weick. A.(1983). Issues in overturning a medical model of social work practice. *Social Work, 28*, pp.467-471.

Weil, M.,& J. Karls.(1985). *Case Management in Human Service Practice.* SAN Francisco, CA : Jossey-Bass.

Wilding, P.(1982). *Professional Power and Social Welfare.* London : Routledge & Kegan Paul.

Woodrow, R. D.(1983). Casework : A psychosocial therapy. In Meyer, C. H.(Ed.), *Clinical Social Work in the Eco-Systems Prespective.* New York : Columbia University Press.

Woods, M. E., & Hollis, F.(2000). *Casework : A Psychosocial Therapy*(5th ed.). New York : McGraw-Hill.

Woods, M. E.(1996). Psychosocial theory and social work treatment. In F. J. Turner(Ed.). *Social Work Treatment*(4th ed., pp.555-580). New York : The Free Press.

Yalom, I. D.(1993). 집단정신치료의 이론과 실제. *The Theory and Practice of Group Psychotherapy.* 최혜림·장성숙 공역. 하나의학사.

Yalom, I. D.(1995). *The Theory and Practice of Group Psychotherapy*(4th ed.). New York : Basic Books.

Zastrow, C.(1995). *The Practice of Social Work.* Pacific Grove, CA : Brooks/ Cole Publishing Company.

찾아보기

저/자/약/력

■ **이영호**

[학력]
대구대학교 사회복지학과 졸업
대구대학교 대학원 석사 및 박사과정 졸업(Ph.D / 임상사회복지학 전공)

[경력]
의료법인 부산 한병원 정신의료사회복지사
인제대학교 부산백병원 정신보건사회복지사
김해시정신보건센터 센터장
김해시건강가정지원센터/다문가족지원센터 센터장
한국교류분석상담학회 초대회장
현 인제대학교 사회복지학과 교수
　한국정신건강사회복지학회, 한국사례관리학회 이사
　한국교류분석상담학회 회장
　한국통합TA연구소(www.gota.kr) 상담교수

[저서 및 역서]
인간행동과 사회환경(5인 공저, 2018)
사회문제론(2판, 7인 공저, 2020)
정신건강사회복지론(3인 공저, 2020)
정신건강론(3판, 3인 공저, 2021)
나는 과거로 가는 다리를 건너지 않겠다-풀어 쓴 교류분석 이야기- (2인 공저, 2021)
부모와 자녀의 성장을 위한 비밀열쇠-교류분석 양육지침서- (3인 공역, 2021)
성격의 비밀 교류분석이 풀다 I`am OK You`re OK(2인 공역, 2020)
상담 및 심리치료 이론 시리즈 교류분석상담(2인 공저, 2019)
사랑의 환상-배우자 학대에 대한 대상관계론적 이해- (4인 공역, 2007) 외 다수

[연구]
- 원예치료를 활용한 교류분석 프로그램이 희귀성질환 아동 가족의 탄력성에 미치는 영향. <2인 공동, 교류분석상담연구. 2021. 11(2).pp.57~78.>
- 청소년의 자기조절능력 증진을 위한 마음챙김에 기반한 교류분석프로그램의 효과성 연구. <2인 공동, 교류분석상담연구. 2021. 11(1).pp.159~180.>
- 남성 알코올 중독자들의 치료공동체 회복 경험 연구 -Charmaz의 구성주의 근거이론 연구 방법- <2인 공동, 정신건강과 사회복지. 2021. 49(1).30~59.>
- 인생태도의 심리치료적 활용을 위한 Tony White의 확장적 관점에 관한 시사점. <단독, 교류분석상담연구. 2020. 10(2).pp.21~42.>
- 보육교사효능감 증진을 위한 TA자기-재양육프로그램 개발 및 효과. <2인 공동, 교류분석상담연구. 2019. 9(2).pp.27~50.>
- 교류분석상담에서 마음챙김 명상 활용을 위한 고찰. <단독, 교류분석상담연구. 2018. 8(2).pp.77-103.> 외 다수

사회복지실천기술론[3판]

|저자| 이영호

|1판 1쇄| 발행 2008년 2월 25일
|1판 5쇄| 발행 2012년 8월 30일
|2판 1쇄| 발행 2014년 9월 5일
|2판 5쇄| 발행 2019년 2월 25일
|3판 1쇄| 발행 2022년 2월 25일
|3판 2쇄| 발행 2023년 8월 10일

|발행인| 김 동 훈
|발행처| 공 동 체

|주소| 경기도 고양시 일산동구 호수로 358-39, 동문타워 I 905호(백석동)
|전화| 031) 814-3000(대표)
|팩스| 031) 814-3100
|홈페이지| http://www.compub.co.kr
|전자우편| compub@naver.com
|출판등록| 2005년 10월 6일
|등록번호| 제396-2005-36호

|ISBN| 979-11-6725-121-3
정가 22,000원